JN412183

모빌리티와 장소

MOBILITY TO BASHO
by YOSHIHARA Naoki

Originally published in Japan by UNIVERSITY OF TOKYO PRESS, Tokyo.
Korean translation rights arranged with UNIVERSITY OF TOKYO PRESS, Japan
through THE SAKAI AGENCY and BESTUN KOREA AGENCY.

모빌리티와 장소

글로벌화와 도시공간의 전환

요시하라 나오키(吉原直樹) 지음
이상봉 · 신나경 옮김

심산

서문

■ 모빌리티(mobility)가 일찍이 볼 수 없던 폭과 깊이를 드러내고 있다. 지금까지 모빌리티가 하나의 사회 속에서 계층이동이나 지역이동으로서 언급된 적은 많았다. 또는 국경을 초월하는 모빌리티의 경우일지라도 하나의 사회를 기반으로 해서 생각하는 것이 보통이었다. 그러나 오늘날 글로벌리티(Globality)가 사회와 사회, 지역과 지역 사이를 사실상 사라지게 하는 가운데 모빌리티는 영역적인 것으로부터 분리되어 유동성 그 자체로서 거론되게 되었다. 동시에 이러한 상황은 사회과학이 선험적으로 정립하였던 것들을 근본부터 다시 추궁해야 할 상황을 초래하였다. 그것이 어느 정도 자각적으로 이루어졌는가는 일단 제쳐두더라도 모빌리티가 오늘날 사회과학에서 중요한 쟁점이 되었음은 확실하다. 이 책은 이러한 모빌리티를 주제로 삼고 있다. 즉 모빌리티가 사회를 초월하여 어떻게 확장되고, 새로운 관계나 집합체를 창출해 내는가를 고찰하려는 것이다.

모빌리티는 동서고금을 막론하고 모든 사회에서 발견된다. 그러나 이 책에서는 특히 근대적인 현상에 주목하여 서술할 것이다. 즉 여기서 말하는 모빌리티는 근대성(모더니티)과 한 세트로 존재한다. 일찍이 보들레르(C. P. Baudelaire)는 근대 미학을 불변하는 것과 이동하기 쉬운 것으로, 즉 대립되는 두 가지 해석이 가능한 것으로 파악했다. 이러한 양의성 위에 모빌리티가 존재하는 것이다. 그래서 글로벌리티가 모더니티의 경계국면, 즉 고도 근대성(high modernity)이나 유동적 근대성(liquid modernity) 등으로 묘사되는 상태에 있다면, 모빌리티도 역시 그런 상태와 깊이 연관되어 있다. 바꾸어 말하자면 모빌리티는 바로 글로벌리티의 본성을 공유하는 것이다. 그런데 이 책에서 그 고찰대상을 아시아 도시로 정한 것은 필자가 지금까지 연구해 온 것이 주로 아시아 도시에 관한 것이기 때문이다. 그러나 그런 연구들은 체계적인 지식이라고 하기에는 거리가 좀 멀다. 따라서 여기서는 지금까지의 연구에서 얻은 지식들을 총동원하면서 모빌리티 연구에서 조금 뒤처져 있는 아시아 도시를 살펴보고자 한다. 생각해 보면 지금까지의 모빌리티 연구는 주로 선진 사회를 대상으로 이루어져 왔다. 그리고 그렇지 않은 경우라 할지라도 일종의 오리엔탈리즘적인 편향을 지녔기 때문에 '북쪽'이나 '서쪽'의 시각에서 관찰하는 경우가 많았다. 무의식중에 하나하나의 개념장치를 대상에 적용하였던 것이다. 이처럼 왜곡된 인식이 하루아침에 고쳐질 수는 없겠지만, 이 책에서는 이런 점을 자각적으로 추궁해 가는 것을 그 '출발점'으로 하였다. 어차피 아시아 도시를 그 대상으로 삼고자 한 것은 기본적으로는 필자의 역량에 규정되는 것이지만 결코 그것만이 이유의 전부는 아니라는 점을 밝혀두고 싶다.

덧붙여서 앞서 새로운 관계나 집합체라고 서술한 것과 관련하여 장소가 극히 중요한 의미를 가진다는 점도 지적해 두고 싶다. 모빌리티는 통상 비장소성이나 혼종(hybrid)성 등과 같이 논의된다. 따라서 모빌리티와 장소는 흔히 이율배반적인 범주 속에서 다루어지기 쉽다. 그러나 주목할 것은 실제로는 모빌리티가 예를 들어 카스텔(M. Castells)이 말한 바와 같이 '흐름의 공간(space of flows)'에서 형성되는 관계나 집합체를 매개로 하여 논의된다는 점이다. 즉 모빌리티가 만들어 내는 관계성이나 집합체는 '탈장소화에서 재장소화로'라는 형태로서 장소를 포함하여 존재하는 것이다. 그러므로 모빌리티를 이해하는 것은 필연적으로 글로벌리티 속에서 장소가 어떠한 의미를 가지는가를 인식하는 것으로 연결된다.

종래에 장소라고 하면 철학이나 문학 등 인문과학의 주된 관심분야였다. 지금도 그러한 상황은 계속되고 있지만 모빌리티와 연결됨으로써 비로소 사회과학에서도 장소를 시야에 넣게 되었다고 생각한다. 필자는 가까운 미래에 모빌리티가 그렇듯이 장소가 사회과학에 있어서 중심적인 위치를 차지하게 될 것이라고 예감하지만 과연 어떨지는 알 수 없다.

이와 같은 예감을 가지면서 '모빌리티와 장소'라는 테마를 이론적인 차원에서뿐만 아니라 경험적인 차원에서 완성도를 높이는 발판을 마련하는 것이 필자가 이 책에서 이루고자 하는 바이다.

1부에서는 먼저 글로벌화를 모더니티가 지닌 양의성이라는 틀 내에서 파악하고, 거기에 객관적인 기초를 두고 나타나는 모빌리티의 여러 양상에 대해 언급할 것이다. 다음으로 메타포로서의 영역적인 것에서 유동적인 것으로의 모빌리티의 이행이 '암흑'에서 '빛'으로의 반전과 발생적으로 동일한 기원을 가진다는 점을 논할 것이다. 이 과정은 도시공간 차원에서는 포스트 근대화로서 드러나지만, 여기에서는 말로써만이 아니라 현실사회에 대한 주의 깊은 의식형태를 내포하는 것으로서 논의될 것이다. 이어서 모빌리티와의 관련 속에 '글로벌한 시민사회' 및 로컬 거버넌스(local governance)의 존립조건을 파악한다. 전자에서는 특히 내셔널리티에 대한 재검토를 매개로 하여, 또 후자에서는 '개방된 도시공간'의 가능성을 명확히 제시하는 방식으로 탐구될 것이다. 이 탐구들은 서술에서 나타나듯 결코 쉬운 것은 아니지만, 이 책 전체의 이론적인 윤곽을 이루는 동시에 경험적 연구를 향한 이치(理致)를 제시하게 될 것이다.

2부에서는 1부의 전개를 통하여 도출된 논점/쟁점을 주로 자카르타 및 덴파사르 지역을 현지 조사하여 얻은 식견에 근거하여 부연할 것이다. 그렇게 함으로써 먼저 아시아 메가시티(megacity)가 포스트 세계도시 도쿄를 상대로 하여 새로운 세계화의 내실을 획득하고 있음을 확인할 수 있을 것이다. 다음으로 그곳에 자리 잡은 '출입통제 공동체(gated community)와 슬럼(slum)'이라는 공간 · 사회 형태가 모빌리티/글로벌리티의 다양한 요소들이 상호 위반 · 보완에 의해 모인 결과라는 점을 지적할 것이다. 더욱이 발리에 있어서 무슬림의 존재형태 및 일본인의 체류 양식을, 글로벌 관광산업의 진전과 함께 어쩔 수 없이 그 모습을 바꿔가고 있는 커뮤니티의 존재양태와 관계시켜서 다면적으로 묘사할 것이다. 그리고 마지막으로 이 책의 테마에 관해서 일반적인 해석을 제시함과 동시에 한층 더 분명하게 과제를 명시함으로써 앞으로의 전망과 연결시킬 것이다.

필자의 언변부족이라고 해야 할는지 혹은 보다 풍부한 사실로써 보충이 되었는지는 잘 모르겠지만, 이 책은 제시한 테마에 관한 하나의 '시작'에 불과하다. 무책임한 것 같지만 이 책이 여기에서 시작해 어디로 갈지는 지금으로서는 필자 자신도 전혀 예측할 수 없다. 그러나 적어도 독자들이 이러한 '시작'을 공유할 수 있을 것 같은 느낌은 든다. 반복되는 이야기지만 이 책이 설정한 테마 자체는 오늘날 매우 가치 있는 것이라고 생각한다. 글로벌화 속에서 발생하는 갖가지 참극에 대하여, 적어도 그러한 참극에 내재된 문제의 구조와 해결 방향에 대해서는 앞서 제시한 테마를 깊이 파고듦으로써 상당 부분 파악할 수 있을 것이다. 물론 필자 자신도 다시 한 번 '모빌리티와 장소'라는 테마가 지향하는 바에 대해 이리저리 생각해 보고 싶다.

2008년 6월 녹음 짙은 미야기자오(宮城蔵王)의 산기슭에서

요시하라 나오키

한국어판 서문

■ 글로벌화에 관한 연구는 현재 제2라운드로 들어섰다. 그리고 그러한 가운데 '새로운 이동'의 패러다임이 논의의 최첨단 부분을 구성하게 되었다. 이 책은 그러한 '새로운 이동'의 패러다임을 구성하는 문제설정(problematic)을 몇 가지 논점과 경험적 사실에 근거하여 해명하고자 시도한 것이다.

이 책에서 논한 바와 같이 모빌리티는 지금까지 '영역적인 것'이라는 틀 내에서 논의된 적이 많았다. 예를 들어 사회학에 관해서 말하자면 계층이동이나 지역이동에 관한 수많은 연구 성과들이 누적되어 있지만, 그 대부분은 일국 사회의 노동시장이나 '도시와 농촌'을 논의의 전제로 삼았다. 주지하다시피 오늘날에는 글로벌화의 진전과 함께 모빌리티를 보다 넓은 맥락에서, 즉 초지역적(trans-regional)인 흐름으로 다시금 정식화할 것을 요구한다. 그리고 이러한 글로벌화 → 초지역적인 흐름은 '시간과 공간의 새로운 경험'을 수반한다. 그러나 (사람들이) 자신에게 소원(疎遠)한, 뭐라고 표현하기도 어려운 외부의 '커다란 것'에 포섭되고 병합되어가는 것만은 아니며, 또한 과거의 역사적 경험이 등질화의 압력으로 인해 사라져가는 것도 아니다. 이 책에서는 이 같은 글로벌화에 수반하여 나타나는 '시간과 공간의 새로운 경험'이 지닌 실상을, 이른바 '공간론적 전환(spatial turn)'을 이끈 일련의 모더니티에 관한 사회이론들을 읽어나가면서, 나아가 사람들의 공동체적 경험과 거기에 관여하는 도시공간의 전환에 근거하여 명백하게 규명하려고 하였다.

이와 동시에 이 책에서는 최근 들어 공동체론이 성행하게 된 기반을 이루는 것에도 주목한다. 오늘날 글로벌화(탈영역화)에 대한 반작용으로서 등장하는 내셔널리즘에 더하여 쇼비니즘, 그리고 '다른 것'에 관용적이지 못한 '차이론적 인종주의' 등과 같은 사상과 행동이 세계 도처에서 대두한다. 그리고 반동적이며 배타적인 정치가 여기저기서 싹을 틔운다. 그와 함께 일정한 영역과 거기에 근거한 정체성의 서사(敍事)로 이루어진, 베네딕트 앤더슨이 말하는 '상상의 공동체(imagined communities)'를 다시금 소환하려는 움직임이 두드러진다. 특히 일본에서는 이러한 움직임이 강하게 나타난다. 그러한 가운데 인문 · 사회과학이 당면한 과제로서, 한편에서는 '지(地)'와 '혈(血)'의 결합을 강조하며, 이른바 '근접성'(= '가까이 있는 것')을 향한 동경에 기초하여 자신을 둘러싸는 것의 움직임을 확인하면서, 다른 한편으로는 이러한 '둘러싸는 것'에 결코 포섭되지 않는 공동체의 존재양태를 모색할 것이 요청된다.

이 책에서는 이상과 같은 과제에 부응하여, 이(異)문화와의 공생을 피할 수 없는 혼종사회에서 그 내부에 폐쇄되어 가지 않는 공동체를 어떻게 형성할 수 있을 것인가를 검토하고자 했다. 그리고 '영역성'이나 '공동성'을 강조하는 것이 아니라, "함께 살아가는 것이 외부에 닫혀져 있는 것이 아니며, 또한 같은 삶의 방식(가치관)을 서로 강요하는 것도 아닌, 이른바 비(非)배제성과 비(非)동질성을 특징으로 하는—더욱이 신체적으로 매개된 '교감'이 타자와의 사이에 창출되는 것—공존 · 공생의 상태"(이 책에 대한 사이토(齋藤純一)의 서평)를 추적했다. 그것이 성공할지 어떨지는 독자의 판단에 맡길 수밖에 없다. 다만 그러한 과제에 대한 추구라는 관점에서 말하자면, 이 책은 이제 겨우 막 입구에 접어든 데 불과하다고 해야 할지도 모르겠다.

사실 이 책의 저자로서 필자는 사람들의 생활에서 발생하는 다양한 논점들(복지, 재해, 방범 등)과 관련하여 표출되는 공동체의 위상을 광범위한 시각에서 다면적으로 파악하여, 글로벌한 세계 속에 공동체가 선 자리와 전환의 방향을 확인하는 가운데, 위에서 서술한 과제에 대해 더욱 깊이 파고들어갈 필요가 있다고 생각한다. 이것이 성공한다면 오늘날 한 국면의 정점을 치닫고 있는 공동체 연구에 새로운 발전의 계기를 첨가할 수 있을 것으로 확신한다. 한국과 일본의 인문 · 사회과학자들에게 이와 같은 새로운 발전의 계기를 포함한 공동체 연구를 전개해 가는 일은 바야흐로 긴요한 과제로 떠오른다.

이 책의 한국어판은 부산대학교 한국민족문화연구소의 이상봉, 신나경 두 선생님이 번역하였다. 한편, 이 책의 영어판은 이미 *Fluidity of Place: Globalization and the Transformation of Urban Space*라는 제목으로 Trans Pacific Press에서 간행되었다. 영어판에 이어 이처럼 수고스럽게 잘 번역한 한국어판이 출간되어 필자의 글이 한국의 독자들에게 소개되는 것에 대해 깊은 감사를 드리며, 이러한 노력에 의해 필자의 저서가 '새로운 이동' 패러다임의 확장뿐만 아니라 시민사회의 발전에도 기여할 수 있게 된다면 기대 이상의 기쁨일 것이다.

2010년 6월

요시하라 나오키

차례

II. 아시아 메가시티에 있어서 도시공간의 전환

일러두기

1. 이 책은 요시하라 나오키(吉原直樹), 『モビリティと場所 : 21世紀都市空間の轉回』(東京大學出版會, 2008)를 번역한 것이다.
2. 본문에서 인용한 문헌의 서지사항은 책 뒷부분에 별도로 '참고문헌'에 정리했다. 본문에는 해당 인용 부분에 '(저자, 발행연도: 쪽수)' 또는 '(저자, 발행연도=일역본 발행연도: 쪽수)'를 명기했으며, 쪽수는 명기하지 않은 경우도 있다. 이상은 원서의 표기를 그대로 따랐다. 단, 해당 문헌의 국역본이 있는 경우, 참고문헌의 원저작 서지정보 뒤에 덧붙여 명기했다.
3. 일본 인명의 경우 성(姓)만 한글 표기를 하고 괄호 안에 성과 이름을 한자 병기했다. 단, 본문에서 인용 문헌을 명기할 때는 한자로 성만 표기했다. 또한 서지사항의 일문한자(약자)는 모두 정체자를 사용했다.
4. 본문 중에 대괄호(〔 〕)는 역자가 보충한 어구나 풀어 쓴 한자를 병기할 때 사용했으며, 〈 〉는 원서의 표기를 그대로 따랐다.

서장
지금 왜 모빌리티와 장소인가?

"막상 어떻게 하면 좋을지 나는 어찌할 바를 몰랐다.
지금 막 도망쳐 나온 상륙지점으로 되돌아갈 용기는 없었다."

– J. 스위드트, 『걸리버 여행기』

■ '모빌리티와 장소'라는 문제설정은 근대주의적인 대서사(大敍事)의 관점에서 본다면 명백하게 모순이다. 왜냐하면 근대주의적인 이분법이나 발전 도식에서 모빌리티는 장소가 가지는 '부동성(immobility)'과는 대치점에 있으며, 그 모습을 달리하는 것이기 때문이다(적어도 동일 평면상에 있는 것은 아니다).

따라서 '모빌리티와 장소'라는 문제설정을 시도하기 위해서는 앞서 말한 근대주의적 이야기(敍事)를 그만두지 않으면 안 된다. 그러나 번거롭게도 현재의 시점에서는 모빌리티든 장소든 간에 '탈(脫)사회과학'(I. Wallerstein)의 이론지평에 입각한 조정이나 재검토가 거의 이루어지지 않았다. 지금까지는 (모빌리티든 장소든) 근대 국민국가를 전제로 하는 개념틀로서 설명되어 왔다. 지역이동이든 계층이동이든, 또한 장소라 하더라도 근대의 '영역적인 것(the territorial)'의 틀 내에서 다루어져 왔다. 말할 필요도 없이 이러한 상황에 변화를 주어 근대의 사회이론에 패러다임 전환의 계기가 된 것이 글로벌화이다. 실제로 글로벌화 상황에서 모빌리티와 장소는 답답하리만큼 복잡하게 뒤얽혀 있으며, 그것을 파악하기 위해서 지금까지와는 다른 양식의 사회이론—예를 들면 복잡성이나 창발성(創發性, the emergent: 복잡계이론에서 사용된 용어로 부분적 성질의 단순한 총화가 아닌 새로운 성질이 전체로서 나타나는 것을 의미함—역주)을 중심으로 한 이론—이 나타나기 시작했다.[1]

그러나 그렇다고 해서 여기서 갑자기 근대주의적인 이야기를 그만둔다고 선언해 버린다면, 설령 시대의 분위기를 잘 이해하여 경우에 따라 문화변용의 기반에 근접하는 문구들을 사용하여 설명한다고 하더라도, 아마도 전도 불명의 상황에 빠지게 되고 말 것이다. 그래서 '모빌리티와 장소'라는 문제의 구조 그 자체에 내재하는 고유의 문제기제는 우선 제쳐두기로 하고, 먼저 글로벌화의 진전에 주목하면서 이 책의 부제에도 나타나 있듯이 현대 도시공간의 전환을 중심으로 지금 왜 '모빌리티와 장소'가 문제인가를 서술하면서 이 책의 서장을 시작하고자 한다.

1. 시간과 공간의 새로운 경험

예전에 세계도시에 관한 논의가 활기를 띠었을 때, 그 논의를 이끌어내는 데 유력한 계기가 된 것이 카스텔과 몰렌코프가 공동으로 저술한 『이중 도시－뉴욕의 재구조화』(Castells & Mollenkopt, 1991)였다. 이것은 문자 그대로 세계도시 뉴욕에서 1980년대 이후 생겨난 양극화를, 한편에는 '부자'를, 다른 한편에는 '가난한 자'를 대조시켜 서술한 것이다. 그리고 그것은 기본적으로 "글로벌화에 상호 연결된 흐름의 공간(space of flows)이 가지는 교차 중심〔結節点〕과, 사회적 공동체(community)가 제각각으로

---

1 '모빌리티와 장소'라는 문제를 복잡성이나 창발성의 이론에 입각하여 적극적으로 다루고 있는 것이, 어리의 최근 저작들이다(Urry, 2000=2006; Urry, 1995=2003). 그러나 그것들은, 복잡성이나 창발성 이론을 '현실생활의 상황에 대한 적용'(Tuan 1990: 435)이라는 관점에서 본다면, 다듬어야 할 부분이 많다고 여겨지며, 또한 초기단계의 논의에 그치고 있다. 이 책은 어리의 논의에 많이 의존하면서도, 그 속에서 '모빌리티와 장소'에 관하여 아직 정리되지 않고 있는 여러 논점들을, 현대 도시공간, 그중에서도 특히 아시아 도시공간의 전환이라는 문제에 입각하여 더욱 발전시키고자 하는 것이다. 동시에 '모빌리티와 장소'라는 문제에 접근함에 있어서 이러한 아시아 도시로부터 접근하려는 시도가 매우 중요함을 환기시키는 데에도 역시 이 책의 주안점이 있다.

흩어져서 힘도 갖지 못하는 장소들(locales) 사이에서 관찰되는 이분법"(高橋, 1993)이라는 성격을 가지고 있다. 이러한 이분법이 갖고 있는 이론적 어려움에 관해서는 이 책 6장에서 서술하기로 하고, 여기서는 우선 그 전개를 살펴보기로 하자. 이 이분법 자체는 그 이후에 형태를 바꿔서 스미스가 지적하는 다음과 같은 글로벌과 로컬의 이항대립 도식, 즉 "한편으로는 '글로벌한 것'을 위로부터 아래로(top-down)의 정치 · 경제적 권력이 날뛰는 공간으로 간주하며, 다른 한편으로는 '로컬한 것'을 계급적 분극화(polarization)의 장(場), 혹은 글로벌한 자본주의의 거침없는 행진에 대하여 무력하기 그지없는 문화적인 저항의 장으로 환원해가는"(Smith, 2001) 입장으로 계승되었다.

여기서 새삼 주목해야 할 것은, 그러한 입장으로부터 도출되는 장소에 대한 두 가지의 이해방식, 즉 자본에 있어서의 '장소의 차이'를 강조하는 논조와, 정체성(Identity)의 근거로서의 장소성을 정립하는 논조가 파생 또는 분기한다는 점이다(자세한 내용은 이 책 4장을 참조). 이 두 가지의 논조는 그 표면에 나타나는 두드러진 차이에도 불구하고, 둘 다 〈근접성〉을 기본적인 주장으로 삼고 있다. 즉 전자는 '근접한 것'이 갖는 이득을 얻으려는 자본의 욕구에 기초한 〈근접성〉의 추구를, 다른 한편으로 후자는 '근접하지 못한 것'이 갖는 불안에 기인한 〈근접성〉에의 동경을 그 지표로 한다. 또한 이와 함께 둘 다 공통의 전제로 하는 것이, 하비가 말하는 '시간과 공간의 새로운 경험'이다. 하비는 이러한 새로운 경험을 '시 · 공간의 압축(time-space compression)'[2]이라는 새로운 범주로서 서술하였다.

---

2 그것은 "세계가 우리들을 향해 내부로 붕괴해 오는 듯이 보일 정도로 공간적 장벽을 극복하면서 생활의 리듬을 가속화하는" 과정으로서 그려졌다(Harvey, 1989=2000). 다른 한편으로 매시는 "(시 · 공간의 압축이라는 것은) 공간을 횡단하는 이동이나 커뮤니케이션을 나타내는 술어다. 이것은 (기든스의 표현에 의하면 시 · 공간의 원격화라고 함)

그것은 시간적으로는 주기가 짧고 이동하기 쉬운 것을, 공간적으로는 분열하여 미분상태에 있는 것을 나타내며, 하비가 강조한, 포디즘(Fordism)의 위기 이후에 등장한 '유연성(flexibility)'의 근간을 이루는 것이다. 원래 하비에게 있어 유연성은 노동과정, 노동시장, 국가정책, 지리적 모빌리티, 소비과정의 5가지 차원에서 간파되고, 게다가 포디즘의 반대편에 위치하는 것이다.[3] 덧붙여 말하면 포디즘에서는 경직성 및 일관성이 그 기조를 이루며, '교체하는 시간(alternating time)'과 기하학적이고 계통적인 공간(geometrical systematic space)이 이를 뒷받침하고 있다. 이러한 포디즘이 1973년 이후 위기에 빠지게 되면서 유연성이 전폭적으로 나타나게 되는 것이다.

사회적 제 관계의 지리적 확장 및 그 모든 것에 관계되는 우리들의 경험을 의미하는 현상이기도 하다"라고 서술하였다(Massey, 1993=2002: 34). 덧붙여 어리는 그러한 '시·공간의 압축'의 새로운 범위를 다음과 같이 개괄하였다. "생산에 있어 회전시간의 가속화, 유행의 교체나 이동하기 쉬운 가속경향, 제품이 거의 전역에서 입수될 가능성, 제품·관계·계약의 즉흥성의 증대, 단기 수익주의의 증가와 '기다리는 시간 문화'의 퇴조, 사회생활에서의 광고업과 급변하는 미디어·이미지의 중요성, 즉 이른바 '선동의 문화', 건축조형물이나 물리적 경치를 포함하는 시뮬레이션 기술 이용가능성의 증대, 10억분의 1초의 속도로 순식간에 공간을 넘나드는 새로운 정보·통신 기술의 눈부신 보급……"(Urry, 1995=2003: 40).

3 하비에 의하면, 유연성은 '유연한 축적'이라고 그가 일컫는 기본 가치를 이루는 것이다. 그런데 '유연한 축적'이란 이른바 조절이론(regulation approach)에서 '포스트 포디즘'이나 '유연한 전문화'로 불리는 것에 해당한다. 그것은 1973년 이후 위기에 직면한 포디즘을 대신해 나타났다고 한다. 하비는 그의 뛰어난 통찰력을 통해 유연성에 대해 '시간과 공간의 새로운 경험'을 나타내는 것으로서뿐만 아니라, 포스트모던의 문화적 실천과 철학적 언어로 소급해, 어떤 종류의 문화적, 사회적 상태를 나타내는 것으로서도 논하고 있다는 점에서 드러난다. 덧붙여 '유연한 축적'론은 『자본의 도시화』(일역, 『도시의 자본론』)의 입장에서 보면 외견상의 진폭이 크기 때문에, 다양한 비평(예를 들면, 결정론적/환원론적 마르크스주의에서의 이탈이라는 것)에 노출되어 오늘에 이르고 있지만, 이하에 서술된 모빌리티의 논의에서 뼈대의 역할을 한다는 점에서 지금 더욱 더 의미 있는 것으로 파악된다. 하비 이론의 궤적과 동향에 대해서는 吉原(2008)를 참조.

어느 쪽이든 간에 '시간과 공간의 새로운 경험'으로 일컬어지는 것들을 자각적으로 읽어내고 또 문제시함으로써, 여기서 말하는 '모빌리티와 장소'를 논하기 위한 계기나 단서를 얻을 수 있을 것이다.

2. 순간적 시간의 기제4

그런데 경직성과 일관성으로 특징되는 포디즘의 시간과 공간, 그중에서도 시간의 기제를 가장 잘 표현하는 것은 다름 아닌 기계적 시간(clock time)이다. 그것은 아담에 의하면, "그 자연적 근원으로부터 추상된 시간, 즉 독립되고 탈맥락화하여 합리화된 시간"이며, "균질한 공간 단위에 거의 무한하게 분류될 수 있는……그리고 시간 그 자체로서 위치하는 시간"이다(Adam, 1995: 27). 르페브르는 그러한 기계적 시간이 모든 사회를 지배함으로써, 존재 가능한 카이로스적 시간, 즉 "시계가 몇 시를 나타내고 있건 간에 '지금'이야말로 중요하다고 여기는 경우의 시간개념"을 모조리 추방시켜 버렸다고 말한다(Lefebvre, 1991=2000). 바야흐로 기계적 시간은 근대 사회의 구조와 사회적 실천의 중심이 되어 온 것이다. 그러한 기계적 시간이 포디즘의 위기 이후, 특히 앞서 말한 '시 · 공간의 압축'과 깊이 관련된 새로운 과학기술의 대두와 더불어, 주기가 짧고 이동하기 쉬운 시간으로 계속 대체된다는 것이 하비의 주장이었다. 하비의 이러한 주

---

4 여기서 말하는 순간적 시간은 이하에 서술되어 있는 바와 같이 원래는 어리가 생각해낸 개념이다(Urry, 2000=2006). 어리는 그것이 "헛됨, 일회용, 일과성, 이미지, 모조품 등의 전형적인 사례"(Urry, 1995=2003: 295)를 부여하며, 이러한 순간적 시간 아래서 미래가 현재로 용해된다고 한다. 그래서 부분적으로 기계적 시간을 대신한다고 주장한다. 여기에서 논의되는 대부분은 吉原(2004) 6장('글로벌화와 순간적 시간의 메커니즘')과 중복되므로 자세한 내용은 그 책을 참조.

장은, 기계적 시간에서 주기가 짧고 이동하기 쉬운 시간으로의 이행을, '상태'인 동시에 모더니티의 양의성(→ 포스트모더니티의 '조건')을 포함하는 것으로서 파악한 점에 그 특징이 있다.[5] 그러나 그 주장은, 새로운 과학기술이 사람 · 정보 · 이미지로 구성된 모빌리티의 기회와 그 제약조건을 극적으로 변화시키고 있음을 잘 나타내면서도, 그것이 어떠한 형태로 유연성의 기저를 이루고 있는가에 관해서는 명백한 설명을 제공하지 못한다고 평가되었다.

따라서 그런 점에서 어리가 말하는 '순간적 시간(instantaneous time)'의 개념이 유익하다고 할 수 있다. 왜냐하면 그 개념은 똑같이 시간과 공간의 메타포로서 존재하면서, 지적한 바와 같은 모빌리티를, 우리들의 '지속(dureé)'에 대한 경험(Bergson)[6]이 '순간적' 혹은 '가상의(virtual)' 형태로 재질서화되는 과정에 근거하여 밀접하게 추적, 도출하고 있기 때문이다. 그 구성요소를 어리는 다음과 같이 개괄하고 있다(Urry, 2000=2006: 223).

---

5 기계적 시간에서 주기가 짧고 이동하기 쉬운 시간으로의 이행은, 언뜻 보기에는 발전주의적인 테제(즉 이항대립 도식) 위에 있는 듯하지만, 그것은 어디까지나 모더니티의 양의성을 나타내는 것이다. 이 점에 관해서 하비가 매우 주목했던 것이 다음의 보들레르의 구절이다. "근대라는 것은 일시적인 것, 이동하기 쉬운 것, 우발적인 것으로, 이것이……절반을 이루고, 다른 절반이 영원한 것, 불변의 것이다"(Baudelaire, 1981=1987: 1691). 통상 포스트모더니티로서 서술되는 것이 전자의 국면이지만, 중요한 것은 하비가 형태전환을 반복하면서 이면성(二面性)이 유지되는 점이 모더니티의 원리라고 보는 점이다.

6 베르그송은 '시간(temps)'을 그가 말하는 '지속'과 명확하게 구별하고 있다. 그에 의하면 시간은 양적으로 공간 단위로 분할 가능한 것, 즉 '공간화된 시간'이다. 그러나 그것은 그가 보는 관점에서는 진정한 시간이 아니다. '지속'이야말로 본래의 시간인 것이다(Bergson, 1889=1990). 덧붙여 바슐라르는 베르그송이 말하는 '지속'으로서의 시간의 중심에 질적이고 감각적이며 살아가는 공간개념이 존재한다고 논하고 있다(Bachelard, 1957=1969). 어쨌든 시간을 '생성의 시간'으로 파악해 신체와 연결 짓는 베르그송의 이론적 입장은 인간의 실존에 내재하는 '차원이 있는 시간'에 주시하는 것이다.

첫째, 완전하게 인간의 의식을 초월해 버리는, 상상을 불허하는 짧은 순간을 기저로 하는 정보와 통신의 새로운 과학기술. 둘째, 각각 다른 순간에 일어나는 원인과 결과라는 시간적 분리를 특징으로 하는 기계적 시간의 선형적 논리를 대신하는 사회적, 기술적 관계의 동시적 존재. 셋째, 문자 그대로 순간적이고 동시적이지는 않더라도 매우 단기적이며 단편적인 시간이 가지는 광범위한 중요성의 메타포.

이러한 구성요소로 편성된 순간적 시간 속에서는 그야말로 내셔널, 로컬 등의 규모에 의해 나타나는 '지리(地理)적 종말'(Gregory)은 불가피한 것이다. 그리고 공간적 경계의 붕괴는 단순히 '물리적 거리'의 압축에 머물지 않고 즉시성, 임팩트, 센세이션 그리고 동시성의 강화로서 존재하는 '미학적 거리'의 압축도 동반하게 된다. 그러나 이제까지 논의되어 온 모빌리티가 반드시 영역성의 붕괴와 동일한 의미로서 정립되었던 것은 아니다. 덧붙여 말하자면 그러한 것이 글로벌화에 관한 논의로 옮겨 가면 '자본주의에 의한 세계의 구조화'(Hall)와 로컬한 것의 단편화 또는 용해라는 대서사로 수렴되기 일쑤였다. 그리고 거기에서 간취되는 '글로벌화를 이를테면 하나의 단일체로서 의인화'(吉原, 2004: 175)하는 방법은 언뜻 보기에는 영역성을 부정하는 듯이 보이지만, 말하자면 '커다란 것'에 의해 '작은 것'이 병합 또는 석권되는 형태로 변형된 영역성에 기초한다고 할 수 있다. 즉 영역성을 부정하는 듯하면서도 교묘하게 영역성에 기초하는 것이다.[7]

---

7 글로벌화에 관한 언설에 대해서는 이 책 1장에서 검토한다. 따라서 여기에서는 상세하게 다루진 않지만 그러한 것이 여기서 말하는 '큰 것'에 의한 '작은 것'의 병합/석권이라는 형태의 언설뿐만은 아니라는 점은 확실하다. 오히려 글로벌('큰 것')과 로컬('작은 것')의 상호 침투에 착안하는 언설이 대세를 이루게 되었다. 그리고 거기서 〈글로벌

3. 모빌리티와 장소

하지만 순간적 시간과 함께 거론되는 모빌리티는 이미 영역성의 애매한 개입이나 침입을 허용하지 않는다. 오히려 영역성을 제거해버린 글로벌한 복잡성 위에 존재하는 것이다. 구체적으로는 이 책의 2장에서 서술하겠지만, 그것은 기본적으로는 소요(逍遙)하면서 경계를 끊임없이 재검토하는 글로벌한 사람 · 물자 · 용역의 유동성과 혼종성을 통해 이루어진다. 그야말로 아파두라이가 "근본적으로 프랙탈(fractal: 부분과 전체가 같은 형태인 차원분열도형—역주)적이어서, 이미 유클리드적인 경계나 구조 혹은 규칙성을 갖추고 있지 않다"(Appadurai, 1996=2002: 27)라고 말하는 글로벌화의 배열(constellation)을 나타내는 것이다. 그리고 그러한 모빌리티 하에서는 이미지의 흐름이 점점 가속화되어 '비(非)장소(place-less)'적 상황이 전면으로 부각되게 되었다. 그 때문에 우리들이 우리 자신을 마주하는 세계를 표상하는 방법은 점점 이미지에 의존하게 되고, 거기서 오감을 구사한 정체성을 추구하게 된다. 하비의 표현을 빌리자면 다음과 같다 (Harvey, 1996: 246).

> 이미지의 폭풍우가 가속화되는 세계에서 점점 더 장소가 사라져가고 있다. 우리는 누구인가? 그리고 어떤 공간에 소속되어 있는가? 나는 세계시민인가, 국민인가, 로컬인인가? 아니면 사이버 공간을 헤매는 가상적 존재로서 존재하는 것일까?……

한 것의 로컬로의 차연(差延)〉이나 〈로컬한 것의 글로벌한 전개〉라는 방향으로 논의를 전개하는 언설이 힘을 얻고 있다(吉原, 2004: 180). 그러나 어떤 언설이라 하더라도, 중요한 것은 영역성을 우선으로 한다는 점에서는 그리 큰 차이가 없다는 것이다.

그 어느 쪽이든 간에 안정성이나 아무런 문제없는 정체성의 근거로서 장소를 이해하고자 하는 입장이 발생함을 쉽게 이해할 수 있다. 그러나 여기서 간과해서는 안 될 것은, 순간적 시간과 함께 존재하는 모빌리티가 그 자체로 고도의 모빌리티를 가진 자본의 욕구를 내면화한 것이라는 점이다.[8] 확실히 이제껏 보아 온 모빌리티의 〈지금〉을 어떤 식으로 묘사한다고 해도 결국 자본에 의한 공간의 추상작용, 즉 자본에 의한 '장소의 적극적인 생산'이 그 규정 요인을 이루고 있다는 점은 부정할 수 없는 사실이다. 그리고 이 점을 고려한다면, 자본에 있어서 '장소의 차이'를 강조하는 입장도 어렵잖게 수긍할 수 있다.

그와 동시에 순간적 시간과 함께 존재하는 모빌리티에서 우리들이 목격하고 있는 것은 이른바 장소와 공간의 개방된 성격이다. 그것은 한마디로 말하자면 '자본주의의 개방된 모순'(Lefebvre)을 암시하는 것이지만, 요컨대 '장소의 차이'의 밑바탕에 내재한 역동성(dynamism)을 어떻게 분석할 것인가이다. 여기서 앞서 언급한 모빌리티로 되돌아가서 다시금 주목하고 싶은 것은 다음과 같은 서술에 포함되어 있는 장소/장소성의 의미이다(Morris-Suzuki, 2000: 226).

> 경계를 초월하는 문화의 흐름은 한편으로 국민국가를 붕괴시킬지도 모르지만, 동시에 다른 한편으로는 다중 · 다층적인 여러 형태의 정체성을 활성화하

8 순간적 시간과 함께 존재하는 모빌리티 하에서 공간의 장벽이 가지는 함의는 확실하게 감소한다. 그리고 바로 그렇기 때문에 공간의 추상화(抽象化) 속에서 장소의 차이/'질(質)'에 대한 자본의 감수성이 점점 강해지고, 자본을 유인하는 인센티브가 한층 더 강하게 작용하게 된다. 이러한 발걸음이 가벼운(즉 간단하게 이동할 수 있는) 자본 간에 장소를 둘러싼 치열한 경쟁이 전개된다고 한다(Harvey, 1989=2000). 어쨌든 특수한 질을 담보하며 싼 가격에 이용할 수 있는 자원을 갖춘 장소가 쟁탈의 대상이 되고, 또한 그러한 점에서 자본에 의한 장소성의 강화가 나타나게 된다는 것이다.

여, 전승(傳承)된 시민 본연의 모습에서 잠재적으로 보다 큰 유동성을 이끌어 낸다.……고유한 것과 외부적인 것 사이의 경계가 투과하기 쉽게 되어감에 따라 주변부에서는 디아스포라=이산(離散)이라는 환경이 그리 특별하지 않게 되고, '국가와 시장주의 시스템 외부에 있는 국가-국민을 횡단하는 제휴'로 구성되는 새로운 '공동권'의 형성이 촉진된다…….

이 언설에서 직접 부연 설명되는 것은 아니지만, 그 연장선상에 나타나는 것이 매시가 말하는 '장소의 대안적 해석'이다.[9] 매시는 이를 다음과 같이 서술하고 있다(Massey, 1993=2002: 41).

이 해석에서는, 어떤 장소에 그 차이성을 부여하는 것은, 오랜 과거로 거슬러 올라가 내면화된 역사가 아니다. 그것은 어느 특정한 위치에서 일괄적으로 조정된 여러 관계들의 특정한 배치로부터 구축된다는 사실이다. 그와 같은 사회적 제 관계, 그리고 이동과 커뮤니케이션의 모든 네트워크를 환기하면서 인공위성에서 지구를 향해 이동한다고 본다면, 각각의 장소는 그 네트워크가 교차하는 특정의, 즉 유일한 점으로 간주할 수 있을 것이다. 환언하자면, 장소의 유일성, 즉 로컬리티는 사회적 제 관계, 사회 프로세스, 그리고 경험과 이해가

9 자세한 내용은 이 책 4장에서 다루게 되는데, 매시는 이러한 해석의 반대편에 '진보적인 장소 감각'을 두고 있다. 그것은 하이데거에서 유래하는 것이며, 장소에는 단일의 본질적인 정체성이 있다는 개념, 내면화된 기원을 추구해 과거를 파헤쳐 그것에 기초해 내향화된 역사로부터 장소의 정체성—장소 감각—이 구축된다고 하는 관념, 나아가 '장소 주위에 선을 긋는 것'을 그 특징으로 하고 있다(Massey, 1993=2002: 39). 그런데 이러한 '진보적인 장소 감각'은 앞서 서술했던 장소 이해에서 보자면, 분명히 정체성의 근거로서 장소성을 정립하는 논조의 계보를 잇는 것이지만, 동시에 〈근접성〉을 매개로 하여 자본에 있어서의 '장소의 차이'를 강조하는 논조와도 공명하고 있다. 여기서 장소의 이해를 둘러싼 공동체주의자와 자유지상주의자 사이의 '멀그도 가까운' 관계를 알 수 있다.

함께 나타나는 상황 속에서 그중 특정한 상호 작용과 상호 절합(articulation: 분절과 접합이 상보적인 관계에 있는 상태—역주)을 통해 구축된다.

되풀이할 필요도 없이 여기서는 장소를 사회적 제 관계와 이해의 네트워크가 리좀(rhizome: 이질의 것이 계층적이 아니라 횡단적인 관계로 연결되는 상태—역주) 식으로 절합되고, 더욱이 밖을 향해 개방되어 있는 정경으로 파악하고 있다. 그렇게 볼 때 보다 중요한 과제로서 부상하는 것이, 어떻게 하면 지적한 바의 네트워크 자체가 가지는 복잡하지만 혼돈스런 힘을 끌어내는 기능을 찾아낼 수 있는가 하는 점이다. 이에 관해서는 조하와 마셜이 말하는 '양자적(量子的) 실재'라는 개념이 참고가 된다(단, 여기서는 Urry, 2000=2006: 215에서 인용).

> 양자적 실재는……잠재적으로는 입자 같기도 하고 파동 같기도 하다. 입자는 단일체이며, 공간과 시간상에 위치하여 측정 가능한 것으로서 어느 시점인가 어딘가에 존재한다. 즉 이곳저곳에 존재하며 그때도 존재했고 지금도 존재한다. 파동은 '비국소적'이고, 공간과 시간을 초월하여 확산되며, 그 순간적인 작용은 도처에 미친다. 또한 파동은 동시에 모든 방향으로 확산되고 다른 파동과 결합해 하나가 되어 새로운 실재(창발적인 전체)를 형성한다.

핵심은 '새로운 실재'이지만, 여기서 파악할 수 있는 것은 '창발성(the emergent)'이다. 이 책 2장에서 상세하게 기술하겠지만, 그것은 사람들이 순간적인 에피소드를 만들어 절합하는 가운데 엮어내는 '의미의 그물망'(Lefebvre)—그 자체로 탈(脫)통합적이고 비유기적인 것으로 존재하는—의 밑바탕을 이루는 것이다.

4. 새로운 종류의 인간 본성을 추구하며

그런데 여기까지 서술해 오면서, 우리들이 진정으로 추구하고 있는 것은 결국 하비가 말하는 '새로운 종류의 인간 본성'이라는 점에 생각이 미치게 된다. 그것은 순간적 시간에 대한 특수한 감수성으로 충만해 있으며, "개발=이용=착취에 근거한 도시적 생활양식으로부터 인류에 적합한 도시적 생활양식으로의……변환(transformation)을 이루어낼"(Harvey, 1973=1980: 418) 수 있는 능력을 갖추고 있다. 이에 더하여 초기 시카고학파의 최고권위자인 파크는 인간 본성의 동일원리에 주목하여 인간생태학을 완성시켰다.[10] 파크가 생각한 인간 본성은 완전히 자유방임(laissez-

---

10 필자는 파크가 그린 인간 본성의 세계를, 그 기초를 이루는 균형론적인 변동론과 관련하여 다음과 같이 서술한 적이 있다. "파크의 인간생태학은 인간 본성에 의한 동일원리의 세계가 우선으로 가정되고 있다. 그것은 말하자면 신의 보이지 않는 손이 작용하는 자유방임주의(laissez-faire)의 세계였다. 거기서 알 수 있는 사회 다원주의적인 도태에 의한 재질서화로의 치우침이라는 논조는 결과적으로 균형론적 변동론으로 수렴된다. 거기에 기초하는 〈인간 본성의 세계〉가, 자본의 가치 증식의 논리가 직접적인 규정 요인으로서 작용하는 시카고적 세계와 유사하다는 것은 말할 필요도 없다. 그러나 파크가 지대한 관심을 보였던 인간 본성은 동시에 〈인간적 자연〉을 담보로 한 '인간의 가능성'을 내포하는 것이었다. 파크가 착안한 인간적 자연을 '인간과 자연의 관계'라는 구조로 파악해 보면, 인간의 사회적 노동을 사이에 두고 인간과 자연의 역동성('자연의 인간화', '인간의 자연화')을 보는 시점이 희박하고, 이것이 그의 생태학적 결정론의 입장을 현저하게 공간 패티시즘(fetishism)의 방향으로 기울게 했다는 점은 부정할 수 없다."

필자는 여기서 파크가 착안한 인간 본성의 밑바닥에 존재하는 〈인간적 자연〉을 마르크스의 조망(perspective)을 연유(緣由)해서 반(反)정립하려고 했지만 한편으로 자본주의에 의해 '제2의 자연(second nature)'이라는 형태로 창조된 건조환경(built environment)이 세기 전환기에서 1920년대에 걸쳐 인간 본성에 끼친 영향에 대해서는 완전히 시야에서 제외시켜 버리고 있다.

추기 실은 '모빌리티와 장소'라는 테마의 검토와 전개에 있어서, 글로벌화의 진전과 함께 혼종성 혹은 복잡성(complexity)의 고도화가 가지는 의미를 찾는 것은 불가결하다.

faire)의 기제에 따르는 것이었다. 한편 하비에게 그것은 '총체적인 생활 양식'을 의미하며, 포디즘에 적합한 새로운 형태의 인간, 즉 '도시화된 인간 본성'이었다(Harvey, 1985=1991). 그렇다면 포디즘의 위기 이후 우리가 보아 온 것처럼, 순간적 시간과 함께 존재하는 모빌리티 하에서는 어떤 '새로운 종류의 인간 본성'이 탄생하고 있을까?

말할 것도 없이, 소요하면서 경계를 끊임없이 재검토하는 글로벌한 사람 · 물자 · 용역의 흐름과 혼종은 도시의 다양한 주체의 추상화나 공허화, 그리고 '사람들의 활동을 조직화 · 구조화하는 집합성의 쇠퇴'와 표리 상태를 이루며 존재한다(Urry, 2000=2006). 따라서 여기서 '새로운 종류의 인간 본성'을 상정할 경우 당연히 이러한 '집합성의 쇠퇴'를, **무언가 파괴된 것으로부터 새롭게 조성되는 것으로 이끄는**, 즉 이미 서술한 '장소의 차이'의 밑바탕에 숨어 있는 역동성과 밀접하게 관련시킬 것이다. 물론 그러한 전환의 계기를 내포하고 있는 역동성의 행방을 밝히는 것은 실제로 매우 어려운 작업이다. 그러나 세계의 맥도널드화와 토착적인 것(the indigenous)을 향한 욕망이나 공포가 혼재해 있는 상황(Iyer, 1989)이 한층 더 진행되는 '지금'으로서는 그야말로 이 과제를 피해 갈 수는 없다.

생각해 보면 우리들은 지금 민족, 민족성, 종교적 신조, 나아가 이웃을

이것을 주의 깊게 추구하고 있는 자가 어리이다. 어리에 의하면, "인문과학을 기계학적이라고 생각하는 것이 아니라 오히려 자연을 능동적이고 창조적인 것이라고 생각하고", "자연법칙을 사건, 신기성, 창조성의 개념과 양립하는 것"으로서 파악한다. 즉 "비평형성을 가진 동력학에 기초를 두어, 복합적인 미래, 분기와 선택, 역사적 의존성, 그리고……본래적으로 고유한 불확실성을 강조하는"(Wallerstein, 1996=1996: 118) 복잡성 이론을 원용하여 말하자면, "글로벌한 여러 시스템은 상호 의존하고, 자기조직적인 창발적 특성을 가지는 것으로 볼 수 있으며, 일련의 비선형적, 가동적, 예측 불가능한 '글로벌한 혼종성'이 항상 '카오스의 계기'가 된다는 것을 파악할 수 있다"(Urry, 2003: 14)고 한다. 그러나 이러한 점에 대해 여기서 자세히 설명할 여유는 없다. 자세한 것은 Urry, 2003 및 이 책 2장을 참조.

포함한 다양한 집합체가 생겨나거나 촉구되는, 즉 앞서 말한 '근접성'을 향한 충동에 포위되어 있다. 그래서 그러한 것들에 의해 매개된 동질화 과정을 마주하면서 살아가고 있다. 순간적 시간과 모빌리티가 소유하는, 차연(差延, Différance: 차별화와 지연—역주)을 향해 끊임없이 이동하는 차이, 그리고 응집과 파산을 반복하는 프랙탈한 구조는, 그런 경우에 우리들이 자각적으로 대응하는 방법을 암암리에 길러준다고 할 수 있다. '새로운 종류의 인간 본성'은 결국 이 같은 방법의 〈신체화〉를 제외하고서는 존재할 수 없는 것이다.

지금부터 이 책에서는 이상에서 묘사했던 '모빌리티와 장소'의 내실을 각각의 양상을 통해 부연하면서 논지를 전개할 것이다. 그야말로 "모든 준비가 갖추어져 드디어 출발할 날이 왔다"(J. Swift)라는 말과 함께.

I
모빌리티 속의 도시공간과 장소

제1장

모더니티의 양의성과 글로벌화

"흔해 빠진 사물, 이는 보통 쓰는 말이지만,
갑자기 다가와 이상하고 기이한 인상을 준다.
익숙하고 친숙한 것이 갑자기 신기한 것으로 변모한다."

– H. 르페브르, 『현대 세계에 있어서 일상생활』

1. 시작하면서

이제까지 논단을 떠들썩하게 하고, 극히 자극적인 논점을 끝없이 제시해 온 포스트모던에 관한 논의는 대체 무엇이었을까? 그것은 새로운 논의를 다른 새로운 논의가 능가하는 식의, 이제까지 보아온 〈지식〉의 패턴이 갖는 하나의 형상이나 국면에 불과했던가? 아니면 근대 서구의 계몽적 〈지식〉이 그 흔들리는 과정에서 배출하게 된 여러 가지 메타 지식의 한 변종에 불과했던 것인가? 그 어느 쪽이든 간에 경박한 이름붙이기(labeling)에서 시작하여 종국에는 휴머니즘을 부정하는 마름질에 이르기까지 다수의 비판과 저항이 소용돌이치는 가운데, 한때 포스트모던에 관한 논의가 다양한 〈지식〉의 경연이 벌어지는 중심에 위치하게 되었다. 그래서 그러한 '잔치'가 과거가 된 지금, 당치 않게도 재차 강력한 전체화의 이론(hollism)을 추구하거나, 아니면 '세계의 비참함'에 직면하여 구세주(Messiah)를 자처하는 유토피아적 사고가 되살아났다. 그리고 포스트모던에 관한 여러 언설에 대하여, 그러한 언설들을 포스트모던 현상으로부터 용의주도하게 분리시킨 후에, 명확한 방향을 찾지 못한 〈지식〉의 혼미함에 대한 책임을 일방적으로 떠넘기는 상황이 우리 앞에 나타나고 있다.[1]

1 포스트모더니티에 관한 제 언설에 대한 비판은 극히 여러 갈래에 걸쳐 있지만, 굳이 말하자면 그것들이 제시한 포스트모던 현상의 역사적 위상을 재고하지 않은 채 청산주의적으로 이를 부정하는 논조가 우세하다. 이러한 점에서 보면, 뒤에서 설명하는 공간론

여전히 변함없이 같은 일을 반복한다고 말할 수밖에 없다. 그리하여 쌍륙(두 개의 주사위의 끗수에 따라 말을 써서 승부를 겨루는 놀이—역주)이 단번에 출발점으로 되돌아 온 것처럼 보인다. 그러나 실제로는 어떠한가?

여기서 포스트모던에 관한 여러 언설이 가지고 있는 순전히 이론적인 변별적 특성에 대해서 서술할 생각은 없다. 오히려 그러한 언설들이 강경하거나 유연한 긍정과 부정의 반작용 속에서 논쟁하는 과정을 통해, 결과적으로 모더니티의 역동성을 명확하게 하고, 또 분과학문(discipline)의 탈경계화를 수반한 공간론적 전환[2]을 주도했다는 점을 지적하고 싶다. 포스트모던의 여러 언설들을 통속적인 시각으로 바라본다면, 소위 대비·대치적 사고를 넘어 '탈'이라는 접두사로 모더니티의 '지금'을 부각시키고, 그리고 이와 함께 한편으로는 연속을 말하고 다른 한편으로는 단절을 외치는, 자칫 잘못 전개하면 모더니즘의 함정에 빠질 수도 있는 역사의 이원적 구성이라는 위상을, 양자가 갖는 상극의 지평 속에서 명확히 하려고 했던 점에서 그들의 공통적인 특성을 찾을 수 있다.

여기서 중요한 것은 그것이 연속의 위상으로 기울든 아니면 단절의 위상에 공명하든 간에, 이미 단선적인 역사관에 기초한 모더니즘의 사정권 내에서는 존재하지 않는다는 것이며, 그 때문에 그동안 모더니즘을 뚜렷하게 특징지어 온 '구조와 주체' 또는 '중심과 주변'이라는 도식으로부터도 자유로울 수 있었다는 점이다. 생각해 보면 기든스든 벡이든, 혹은 하비든 간에(Giddens, 1990=1993; Beck, *et al.*, 1994=1997; Harvey, 1989=1999), 연속과 단절이라는 상극적 지평을 유독 거절과 반전이라는 상호 침투의

적 전환은 포스트모던 언설의 비판적 섭취가 가진 양질의 성과다.

2 오늘날 공간론적 전환은 인문·사회과학 전역을 뒤덮는 형태로 진행되고 있는데, 특히 지리학, 사회학 및 역사학에 있어서 그 진전이 뚜렷하다. 이 점에 대해서는 먼저 吉原(2002=2004)를 참조.

과정에 근거하여 명확히 하고자 했던 것이지만,[3] 그러한 시도가 모더니티의 심부에 도달했다고 한다면, 그것은 바로 앞서 말한 이분법적 도식을 이들이 능숙하게 피해갔기 때문에 가능했다고 할 수 있다. 바꾸어 말하자면, 그 어느 경우라도 모더니즘이 경계국면에 도달하거나 철저해지면, 거절이든 반전이든 모더니티에 대한 대항운동이 자동적으로 발생한다는 논리를 기본적으로 멀리하고 있었던 것이다.

그러면 이 장에서는 역사적으로 보아 극히 다의적인 성격을 띤 모더니티의 존재양상을 근대 공간과 시간의 구조에 근거하여 소상히 밝히고, 거기에 내재해 있는 사회적 잠재력의 근원을 찾아내는 것에 논의의 중점을 둘 것이다. 아울러 글로벌화 하에서 모더니티의 전환이 갖는 위상을, 특히 '대서사'에 대한 재검토가 거론되는 오늘날의 상황에 입각해서 살펴보기로 한다.

2. 모더니티의 양의성

모더니티의 다의성 또는 양의성을 파악함에 있어 매우 중요한 의의를 가지는 논의로는 우선 허천과 보들레르에 의해 언급된 다음과 같은 두 언설을 들 수 있다(Hutcheon, 1988; Baudelaire, 1981=1987).

> '포스트모던'이라는 성질을 가진 것은, 시간적으로 그것에 선행하며 사실상 그것을 만들어 낸 것(모던적인 것—역주)에 의존하는 것이지만, 그럼에도 불구

3 단, 기든스의 경우 이러한 도식에서 진정으로 해방되어 있는지 어떤지는 미묘하다. 이 점에 대해서는 간략하게나마 뒤에서 서술할 것이다.

하고 거기에서 독립해 있다는 모순적인 성질을 나타낸다. 그러므로 모더니즘과 포스트모더니즘과의 관계는 전형적인 모순 관계이다. 확실하게 손을 끊은 것도 아니고 직접 연결되어 있는 것도 아니다. 그 양자이면서 동시에 그 어느 쪽도 아니다.

> 근대라는 것은 일시적인 것, 이동하기 쉬운 것, 우발적인 것으로, 이것이……절반을 이루고 다른 절반은 영원한 것, 불변의 것이 차지한다.

생각하기에 따라서는 동어반복으로도 여겨지는 이러한 언급이 시사하고 있는 바는, 포스트모더니티가 모더니티를 계승하는 형상인가 아니면 그것을 부정하는 형상인가 하는 식의 단순한 차이를 초월하여, (모더니티의) 양의적 성격을 잘 드러낸다는 점이다. 즉 거기에는 모더니티가 포스트모더니티를 매개로 한 역설적인 통합체로서 존재한다는 점이 부각되는 것이다.[4] 이와 함께 모더니티의 양의성이나 다의성(이른바 이항대립을 불분명하게 하는)에 대해서는 원래 모더니티의 기점/기반을 구성한 서구 근대로 되돌아가서 보면 그 성격이 잘 드러난다.[5] 서구 근대의 양상을 이해하기 쉽게 설명하기란 결코 쉬운 일이 아니지만, 그것이 고전 고대로 되돌아가는 측면과, 발전이나 진화라는 균질적인 것(통상 프로테스탄티즘적 기풍(ethos)의 우화로서 이야기되는)으로 동화되어 가는 측면 사이의 기묘한 균형 위에 존재했다는 점은 부인할 수 없다. 예를 들면, 데카르트는 근대

---

4 포스트모더니티에 관한 논의는 어디까지나 모더니티의 '지금'을 어떻게 재현 · 표상할 것인가에 중점을 두고 있다. 이러한 점에서 그 당시까지의 계몽적 〈지식〉의 영향 하에서 모더니티를 논한 사상이 일본의 〈뒤처짐〉을 지탄하고, 거기에서 벗어나는 길에 미래를 두려고 한 것과는 결정적으로 다르다.

5 이하의 서구 근대의 이중성=양의성에 대한 서술은 吉原(2002)의 1장(1부)을 요약적으로 재구성한 것이다.

합리주의의 시조로서 종종 언급되지만, 그가 획득했던 보편적인 합리성이나 이성적 주관이란 사실은 아리스토텔레스적인 수사학에 대한 명증성을 확인하기 위해 획득한 것이었다. 고전이라는 것에 깊이 발을 담그면서, 어느 사이엔가 손은 근대의 문턱에 걸치고 있었던 것이다. 하여간 뒤로 물러서면서 앞으로 나아가는, 다면적이며 중층적인 역사적 집성이 바로 서구 근대인 것이다. 그래서 이러한 이중성=양의성이 고전과의 대화에 몰입하는 엘리트층과, 고전과는 어울리지 않는 사람들의 일상생활에 확실하게 뿌리를 내려 이미 하나의 생활방식의 계보를 구성해 온 사회의 기층 사람들의 다양화와 분절화를 수반하는 공명관계 상에 존재했다는 점이 서구 근대의 또 하나의 특성을 이루고 있다.

그러나 지금까지 우리들이 서구 근대라고 여겨온 것은 주로 프랑스혁명과 산업혁명에 의해 주도되어 이윽고 발전단계적인 것으로 변화해 간 '근대'였다. 그리고 그것을 보편적인 역사로서 배치할 때, 중세를 배후로 삼으면서 앞으로 나아간 시민사회가, 그 자체가 지닌 매우 '서구적'인 민족성과 역사성에서 탈피하여, 그야말로 시간의 축으로 변환된 합리성에 기초해 전체를 균질화해 가는, 이른바 '근대'의 프로젝트에 몸을 기대어 나아갈 수밖에 없었던 것이다. 게다가 이와 같은 근대의 실천을 마무리하고 뒷받침한 것은 엘리트만이 이해 가능한 모더니즘적 미적 감각이며, 그 배후에 있는 사회의 기층을 이루는 사람들의 일상생활이 가진 논리와 상상력은 심하게 봉인되거나 왜곡되었다. 여하간 이러한 모더니티가 "하나로 통합된 전체이며, 시간과 공간을 넘어 일반화될 수 있는 공통성을 가진 사고와 실천의 조합"(Cooke, 1990=1995: 5)으로서 정착되고, 그와 함께 복수의 역사적 경험이 쌓인 다중공간으로서의 서구 근대는 사회의 배경으로 물러서게 되었다. 그야말로 진보에 대한 찬미 그리고 근검절약의 이데올로기에 의해 뒷받침된 서구 근대가 '영원한 것, 불변한 것'이 되어,

서구 이외의 근대를 감추어 버리거나 규정하게 되었다고 할 수 있다. 새삼 강조할 필요도 없이, 거기서는 "소수자의 문제, 로컬적 정체성, 비서구적 사고, 차이를 다루는 능력, 복선적 문화 등"(Cooke, 1990=1995: 3)이 가치 절하되거나 경시되게 된다. 예를 들어, '오리엔탈'한 존재는 '서구인'에게 완전한 타자로서 평가될 뿐이다. 즉 서구 근대를 유일한 체제로 인정할 때만 비로소 그 존재가 허용되는 것이다.

그러나 현재 우리들이 살아가는 세계는 그러한 서구 근대에서 생겨난 모더니티가 결정적으로 변하고 있고, 생각에 따라서는 그러한 모더니티와의 전면적 단절을 경험하고 있는 듯이 보인다. 실제로 단절 후 광범위하게 나타나는 것은 "고급문화와 저급문화의 간격을 메워 교양 없는 시민들이 이해 · 향수하기 쉬운 특징을 통해서 양쪽의 문화를 연결할 필요를 느끼고 있으며, 또한 무엇보다도……획일적이고 균질적인 보편성을 보다 이질적인 로컬적 의식……으로 바꿔놓으려는"(Cooke, 1990=1005: 137) 감정이다.[6] 그리고 그러한 감정 표출에 밀착하는 형태나 혹은 그것을 지탱하는 형태로 현재 오리엔탈리즘 비평이나 문화연구(cultural studies) 또는 미시사(microhistory) 연구가 활기를 띠는 것은 주지하는 바와 같다.[7] 그러나 이러한 동향만을 근거로 위에서 서술한 단절이 일종의 포

---

6 포스트모더니티에 관한 논의에서 '감각상의 변용'을 강조하는 경우는 의외로 많다. 예를 들어, 하비의 논의(Harvey, 1989=1999)는 그 전형이다. 단지 그의 경우 모더니티의 연속선상에서 평가되고 있다.

7 오리엔탈리즘은 알기 쉽게 말하자면 '영원한 것, 불변의 것'으로서의 서구 근대에 준거해서 아시아의 역사를 '이질적인 것'으로 파악하는 입장이다. 따라서 오리엔탈리즘 비판은 무엇보다도 서구 중심주의와 서구=보편이라는 서사에 대한 부정을 지향한다. 그리고 뒤에서 서술하는 계몽적 〈지식〉에 의해서 형성되거나 이끌리는 서구 근대의 그것과는 '다른 종류'로서의 아시아의 시간 · 공간 인식을 내세우려고 한다. 다른 한편, 문화연구는 단적으로 말하면 '진정한' 문화가 아닌, 그 때문에 과거에서 현재에 이르는 문화변동의 담지자가 될 수 없어서 쫓겨나 있던 서브컬처 등의 문화를 주시한다. 또한 미시

스트모더니즘이 강조한 단절과 완전히 같다고 인정할 수 있을까? 이에 대해서는 신중히 검토할 필요가 있다. 왜냐하면 그 속에 나타나는 단절이 연속성을 동반하면서, 다름 아닌 모더니티의 양의성을 구성하고 있다고 여겨지기 때문이다. 이어서 모더니티의 시간 · 공간적인 경험에 근거하여 이 문제를 검토해 보자.

3. 모더니티와 시간 · 공간적 경험(I)

그 체내에 내재한 이중성=양의성을 부정하면서 성립된, 서구 근대를 계승하는 계몽적 〈지식〉에 대해서는 지금까지 여러 가지 형태로 이야기되어 왔다. 그런 지식들은 리오타르의 탁월한 수사법을 따르자면, 그의 저서 『포스트모던의 조건』 속에서 사용한 '대서사'—끊임없이 '새로운 이야기'를 삼키는 '끝없는 이야기'—로 수렴될 수 있다(Lyotard, 1979=1986). 그러나 그것을 개개 요소로 분해하여 서술하자면, 우선 하산이 말하는 위계, 지배/로고스, 창조/전체화/총합, 장르/경계, 종속, 기의(記意, signifie), 장대한 역사, 지배적인 기호체계, 기원/원인, 확정성 등의 제 요소를 조합한 것이 될 것이다(Hassan, 1985). 그럼에도 불구하고 그것은 역사적으로는 명백하게 근대 국민국가의 성립 · 발전 · 보급과 함께 존재해 왔으며, 또 그러한 국민국가를 '중대한 사회변동의 조정자'(Appadurai, 1996=2004: 21)로서 특별하게 자리매김하는 이론의 대두와 개입을 제외하고서는 존재할 수 없었던 것이다.[8]

사는 특정 시대나 사회를 표상하는 '거대한 의식'에 환원되지 않는 사람들의 심성에 착안해서, 작은 마을들 사이의 밑바닥에 존재하는 차이의 존재양식을 드러내려고 한다.

8 인문 · 사회과학에 있어서 계몽적 〈지식〉의 계보를 더듬어 보면, 국민국가의 형성 · 발

그렇게 볼 때, 이러한 동향과 제휴하여 나타난 계몽적 시간 · 공간 인식에 나타나는 특징은 기본적으로 다음과 같이 요약할 수 있다(吉原, 2002: 18).

무엇보다도 먼저, 그것은 동질적 시간(→ 객관적 시간)과 공간의 〈절대성〉에 기초한다는 점이 지적되어야 한다. 모더니티의 개념으로서 정착한 계몽적 신화는 시간을 사회적 시간으로부터 분리시키고, '시간의 세분화', '사회생활의 시간표(Timetable)화와 수학화'(Rush & Urry), 그리고 '단선적, 동질적, 연속적인 시간'(Bourdieu)을 강하게 주장했다. 이러한 주장이야말로 그리니치 표준시(Greenwich Mean Time)의 발전을 재촉한 것이며 그 자체가 바로 뉴턴주의 시각에 속하는 것이었다. 또한 그것은 소로킨(Sorokin)과 머턴(Merton)에서 시작되어 톰슨(Thomson)에 이르면, '작업'을 지향하는 것에서 '시간'을 지향하는 것으로 바뀌어 파악된 '기계적 시간'을 절대시하는 것이 된다. 동시에 비연속적인(〈비동형적〉인) 실천의 흔적 내지 공간이야기의 풍부한 다양성을 '기하학적이고 연속적인 공간'(Bourdieu)으로 소거하였다. 그리고 그러한 '타자성'의 배제에 입각하여 '냉철한 합리성'으로 뒷받침된 '정확한 지도'(Harvey)를 공간으로서 부연했다. 이러한 계몽적 인식은 명백하게 '전체화'의 특성과 관점주의(perspectivism)의 〈전제(專制)〉를 표상하는 것이었다.

이러한 계몽적 시간 · 공간 인식에서 그 핵을 이루며 균질적으로 흐르는 '절대적 시간' 및 '기하학적인 연속적 공간'의 기원은 대항해 시대로 거슬러 올라갈 수 있다. 즉 교회가 만들어 낸 시간과 근로자가 만들어 낸 시간이 서로 경합하는 가운데, 한편으로는 세계의 공간이, 다른 한편으로

전의 역사, 그 위기(종언), 그리고 전망이 주된 관심사로서 존재함을 알 수 있다. 즉 국민국가는 계몽적 〈지식〉의 양상을 설명하기 위한 〈실험실〉인 것이다.

는 시간이 등분되는 시대가 열리게 되었다. "도시와 도시의 거리가 계측 가능한 거리로 결정되며, 인간의 시간이 기계장치인 시계에 의해 측정되는 세계"(的場, 2007: 34)가 출현한 것이다. 여기서 주목할 것은, 이러한 기원을 가진 '절대적 시간' 및 '기하학적인 연속적 공간'이 국민국가에 의한 국가적 통합 및 분화와 영토화에 부합해 확산되어 갔다는 점, 그리하여 그 자체가 '중심과 주변'이라는 운동을 사람들의 신체에 각인시키는 형태로 존재했다고 하는 점이다.

덧붙여, 앞서 살펴본 '절대적 시간' 및 '기하학적인 연속적 공간'이 국민(nation)을 상상하고, 국민이라는 형식을 보급시키는 데 있어 기초적인 요건을 이루어 왔다는 점에 관해서는 이미 베네딕트 앤더슨 등에 의해 충분히 다루어졌다(Anderson, 1983=1987). 따라서 여기서 자세히 서술할 필요는 없을 것이다. 다만 근대 일본의 생성과 관련지어 간단하게 설명하자면, '기하학적인 연속적 공간'은 근세 말기의 지도 작성을 효시로 하는 국토공간의 창출을 매개로 하여, 그리고 '절대적 시간'은 공장, 학교, 군대 나아가 도시를 미디어(=場)로 삼아서 기계적 시간의 메커니즘을 사람들에게 주입(=신체화/규율화)함으로써, 국민국가의 서사 형성에 크게 기여했다고 할 수 있다(吉原, 2004).[9] 그 어느 쪽이든 간에 사람들을 이른바 사회적 통합을 이루지 않은 채[10] 국민으로서 묶어나가는 과정에서 더할 나위 없

9 근대 일본의 사회적 편성은 사람들이 균일하게 '기하학적인 연속적 공간'에 파묻혀, 그들의 일상이 '절대적 시간'에 몽땅 석권됨으로써 가능하게 되었다. 필자는 그것을 근세 이후 두 번에 걸쳐 이루어진 균일화에 대한 내용분석을 통해 설명했다(吉原, 2004).

10 젠더, 인종성(ethnicity), 계급, 세대(generation) 등 사회의 분수령을 나타내는 것은 다양하다. 그러나 이것들은 국민국가의 기구 아래 '국민'으로서 일원적으로 통합되어, 이른바 시민적 공공권을 총동원하는 형태로서의 통합은 보이지 않았다. 말할 필요도 없이, 여기에서는 지상의 인종을 둘러싼 모든 사회질서가 흔들리고, 전통적인 문제구조가 효력을 잃어 가고 있다는 것이 기본적인 입장이다.

이 큰 역할을 해낸 것이다. 생각해 보면, 계몽적 〈지식〉에 의해 '영원한 것, 불변한 것'으로 분리된, 즉 앞서 말한 하산의 모더니티가 갖는 여러 요소들도 결국 '절대적 시간' 및 '기하학적인 연속적 공간'을 그 규정(작동) 요인으로 하는 국민국가의 '중심과 주변' 운동에 수렴되는 형태로 존재한다.

그런데 이상과 같은 계몽적인 시간 · 공간적 인식이 자연적 시간과 사회적 시간, 즉 자연과 사회를 구별하는 이원론에서 유래한다는 점이 다시금 문제로 부각될 수 있다. 왜냐하면 바로 거기에서 계몽적 〈지식〉이 단선적인 발전도식으로 기울게 되는 하나의 유력한 원인을 발견할 수 있으며, 나아가 그것이 '구조와 주체'라는 접근 방식의 밑바탕에 숨어 있는 인식론 우위[11]가 지닌 '몰(沒)공간의 시간적 편향'(Soja)의 간접적인 원인임을 알 수 있기 때문이다. 자세한 것은 접어두고, 거기에서 거슬러 올라가 사회생활의 시간성 · 공간성을 중립적인 것, 균질 · 균일한 것으로 간주하는 인식의 근거에 도달할 수 있고, 또한 그것을 기점으로 하여 '자율적인 것으로 상상되어 온 이성적 개인이나 중심이 된 주체'—이른바 '세계 밖의 존재'로서의 '계몽적 이성'—가 이끌어내는 '정치적인 해방의 메타 서사'의 근원을 찾을 수 있다(Poster, 1990=2001).

여하간 균일하게 같은 속도로 나아가는 시간과, 죽어서 응고된 공간을 절대시하고 특권화하는 시간 · 공간 인식을 따라가다 보면, 틀림없이 계몽적 〈지식〉의 짙은 투영과 그러한 〈지식〉에 깊게 뿌리내린 이분법[12]이

---

11 이 경우 문제가 되는 것은, 인식주체가 인식대상에 대해서 특권적 · 초월적 입장에 서 있고, 양자가 같이 '세계 안의 존재'로서 공명하는 지평(즉 존재론적 입장)이 없다는 점이다. 그것은 오리엔탈리즘 비판이 문제로 삼은 '동양을 보는 서구의 시선'에 기본적으로 관철되고 있는 점이기도 하다. 이 점에 대해서는 吉原(2006)를 참조.

12 모든 이분법이 고전적인 근대화론과 같은 것으로 인정되는 것은 아니지만, 그것이 일종의 모더니티를 상세하게 설명하기 위해 존재하는 것은 틀림없다. 이들에 있어서는

비친 영상〔寫影〕을 접하게 될 것이다. 그리고 그러한 상황은 '구조와 주체'라는 도식을 기축으로 하는 〈전체화〉에 대한 전망 속에서 가장 집약적인 형태로 발견될 수 있지만, 그러한 전망 하에서 명확해진 "구조적 대립 혹은 전략적 행위의 여러 과정들이, 국민국가와 경계를 같이하는 각각의 사회에 내재적인 것으로서 개념화되어 온"(Urry, 1995=2003: 6) 점이야말로 실은 계몽적 〈지식〉의 가장 중요한 특성으로 이해될 수 있다. 그러나 포스터가 적절하게 지적하고 있듯이, 바야흐로 〈전체화〉에 대한 전망이 정립한 주체가 매우 흔들리고 있다(Poster, 1990=2001). 또 그와 함께 단수적인 양적 변화나 현상의 추이로 간주되어 온 시간의 경험이 지극히 다양하게 존재할 수 있는 것으로 인식되고, 더욱이 공간이 모순으로 넘쳐흐른다는 감각과 더불어 '공간의 확장(spatiality)'에 착안하는 논조 또한 고조되었다. 그러면 실제로 그것은 어떠한 형태를 띠고 나타나는 것일까? 절을 달리하여 살펴보기로 하자.

4. 모더니티와 시간 · 공간적 경험(II)

최근 들어 이제까지 보아 온 계몽적인 시간 · 공간 인식에 반드시 수렴되지 않는 사람들의 시간 · 공간적인 감각이 자주 거론되었다. 특히 글로벌화가 진행되어 사람들이나 이미지의 이동과 전자적 미디어가 결정적인 의미를 가지게 되면서, 사람들은 자기 자신의 사회 리듬이나 역사와는 다른 많은 시간과 공간이 존재한다는 인식을 가지게 되고, 또 각기 다른 시기에 다양한 사회에 의해 도달된 경로 및 패턴을 감각적으로 공유함으로

변동이 사실상 단절로 바뀌고 말았다.

써, '살아온 공간'의 다양성[13]을 이해하게 되었다. 이것을 지금까지 기술했던 문맥에 근거하여 말하자면, 이러한 인식의 변화가 국민국가의 영토성에 대한 사람들의 집착이 점차 약화되어 가는 상황(=탈경계화)과 병행한다는 것이다. 그러나 무엇보다도 중요한 것은, 이와 같은 상황이 나타나는 가운데 모더니티가 역사적으로 보아 원래 매우 불균등한 것이라는 인식이 강화된다는 점이다. 그것은 간단히 말해서 "글로벌한 문화경제는 복합적이고 중층적인 동시에 괴리적인 질서"(Appadurai, 1996=2004: 68)라는 인식이다.

새삼스럽게 지적할 필요도 없지만, 그러한 인식이 심화되면서 글로벌화는 로컬한 문화를 없애는 것으로 귀결된다는 앞서 언급한 논의[14]에 대하여 의문이 제기되고 있다. 더욱이 글로벌화의 진전에 따라 시간이 한층 더 신속화 · 합리화됨으로써 그것이 가진 척도로서의 성격이 강화되었고(→ 기계적 시간화), 그 결과로서 시간을 주체적으로 살아가는 사람들의 이른바 사회적 상호작용으로서의 시간이 파괴되거나, 글로벌화에 의한 세계의 축소가 균일화 · 표준화된 공간을 확산시킴으로써, 감각적 · 질적으로 살아가는, 즉 바로 신체와 결부된 '차원(Dimension: ~에서 ~으로라는 일반적 성격을 가진 운동이나 변화의 구조를 지칭하기 위해 하이데거가 사용한 용어—역주)이 있는 시간'을 삼켜버리고 만다는 논의가 다시 재검토되기에 이르렀다.

그리고 현실에서는 "근대 국민국가의 규범적 성질을 구성하는 사람 ·

13 여기에서는 어리가 말하는 '순간적 시간'의 기제가 '살아온 공간'으로 거슬러 가는 형태로 작용한다고 생각된다. 이러한 '순간적 시간'의 메커니즘에 대해서는 우선 吉原(2004)를 참조.

14 글로벌과 로컬은 원래 한쪽이 다른 한쪽을 규정하는, 즉 전자가 독립변수이고 후자가 종속변수라는 관계는 아니다. 오히려 양자는 역설적인 관계를 만들어 내며, 그 관계를 통해서 양자의 작용-반작용, 규정-피규정, 외연-내포의 양상을 검토해 볼 필요가 있다.

영토 · 주권의 정통성이 지닌 유사성 그 자체가, 현대 세계를 특징짓는 인간의 이동형태를 위협하는"(Appadurai, 1996=2004: 304) 상황 속에서, 시간이 〈복수적〉으로 경과한다는 의식이 배양되었다. 게다가 그러한 의식의 고조와 함께, 인간은 근본적으로 시간적인 존재라고 보고 자기 자신의 의미를 그 존재의 시간적 특징 속에서 발견하려고 하는 하이데거나, 시간을 '생성의 시간'으로 파악해 신체와 연결 짓는 베르그송의 이론적 입장, 그리고 행위 · 사상(事象) · 역할 속에 내장된 시간에 착안하여 과거를 변용시켜 미래에 그 의미를 부여하는 '현재의 창발성'을 강조하는 『현재의 철학』의 저자 마가렛 미드의 이론적 입장에 깊은 관심을 기울이게 되었다(Heidegger, 1935=1960; Bergscn, 1889=1990; Mead, 1959).

그러한 것들은 모두 '내적 시간'에 대한 문제로 요약할 수 있다. 예를 들어, 훗설이 내적 시간의 현상학으로서 정립하는 바와 관련시켜 보자면, 그것은 대략 다음과 같다(Husserl, 1966=1967). 즉 기억 속에서 재현되는 과거는 일정한 과거의 사실로서가 아니라 현재의 고쳐진 기억으로서 머릿속에 박혀 있다. 마찬가지로 미래는 현재로부터 자립해 초월적으로 존재하는 것이 아니라, 현재와의 관련 속에서 현재가 변화하는 것에 따라 변화하는 것으로 존재한다. 이러한 '내적 시간'은 말할 것도 없이 과거, 현재, 미래라는 등분화된 '절대적 시간'/'외적 시간'과는 확실하게 다르다. 그것은 과거, 현재, 미래의 구분이 어디에서 이루어지는가에 입각해 단순히 연대기 순으로 나열하는 문제설정을 통해서는 도출되지 않는다. 과거는 이른바 서랍과 같은 것으로, 현재에 의해 자유로이 넣고 꺼낼 수 있는 것이며, 또한 미래는 현재에 의해 간신히 생각이 미칠 수 있는 것으로서 존재한다. 이처럼 '내적 시간'은 사람들의 '살아온 기억'으로서의 현재에 깊이 근거하는 것이다(的場, 2007).

그런데 이상과 같은 시간 의식과 관련한 연구동향은 당연한 일이지만 공간 인식에도 파급되었다. 그것은 앞서 말한 글로벌화에 입각하여 말하자면, 공간의 획일화・균질화가 내적 차이화・분절화와 격렬하게 교착하면서, 다양성과 차이성을 띠며 표출되는 인식으로서 나타난다. 또한 거기서 뚜렷이 드러나는 공간의 중층성에 대해서는 다양한 해석이 이루어진다. 예를 들어, 하비는 자본에 의한 장소의 재(再)강화가 야기하는 다양성[15]을, 또 바슐라르는 시간을 균질적으로 흐르는 양적인 것이 아니라 질적 가치를 가진 것으로 보는 시간의 차이화를, 각각 공간의 중층성에 포함시켰다(Harvey, 1989=1999; Bachelard, 1969=1969). 한편 르페브르는 공간을 '백지 페이지'[16]가 아니라 의미를 전달하는 것으로 파악하여, 사회적 활동 속에서 생겨날 뿐만 아니라 사회적 활동을 재생산하는 것으로도 존재한다고 서술하였다(Lefebvre, 1991=2000). 어리는 이러한 르페브르의 견해를 부연하여, 공간이 단순한 〈공간〉이 아니라 여러 형태의 공간, 즉 공간적 관계, 공간화로서 존재한다고 보았다. 어쨌든 사람들 의식의 중심에 자리하게 된 것은 움직임, 근접성, 특이성, 지각, 상징성, 의미와 함께 존재하는 공간—매시가 말하는 '공간성'(Massey, 1994)—이다.

여기서 다시 주목할 것은, 위에서 본 바와 같은 공간의 차이화나 중층성과 관련하여 장소 혹은 장소성을 어떻게 파악할 것인가 하는 점이다. 이 점에 대해서는 최근에 활발한 논의가 진행되고 있는데 예를 들어 하비는 자본을 끌어당기기 위한 장소로서, 또 톰린슨은 글로벌화에 대한 대항

15 이 점에 대하여 하비는 다음과 같이 서술하고 있다(Harvey, 1989=1999: 380~381). "공간적 장벽이 중요해지지 않게 됨에 따라 공간 내에서 나타나는 장소의 변화에 대해 자본은 보다 민감해짐과 동시에, 자본을 끌어당기듯이 장소의 차이를 만들어 내려고 하는 유인(誘引)이 고조되는……."

16 바로 물적 관계가 거기에 기입/번역되는 접근 방식이고, 이른바 공간 페티시즘(fetishism)의 전형적인 예를 구성하고 있다. 이른바 '몰공간의 시간론적 편향'으로서 소자가 비판의 사정권에 넣은 것이 다름 아닌 공간 페티시즘이다.

거점으로서의 장소—'가정' 및 '거실'—로서 파악하였다(Harvey, 1989=1999; Tomlinson, 1999=2000). 그러나 여기서 말하는 바의 장소 혹은 장소성이라는 용어가 함의하는 것은, 아파두라이가 언급한 다음과 같은 로컬리티이며, 이것은 위에서 서술한 매시의 '공간성'을 계승하는 흐름으로 볼 수 있다(Appadurai, 1996=2004: 318).

> 로컬리티란 우선 무엇보다도 관계적이고 맥락적인 것이다. 그러므로 규모에 관계되는 것이 아니며 또한 공간적인 것도 아니다. 그것은 복잡한 현상학적 속성이며, 사회적 직접성=비매개성의 감각, 상호 행위의 기법, 문맥의 상대성이 연속적으로 결합됨으로써 구성된다. 이러한 현상학적 속성은 일종의 행위성이나 사회성, 및 재생산성 속에서 표출되는 것이며,……로컬리티가 가지는 주요한 속성이다. 이와 대조적으로……〈근접(neighborhood)〉이라는 용어는 로컬리티가 차원 혹은 가치로서 가변적으로 현실화되는, 즉 실제로 존재하는 사회형태를 나타낸다. 이러한 의미에서의 근접이란 특정 상황에 의해 규정된 공동체이며, 그것이 공간적이든 가상적이든 현실성과 사회적 재생산의 가능성을 그 특징으로 한다.

여하튼 장소 혹은 장소성의 실재가 '차원이 있는 시간' 및 '살아온 공간'에 편성되어 발현하는 것으로 간주되는 것이다. 이러한 논의에서 주목할 것은, "국민국가의 시대 그 자체가 종언을 맞이하고 있다"(Appadurai, 1996=2004: 48)고 보는 역사인식에서 모더니티를 단순히 '어떤 상태'에서 그와 '다른 상태'로 나아가는 추이, 즉 발전적인 역사의 시간으로서가 아니라, 둘 사이를 왔다 갔다 하는 '복합적이며 중층적이고 괴리적인 질서'로 간주하는 시점이다.[17] 이러한 시점에서 보자면, 장소는 이미 '비장소'로 존재할 수밖에 없다. 그러나 그러한 시점도 모더니티의 다의성=양의성에 관해서 아직 충분히 다듬어진 것으로는 볼 수 없다. 다음 절에서 다시 한 번 더 검토해 보기로 하자.

5. 모더니티의 재귀(再歸)성과 그 향방

이제까지 보아 온 바를 통해 명확하게 알 수 있듯이, '절대적 시간' 및 '기하학적인 연속적 공간'은 모더니티의 진전과 함께 완전한 형식을 갖추어갔다. 그러나 그러한 '절대적 시간'(='직선적 시간')과 '기하학적인 연속적 공간'(='균질적 · 균일적 공간')에 병행 또는 안행(雁行)하면서 '차원이 있는 시간'과 '살아온 공간'이 존속하며 또 그 영향력을 강화하는 것이 모더니티의 '지금'이다. 이러한 '지금'을 고도 근대성이나 초근대성(hyper modernity), 아니면 후기 근대라고 부를지 어떨지는 그리 중요한 것이 아니다.[18] 오히려 여기서 요청하고자 하는 것은, '지금' 한창 주목받는 '차원이 있는 시간'과 '살아온 공간'이 '절대적 시간'과 '기하학적인 연속적 공간'을 부정하는 가운데 스스로의 행적을 살펴서 획득한 것은 아니라는 점, 아니 그보다는 오히려 후자와 반복해서 충돌하고 뒤섞이는 가운데 재귀적으로 제기된 것이라는 점에 대한 확인이다.

그리고 이와 같이 생각하는 사이 다시 문제로 부각되는 것은, 그러한 재귀성을 지니는 '차원이 있는 시간'과 '살아온 공간'이 단순히 계몽적

---

17 때문에 이러한 시점은 바로 직전에 인용한 아파두라이의 말과 약간 모순되는 듯하지만 '무언가가 종언을 고한다'라고 하는 종류의 서사, 그리고 거기에서 부연되어 실체화되는 시대구분으로는 절대로 포섭되지 않는 것이다.

18 단, 이러한 접근 방식에 공통된 점은 포스트모더니티를 모더니티와의 연속선상에 위치시켜, 그 때문에 계속 확산되면서도 반전되는 모더니티의 계기가 반드시 설득력 있는 것으로 나타나지는 않는다는 것이다.

〈지식〉으로 채색된 모더니티 이전의 상황으로 회귀하는 것은 아니더라도, 그러한 모더니티에 계승되지 않았던 시간 · 공간의 역동성에 그 근거를 두고 있다는 점이다. 적어도 '차원이 있는 시간'과 '살아온 공간'은 흔히 근대라고 불리는 기간보다도 훨씬 긴 기간(span)에 걸쳐 있으며, 글로벌화가 문자 그대로 전 세계적으로 확산되고 있는 그야말로 포괄적인 역사적 전환기인 '지금'도 위에서 서술한 역동성이 기층에서 존속/작용한다고 생각된다. 말할 필요도 없이, 이 장의 서두에서 언급한 연속과 단절의 상극적 지평, 그리고 거절과 반전이라는 상호 침투의 과정도 이러한 문맥에서 비로소 그 의미를 지니는 것이다.

여기서 마페졸리(Maffesori)가 말하는 '감정의 공동체'를 예로 들어 보자. 그것은 흔히 개인주의가 막다른 곳에 이르게 된 지점을 전제로 하여 "대도시가 갖는 습관의 구조화에 근거한 네트워크(인맥) 형성이라는 포스트모던적인 문맥에서 이해된다"(堀田, 2002:18). 그리고 그 자체는 '차원이 있는 시간'과 '살아온 공간'에 기초한다. 마페졸리 자신은 이러한 '감정의 공동체'를 '부족'이라고 하는데,[19] 그것은 집합적, 사회적 사실로서의 상상력이 의례(儀禮)와의 대화를 통해 작동하여 일상의 사회규범이 되는, 이른바 공동체로의 회귀를 의미하는 것은 아니다(Maffesori, 1991=1997). 오히려 아파두라이가 서술하고 있듯이, '감정의 공동체'는 '상호 간에 서로 맥락화하는(관계하는) 이동과 미디어화'(Appadurai, 1996=2004: 23~24) 속에서 발견되는 포스트 전자(電子)적 사회에 특유한 것이다.

그러나 그럼에도 불구하고 '감정의 공동체'의 요점을 이루는 상상력은 '절대적 시간'과 '기호학적인 연속적 공간'이 사회를 석권하기 이전부터

---

19 '부족'은 언뜻 보기에 포스트 식민지적이고 디아스포라적인 정체성에 바탕을 두고 있는 듯하면서도, 그 기저에는 원초적인 친밀성을 보유하고 있는 〈상상 위〉의 커뮤니티(→〈비유로서의 커뮤니티〉)이다.

존재했고 또 지금도 존속하는 일상생활의 실천, 즉 사람들이 스스로의 몸으로 실천하는 매일매일의 관습적 행동을 통해서 다듬어져 온 것이다. 물론 그것은 통상 근대 이전으로 불리는 시대에는 재기 넘치는 개인의 특수한 표현공간에 고유한 것으로서, 그리고 포괄적인 역사적 전환기인 '지금'은 단지 사람들의 일상생활 의식에 흘러넘치는 것으로서 존재했으며, 현재도 존재한다. 중요한 것은 그러한 차이가 아니다. 확실히, 국민국가에 의한 경계구분이 이루어지기 이전에 발견된 상상력과 탈경계화가 진행되는 현재의 시점에서 발견되는 상상력이, 그 표출 형태는 서로 다르지만, 사회 형태의 기층에서 상호 연결된다는 점이야말로 중요한 것이다. 어쨌든 '감각의 공동체'는 개인과 집단, 국가와 사회가 모더니티의 연속과 단절의 상극적 지평, 즉 거절과 반전의 상호 침투 과정으로 얽힌, 시간과 공간의 일종의 서사적 표현임에는 틀림없다. 그리고 그 자체로 '복합적이고 중층적이며 괴리적인 질서'인 모더니티의 형상 또는 자태이다.

그러나 이제 글로벌화가 전 세계적 확산이라는 차원을 넘어서 이미 일체의 대안마저 용납하지 않는 '역사의 상태'로 접어들면서, 위에서 서술한 바와 같은 모더니티의 재귀성이 잘 보이지 않게 된 것도 사실이다. 적어도 지금의 글로벌화는 계몽과 진보의 서사가 초래한 대안인 '복합적이고 중층적이며 괴리적인 질서'를 완전히 삼켜 버리고 있는 것처럼 보인다. 또한 그만큼 앞으로 나아가는 서구 근대, 즉 계몽과 진보의 서사만이 다시 등장하고 있는 것처럼 보인다. 그야말로 세계 전체를 치열한 경쟁으로 몰고 간 근대의 '대서사'가 아무런 왜곡도 없이, 즉 순화된 형태로 전개되는 것이 모더니티의 '지금'이라고 말할 수 있다.

이제까지 서술해온 바를 통해 확실하게 알 수 있듯이, 글로벌화는 한편으로 '대서사'를 사회의 전면에 내세우면서, 다른 한편으로 그 방자한 전개를 내부로부터 제약하는 집합성을 육성한다는 모더니티의 양의성 그 자체를(포스트 전자적 사회는 그 범례를 이룬 것이다) 드러내었으나, 결국에는 전자가 후자를 부정하는, 혹은 전자가 후자에 대해서 최소한의 내실만을 가지는 형태로 보다 순화되게 되었다. 그래서 이제 글로벌화가 신자유주의라는 형태로 전폭적으로 전개되어, 하비가 지적하듯이, 그 파급이 중국에까지 미치고 있는 상황을 고려한다면(Harvey, 2005=2007), 애초의 계몽과 진보의 서사, 즉 '절대적 시간' 및 '외적 시간'과 '기하학적인 연속적 공간'만이 살아남을 것이라고 생각했다 하더라도, 그 자체가 결코 예상을 벗어났다고는 말할 수 없다. 그러나 다음 장의 전개를 통해 명확해지겠지만, 모더니티의 재귀성은 그러한 '대서사'에 의해 뿌리째 뽑힌 것은 아니다.

6. 맺음말에 대신하여

그러면 마지막으로, 이상에서 서술했던 전개에 입각하여 모더니티의 양의성을 자리매김할 경우에 그 위치성(positionality)에 관계되는 문제에 대해서 간략히 서술하고자 한다.

우선 가장 먼저 지적할 것은, 근대 진보주의적 사고의 진전과 확산에 의해 나타났던 〈지식〉의 분과학문화=경계화가 지금 난관에 부딪혔다는 점이다. 생각해 보면 계몽적 〈지식〉에 의해 주도된 〈전체화의 이론〉은 국민국가와 경계를 같이하는 '사회' 및 '자율적이라고 상상되어 온 이성적 개인이나 중심이 된 주체'를 절대적 요건으로 삼아 구성된 것이며, 거기서 기능적으로 배정된 분과학문이 이른바 '해방의 메타 서사'나 메시아니즘(messianism)적 유토피아를 지탱해 왔다(Poster, 1990=2001). 그래서 '구조와 주체' 및 '중심과 주변'이라는 도식이 각각의 위치성을 크게 제약하거나 틀 지우게 되었던 것이다. 그러나 이미 살펴본 바를 통해 명확히 알 수 있듯이 〈전체화의 이론〉과 거기서 파생된 분과학문들은, 그것들이 전제로 삼아 온 사회의 다양한 관습과 약속이 급격하게 시대착오적인 것으로 전락해 가는 상황 속에서, 그리고 무엇보다도 사회 자체가 시뮬레이션의 영역으로 변화해가는 가운데, 자기의 존재증명 및 수비범위 확정이 점차 어려워지고 있다.

이상에서 말한 점들과 관련하여 다음으로 지적할 것은, '구조와 주체' 및 '중심과 주변'이라는 도식이 갖는 유효성이 첨예한 문제로 등장하게 되었다는 점이다. 이 점에 대해서는 이미 기든스의 구조화론이나 부르디외의 아비투스(habitus: 일정하게 구조화된 개인의 성향체계—역주)[20]에 관한 논의 등에서 지적되어 왔지만(Giddens, 1984; Bourdieu, 1977=1993), 원래 모더니티가 역설적인 통합체이며 '복합적이고 중층적이며 괴리적인 질서'가 모여서 이루어진 것인 한, '구조와 주체' 및 '중심과 주변'이라는 도식이 가지는 한계는 부정할 수 없는 것이다. 그러나 번거롭게도 이에 대한 대안이 될 수 있는 논의가 아직 명확한 형태로 나타나지 않았다. 그러한 가운데 지금 문제시되는 것은, 괴리적이고 이질적인 글로벌한 흐름이 횡행하는 세계를 응시하면서, 질서나 안정성 그리고 체계성을 중심으로 한 종래의 이미지가 아니라, 흐름이나 불확정성의 이미지, 즉 카오스적 이미지에 입각한 다항적 설명을 어떻게 확립할 것인가 하는 것이다(Appadurai, 1996=2004: 92~93). 이것은 〈전체화의 이론〉을 유클리드적인

20 우리들 앞에 출현하고 있는 계급사회에서는 단체라든지 연대가 이제는 키워드가 되지 않는다. 그것들을 기축으로 계급투쟁을 표현하고자 하면, 결국 '중심과 주변'이라는 도식에 파묻혀 버릴 뿐이다. 오히려 단편화에 의해서 야기된 분열과 경쟁이 깊게 뿌리내린 장(場) 그 자체가 '계급'이라고 할 수 있다. 이렇게 설명하는 브르디외는 이른바 관계론적 맥락에서 '계급'으로부터 관습(habits)에까지 공통된 것을 분석해 내고 있다.

서술 방식에 근거해서가 아니라, 프랙탈적인 메타포를 이용해 어떻게 다시 짤 것인가 하는 과제와 밀접하게 관련되어 있다. 다만 그런 관점에서 본다면, 이 장의 앞부분에서 언급한 공간론적 전환의 움직임이 어떠한 방향으로 향할 것인가가 주목되지만, 그 자체는 이제 가까스로 시작되었을 뿐이다.

마지막으로 꼭 지적하고 싶은 것은, 모더니티의 전개를 연속적인 과정으로서 파악해 가는 접근법이 가진 어려움이다. 예를 들어, 〈전체화의 이론〉에 대한 이의제기의 효시로 여겨지는 '신국제분업'론이나 세계체제론을 보면, 궁극적으로 그러한 어려움에서 벗어나지 못하였음을 알 수 있다. 그리고 거기서 발견할 수 있는 자본의 작용에 의한 시간과 공간의 경험적 변용에 착안하는 전망도 외재적인 정식화에 머물러 있어, 결국에는 〈전체화의 이론〉의 잔조(殘照)로부터 자유롭지 못하다(吉原, 2002: 7). 또한 이제까지 모더니티의 논의에 있어 자주 언급되어 온 기든스의 고도 근대성과 같은 논의조차도 위에서 서술한 연속적인 접근방식의 짙은 영향 하에 놓여 있다.

여기서, 앞서 대략적으로 살펴 본 모더니티의 재귀성을 규명하기 위해서는, 항상 앞으로 나아가면서 동시에 뒤로 되돌아오는 모더니티의 역동성에 다가설 수 있는 소급적 접근법의 개발이 요구된다.[21] 그것은 물론 지금으로서는 가능성의 수준에 머물러 있지만, 그러한 접근법이 성숙하기 위해서는 몇 가지 요건이 달성되지 않으면 안 된다. 여기서는 일단 두 가

---

21 원래 여기에서 강조하고 싶은 것은, 계기(繼起)적 접근방법을 대신하는 것으로서 소급적 접근방법이 있다는 것도, 후자가 전자의 결점을 보충하는 것으로서 존재한다는 것도 아니다. 만약 그렇다면 '수구적'인 근대화론과 아무런 차이가 없다. 이 장의 문맥에 근거해서 말하자면, 오히려 양자는 상보적인 것으로서 존재한다는 점이 중요한 것이다.

지 점만을 지적해 두고자 한다. 그 하나는 이미 서술한 바와 같은 모더니티의 연속과 단절이라는 상극적 지평, 즉 거절과 반전의 상호 침투 과정을 재귀(순환)적으로 파악할 수 있는 시점을 만들어 낼 필요가 있다는 점이다. 이 경우에 하나의 요점이 되는 것은 역사의 우연성을 어떻게 이해할 것인가 하는 것이다. 이것은 서사론에 입각하여 말하자면, 한 서사의 틈새에서 나타나는 다른 하나의 서사를 어떻게 발견해낼 것인가라는 과제와 연결되어 있다. 여기서 핵심은 우연성으로, 지금 살아 있는 서사에 한정되지 않는 여러 가지 서사로의 선택 또는 상정 가능성이 열려 있었으며, 현재도 열려 있다는 점을 확인할 필요가 있다.

또 하나는 모더니티의 '지금'으로 내려서서 거기서 발견되는 괴리 구조와 유동적이고 불확정적인 상호작용에 의해 구성되는 사회적 경험의 모습을, 우선 텍스트 의존적인 것에서 벗어나 재구성해 가는 방법을 확립할 필요가 있다는 점이다. 서사론과의 관계에서 말하자면, 텍스트 행위론의 차원에서는 이러한 점이 추구되겠지만, 여기서는 우선 포스트모더니티에 관한 논의들에 대한 원망과 탄식(최근의 포스트모던 때리기를 보라)을 해소하는 것이 시급한 과제라는 점을 지적해 두고 싶다.[22]

22 그런데 잃어버린 주체의 재생과 재정식화를 지상의 과제로 삼는 서사론의 문맥에서 위치성에 관계되는 문제구조로 헤치고 들어가려 한다면, 당연한 것이지만 지식인의 역할이라는 점이 재검토되지 않으면 안 된다. 확실히 '위로부터의 계몽'과 '정치적인 해방의 메타 서사'를 설명하는 지식인에게 이제는 리얼리티가 없다고 단언하기는 쉽다. 그러나 그 맞은편에 상정되어야 할 지식인을 구체적으로 나타내기란 그리 간단한 일이 아니다. 여기서는 우선 포괄적인 역사 인식을 제시하기보다는 오히려 스스로 문제를 제기함으로써 타자와의 거리를 측정하고, 나아가 그것을 바꿔감으로써 사회에서의 자신들의 위치를 바꿔가는, 이제는 타인을 대변하는 것에 멈추지 않는 '유동적이고, 국경을 초월하는 지식인'을 생각해 보고 싶다. 자세한 서술은 접어두고, 이러한 지식인에게는 '대서사'의 상실을 견디지 못함으로써 초래되는 어떠한 폐색(閉塞) 상황에 저항함과 동시에, '대서사'의 재편에 편입되지 않기 위한 명확한 비전을 제시할 것이 요구된다.

리오타르가 『포스트모던의 조건』에서 '대서사의 종말'을 고하고 나서 20년이 지나 정말 20세기가 끝나려고 하는 그즈음에 보드리야르는 "모든 문제는 비판적 사상을 방치하는 것과 관련되어 있다. 이러한 종류의 사상은 우리들의 사변적 문화의 본질 그 자체였지만, 모두 지나간 시대와 생활에서 생겨난 것이다"(Bauderillard, 1999=2002: 29)라고 서술해, 시대가 아직도 포스트모던의 문제설정 속에 존재하고 있다는 점을 시사했다. 생각해 보면, 우리들은 정말로 이러한 물음의 한복판에서 머뭇거리고 있는 것이다.

다음으로, 이 책에서는 모더니티의 양의성=다의성을 공간론적 전환의 현상과 글로벌화의 '지금'에 입각하면서 다양한 각도에서 고찰할 것이다. 거기서 부각되는 절단면의 다양성은 결국 모더니티의 다양성이기도 하다. 동시에 공간론의 입장에서 사회이론을 전개해 가는 몇 가지의 회로가 이 책에서는 명확하게 될 것이다. 생각해 보면, 지금 공간론의 세계에는 여러 꽃들이 어우러져 만발해 있지만, 그 꽃들의 줄기에서 땅줄기로 뻗어 나가는 것이 실은 모더니티 그 자체인 것이다. 이 책에서는 서툴지만 그러한 점을 드러나게 할 것이다.

제2장

영역과 유동체 사이

– 글로벌화의 메타포를 중심으로 –

"사회적 현실은 사람들이 하는 행동의 총합으로서가 아니라,
상황행동의 전체적인 패턴으로서 존재한다."

– J. 메이어로위츠, 『장소감의 상실(상)』

1. 시작하면서

20세기 말에는 글로벌화와 함께 포스트 식민지 시대로의 이행과 국민국가의 지위 저하가 빠르게 진전되었다. 그것은 사람에 따라서는 모더니티를 대체하는 것, 혹은 모더니티가 일종의 한계 상황에 도달한 것을 의미하는 것이었다. 그러나 글로벌화는 실제로는 일련의 경제 과정과 그것을 유도·재촉하는 정치 과정을 규정 요인으로 하고, 극히 굴절된 시·공간 구조의 변화를 동반하면서 오늘에 이르렀다. 때마침 21세기를 눈앞에 두고 헬드는 그러한 글로벌화에 대해서 "사회활동의 공간적 형태를 서서히 변화시키는 일련의 제 과정인가, 아니면 본질적으로 최종 국면을 맞이하는 것인가"라는 문제를 제기했다(Held, ed., 2000=2002: 188). 이러한 문제에 대해서는 나중에 어리가 "글로벌한 것은 종종 예측할 수 없는 변동의 '원인'이 됨과 동시에, 그러한 변동의 '결과'로도 간주되고 있다"(Urry, 2003: ix)고 반복하고 있지만, 실은 위에서 서술한 헬드의 문제제기 직후에 네그리와 하트는 많은 논의를 불러일으킨 저작 『제국』에서, 마치 헬드의 물음에 대해 답이라도 하듯이 글로벌화의 종국으로 향하는 지구규모 사회(globalizing society)에 대해서 논했다(Negri and Hardt, 2000=2003). 네그리와 하트에 의하면, 근대적 주권이 아닌 새로운 주권 패러다임을 구현하는 제국은 글로벌화의 진전에 따르는 하나의 귀결, 즉 국민국가를 대신하는 글로벌한 획일적 질서로서 존재하고, 그 지배는 무한하며 사회의 구석구석까지 미치는 것으로 파악했다. 동시에 그들은 제국이 '다중(multitude)'이라는 이동하는 〈타자〉도 탄생시켰다고 간주했다(Negri and Hardt, 2000=2003, 2004=2005).[1] 이처럼 네그리와 하트는 글로벌화를 수렴설의 관점에서 확실하게 '역사의 종말'에 위치하는 것으로서 논했던 것이다. 그들의 관점에 의하면, 제국이 '역사의 바깥'에서 절대적인 존재이듯이 글로벌화도 또한 피할 수 없는 완전한 총체로서 관념화된다.

생각해 보면, 글로벌화에 대한 이러한 견해는 지금 시작된 것은 아니다. 글로벌을 로컬과의 이항대립적 도식으로 파악해 결국에는 로컬이 글로벌에 잡아먹힌다/뒤처진다는 입장은 위에서 서술한 수렴설의 근원적인 형태를 이룬다. 글로벌과 로컬을 이른바 '지배와 종속의 관계'로 파악하는 이러한 입장에서는 글로벌과 로컬이 정태적인 상호연관의 형상으로 단정되어 글로벌화를 향한 강제 적응인가, 아니면 그것에 대한 로컬의 청산주의적인 저항/부정인가를 강조하는 것에 지나지 않는다. 그러나 요즈음 글로벌화에 대한 이러한 단순한 이항대립/선형의 상호연관 도식, 즉 수렴설은 글로벌화의 보다 역동적인 변동과정을 확인하려는 입장이 대두됨에 따라 이전만큼 영향력을 가지지 못하게 되었다. 그러면 실제로 글로벌화를 둘러싼 논의는 어떻게 전개되는가? 또한 이에 관한 연구방법은 현재 어떠한 기조와 동향을 나타내는가?

물론 이러한 물음을 제기할 때, 반드시 글로벌화를 문제시할 때의 논리적 구도와 분석 틀을 명확히 하지 않으면 안 된다. 그러나 기점을 이루는 것은 어디까지나 현재의 생생한 세계질서의 양상을 어떻게 해석할 것인가 하는 점이다. 즉 글로벌화의 동적인 변동 메커니즘과 이에 수반하여

---

1 덧붙여 어리는 9 · 11을 '다중(multitude)'에 의해 야기되는 새로운 형태의 비영토적 네트워크 전쟁 혹은 '네트 전쟁'의 가장 극적인 예라고 서술한다. 그래서 그러한 네트워크에 대해 위계가 대치하기는 매우 어렵다고 한다(Urry, 2003: 131).

발생하는 문제기제를 뚜렷이 하는 작업의 일환으로서 논리적 구도와 분석 틀을 명확히 할 필요가 있다. 이 점에 관해서는 나중에 다시 서술할 것이다. 먼저, 지금까지 글로벌화가 어떻게 논의되어 왔는가에 대하여 간략하게 살펴보는 것에서 시작하자.

2. 글로벌과 로컬 사이

이제까지의 글로벌화에 대한 것을 단적으로 말한다면, 오직 현재의 상황을 추인하는 입장과 이를 이데올로기적으로 거부하는 입장, 그리고 그 어느 쪽도 편들지 않고 경험을 토대로 현상(現象)을 기술하는 입장이 격전을 벌여 왔다고 할 수 있다(Held, *et al.*, 1999).

먼저 첫 번째 입장을 보면, 기본적으로는 글로벌화를 사회발전의 필연적인 과정으로 파악하여 누구도 이에 저항하지 않는 것으로 본다. 헬드는 이러한 입장을 '초글로벌주의적(hyperglobalist) 입장'으로 간주하는데(Held, *et al.*, 1999: 2), 거기서는 시장의 힘을 만능시하고 그것이 민주주의의 발전을 촉진시킨다고 여긴다. 이 경우에는 자유로운 시장이든 민주주의든 모두 미국식 표준(American Standard)이 그 기준이 된다. 그리고 새로운 과학기술(뒤에서 설명할 영역)에 의해 지지된 정보화와 글로벌한 수준으로 조직되어 있는 행위주체를 무조건 인정한다. 신자유주의를 기조로 하는 이러한 입장은, 명백하게 글로벌리티가 모더니티를 대체하는 시대상에 그 근거를 둔 것이지만, 여전히 모더니티의 뿌리를 이루는 발전주의와 통합의 기제를 질질 끌고 간다.[2] 말할 필요도 없이 이러한 입장에서는 글

---

2 글로벌한 것은 불가항력의 압도적인 것이고 완결된 총체라고 생각하는 자체가 이미 모

로벌화가 로컬에 끼치는 작용이 획일적으로만 파악되어, 로컬한 수준으로 나타나는 편차나 왜곡이 가진 의미는 무시되고 만다. 즉 글로벌한 것을 이미 주어진 것으로 간주함으로써, 로컬한 것이 "전능한 '글로벌화'에 의해서 선형적 형태로 변모한다"(Urry, 2003: x)고 파악하는 것이다. 이러한 입장은 스튜어트가 '선형성의 함정(trap of linearity)'(Stewart, 1989: 83)에 빠져 있다고 지적한 것으로서, 바로 "글로벌화를 새로운 '구조'로서, 그리고 로컬한 것을 새로운 '행위주체(Agent)'로 간주하는 것이다"(Urry, 2003: 121).

그런데 여기에서 말하는 두 번째 입장은, 글로벌화가 미국의 정치적 패권주의와 병행하여 세계 표준을 수립함으로써 세계질서가 3극화되는 현실을 은폐해 버렸다는 것이어서, 첫 번째 입장과 이데올로기적으로 대립하는 명제를 이룬다. 이러한 입장은 헬드 등이 '회의주의적(sceptics) 입장'이라고 지칭한 것이다(Held, *et al.*, 1999). 이는 첫 번째 입장이 글로벌화를 관통하는 미국의 정치적 패권주의를 전면적으로 긍정하는 데 비해서, 그것을 완전히 부정한다는 점에서 (첫 번째 입장과는) 대치되는 입장이다. 그러나 차이라는 관점에서 볼 때, 양자의 더 큰 차이는 첫 번째 입장이 글로벌화를 기존 사회의 틀을 넘어서는 것으로 규정하는 데 반해, 두 번째 입장은 글로벌화를 하나의 신화로 간주함으로써, 기존 사회의 틀이 기본적으로 유지되는 것으로 생각한다는 점이다. 그러나 두 번째 입장 역시 그 논리구성이 변동하는 실제상황에 근거한 분석적 수준은 아니라는 점에서 첫 번째 입장과는 '멀고도 가까운' 관계에 있다. 즉 첫 번째 입장을 거꾸로 뒤집은 것 같은 상태에 빠져 있는 것이다.

어쨌든 글로벌화를 이미 **변화한** 것으로서 지나간 것이라고 파악하는 첫

더니티의 기제 속에 존재한다. 더욱이 글로벌화를 모더니티의 규범으로 간주하는 사고방식은 아직도 뿌리 깊게 존재한다.

번째 입장과 그것을 부정하는 두 번째 입장은 상호 양극을 이루면서 동일 평면상에 존재한다고 할 수 있다. 이에 비해 글로벌화는 실제로 계속 변화해가고 있다고 봄으로써 완전히 다른 차원의 이론지평에 선 또 하나의 입장이 있다. 말하자면 세 번째 입장인데 이에 의하면, 글로벌화는 예를 들어 "상호 결합성과 상호 의존성을 띠는 네트워크의 급속한 발전과 끝없는 조밀화"라고 톰린슨이 파악한 것과 같은 (Tomlinson, 1999=2002: 15), 즉 그 자체로 매우 불안정하며 더욱이 예측 불가능한 모순으로 충만한 것이다. 물론 이 경우에 기존 사회 틀의 '동요(動搖)'가 전제가 되며, 그러한 한 앞서 살펴본 첫 번째 입장과 공명한다. 그러나 이 입장과 첫 번째 입장은 공명하는 것 이상으로 논리구성 면에서 양자의 차이도 두드러진다. 자세한 것은 접어두고, 첫 번째 입장은 신자유주의라는 이념이 선행하여 거기에 현실을 끼워 맞춘 것인 데 반해, 세 번째 입장은 전도 불명의 네트워크가 가지는 우연적 속성〔偶有性〕을 어디까지나 경험적 사상(事象)의 차원에서 추적하고, 그 바탕 위에서 신자유주의라고 하는 이념을 뒤따라가는 식으로 현실에 적용시키는 형식이다. 그렇다고 하더라도 양자 간에 존재하는 차이가 그렇게 단순한 것은 아니다. 우선 이러한 차이가 가지는 의미를 글로벌과 로컬의 관련양상으로 좁혀서 생각해 보자.

위에서 서술한 첫 번째 입장은, 지배적인 글로벌한 힘이 일률적으로, 즉 균질하게 로컬에 미치는 것이었다. 그러나 교묘하게도 뷰리가드가 지적하고 있듯이, 글로벌에서 로컬로의 연쇄는 종축의 정태적인 연관에 의해서만 성립하는 것이 아니라, 오히려 몇 개의 공간 스케일에 연유되어 각 스케일마다 존재하는 여러 행위자를 매개로 구현되는 것이다 (Beauregard, 1995). 만일 이러한 공간 스케일 및 행위자의 연유/매개가 글로벌화에 대한 저항뿐만 아니라 "글로벌리제이션의 여러 과정들을 재조직해서 새로운 목적으로 그 방향을 돌리는"(Negri and Hardt, 2000=2003: 8)

것으로 존재한다고 본다면, 글로벌과 로컬의 연쇄가 다단계로 다층성을 가지는 것이라는 인식은 매우 중요하다. 그러나 이러한 인식은 세 번째 입장의 기저에 숨어 있는 글로벌과 로컬의 연쇄에 관한 인식에 직접 관련되지는 않는다. 여기서 상기되는 것은 어리가 말하는 글로벌화라는 '이상한 끌개(strange attractor)'이다. 그것은 "글로벌화가 로컬화를 심화시키고, 또 그 로컬화가 글로벌화를 심화시킨다는 동시진행의 과정"이다. 어리에 의하면 "글로벌과 로컬은 서로 연결되어 역동적이고 되돌릴 수 없는 관계 속에 있으며,……어느 쪽도 한쪽이 결여되면 존재하지 않는다"고 한다(Urry, 2003: 15).

또한 이상과 같은 인식과 다소 관련되어 주목할 것은, 글로벌화를 균질화/동질화를 촉진시키는 힘과 이질성, 차이, 혹은 혼종성과의 혼합물로 간주하는 켈너의 입장이다(Kellner, 2002). 왜냐하면 후자는 세 번째 입장의 기본을 이루며, 그것을 포함함으로써 세 번째 입장이 글로벌과 로컬의 연쇄에 잠복해 있는 변증법적 계기(→'이상한 끌개')를 추출해 내는 데 크게 공헌하기 때문이다. 그리고 이 점이야말로 첫 번째 입장과 구별되는 결정적인 분수령이 되는 지점이다. 덧붙여 세 번째 입장에서는 앞서 말한 바와 같이 첫 번째 입장에서 나타나는 '구조'와 '행위주체'라는 접근 방식(구분)[3]은 기각되고 있다. 그러나 그러한 입장도 그것 자체는 앞서 서술

3 '구조'와 '행위주체'라는 접근 방식은 먼저 구조결정론, 즉 '구조'는 하나의 질서로서 존재하고, 항상 재생산되며, 그리고 '행위주체'는 이 구조에 의해 결정된다는 논리로서 정착되었다. 그러나 이러한 구조결정론은 '구조의 이중성'을 제시하는 기든스의 구조화론에 의해 가려지게 되었다. 즉 기든스는 '구조'는 행위를 만들어 나지만 지식을 가진 행위자에 의한 무수한 재귀적 행위에 의해 (구조가) 다시 파악된다고 본 것이다(Giddens, 1984). 이러한 구조화론은 '구조'와 '행위주체'에 관한 결정론적 입장이 가지는 이론적 결함(환원주의적 편향)을 명확히 했다는 점에서 획기적인 의의를 가지지만, 최근 들어 이러한 입장 자체가 구조결정론의 전개 속에 이미 존재했다는 지적과 함께, '구조'와 '행위주체'의 예측 불가능하고 비선형적인 관계를 재귀적 행위가 아니라

했듯이 현상을 기술하는 수준에 그치고 있다. 따라서 첫 번째 입장에서는 발견할 수 없는 글로벌과 로컬의 굴곡된 배치관계의 양상을 충분히 투시할 정도까지는 이르지 못하고 있다.

그러면 도대체 이상에서 서술한 세 가지 입장, 특히 첫 번째 입장과 세 번째 입장의 대비를 통해 글로벌화가 가지는 어떤 점이 명확해지며, 어느 정도로 그 역사적 위상이 부각되었을까? 다시 한 번 추궁해야 할 과제로 보인다. 따라서 시점을 약간 바꿔서 이 과제를 좀 더 심도 있게 고찰해 보기로 하자.

3. 영역에서 유동체로

어리는 그의 저서 『사회를 초월하는 사회학』에서 글로벌화를 중심으로 한 메타포로서, 영역(regions)의 메타포와 유동체(流動體, fluids)의 메타포를 든다(Urry, 2000=2006). 먼저 영역의 메타포는, 글로벌화가 '사회'와의 사이에서 영역을 둘러싼 경쟁을 전개한다는 것이다. 즉 여기서 글로벌화는 글로벌한 경제나 문화의 영역이 국민국가/사회라는 경계가 낮아진 영역을 석권하는 현상으로 간주된다. 이 경우에 경제와 사회의 글로벌화가 함께 진행됨으로써 명확하고 관리된 경계를 가진 '사회'의 힘이 상대적으로 약해진다는 점을 지적할 수 있다. 그래서 결국 글로벌한 영역과 사회구성적 영역 간의 격투에서 최종적으로 글로벌한 영역이 승리하게 되는 것이다. 그야말로 어떤 커다란 영역이 개개의 사회라는 보다 작은 영역을 대신하게 되기 때문이다. 물론 행위라든지 동기도 특정한 영역적 집

반복적 행위에 의해 설명하려는, 이른바 복잡성이론에 근거한 논의가 대두하고 있다.

합 속에서 생산 · 재생산된다기보다는 오히려 개개의 '사회'가 가진 멍에로부터 해방된 글로벌한 문화에 의해 형성되는 것으로 간주된다. 덧붙여서, 어리는 그 후에, 이러한 영역의 메타포는 글로벌한 것과 '사회'가 상호 구성적인 것이라는 점을 간과하고 있어서 브레너(N. Brenner)가 말하는 '영역적 함정(territorial trap)'에 빠져 있다고 서술했다(Urry, 2003: 44).

여기서 주목할 것은, 글로벌한 문화가 매우 균질적인 것으로 규정되어 있다는 점, 즉 글로벌화는 문화적인 균질화를 주 내용으로 하는 동질화와 통합화의 서사로서 상정되었다는 것이다. 그리고 바로 그것을 '미국의 세기'와 연결 짓는 것이 영역의 메타포를 이용해 글로벌화를 설명하려는 논자들의 두드러진 특징이다. 그리고 이러한 영역의 메타포에 의해 조직되는 논의는 글로벌화에 관한 초기의 논의에 자주 나타나는 것이다.

그러나 이상과 같이 영역의 메타포에 의거해 글로벌화를 설명하는 논조는 최근에는 상당히 가라앉은 상태다. 그리고 그것을 대신하여 등장하는 것이 글로벌화를 유동체라는 메시지로 대체해 이해하려는 입장이다. 오히려 최근 들어 글로벌화를 둘러싼 관심의 중심은 이쪽으로 옮겨가고 있다. 이러한 유동체로서 파악되는 글로벌화의 메타포는 문자 그대로 글로벌한 유동성에 초점을 둔다. 덧붙여, 이 글로벌한 유동성에 관해서 어리가 주목하는 것은 사회구성적인 경계를 횡단하여 정비되는 인프라의 발전이며 그 발전을 촉구하는 과학기술의 발전이다. 그리고 그 과학기술은 컴퓨터화를 축으로 한다(Urry, 2000=2006: 59). 이러한 과학기술에 의해서 사람 · 물자 · 돈 · 이미지가 순간적으로 흐르며, 게다가 영역으로서의 '사회'를 초월하여 흐른다. 그런데 어리에 의하면, 이러한 흐름을 만들어냄으로써 그야말로 글로벌화의 상수(常數)로서 존재하게 되는 과학기술은, "인간의 의도나 행위로부터 직접적이고 독자적으로 생겨나는 것이 아니라 기계, 텍스트, 사물, 그리고 그 외의 과학기술 등과 복잡하게 상호 결합하여 이루어지는" 것이다. 즉 돈이나 이미지의 흐름에 관심을 두는 유동체의 메타포가 우세하게 되었으며, 그리고 그 때문에 거기서는 "그만큼 순수한 사회구조가 존재하는 것이 아니라, 단지 혼종성만이 존재할 뿐이다"(Urry, 2000=2006).

여하튼 최근의 글로벌화에 관한 논의로서는, 영역의 메타포를 대신하여 나노초(십억분의 1초) 단위나 예상할 수 없는 형태로 영역을 횡단하는 사람 · 물자 · 돈 · 이미지의 흐름에 관심을 두는 유동체의 메타포가 우세하게 되었다는 것이다. 물론 이러한 메타포에서는 글로벌한 유동/흐름이 매우 균질하지 못하고 단편적이며 나아가 고도의 혼종성을 띤다는 점이 중요하다. 그런데 영역의 메타포에서 유동체의 메타포로의 이동이 동시에 구조의 메타포에서 네트워크의 메타포로의 이동이기도 하다. 다시 어리의 주장에 근거하여 이 점을 간략히 서술해 보자(Urry, 2000=2006: 59~60).

영역의 메타포는 단적으로 말해 수많은 제도가 집적되어 있으며 명확하고 관리된 경계를 가지는 사회를 그 전제로 한다. 말할 필요도 없이 이러한 사회는 수직적인 위계와 공식 · 비공식적으로 조성된 폐쇄적인 구조를 특징으로 한다. 그리고 이러한 특징을 가진 사회를 중심으로 소위 구조의 메타포가 구성된다. 따라서 영역의 메타포는 구조의 메타포와 대체 가능한 것이다. 한편, 유동체의 메타포는 수직적이고 폐쇄적인 구조의 메타포와는 명백히 다른 성질의 것이다. 그것은 이미 지적했듯이 비균질적이며 예측 불가능한 혼종적인 이동이나 흐름을 그 지표로 삼는 네트워크를 중심으로 조직된다. 즉 유동체의 메타포는 필연적으로 네트워크의 메타포가 된다. 주지하다시피 네트워크의 메타포는 동적으로 개방적인 구조에 초점이 놓여 있다. 어리는 이상과 같이 파악하여, 영역의 메타포에서 유동체의 메타포로의 이행과, 구조의 메타포에서 네트워크의 메타포로의 이행을 사실상 중첩시키고 있는 것이다.

그렇다면 이상과 같이 메타포를 비교 · 대조하는 시도가, 앞 절에서 살펴본 첫 번째 입장과 세 번째 입장의 상극적 구도에 관해서 어느 정도 정리된 틀을 부여하는 것은 명확하다. 그러나 도대체 그러한 시도를 통해 글로벌화에 대한 식견에 어떤 새로운 차원이 부가된 것일까? 그것은 한마디로 말하자면 글로벌한 유동성이 가지는 탈영역화의 계기와 혼종성의 내실을 사회형태론의 차원에서 명확히 했다는 것이다. 그러나 자세히 검토하면, 이른바 영역화에서 탈영역화로, 균질적인 것에서 비균질적인 것으로 단순하게 도식화되지 않는 역사적 위상 또한 거기에 포함되어 있다는 것을 알 수 있다. 이하, 절을 바꾸어 이에 대해 살펴보기로 하자.

4. 탈영역화에서 재영역화로(I)

글로벌화를 둘러싼 네 가지의 메타포 가운데, 영역의 메타포와 구조의 메타포, 그리고 유동체의 메타포와 네트워크의 메타포가 각각 서로 영향을 미치는 점과, 최근 들어 관심의 중심이 전자에서 후자로 향한다는 점에 대해서는 이미 살펴보았다. 그리고 그러한 관심의 기층을 이루는 것은 탈영역화이며 또 유동체가 가지는 우연성과 혼종성이다. 그러나 이러한 것들은 내용적으로는 겹쳐 있지만 방향이 정해지지 않은 부정형이고, 또한 매우 모순적인 것이다. 그것들은 나타났다고 생각하면 바로 사라져 버리는 경계, 그리고 파괴되는 일은 없지만 끊임없이 변모하는 관계와 함께 존재한다. 실은 이러한 경계나 관계의 흔들림 또는 이동이 이제는 장소 간의 차이를 나타내는 것이 아니라는 점이 글로벌화의 공간적 배치(configuration)를 더욱 복잡하게 만든다. 여기서는 우선 유동체가 가지는 우연성과 혼종성을 탈영역화와 중첩시켜 논의하고자 한다.

먼저 탈영역화가 함의하는 내용인데, 이제까지의 논의에 근거하여 말한다면, 그것은 사람 · 물자 · 돈 · 이미지의 글로벌화한 흐름이 가속화되어, 그 결과로 생긴 '혼합체로서의 세계'(Mol and Law, 1994: 660), 즉 안과 밖의 구별이 없어지고, 처음도 끝도 없고, 결합했다고 생각하면 쉽게 돌아서는 유동체의 세계가 확장된다는 것이다. 이러한 사태가 진행되면 무엇보다도 먼저 국가라는 사회구성적 권력이 현저하게 약화된다. 그리고 "시민을 하나로 묶어서……단일한 목소리로 이야기하는"(Urry, 2000=2006: 65) 것이 매우 어렵게 된다. 오히려 기존의 사회 안팎에서 탈통합적이고 중층적이며 분리적(disjunctive)인 질서가 생겨나게 되고, 그것들이 기존 사회를 공허하게 할 뿐만 아니라 국가의 멸망과 후퇴를 보다 강하게 촉진시키게 된다. 환원하자면, 이와 같은 사태는 임의적이며 하이퍼텍스트(hypertext: 비순차적인 검색이 가능한 텍스트—역주)적인 패턴화를 나타내는 다원적이고 우연적인 제 흐름이 "내셔널한 사회의 '탈전체화'"(Urry, 2000=2006: 76)를 재촉함으로써 생겨나는 것이다. 그러나 그렇다고 해서 국가가 완전히 무력화되는 것은 아니다. 오히려 '조절국가(regulatory state)'로서의 중요한 역할을 수행하게 된다. "국가는 지역적(regional) 혹은 국제적 수준의 여러 네트워크에서 촉매 역할을 하며, 따라서 매우 역동적이며 예측하기 힘든 글로벌한 복잡계 시스템을 구성하는 하나의 행위주체로서 기능하는" 것이다(Urry, 2003: 110).[4]

그런데 전술한 탈영역화 그 자체는 보다 다양한 성격을 가지고 있다.

---

4 국가의 변용을 설명하는 논의와 함께 주목되는 것은 권력을 둘러싼 논의다. 이 책 4장에서 제시하듯이, 전자에 대해서 바우만은 기축을 이루는 논의를 명백히 내세우는데, 후자에 대해서도 매우 다중적(multitude)인 논의를 전개한다. 바우만에 의하면, '포스트 판옵티콘적'이라고 불리는 권력은 특정 영토나 공간에서 이탈해 있고, 오히려 흐름 그 자체로 존재한다고 한다. 빠르고 가뿐하며 다양한 네트워크를 뛰어 다니는 권력 아닌 권력. 그것은 바로 혼종 그 자체를 구현하는 것이다(Bauman, 2000=2001).

그 가운데서 특히 주목할 것은, 그 자체로 사람들의 사회관계 면에서의 변화를 내포하는, 비장소로서의 로컬리티라는 문맥을 통해 우회적으로 투시할 수 있는 성격이다. 여기서는 탈영역화가 항상 공동체의 해체 · 재편의 과정을 포함하면서 진행된다는 점에 주목하고 싶다. 그것은 멀리 떨어진 사건이나 장소, 혹은 사람들을 자기와 관계가 깊은 것으로 인식하게 되는 다종다양한 네트워크의 확장(Tomlinson, 1999=2002; Latour, 1987=1999) — 예를 들면 길로이가 주목하는, 제2차 인티파다(Intifada: 이스라엘에 저항하는 팔레스타인의 민중봉기 — 역주)에 호응한 인간 방패를 전략적 요체로 삼으며, 밑으로부터 그리고 동시에 원거리로부터 조직된 세계주의적 네트워크(Gilroy, 2005: 80) — 과 함께 나타난다. 카스텔은 그러한 공동체의 해체 · 재편 과정을 "공동체가 상호작용을 조직화하는 중심형태로서의 네트워크로 대체된 것"으로 파악한다(Castells, 2001: 127). 더 말할 필요도 없이, 여기서 말하는 공동체는 잉골드가 말하는 로컬 공동체, 즉 토지의 구별에 의한 명확한 범위, 지리적인 근접성, 직장과 주거지의 일치에 기초하는 공동성, 그리고 '땅'에 뿌리를 두는 거주의 감각 등을 그 특징으로 하는 공동체다(Ingold, 1993). 다른 한편으로 네트워크란 가상의(virtual) 공동체, 즉 로스가 말하는 "개개의 성원이 활동가의 언사, 문화적인 생산물, 미디어 이미지라는 비지리적인 공간에 의해 구축된 동일화를 통해서 하나로 연결되는 경우에 한해 존재하는"(Rose, 1996: 333) 공동체다.

물론 이러한 네트워크=가상의 공동체에서는, 로컬 단위 나아가 국경과의 긴밀한 관계에서 파생하여 항상 내셔널한 것으로 규합되어 온 정체성은 이제 존재할 여지가 없다. 오히려 그러한 종래의 로컬 정체성을 단절시킨 곳에서, 위에서 서술한 네트워크=가상의 공동체가 사회구성적인 영역을 넘어 비약할 수 있게 되는 것이다. 예를 들어, 카스텔이 말하는 '저항적 정체성'(Castells, 1997: 356)에 관해 말하자면,[5] 그것은 탈영역화를 주도하는 글로벌한 흐름이 바로 그 태내에 자가당착적으로 품어 온 것이다. 물론 이러한 '저항적 정체성'에 대응하여, 다양한 민족적 전통이나 토착적 관행의 위로부터의 고취를 매개로 하여 로컬 정체성을 발굴해내려는 시도가 종종 나타나고 있다. 흥미롭게도 이러한 대부분의 시도 역시 글로벌화의 기계장치나 과학기술을 충분히 활용하고 있다는 점이다.[6] 그러나 이 점에 관해서는 뒤에서 서술하기로 하고, 여기서는 우선 탈영역화와 함께 존재하는 문화의 조직화/통합화 과정에 대해서 개략적으로 살펴보기로 하자. 지금부터 서술할 것이지만, 그것은 특히 사람들의 사회관계 면에서의 변화를 수반하는 것이다.

아파두라이의 계보를 잇는 앨브로우 등에 의하면, 탈영역화가 진행되어 내부자와 외부자가 뒤섞여 사는 혼종적인 공간에서는, 사회관계를 형성하는 기반이 이제는 전통적인 공동체에 얽매이지 않을뿐더러 로컬리티도 결여하고 있다고 한다(Albrow, *et al.*, 1997). 아파두라이 식으로 말하자면, 거기서는 문화의 동질화와 이질화가 서로 경합하며, 그러한 가운데 개인적 · 집합적 행동의 차원에서, 공동체에 매몰되지 않는 복합적이고

---

5 카스텔이 '저항적 정체성'으로서 범주에 넣고 있는 것을 열거하면, 멕시코 사파티스타(Zapatista) 국민해방군, 미국의 무장 우익운동, 즉 애국자(patriot)로 불리는 우익조직, 글로벌한 테러리스트, 각종 환경NGO, 발전도상국의 여성이나 아이들을 둘러싼 글로벌 시장의 충돌을 피하려는 여성운동, 종교적 원리주의 등이 있다(Castells, 1997). 이들은 정도의 차이는 있어도 모두 대안적 글로벌화를 목표로 하여 존재한다.

6 예를 들어, 글로벌 관광산업과 연결된 문화유산사업(heritage industry)의 전개에 대해서 살펴보자. 이는 민속학(folklore)의 발견이 '장소의 소비'와 연결되는 지점에서 나타나는데, 흥미로운 것은 이것이 글로벌에 매개되어 발달해 왔다는 것이다. 거기서 중요한 역할을 하는 것이 인터넷에 의해 조직화된 가상적인/상상의 공동체다. 사람들은 웹페이지를 열고 아이콘(우상)적인 장소를 찾아 그것이 자신의 장소인 듯이 상상/창조하는 것이다. 이렇게 해서 가상적 여행이 장소의 브랜드화를 촉진시키며, 결과적으로 문화유산사업의 전개에 공헌하는 것이다.

중층적이며 또한 괴리적인 관계양식이 생기게 되는 것이다. 주지하다시피 아파두라이는 이러한 관계양식을 문화의 다섯 가지 차원, 즉 인종적 경관(ethnoscapes), 기술적 경관(technoscapes), 자본적 경관(finanscapes), 미디어적 경관(mediascapes), 이념적 경관(ideoscapes)으로 설명한다(Appadurai, 1996=2004). 중요한 것은 이러한 관계양식들이 문화적인 통합에 의해 복합적으로 결합된 성질에 깊이 근거하고 있다는 점이다. 물론 이렇게 설명할 경우에 앨브로우나 아파두라이 등이 파악한 대상적 세계에 의해 매우 제약된다는 점은 부정할 수 없다. 그러나 그렇다 하더라도, 역사적 기원으로부터 분리되어 미디어에 의해 매개된 문화적 통합이 이제는 경계가 그어진 영역에 갇히지 않는 관계양식의 내실을 이루게 된다는 점은 명백하다.[7]

동시에 이러한 관계양식을 다른 측면에서 본다면, 일종의 영역성을 띠어가는 것을 알 수 있다. 그것은 로컬 공동체가 붕괴했기 때문에, 사람들의 행위나 경험세계가 공간적으로 한정된 로컬을 넘어서 누출되는 사태, 그야말로 탈영역화에서 변환된 것이라고 여겨진다. 이 점에 대해서는 다음 절에서 서술해 보고자 한다.

---

7 그건 그렇다 하더라도, 문화적 통합이 글로벌화 속에서 어떻게 파악되는가는 매우 중요한 과제다. 이 점과 관련해서, 예전에 래쉬와 어리는, 복잡하고 발걸음이 가벼운 경제가 눈 깜짝할 사이에 지구 전역을 덮은, 그러한 경제가 기호 및 기호 속에서 작용하고/거기서 벗어나/그것들에 의해 둘러싸인 사람들의 상호 간에 성립한다고 지적한 적이 있다(Lash and Urry, 1994). 어리는 이러한 발걸음 가벼운 기호경제에 의해 글로벌과 로컬의 경계가 복잡하게 그어지고 다듬어졌다고 서술하는데(Urry, 2003: iii), 이는 일종의 공간기호론(spatial semiotics)이 글로벌화론에 관한 이론 가운데 하나의 장을 차지할 가능성이 있다는 점을 나타낸다고 할 수 있다.

5. 탈영역화에서 재영역화로(II)

앞에서도 살펴보았듯이, 카스텔은 사람들의 일상적인 사회관계의 변화를 촉진시키는 요인으로서 "공동체가 상호작용을 조직화하는 중심형태로서의 네트워크로 대체되는 것"에 주목했다. 그에 의하면, 그것은 개인주의에 근거한 새로운 사교(sociability) 유형의 출현으로 볼 수 있지만, 이러한 사회관계의 변화와 함께 최신 컴퓨터 네트워크/링크 및 이에 의해 장치화된 교통시스템에 의해 나타나는 장소 간의 상호연결이 폭주함에 따라 새로운 영역적 배치의 관계 맺기가 생겨난다고 한다(Castells, 2001). 거기서 그는 이른바 '흐름의 공간(space of flow)'과 '장소의 공간(space of place)'이 교차하는 지점에서 발생하는 상호작용에 입각하여 다원적인 커뮤니케이션이 가져오는 의미코드를 찾아낸다. 그것은 사회형태론의 차원이긴 하지만, 명백히 상호작용에 수반되는 영역성(재영역화—역주)을, 탈영역화에서 한 발 내딛는 형태로서 명백히 부각시킨 것이라고 할 수 있다.

다른 한편, 탈영역화에서 재영역화에 이르는 과정을 카스텔과는 다른 관점에서 시사하는 입장도 나타나고 있다. 바로 미시적인 현상학적 방법론에 입각한 일련의 논자들이다. 그 가운데 한 사람인 뒤르슈미트는 풍토(milieu)라는 개념을 제기하여, 사람들이 당면하는 여러 상황과의 관계로부터 생기는 어떤 영역성에 대해 언급하고 있다(Dürrschmidt, 1997). 여기서 말하는 풍토는, 개인이 여러 현상에 능동적으로 관계하는 관계성과 행위의 연관된 배치에서 나타나는 개인 성향의 총체를 의미하는 것이다. 뒤르슈미트에 의하면, 그러한 풍토의 내부에서 의미 있는 위치를 차지하는 복수의 장소들 간의 통합과정에서, 교신(交信)의 경로가 반복적으로 사용됨으로써 친근함(familiarity)이 배양된다고 한다. 뒤르슈미트는 이러한 친근함을 소위 장소의 주관적인 재구성이라는 차원에서 완성하고 있으며,

반드시 고정적인 공간과 연결된 영역성의 의미나 차원에서 사용하지는 않는다. 그러나 그것이 비장소성(placelessness) 위에 존재하며, 일종의 영역성을 내포하고 있다는 점은 명확하다.

어쨌든 사회형태론에 입각하는가, 아니면 미시적인 현상학적 방법론에 입각하는가의 차이는 있으나, 탈영역화에 앞서 이미 재영역화의 움직임을 확인하려는 논의가 존재하는 것이다. 생각해 보면, 앞서 살펴본 글로벌화론에서 세 번째 입장이든, 아니면 유동체의 메타포에 따라 글로벌화를 설명하는 논의든 간에, 모두 다 어느 정도는 재영역화의 움직임을 이론적인 사정권 안에 넣어두고 있다고 할 수 있다. 단지 위에서 서술한 카스텔이나 뒤르슈미트의 논의만큼 명료한 형태로는 나타나지 않았을 뿐이다.

여기서 다시 궁금해지는 것은, 탈영역화에서 재영역화로의 변화를 확증할 때 중요한 열쇠가 되는 것이 도대체 무엇인가 하는 점이다. 이제까지의 논의에서 보면, 그것은 아무래도 비장소성이나 사회관계적인 영역인 것처럼 느껴진다. 여기서 말하는 비장소성이란, 장소에 산다는 것이 그 장소가 배양하고 드러내어 온 문화나 역사로부터 분리되어 있다는 것이다. 또 사회관계적인 영역이란, 그러한 비장소성의 위에, 현실을 살아가는 데 필요한 조건을 채우기 위해 여러 안전망(safety net)이 구축되거나 재구축되는, 바로 그러한 관계의 장이다. 거기에는 사회적 배경을 달리하는 문화를 매개로 하여 다양한 의미코드가 교환되고 있지만, 그리고 또한 그것들이 항상 움직이며 변화하고 있지만, 그러한 일이 가능할 수 있는 것은, 장소가 어떠한 고정적인 공간에 한정되지 않는, 즉 몰과 로의 말에 따르면 "경계도 관계도 흔들리고, 어떤 장소와 다른 장소의 차이가 보이지 않기"(Mol and Law, 1994: 645) 때문이다. 매우 견고한 응집성을 보이는, 예를 들어 카스텔이 '저항적 정체성'이라고 부르는 것을 중심으로 나타나는 조직화 형태도 실은 이러한 비장소성이나 사회관계적인 영역에 깊이 근거하고 있다.

하여간 탈영역화가 글로벌한 흐름이 가져온 다양한 사회적 형태의 하나이듯이, 재영역화는 탈영역화가 스스로 흔들리는 과정 속에서 우연적으로 초래된 하나의 사회적 형태인 것이다. 그러한 점에서 또한 탈영역화에서 재영역화로의 변화를 탐색하는 일은, 이 장의 3절에서 다룬 '영역에서 유동체로'라는 문제를 근원적으로 되묻는 것과 연결된다. 그리고 더 나아가서 2절에서 언급한 '글로벌과 로컬의 연쇄에 잠복해 있는 변증법적 계기'라는 문제구조에 깊이 파고들어가게 된다. 물론 여기서는 지적한 바와 같은 변화의 내용은 거의 언급하지 않았고, 그 외형에 대해서 메타포의 차원에서 두세 차례 언급했을 뿐이다. 다만 그렇게 함으로써 더 깊은 검토를 필요로 하는 몇 개의 과제가 부각된 것도 사실이다. 그러면 마지막으로 이 점에 대해서 언급하면서 이 장의 맺음말에 대신하고자 한다.

6. 맺음말에 대신하여

검토를 필요로 하는 한 가지는, 앞서 지적한 바와 같은 탈영역화에서 재영역화로의 과정에서 중요한 의미를 지니는, 이른바 개방성으로서 규정된 사회관계적인 영역이 쉽게 폐쇄성으로 반전할 위험을 내포하고 있다는 점이다. 계급이나 계층, 인종, 민족, 종교, 나아가 젠더 등에 있어 명확한 분수령이 생겨나고, 그것이 생태학적인 분리(segregation)나 분화라는 형태를 수반하며 지리적인 공간으로 둘러싸인 가운데, 사회관계적인 영역이 내부에서 붕괴해 갈지도 모른다는 점은 충분히 생각할 수 있다. 그리고 그렇게 되면 네트워크 속에 설 자리를 추구하는 사람들이 서로 인정하고 받아들이는 '차이'는 이제 선별되어 도태될 수밖에 없으며, 오로지 차별성으로 변화할 수밖에 없게 되는 것이다. 실은 이러한 반전으로의 움직임은 이미 현실화되고 있다. 그리고 흥미롭게도, 전술한 여러 민족적 전통이나 토착적 관행의 위로부터의 고취를 매개로 하여 로컬 정체성을 발굴하려는 앞서 살펴본 시도(→ 또 하나의 재영역화)와 이러한 움직임은 부분적으로 서로 영향을 미치게 된다.

이러한 재영역화의 반전 형태와 또 하나의 재영역화가 서로 공명하도록 촉진하는 요인으로는 여러 가지를 들 수 있지만, 그중 하나는 살펴본 바와 같이 글로벌한 흐름이 야기한 일련의 위험이 크게 작용하고 있다는 점이다. 어리에 의해 "에이즈의 만연, '핵 괴물', 환경위험, 내셔널한 주권의 실추"(Urry, 2000=2006: 64) 등으로 거론되는 이러한 위험은 감소되기는 해도 소멸하지는 않는다고 많은 사람들은 믿고 있다. 그 때문에 끝없는 위험에 대한 끝없는 불안, 그것도 개인으로서는 해소할 수 없는 불안이 생긴다. 그리고 이러한 불안을 둘러싸고 사회관계적인 영역이, 한편으로는 밖으로 열린 연합(association)과 같은 것에서 파생되거나 그것을 키워나가며, 다른 한편에서는 그 반전 형태의 형성에 동의하게 된다. 원래 사회관계적인 영역은 불안정하고 예측도 할 수 없는 글로벌한 흐름에 기초하고 있기 때문에, 그야말로 이러한 이유로 인해 제 개인들 간에 다종다양한 안전망을 구축하거나 재구축하려는 움직임이 나타나고, 이와 더불어 '차이'를 인정하지 않는 '사회'를 지향하는 움직임이 강해지게 된다. 이러한 점은 그 나름대로 충분히 이해할 수 있는 것이다.

비장소가 가지는 공간으로서의 헤테로토피(heterotopie: 異所性)에 유래하면서, 그것을 부정한 위에 존재하는 이러한 반전 형태는, 언뜻 보기에는 또 하나의 별개의 재영역화, 즉 로컬한 정체성이나 전통, 혹은 장소의 '진정성'을 추구하는 움직임과는 교차하지 않는 것처럼 보이지만, 다 같이 헤테로토피에 대한 반대명제로서 존재한다는 점에서는 공통된 지평에서 있다. 게다가 번거롭게도 이제 와서 양자, 즉 재영역화와 또 하나의 재영역화가 이른바 세트가 되어, 글로벌화가 만들어 낸 '새로운 기회'나 '새로운 활동'으로서 거론되는 경향이 강화된다(Urry, 2000=2006: 64~65). 간단히 말하면, 여기서는 글로벌과 로컬의 매우 굴절된 관계가 상징적으로 드러나는 것이다.

여기서, 앞에서 서술한 점과 관련해서 지적하고 싶은 두 번째는, 글로벌화에 대한 논리적 구도와 분석 틀을 어떻게 설정할 것인가 하는 것이다. 이 장에서는 글로벌화를 메타포의 차원에서 부각시키고자 했다. 그것이 어느 정도 성공하고 있는지 심히 염려스럽지만, 이 방식은 많은 부분을 어리에 의존하고 있다. 어리는 "인간의 개념체계라는 것은 본질적으로 메타포에서 성립하며, 따라서 필연적으로 이해는 상상력의 작용을 통해, 어떤 종류의 사물로부터 다른 종류의 사물에 도달함으로써 얻어질 수 있다"고 하는 레이코프와 존슨의 주장을 인용하면서, 메타포의 유효성에 대해서 이야기한다(Urry, 2000=2006: 38~41). 이 장, 그리고 이 책의 상당 부분은 메타포를 이용하였다. 그러나 여기까지 서술하고 다시 뒤돌아보면, 현재의 생생한 세계질서의 양상을 어떻게 해독할 것인가 하는 점에서 메타포만으로는 다소 리얼리티가 결여된 느낌이 든다. 또한 메타포를 통해서는 글로벌화에 대한 논리적 구도와 분석 틀이 확실히 잘 보이지 않는다는 아쉬움이 남는 것도 사실이다.

이제까지의 서술에서도 명확하듯이, 글로벌화의 규정 요인은 경제 과정과 그것을 촉진시키는 정치 과정이다. 예를 들어, 앞 절까지의 논의에서 중요한 열쇠가 된 비장소성이든 사회관계적인 영역이든 간에, 큰 줄기에서 본다면, 그 자체로 사적 이해나 지배적인 시장관계가 서로 엉긴 양상으로서 존재하는 글로벌한 관계에 의해 구조화되고 규정된다는 점은 부정할 수 없다. 동시에 "교환가치의 명령과 시장의 논리를 빠져나가는,

신체가 가지는 복합적 감수성을 풍부하게 나타낸다"(吉原, 2005: 8)는 것도 사실이다. 전술한 아파두라이의 경우나 톰린슨의 경우도 이러한 복합적 감수성에 깊게 뿌리내리고 있고, 그것이 행위주체의 상상력이나 실천의 원천이며, 또한 의식행위 과정에서 '능동적인 것'을 배양하기 위한 기반으로서 기능한다. 그러나 이러한 의식행위 과정이 앞서 말한 경제 · 정치 과정과 어떻게 연결되는가에 대해서는, 아파두라이도 톰린슨도 자각적으로 연구하지는 않았다. 다만 정보기술의 표상력과 의미작용이 양자를 연결시키고 있는 것이 아닌가 하는 점을 어렴풋이 알아차릴 뿐이다.

이 경우에 정보기술은 의미코드를 만들어 내는 문화의 조정기능으로 대체되지만, 그 상징화 작용에 대해서는 지금까지는 '위로부터'의 유도 혹은 설득이라는 권력적 측면에 초점이 맞춰져 있고, 문화적 통합의 배후에 걸쳐있는 차이성과 차별화가 갖는 상호작용의 측면까지는 구체적으로 논하지 않는 듯하다. 이러한 측면을 명확하게 하는 것은, 위에서 서술한 경제 · 정치 과정과 의식행위 과정을 매개하는 논리를 해명하는 것은 물론, 글로벌화의 동적인 변동의 메커니즘을 여러 가지 행위나 집합체의 파도 사이에서 솟아오르는 창발성(emergence)에 근거하여 명확히 밝히는 데에 극히 중요한 동기를 이루는 것으로 생각된다.

덧붙이자면, 여기서 말하는 창발성[8]은 일단 앞서 살펴본 비선형적인 글로벌한 질서, 즉 "산출(output)된 것이 투입(input)되어 가는 원환(圓環)

---

8 여기서 말하는 창발성은 복잡성의 논의에 기초한다. 따라서 복잡성 연구자인 랭턴(Langton)의 언술을 다음과 같이 인용한다(다만 여기서는 Urry, 2003: 39~40에서 인용). "요소인 제 개인의 상호작용에서……일종의 특성, 즉……구성부분에 대한 우리들의 지식으로는 예측할 수 없는 것이 나타난다. 그리고 글로벌한 특성, 즉 위에서 서술하듯이 창발적인 양상은 피드백되고, 그것을 만들어 낸 제 개인의……행위에 영향을 끼친다." 바로 시스템의 여러 요소가 자발적이고 역동적인 상호작용을 통해서 집합적인 특성을 만들어 낸다는 점이 시사되고 있다.

구조"(Urry, 2003: 16)를 주시하면서, 조하와 마셜이 물리학의 세계에 근거하여 묘사 · 서술하는, 다음과 같은 파동으로 여겨진다(Zohar and Marshall, 1994: 326).

> 파동은 '비(非)로컬한 것'이고 모든 시공을 초월하여 확장되며, 순간적인 그들의 영향은 그 어디에나 미친다. 그리고 파동은……다른 파동과 서로 중첩되어 결합함으로써 새로운 실체(창발적인 것)를 탄생시킨다.

이러한 서술은 어리가 프리고진에 의거해 "무질서의 바다에서 떠오르는 무수한 질서의 섬 덩어리"(Urry, 2003: x)라고 표현한 것과 공명하고 있다.[9] 여하튼 일단 이 장에서는 메타포의 응용가능성을 높이기 위한 긴요한 과제가 한편으로는 위와 같은 문제설정을 통해 나타난다는 점을 염두에 두고 싶다.[10]

---

9 덧붙여, 프리고진은 질서의 새로운 포켓이라는 개념을 명확히 내세운다. 그것은 산실(散失)구조, 즉 무질서라는 어수선한 바다 가운데 있는 새로운 질서의 섬에 관계되는 것이다. 그에 의하면, 위에서 서술한 질서의 섬이 전체의 무작위(entropy) 혹은 무질서를 희생으로 하여 질서를 유지하거나 높인다. 이와 같이 프리고진은 질서의 각 포켓—그것은 실제로는 고도의 조직화된 공기나 물의 흐트러진 흐름이다—이 무질서 속을 어떻게 떠다니는가를 서술하는 것이다(여기에서는 Urry, 2003: 101~102에서 인용).

10 이 장에서 구체적으로 언급할 수는 없지만, 글로벌화가 이제까지 주로 선진국 측에서 논의되어 왔다는 점이 반성적으로 추궁되어야 할 것이다. 살펴본 바와 같이, 글로벌화에 관한 논의는 이미 몇 개의 계보를 형성하고 있으나, 모두 다 글로벌화를 추진하는 측면에서의 발신이라는 점을 잊어서는 안 된다. 글로벌화에 대치하기 전에 그 논리에 전면적으로 포획되어 버리고 만, 당하는 자의 측면에서 발신하는 또 하나의 글로벌화론 전개가 기대된다.

제3장

사회를 초월하는 도시와 포스트 근대화

"변천하는 도시의 중심에 있기 때문에,

— 익숙해져 있으므로 그다지 대단해 보이지 않는 변화,

그 가운데 시간은 흘러가는 것이었다."

– 다야마 가타이(田山花袋), 『도쿄의 30년』

1. 새로운 중세의 도래와 제국의 출현

글로벌화의 진전과 함께 결합투성이의 국경을 아주 간단히 빠져 나가는 네트워크와 흐름이 사회의 전면에 나타났다. 그리고 글로벌화가 '복합적인 동시에 가동적인 혼종성'(Urry, 2000=2006: 25)으로 이루어진 유동체로서의 성격을 띠게 됨에 따라,[1] 자기재생산적인 힘을 가진다고 여겨왔던 '사회'의 존립기반이 서서히 붕괴되어, 바야흐로 '사회'나 국민국가의 경계 유지 능력의 쇠퇴가 분명하게 드러났다. 그러한 가운데 '사회적인 것'이 '사회'로서 해석되는 것이 아니라 모빌리티로서 해석되어, 기존의 내셔널한 시민권(citizenship)이나 공공권, 그리고 무엇보다도 국가의 '조절자'로서의 역할에 대해 재검토하게 되었다. 그리고 다중적이며 '수행적인 시민권'(Albrow, 1996=2000: 287)이나 고도로 미디어화된 공적 무대, 혹은 "전 세계를 꿰뚫는 흐름의 총체를……체계화하는〔선을 그어 구분하는〕"(Deleuze and Guattari, 1986: 59) 국가의 역할에 대해 새삼스레 사람들이 관심을 기울이게 되었다(자세한 설명은 이 책 4장을 참조).

그런데 앞서 서술한 상황은, 말하자면 시민을 하나로 모아서 그들에게 내셔널 정체성을 부여하여 단일한 목소리로 이야기하는 '사회'의 힘이 약해

1 글로벌화에 대해서는, 처음에는 문화적인 균질화 과정에 관심을 두기 쉬운데, 최근에는 오히려 유동체로서의 글로벌화가 갖는 성질에 주목하는 경향이 강화되고 있다(자세한 서술은 이 책 2장을 참조).

졌다는 것, 즉 국민과 국가 그리고 사회 사이에 이전과 같은 연결고리가 존재하지 않는다는 것을 의미한다. 주목할 것은 그러한 상황을 인정한 후에, 눈앞에 펼쳐지는 글로벌한 세계를 '새로운 중세'의 도래로 비유하는 논의가 대두한다는 점이다(Billig, 1995: 20~21). 이러한 논의에 따르면, 글로벌한 세계는 여러 갈래의 지배권과 정체성이 중첩하면서 경합하는, 그 자체로 복합적이며 가동적인 혼종성으로 이루어진 중세의 세계와 기본구조가 같은 것으로 파악된다. 이는 명백하게 근대적 주권에 근거한 패러다임의 종언을 나타내는 것이다. 네그리와 하트는 근대적 주권을 대신하는 제국의 주권이라는 패러다임을 잘 정리하여 다음과 같이 지적한다(Negri and Hardt, 2000=2003).

네그리 등에 따르면, 제국은 그 지배가 어디든 미친다고 한다. 즉 '문명화된' 세계를 모두 석권하는 체제이다. 게다가 역사적인 추이 속에서 일시적으로 지배력을 행사하는 시간적인 제약을 받는 것도 아니다. 즉 역사의 바깥 혹은 끝에 위치하고 있어, 그 힘이 모든 사회생활의 내면 깊은 곳까지 영향을 미치는 것으로, 사회질서의 전역에 그 작용이 미치는 체제가 네그리 등이 말하는 제국이다. 그리고 이러한 제국은 생명정치(biopolitic)의 기제에 관통된 법적 구조이자 권력2임과 동시에, 복수의 변혁주체인 다원적인 다중(multitude)이기도 한, 이른바 '쌍두 독수리'로서 묘사된다. 네그리 등은 이렇게 묘사함으로써 결국에는 "글로벌화의 과정에 저항할 뿐만 아니라 글로벌화의 여러 과정을 재조직화하여 새로운 목적을 향해 다시 나아가며"(Negri and Hardt, 2000=2003: 8), '통일성/다양성' 혹은 '공통성/차이성'의 기반 위에 존재하는 변혁의 주체에 초점을 맞춘다.

---

2 덧붙여, 네그리 등은 이러한 생산력을 "사회적 삶에 밀착하면서 그것을 해석하고, 흡수하고, 재분절화함으로써, 내부로부터 그것을 규제하는 권력형태"로 파악한다(Negri and Hardt, 2000=2003: 40).

그러나 그보다도 우선 여기서 지적하고 싶은 것은, 중세 세계의 제국을 맞은편에 두고, 마이크로소프트나 코카콜라 등의 '새로운 제국', 특히 그 중추적인 거점(headquater)을 이루는 도시가 대부분의 교차적 네트워크나 사회적 삶과 연결되어, 그것들을 해석하고 흡수하며 재분절화하고 경쟁하는 권력들, 나아가 다원적인 언어 공동체가 존재하는 장(場)으로서 주목받게 된다는 점이다. 오늘날 도시는 글로벌화의 제 과정들과 역동적으로 관계함으로써 새로운 사회적 함의를 지니며 다시 '출현'/등장하는 것이다.

2. 글로벌화와 도시의 재구조화

1980년대 이후 글로벌화는 경제뿐만 아니라 정치 · 사회 · 문화의 다양한 영역을 깊이 석권하며 진전되었다. 그리고 그것이 끼친 영향에 관해서는 혁신적이고 긍정적이며 역동적인 측면과 동시에 파괴적이고 부정적이며 모든 사물을 주변화하는 측면이 함께 강조되어 왔다. 그럼에도 불구하고 도시가 글로벌화에 이끌려 일국사회의 구조로부터 이탈하여 세계사회로 전환하는 가운데 나타난 재구조화(Restructuring)에 대해서는 이미 거의 공통적인 인식이 이루어져 있다고 할 수 있다. 그런 인식들 가운데 모범적인 사례로서, 우선 카스텔과 사센의 논의를 살펴보자.

먼저 카스텔은 생산 · 분배 · 관리의 제 과정에 있어서 정보발전양식(informational model of development)의 전개 없이는 경제의 재구조화가 있을 수 없다고 서술하는데, 이 정보발전양식에는 정보처리활동이 결정적으로 중요하다. 그리고 이러한 정보발전양식 하에서 일련의 커뮤니케이션의 흐름을 매개로 하여 조직 제 단위 간의 상호작용을 달성하는 '흐름의 공간(space of flow)'이 모습을 나타낸다고 설명한다. 그리고 이런 흐름의 공간은 경제적 · 사회적 조직을 분산시키는 동시에 또한 의사결정 · 지식생성활동을 집중시킨다. 이러한 공간적인 근접성을 필요로 하는 상황을 극복하여 글로벌한 규모로 사업의 분산을 가능하게 하는 정보네트워크가 교차하는 중심에 그가 말하는 '정보도시'(informational city), 즉 세계도시가 위치하는 것이다. 그리고 이러한 정보도시=세계도시는 무엇보다도 (1) '정보의 성장'과 '산업의 쇠퇴' 간의 비보완적인 과정(단계적으로 폐지되는 노동과 새로운 노동수요와의 불일치), (2) 정보에 기초하는 공식 경제(formal economy)와 '격하된 노동'에 기초하는 비공식 경제(informal economy), (3) 선진 서비스 하이테크 부문 내에서의 분극화된 직업구조로 집약되는 '구조적 이원성(structural duality)'을 가진다는 점에서 가장 큰 특징을 발견할 수 있다(Castells, 1989, 1996).

사센도 또한 카스텔과 유사한 인식과 중요개념('정보집약적 생산양식(service intensive model of production)')을 제시하고 있는데, 그는 뉴욕, 런던, 도쿄에 밀착하여 한층 더 다듬어진 형태로 '글로벌 도시'론을 전개하고 있다. 사센에 따르면, 글로벌 도시란 무엇보다도 거대한 다국적 기업의 본사들이 집중적으로 입지해 있는 도시를 말하며, 거기서는 글로벌한 경제 구조의 재구조화의 실정이 다음과 같은 특징을 집약적으로 나타낸다고 한다. 즉 글로벌 도시는 고도의 의사결정이나 관리 업무가 집적해 있는 '사령탑'이자 국제금융센터로서, 거기에 필수불가결한 생산자 서비스가 일상적으로 매매 · 처리되고 있으며, 그리하여 생산자 서비스를 새로운 기간산업으로까지 끌어올리는 '중추'로 존재한다는 것이다(Sassen, 1991). 이와 같은 인식에서 요점을 이루는 것은, 이러한 글로벌 도시에 전세계적으로 분산되어 있는 공장이나 사무소, 나아가 연구개발 등을 관리 · 총괄하는 기업이 집적됨과 동시에, 그러한 기업 활동에 불가결한 기업자=생산자 서비스를 제공하는 크고 작은 여러 기업이 북적댄다는 점이다. 거기서는 다국적 기업의 경영전략, 즉 '새로운 국제분업(new international division of labor)'에 따라 형성되어 온 위계적인 도시 시스템의 교차 중심에 위치하는 글로벌 도시에서, 고용기회와 노동수요의 존재방식이 매우 분극화된 사회적 재구조화의 모습으로 표출된다.

사센에 의하면, 그것은 먼저 금융·보험이나 회계 등의 업무에 종사하면서 고도의 기술을 구사하는 고임금의 전문직과, 빌딩의 청소·관리나 전문직에 개인 서비스를 공급하는 하층 직종이라는, 두 가지의 분화된 형태로 나타난다. 그리고 고임금의 기술관료가 거주하는 지역에서는 고급 주택화(gentrification)가 진행되는 한편, 사회 하층 노동자가 체류하는 지역—흔히 수많은 이민 노동자의 유입처가 된다—은 개발에서 제외되어 쇠퇴해 간다. 이렇게 하여 생산자 서비스 부문의 고용기회와 노동수요에서 나타나는 분극화 경향이 글로벌 도시의 '중심성과 주변성'의 지리(Mitchell and Molotch, 1997)로서 공간 구조에 깊숙이 스며들어 있는 것이다. 어쨌든 사센의 논의는, 먼저 살펴본 카스텔의 논의와 서로 공감하는 인식을 유지하면서도, 경제적 재구조화와 기본구조를 같이하며 진행되는 사회적 재구조화의 내실을 공간적 차원에서 소급하여 검증하려는 점이 눈에 띄는 특징이라 할 수 있다. 그리고 최근 들어 계속해서 표면화되는 도시에서의 계층분화를 경제적 격차뿐만 아니라 생활양식의 차이나 사회적 교류의 분화, 나아가 공간적 분리를 포함하는 것이라고 본다면, 살펴본 바와 같은 사센의 '글로벌 도시'론은 그야말로 계층분화에 관한 모범적 논의를 제공한다고 볼 수 있다.

그러나 여기서 간과해서는 안 될 것은, 지적한 바와 같은 정보도시/글로벌 도시가 신자유주의적인 정책에 의한 축적공간의 창출이라는 형태로 발생했으며, 현재도 그렇게 발생한다는 것이다. 정보도시/글로벌 도시의 기저를 관통하는 것은 최대 이윤을 추구하는 다국적 기업에 의해 지배되는 시장원리이며, 또한 그것을 지탱하는 일련의 신자유주의적인 정책이라는 것은 주지의 사실이다. 실제로 정보도시/글로벌 도시를 통해서 드러나는 것은 '유연한 생산'의 전개이며, 노동에 대하여 자본의 공세를 강화하는 형태로 추진되는 노 · 자 관계의 재편이다. 그칠 줄 모르는 노동시장의 규제완화, 막대한 규모의 임금 · 고용삭감, 그리고 무엇보다도 복지국가정책의 포기에 따른 소득 분배 효과의 약화는, 정보도시/글로벌 도시의 체내에 다양한 분수령이 복잡하게 얽힌 분극화의 진전이 각인되는 것을 불가피하게 한다.

3. 사회/국가 속의 도시에서 사회를 초월하는 도시로

그러면 신자유주의적 정책 기조로서 편성되어, 다층적이고 분절적인 분극화를 내포한 정보도시/글로벌 도시는 세계 구석구석까지 침투해 있는 정보발전양식(정보집약적 생산양식)에 포위되면서 현재 어떤 위치를 점하고 있을까? 이 문제와 관련하여 가장 먼저 떠오르는 것은, 근대 국민국가 하에서 도시는 오랫동안 국민사회를 위계적 · 지형적으로 편재시키는 이음매(=고리)로서 기능해 왔다는 점이다. 이제 거기에서 도출되는 '사회/국가 속의 도시'가 지닌 내실에 관해 약간 부연하여 설명하고자 한다.[3]

주지하다시피, 근대 국민국가는 하나의 국민경제 내에서 완결되는 노동력 편성을 기반으로 거기서 발생하는 다양한 대립요인을 하나의 '중앙'으로 회수하여, '획일과 집적' 운동을 통해 해소해 왔다. 그래서 이러한 국민국가의 내부에서 국민공동체라는 〈환상〉이 육성되며, 사회의 여

3 더불어 吉原(2002: 83~87)를 참조.

러 가지 차별이나 서열화의 움직임이 '시민사회의 국민화'로 통합되어 갔던 것이다. 그리고 이 같은 '시민사회의 국민화'로 통합되는 과정에서 중요한 역할을 한 것이 이른바 '시민적 공공권'이다. 그것은 구체적으로는 노동조합, 경영자단체, 직능단체, 교회, 지방정부, 정당조직 등의 공동조직이나, 나아가 지역, 가족, 종교조직으로 대표되는 전통적인 공동조직과 같은 근대 시민사회와 정치적인 국가를 잇는 중간영역집단으로서 존재해 왔다. 그리고 또 시민사회의 사적이며 계급적인 여러 모순과 대립을 완화하고 조정하는 장소도 형성해 왔다(齋藤 · 岩永, 1996: 246~247). 도시는 이러한 '시민적 공공권'의 기반 위에 성립하는 '통합기관'(矢崎武夫) 혹은 '결절기관'(鈴木榮太郎)으로서[4] 단순히 장소적 의미의 미디어 이상의 기능을 수행했던 것이다. 덧붙여서, 도시가 "중심, 권력의 집중, 수직적인 위계, 공식 · 비공식적인 구성을 수반하는"(Urry, 2000=2006: 59~60) 구조의 메타포로 변화한다는 어리의 언설도 이러한 문맥에서 본다면 쉽게 이해할 수 있다.

확실히 근대 도시공간구조에 있어서는 사회의 계층적 질서가 지역구조에 상당히 명료한 형태로 각인되어 있다. 예를 들어, 엥겔스가 예전에 『영국 노동자 계급의 상황』에서 서술한 '세계도시의 아래로부터의 폭발'이나, 초기 시카고학파가 즐겨 언급한 '천이(遷移)지대(zone of transition)'의 양상을 보면, 도시의 분수령이 계급 · 계층에 의해 드러남을 알 수 있다. 그러나 그것들은 기본적으로는 '획일과 집적'의 논리에 의해 관통되는 구빈대책으로서의 사회정책이나 자혜(慈惠)적 사회개량의 일정한 진전에

4 덧붙여, 야기(矢崎武夫)와 같이 도시를 '통합기관'으로 파악하는 관점은, 국민사회를 기초에 둔 스즈키(鈴木)의 '결절기관'설과는 달리, '사회/국가 속의 도시'뿐만 아니라 뒤에서 서술하는 '사회를 초월하는 도시'도 사정권에 두는, 즉 양자를 관통하는 정식화로서 주목된다(矢崎, 1963).

의해, 나아가 앞서 서술한 '시민적 공공권'의 유지·존속에 의해 도시가 통째로 해체되는 사태로는 진행되지 않았다. 즉 하나의 국민사회 내에서 '통합기관'으로서의 도시(의 내부구조)는 구분되고 또 조직되어 왔다고 할 수 있다. 그래서 거기에서 파생되는 거주지의 분단이 사회 전체의 유동화로 나아가지는 않았던 것이다. 근대 도시는 어디까지나 '사회/국가 속의 도시'였던 것이다.

그리고 이러한 '사회/국가 속의 도시'라는 공간적 배치는, 선진공업국에서 '독점기업과 국가와의 분업'(宮本憲一)에 의해 창출된 하나의 '건조환경(built environment)'으로서의 교외지역이 빈곤한 중심도시를 착취하면서 메트로폴리스의 분리(segregation)를 촉진시켰던 1950년대부터 1960년대에 있어서도, 메트로폴리스 자체가 근대 기제의 틀 안에 존재하는 한 쉽게 무너지는 일은 없었던 것이다. 아니 적어도 '풍부한 교외와 빈곤한 중심도시'라는 메트로폴리스 특유의 대립적 구조는, '획일과 집적'이나 '평등과 발전'의 논리, 즉 포디즘(Fordism)적인 조절의 틀이 효과적으로 기능하는 가운데, 메트로폴리스 자체가 가지는 성장형 또는 확장형의 틀에 의해 해소되게 되었다.[5]

---

5 하라구치(原口剛)는 여기서 말하는 '사회/국가 속의 도시'의 규범을, 초기 시카고학파, 특히 버제스에 의해 정식화된 동심원 모델에서 찾고 있으며, 그 후에 진행된 동심원적인 도시의 발전 형태가 하비가 말하는 '케인스주의 도시'로 불리는 축적체제와 관계하는 것으로 보아 다음과 같이 서술하고 있다(原口, 2005: 145).

"케인스주의 도시에서는 운수·교육·주택 등의 재생산 영역에 투자함으로써, 노동의 질을 높이고, 노자(勞資)관계를 안정시키면서 동시에 노동자계급의 소비를 확장하여 자본 회전기간을 앞당기는 일이 자본축적의 주안점이었다. 덧붙여, 1960년대의 '도시 위기' 시대에 고양된 수많은 사회운동은 정부로 하여금 사회적 재생산의 영역을 보장하게 하는 데 성공했다. 도시는 점점 더 사회적 재생산이라는 형태로 정의되었고, 거주 지역은 교외와 외부로 확장되어 배열되었다. 이렇게 해서 동심원적인 도시 형태는 보편적인 것이 되었다."

그런데 하나의 주권 국가 틀 안에서 전개되는 '중앙-지방', '중심-주변'의 원환운동에 머물러 있던 '사회/국가 속의 도시'에 중대한 변화의 계기를 가져다 준 것은 다름 아닌 글로벌화이다. 글로벌화의 진전과 함께 '사회'/국민국가가 이제까지와 같은 형태로 그 경계를 유지하기가 어려워지고, 국민국가 틀 안에서 존속해 온 대항축의 경계선이 유동화하게 되었다. 그래서 '국내 현상'으로서 존속해 온 '중앙-지방', '중심-주변'의 구조적 기반이 무너지게 되었던 것이다. 그러한 가운데 도시, 특히 정보도시/글로벌 도시로 모습을 바꾼 도시는 국민국가의 역할 저하와 부합하면서 초국가적인 사회공간의 다양한 네트워크가 완만하게 교차하며 집적하는 지평에서 스스로의 설 자리를 확인하게 되는 것이다. 실로 그러한 지평에서 공간(空)과 전자(電子)의 다중적인 네트워크에 의해 매개된 '흐름의 공간'이 창출되며, 이를 통해서 도시 그 자체가 탈맥락화 · 초공간화되는 한편, 거리나 영역적인 확장이 순식간에 해소되어 가는 세계성이 육성되게 된다. 어찌됐든 집권적인 계획형 권위주의 시스템의 핵심을 이루는 '사회/국가 속의 도시'는 이제 그 존속이 불가능해지고, 이를 대신하여 모든 대립과 협동(協同/協働)의 계기를 내포하는 '사회를 초월하는 도시'가 국가를 포섭하는 형태로 등장하는 것이다. '사회를 초월하는 도시'는 이와 같이 '사회/국가 속의 도시'가 가지는 권력이나 지식의 공간적 배치와는 그 종류를 달리하는 기반 위에서 내셔널한 틀의 '탈전체화'라는 임무를 떠맡으며 그 모습을 드러낸다.

여기서 국가 역할의 변화(이른바 '정원을 조성하는 국가'에서 '사냥터 파수꾼'으로)에 준거하여 '사회를 초월하는 도시'가 설 자리를 생각해 보면, 그것이 '주변'을 '중심'으로 포섭하기 위한 유도등으로서가 아니라, 오히려 '주변'을 이접(離接, disjunction: 이질적인 것이 만나 생성되는 것—역주)화하고 탈중심적으로 절합해 가기 위한 〈촉매〉로서의 역할을 담당한다는 점이 주목된다. '사회를 초월하는 도시'는 경계가 그어진 '사회'와 관계없이, 이른바 하이퍼텍스트적으로 확산되는 사람 · 이미지 · 정보 · 화폐 등의 다양한 흐름이 교차하는 곳에, 그리고 그러한 흐름을 중계하면서 경관(scape)[6]의 구성을 촉진시키는 기계 · 과학기술 · 조직 등의 일정하면서도 일정하지 않은 교차 중심에 깊이 근거한다. 따라서 '사회/국가 속의 도시'에서는 예를 들어 심한 박해에 의한 희생이나 강제적인 박탈, 혹은 정신적 외상과 관련지어 생각하기 쉬웠던, 즉 그 자체가 '주변'에 놓여 있던 디아스포라가, '사회를 초월하는 도시'에서는 영토적으로 선이 그어지지 않고, 몇 개의 언어를 자유롭게 다루며, 글로벌과 로컬을 잇는 세계적 존재로서 중요한 자리에 위치하게 되는 것이다. 코헨에 의해 세계의 '디아스포라화'라고 불리는 이러한 사태(Cohen, 1992=2001)는 이질성, 차이성 그리고 다양한 모빌리티의 거점이 되는 세계도시의 〈현재성〉을 충분히 나타낸다.

물론 '사회를 초월하는 도시'가 위에서 서술한 바와 같은 '디아스포라화'와 함께 '사회/국가 속의 도시'에서는 보이지 않았던 다양한 분수령을 동반한다는 점을 간과해서는 안 된다. 앞서 살펴본 바와 같이 '사회/국가 속의 도시'도 다양한 격차나 불평등을 안고 있었지만, 그것들은 기본적으로는 '국내 현상'으로서 '중심-주변'의 원환 구조로 귀착될 수 있었다. 덧붙여 말하면, 내셔널한 시민권이 그러한 격차나 불평등의 감축에 기여한 역할은 결코 적지 않다. 그러나 '사회를 초월하는 도시'에서는 다종다양한 모빌리티에 대한 접근이나 사회적 자원의 공간적 배치에서 매우 불

6 여기서 말하는 경관이란 다양한 사회 내부와 사회 간에 위치/존재하는 복잡하고 중첩된 네트워크를 통해서 조직된 것(예를 들어, 런던, 뉴욕, 동경을 통해 볼 수 있는 금융 경관)을 말하는 것이다(Urry, 2000=2006: 62~64). 더불어 아파두라이(Appadurai, 1996=2004)를 참조.

균형한 상태가 발생하는데다 내셔널한 시민권이 그러한 상태에 대하여 반드시 유효한 것은 아니라는 점도 있어 스스로의 내부에 몇 가지 균열을 만들고 있다(자세한 설명은 이 책 4장 참조).

4. 포스트 근대화의 진전

한편, 이상에서 본 바와 같은 '사회를 초월하는 도시'의 영역에서 최근 들어 포스트 근대화라는 사태가 광범위하게 발생한다. 이는 카스텔이 말하는 '흐름의 공간'화와 주체의 유동화가 진행됨과 동시에 도시에서 대규모로 나타난다. 먼저 '흐름의 공간'화와 주체의 유동화가 어떠한 형태로 나타나는가를 간략하게 살펴보기로 하자.[7]

'정보도시'(Castells)이기도 한 '사회를 초월하는 도시'는 다양한 정보통신 도구에 의해서 장치화되어 있다. 그리고 이러한 미디어 기술이 만들어내는 유비쿼터스 네트워크를 자유자재로 다룸으로써 스스로를 데이터베이스가 교차·집적하는 장소로 만듦과 동시에 수요(需要) 네트워크 장치가 장관을 이루는 구경거리의 공간으로 바뀌는 것을 재촉한다. 거기서는 국경에 구애받지 않는 실시간 교신이 가능한 한편, 탈맥락적이고 그 진위를 정의할 수 없는 전자 미디어를 여기저기 침투시킴으로써, 이제까지의 시민적 공공권에서 특징적으로 나타났던 친밀한 인간관계를 모조리 파괴하고, 개인들을 고립화의 어둠 속으로 몰아넣고 있다. 그리고 바로 그 때문에 도시공간에서 사람들이 자신의 정체성을 형성하는 것은, 타자와 터놓고 소통할 관계가 부족한 상태에서 오로지 대량의 정보나 지식을 내장

7 이하의 서술은 吉原(2005b)와 내용이 크게 중첩된다. 더불어 참조할 것.

한 일련의 정보통신 도구에 의존함에 의해서 가능하다. 즉 "인간의 능력은 점점 더 기호·기계·과학기술·텍스트……와의 복합적인 **상호접속**에서 생겨나게"(Urry, 2000=2006: 24~25. 고딕은 원문) 되는 것이다.

어쨌든 이렇게 해서 도시공간에서는 예측 불가능한 '사건'이나 새로운 '연계'의 가능성이 발생함과 동시에 사회관계는 항상 열려 있기 때문에, 규격화되어 있기는 하지만 그 자체가 끊임없이 해체되고 탈통합화/탈중심화됨으로써, 얼토당토않게 확산된 의식과 신체로서 이루어진 주체가 만들어지는 것이다. 요시미(吉見俊哉)가 잘 설명하고 있듯이, 근대를 통해서 '시각'과 '청각'에 기초한 커뮤니케이션을 시장화하고, 욕망이나 감각, 나아가 신체를 상품화함에 있어 미디어 기술이 행한 역할은 더없이 큰 것이었지만(吉見, 1995), 이제 그것은 '흐름의 공간'화와 주체의 추상화를 극한상태로까지 밀어붙이고 있는 것이다. 생각해 보면, 이러한 상태는 수목(tree)적이라기보다는 오히려 리좀(rhizome)적·혼종적인 공간에 내재하는 개방성⇔비(非)배재성을 나타내고 있으며, 동시에 그것은 앞으로 서술할 무정형적이고 카오스적인 공간 특유의 감시화라는 사태를 동반한다.

이렇게 본다면, 이미지의 유통이 점차 가속화되고, 사회생활이 한층 더 미디어화되며, 더욱이 그런 상황에 우발적이고 이접적인 질서화의 계기가 암암리에 숨어 있는, 정말로 중심점도 조직화의 원리도 계층성도 없는 것같이 보이는 혼종성으로서의('사회를 초월하는 도시'에 특유한) 도시공간이 부각된다. 그것은 브라이도티가 적절하게 지적하고 있듯이, "틈새로서의 영역이고 (거기서는) 모든 관계가 보류되고, 시간은 확장되며, 어떤 의미에서 현재가 계속해서 확장되고"(Braidotti, 1994: 19) 있는 것이다. 그리고 이렇게 탈영역화된 모빌리티와 함께 "가동성의 복합체라는 이미지"(Lefebvre, 1974=2000: 155)로 뒤덮여서 만들어진 도시공간에서 〔유유히 거니는〕 산책자(flaneur)가 아니라 〔상공에서 훑고 지나가는〕 활공자(planeur)가 등장한다(Chambers, 1990).

그런데 이상과 같이 모습을 나타내는 '흐름의 공간'화와 주체의 추상화를 기반으로 포스트 근대화라 불리는 사태가 진전되는 점이 다시 주목된다. 주킨에 의하면, 그것은 '역(閾, liminality: 경계상태에 있는 불확정한 상황—역주)'의 공간으로서 파악할 수 있다고 한다. 덧붙여, 이러한 '역'의 공간이란 공적인 것과 사적인 것, 문화와 경제, 장소와 시장이 날카롭게 교착하면서, 전자가 후자로 바뀌어가는 경관을 일컫는다(Zukin, 1991). 즉 '민영화(privatization)'와 상업화를 촉진시키는, 바버가 말하는 '몰(mall)화'(Barber, 2001)의 결과로서 나타나는 '건조환경'을 가리킨다. 언뜻 보기에 그것은 공적인 공간에 어울리는 다기능성과 다목적성을 갖추고 있는 듯이 보이지만, 기본적으로는 규칙 없는 큰 덩어리에 불과한 초고층 건물이 〈그 고장 특유의(vernacular)〉 것으로 여겨지는 '민영화된 공공공간'인 것이다(齋藤, 2005: 139).8

다른 한편으로, 하비는 유동적인 축적체제에 기반을 둔 포스트모더니티의 상황을 투영하는 것으로서, "비교적 안정된 포디즘적 · 모더니즘적인 미학이, 차이 · 덧없음 · 장관 · 유행 그리고 문화형태의 상품화를 칭송하는 포스트모더니즘적 미학이 지닌 감정을 선동하며 불안정하고 무상한 성질에 모조리 굴복하고 말았다"라는 식으로 드러나는 소비모드에 착안하여 설명하고 있다(Harvey, 1989=1999). 이러한 소비모드의 근저에, 사람들은 멋있게 티셔츠를 입고, CD를 들으며, 조직의 웹페이지를 열고, 우상적 인물의 비디오를 구입하는 등의 행위를 하며, "대리적이고 유동적인 '네트워크 멤버십'의 감각"(Urry, 2000=2006: 78) 속으로 스스로 빠져들어

8 무기질의 큰 덩어리인 초고층은 '공적인 것(the public)'을 방치하여 무가치한 것으로 만드는, 그칠 줄 모르는 규제완화(→'민영화')의 결과다.

가는 것이다.

물론 바다의 저쪽과 이쪽에서는, 지적한 바와 같은 포스트 근대화의 위상도 확연하게 차이가 난다. 예를 들어, 프랑스에서는 성벽으로 둘러싸인 포스트모던 도시가 농촌과 동일한 결로 연결된다. 또한 미국에서는 포스트모던 아르 데코(Art Deco)식의 고층건물이 집적해 있는 중심업무지구(Central Business District)가 교외의 불규칙하고 무계획적인 확산(sprawl)과 기묘하게 어울린다. 이에 비해 도쿄에서는 버블 시기까지는 남아 있던 시각의 통로가 모조리 차단되어, 다양성이나 다원성이 허울에 지나지 않는 '상점가(mall)' 형의 공간이 일상화되어 있다. 실은 이러한 공간은 종종 지적되듯이 장관을 이루는 공간이긴 해도, 정치성이 빠져버린 공인된 퍼포먼스밖에 수행할 수 없다. 그렇기 때문에 거기서는 포스트 근대화가, 예를 들어, 도쿄역을 끼고 야에스(八重洲) 방면의 유리로 둘러싸인 빌딩과 마루노우치(丸の内) 방면의 대리석 빌딩이 무정형적으로 교차하는 풍경을 구성하면서도, 비전도 이데올로기도 없는 '차가운 도시의 풍경'을 증폭시키고 있을 뿐이다(사진 1).

그곳에 존재하는 것은 사람들의 생활에 대한 기억이 묻어나는 공공공간을 마치 사적 소유물인 양 취급하는 자의적인 권력뿐이다. 물론 편집자, 대중매체, 건축가, 기획담당자 등 상품과 소비자를 연결하는 이른바 비판적인 하부조직(critical infrastructure)을 매개로 해서이긴 하지만 말이다.

그렇지만 그러한 차이에도 불구하고 '정보도시'/'사회를 초월하는 도시'에서 발견되는 포스트모던 도시의 모습은 기본적으로는 "문화적인 것을 매개로 시장이 장소로 대체되고, 사적인 공간이 공적인 공간을 침식함으로써 생겨난 경관을 나타내는 것이며, 그것을 특징짓는 국경을 넘는 스펙터클(spectacle: 구경거리) 혹은 시뮬라크르(simulacre: 순간적이고 자기동일성이 없는 복제—역주)로서의 공간 그 자체가 자본의 유연한 축적양식에 의

사진 1 야에스(八重洲)에서 본 신마루노우치(新丸の内)의 빌딩
※ 출처: 『日經 아키텍처』 2007년 6월 11일호에서 전재.

해 만들어진 사회구조"(吉原, 2005: 158)의 소산인 것이다. 그리고 그러한 포스트모던 도시의 모습이 첨단적인 동시에 상징적으로 나타나는 것이 고급 주택화다. 사실상 그것은 '흐름의 공간'화와 주체의 유동(추상)화의 기반 위에 공간의 상품화나 소비의 공간화를 변형시킨 형태로 존재한다.

5. 고급 주택화의 위상

그런데 여기서 말하는 고급 주택화는, 확실히 민간자본이 유입되어 빈곤자나 이민자뿐만 아니라 노동자계급마저 쫓아내고, 도시중심 주변부를 중상류화='격상' 시킨다고 하는, 일반적으로 지적되는 성격의 고급 주택화를 말하는 것이다. 그러나 보다 직접적으로는 1990년대에 들어서면서부터 진행된 고급 주택화, 즉 글로벌한 규모의 신자유주의적 도시주의의 진전과 함께 진행되는 것이다.[9] 일본에 관해 말하자면, 고삐 풀린 규제완화나 도시 서비스의 민영화, 즉 '공(公)'의 재시장화에서 그 특징이 잘 나타나는 신자유주의적 도시화는 글로벌화로부터 세계도시 그리고 고급 주택화의 기저를 이루고 있다. 도시기업가주의가 핵심적 요소를 이루는 이러한 신자유주의적 도시화 속에서 진행되는 고급 주택화는 무엇보다도 국가 역할의 상대적 저하와, 나아가서는 지방자치단체와 자본의 관계성 강화와 보조를 맞추어 진전되어 왔고/현재 진전되고 있다. 그리고 여피족 등의 엘리트층이 가진 노동력의 가치를 극대화하는 한편, 새로 들어온 비정규직 노동자의 노동력 가치는 극도로 폄하하는 과정을 내재하고 있다.[10] 그렇기 때문에 기묘하게도 고급 주택화가 문화적인 언설이나 표상의 차원에서 전적으로 밝게 묘사되면 될수록 마이너리티의 모습은 보이지 않게 되는 것이다.

---

9 스미스에 의하면, 1990년대 이후의 고급 주택화의 경우, "고급 주택화(기존 재고 주택의 리모델링을 포함하여)와 전혀 다른 신규 건설을 포함한 재개발을 엄밀히 구별하는 일"은 거의 의미가 없다고 한다(Smith, 1996=2005: 130). 확실히 현재(적어도 1990년대 이후)의 고급 주택화가 가진 함축적 의미를 생각한다면, 거기에 담겨 있는 카타르시스, 즉 파괴와 창조의 역설을 해독하는 것이 그 열쇠가 될 것이다. 이 점은 이하의 서술에서 간접적으로 언급할 것이다.

10 보다 엄밀하게 이야기하면, 고급 주택화에 유입층으로서 관련되는 것은, 소위 여피족(young urban professionals)으로 대표되는 신중간층에 속하는 고급 주택화 계층(gentrifiers)과 고임금 노동시장에 진출해 있는 여성으로 대표되는, 주변적 고급 주택화 계층(marginal-gentrifiers)이다. 다른 한편으로 저소득자, 고령자, 마이너리티 등이 '퇴거'의 당사자로서, 즉 '배제된 자'로서 고급 주택화에 깊게 연관되어 있다. 문제는 주변적 고급 주택화 계층의 경우 '계층하락'이 일상적인 형태가 되는 점에 더해, '배제된 자'의 모습은 점점 보이지 않게 된다는 점이다.

이제까지 고급 주택화는, 한쪽 끝에는 오로지 자본이 도시환경을 구축해 나가는 데 초점을 두는 정치경제학적 분석이, 그리고 다른 한쪽 끝에는 시각적 소비의 대상인 '작품으로서의 도시공간'에서 찬미적 요소를 발견하고자 하는 포스트모던적 입장이 자리함으로써, 숱한 논쟁이 오가는 이론적 · 이데올로기적 고지(高地)가 되어 왔다. 그러나 최근 들어서는, 그러한 현상 자체를 문화적으로 간주하여 신기한 고급 주택화의 과정이 도시의 정치적 · 경제적 재편을 내포한 글로벌화의 지리와 직접 연결되어 있다는 인식이 갑자기 힘을 얻고 있다. 즉 고급 주택화가 "현대의 메트로폴리스 재편의 주요한 '최전선'의 하나"(Hamnett, 1991: 174)로 뚜렷이 인식되는 것이다.

그렇다고 볼 때, 다시금 문제가 될 수 있는 것이 고급 주택화에 편재하는 '포스트모던의 지리(地理)'이다. 그것은 이 장의 앞 절에서 개관한 포스트 근대화와 거의 겹치는 것이지만, 소자에 따르면, 오피스 · 상점가 · 주거지의 집적과 중복으로 얽힌 "단편화되어 있지만 균질화되어 있기도 하며", 게다가 "여러 가지로 뒤섞인 채 배치되어 만들어지고, 우연적 성격으로 질서가 잡힌"(Soja, 1989=2003: 315) 도시 형태이다. 그리고 바로 그렇기 때문에 이러한 도시 형태에는 단편화된 사회공간을 통합하는 기제, 즉 조정양식이 필요하게 되는데, 소자는 이를 '살아온 공간'에 겹겹으로 불투명한 층을 쌓아서 얻을 수 있는 공간의 형성, 즉 현실의 공간에 가상의 이미지와 영상을 덧붙여서 만들어지는 '대신하는 공간'을 형성하는 것에서 발견한다(위의 책). 덧붙여, 그러한 '대신하는 공간'의 형성에 있어 중요한 것은 글로벌 자본의 역할(의 확대)이며, 그것을 지탱하는 공급 측에 입각한 신자유주의적인 도시정책이지만, 시각적 소비를 통해서 도시의 심미화에 가담함으로써 그것과 공명하는, 도시에 사는 사람들의 존재도 또한 불가결한 것이 되고 있다. 하라구치(原口剛)는 이리하여 '대신하는 공간'

에서 글로벌 자본과 도시에 사는 사람들 간에 '공범관계'가 성립한다고 지적한다(原口, 2005).[11]

현재 이러한 '공범관계' 하에서, 좀 더 즐기며 나들이를 할 수 있는 다기능적인 거리가 형성되고 있다. 그러나 그것이 아무리 장엄하고 화려하며 매혹적으로 보여도, 즉 디즈니월드와 같이 '지상에서 가장 행복한 장소'(Soja, 1989=2003: 318)처럼 보여도, 결국은 소유적 성격의 개인주의와 겉만 번지르르한 선택의 자유만이 세력을 떨치는 거리인 것이다. '공허한 거짓 만족의 세계'(Harvey, 2005=2007: 236)로서의 그러한 거리는 이제는 공공공간으로서의 내실을 거의 가지지 못한다. 2007년 3월에 문을 연 '녹지 위의 다양성(Diversity On the Green)'을 개발 콘셉트로 하는 도쿄 미드타운은 그러한 거리로 정평이 나 있다. 그곳에서는 녹지를 무대로 곁들이는 '걸으며 즐길 수 있는 나들이'와 함께, 다양한 사람과 정보가 모여 교류하는 '쌍방향의 개방적 네트워크(open-network interactive)'가 기조/핵을 이룬다(그림 1).[12] 그러나 언뜻 보기에는 개방적이고 다문화적으로 보이는 그러한 공간에도 소유코드의 강화가 영향을 미치고 있으며, 도처에 방범장치를 갖춘 감시의 눈길이 드리워져 있다. 즉 신자유주의적인 고급 주택

---

11 이 점에 있어서는, 도시공간은 자본투자와 '감응적 애착(sensual attachment)'에 의해 구성된다는 주킨의 주장과 매우 잘 맞아 떨어진다(Zukin, 1996: 49). 중요한 것은, 이러한 주장과 동시에 공간기호론이 일종의 확장을 나타낸다는 점이다(Wright and Hutchinson, 1997; 岩城, 2005).

12 『日經 아키텍처』 850호(2007년 6월 11일)는 도쿄 미드타운이 문을 연 후 한 달 만에 방문객수가 400만 명을 넘어섰다고 전하면서, "안으로의 동선을 강조하고", "'부조리'를 의식한 현대 사이키델릭(psychedelic)"이 되고 있다는 방문객의 평가를 싣고 있다. 그곳에는 개인을 분리/차이화하면서, 동등의 가치 시스템으로 재포섭하는 시장적 문화(marketing culture)의 전략이 어른거리고 있지만, 장소에 담겨 있는 '공간의 이력'이 완전히 지워져버렸다는 점이 마음에 걸리는 것이다. '공간의 이력'에 대해서는 구와코(桑子), 2005를 참조.

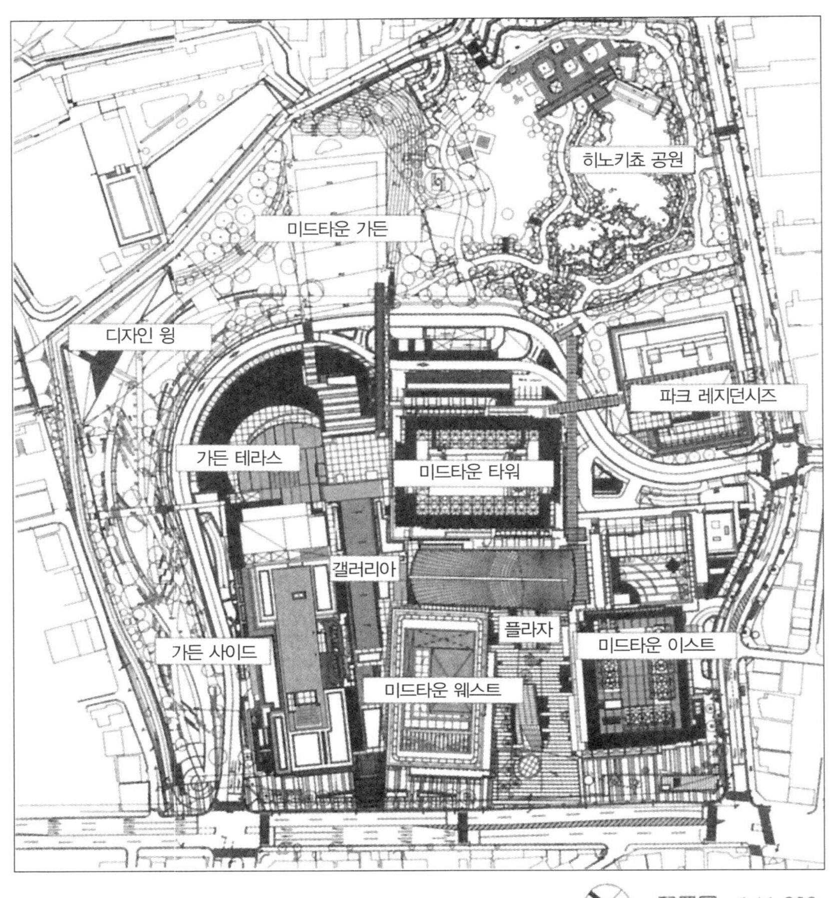

그림 1 도쿄 미드타운

※ 출처: 『日經 아키텍처』 2007년 6월 11일호, 29페이지에서 인용.

화의 진전이나 공공공간의 민영화와 함께 나타나는, 기계의 눈에 의해 세밀한 부분까지 통제된 공간, 그리고 포령(enclave: 이문화 집단거주지 또는 고립된 지역—역주)도 게토(ghetto)도 허용하지 않는 배타적인 소망이 소용돌이치고 있는 공간, 도쿄 미드타운은 그야말로 그러한 공간으로서 존재한다. 그리고 바로 그렇기 때문에 도쿄 미드타운은 고급 주택화의 말하자면 극단적 형태라고 할 수 있는 것이다.

6. '거주하는 것'의 재획득을 향하여

그런데 이렇게 본다면, '사회를 초월하는 도시'가 기본적으로 사적인 이해관계 및 지배적인 시장관계의 모방으로서 존재하는 글로벌한 관계에 의해 구조화되고 규정된다는 점, 그리고 그것이 동적으로 개방된 공간이면 공간일수록 거기에 내재하는 잠재적인 카오스(분극화/분단화를 포함해)가 제어되어야 할 위험으로 바뀌어 그 제거가 불가피한 점은 명확하다. 다만 도쿄 미드타운의 경우, 그것이 고도로 비가시화되어 있다는 점에서 일종의 '첨단성'을 읽어낼 수 있을 것이다. 그러나 한편으로, '사회를 초월하는 도시'가 새로운 '결합'의 가능성을 육성하는 것도 사실이다. '사회를 초월하는 도시'에서 발견되는 개방성과 배타성이라는 양의성은 현실에서는 '사회를 초월하는 도시'의 예측 불가능성과 복잡성을 나타내는 것이지만, 동시에 그것은 ('사회를 초월하는 도시'의) 매력=가능성을 내포하는 것이기도 하다.

생각해 보면, '사회를 초월하는 도시'가 현재 안고 있는 최대 과제 가운데 하나는, 국가가 퇴장한 후에 격화된 사회적 불평등, 나아가 다층성을 띠게 된 분극화/분단화의 동향을 바꾸어, 그것들과 이웃하면서 자유자재로 활개치고 있는 크고 작은 여러 혼성적인 네트워크를 사회의 전면으로 끌어내는 '정류기(regulator)'로서의 역할을, 이 '사회를 초월하는 도시'가 다 해낼 수 있을지 어떨지 하는 점이다. 솔직히 말해 신자유주의라는 기제에 완전히 침윤되고 있는 현재의 상황을 고려하면, 이는 매우 곤란한 과제라 하지 않을 수 없다. 자세한 설명은 접어두고, '사회를 초월하는 도시'에서 제일 먼저 요구되는 것은, 그것이 "구심적인 통합에 저항하는 원심적인 벡터를 갖추고 있다는 점"(齋藤, 2005: 145)을 고려하여, 추상적인 귀속의식의 강조나, 세넷이 말하는 '친밀성의 강제'(Sennet, 1974=1991) 하에 진행되는 '개인화'에 빠지지 않고, 게다가 격리와 분단이 짙게 각인되어 있는 도시공간의 현재 상황을 부정하지도 않으면서, 다양한 기능을 리좀적으로 절합시켜 도시의 탈공공화에 대한 저항 및 재공공화로의 전환에 거점이 될 만한 장소를 구축하는 일이다. 그러기 위해서는 '사회를 초월하는 도시'가 매우 유동적인 형태로 보유하고 있는 집합적인 동일화에 저항하는 내성을 앞으로도 지속할 것, 그리고 그 위에 특정 사람들만이 접근할 수 있는 곳이 아니라 모든 사람들이 '다양성'을 향유할 수 있는 장소를 문제로 삼아야 할 것이다. 이제 실로, 아렌트가 말하는 "모든 사람들이 만나는 공통의 장소"(Arendt, 1958=1994: 85)를 구축/구현화하는 것이 도시에 사는 사람들에게 가장 중요한 과제로 부상하는 것이다. 어렵게 생각할 필요는 없다. 알지 못하는 사람과 만나고, 이전에 한 번도 만난 적이 없는 사람들과 이야기를 나누는 것이 중요한 것이다.

고급 주택화에 의한 거리〔街〕의 붕괴는 '의도된 결과'로서 친밀감과 동일성에 대한 환상에 의해 지탱되어 왔던 공동체의 붕괴를 수반했다. 그리고 그러한 공동체의 붕괴와 보조를 맞추어, 글로벌한 거리(距離) 감각에 완전히 익숙해진, 탈경계적이고 다중구성적인 네트워크가 분출되고 있다. 다행히도 그러한 네트워크의 밑바탕을 이루는 것으로서, 서로 알지 못하는 사람이 만나 교류하는 것에서 유래하는 일종의 〈시너지(공동작용)〉가 나타나고 있다. 물론 현재까지는 이러한 〈시너지〉의 지평에서 자본의 욕구에 의해 인간이 그대로 동산(動産)으로 취급되는 것을 저지할 움직임은 도출되지 않으며, 이를 위한 다양한 인종, 계급, 직업 등으로 이루어진 연합조직이 출현할 조짐도 보이지 않는다. 그러나 알지 못하는 사람들끼리 서로 맞지 않는 다양한 신조, 생활양식(habit), 기호의 잡다한 흐름에 몸을 담그고, 시간을 투자해 문화의 누적(cultivation)을 이루어가는, 그리고 드디어 세넷이 말하는 시민성(civility)에 의해 뒷받침된 공공성을 향한 회로를 완만하게 개척해가는 단계를 예견할 정도는 되었다. 결국 '사회를 초월하는 도시'는 글로벌 자본의 욕구과 신자유주의적인 도시기업가주의라는 기제의 한가운데 존재하기는 하지만, 그 작동 면에서 관리된 기업(corporate)공간이 아니라 비자본주의적인, 이른바 '거주하는 것(l'habiter)'을 기반으로 한 자율공간으로 향하는 벡터를 계속 준비한다고 할 수 있다.[13] 그리고 그렇기 때문에 우리들은 새삼스레 어떻게 해서 '거주하는 것'을 글로벌화의 중층적 괴리 구조 속에서 재획득하고, 실천해 갈 것인가에 대해서 추궁해야 하는 것이다.

13 단지 여기서는 '거주하는 것'을 하이데거 식의 '존재한다'라는 표현, 즉 "〈어디어디에 원래 살다〉, 〈무엇무엇과 가까이 지내다〉라는 의미"(Heidegger, 1929=1960: 107)로 되돌아가서 파악하면서도, 공동체주의적인 선입견을 피하기 위해서 글로벌화의 중층적 괴리 구조와 관련해 사용했다.

제4장

글로벌한 시민사회와 장소의 서사

"탐욕, 그리고 그것에 필적하는 편견,
이 두 개의 악이 인간의 판단 속에 둥지를 틀고 있다면,
사회의 가장 견고한 중핵이 되어야 할 정의라는 것은
갑자기 완전히 붕괴되어 버리고 만다."

– T. 모어, 『유토피아』

1. 사회의 재검토를 위하여

요즘 글로벌화는 사회학에 그치지 않고 온갖 〈지식〉의 형태로 지금까지 고려되지 않았던 지각변동을 야기하고 있다. 지금까지 전문 〈지식〉이라고 칭해 온 것은 어떤 의미에서 '특정영역의 지식'이라는 형태로 존재했다. 즉 배타적이고 특권적인 장소를 가진 것이라고 여겨져 왔다. 그러나 지금에 와서는 그러한 특권적 장소에서 스스로의 위치를 찾아내기는 어렵게 되었다. 오히려 스스로의 위치를 초월할 것을 강하게 요구받고 있다.

사회학에 관하여 말하자면, 그것이 주어진 전제로 삼아왔던 '사회'에 대해 근원적으로 재고하게 되면서, 사회학적 문제의 중심이 이동되었고, 이에 따라 자기 위치에 대한 재검토가 시작되었다. 동시에 글로벌한 것의 파악을 둘러싸고 각 전문〈지식〉의 경계를 횡단하는 것 같은 탈전문〈지식〉이 모습을 드러내며, 그 방향성에 관해 갑자기 세간의 관심이 쏠리고 있다. '사회'가 (경계를) 초월하는 것과 부응하여 〈지식〉의 '경계성'이라고 말해야 할 것들에도 사람들의 이목이 집중된다. 이러한 경계〈지식〉에서는 따로따로 전문〈지식〉을 끼워 맞춘다기보다는 어떻게 절합할 것인가 하는 것이 과제가 된다.[1] 즉 전문성이 아니라 종별성(specificite)을 발

---

1 여기에서 말하는 절합은 어떤 하나의 전문〈지식〉이 '특권적 주체'로서 존재하는 것이 아니라, 각 전문〈지식〉이 각각의 정체성을 변모시키면서, 다른 지점에서 '집합적 지식(collective knowledge)'을 구성하는 것을 의미한다.

휘할 것이 강하게 요구되는 것이다.

그런데 지금까지는 '사회'에 대한 재검토는 국민국가, 공공권, 시민권(citizenship) 등을 키워드로 하면서, 특히 '중심과 주변', '글로벌과 로컬'이라는 테마를 중심으로 진행되어 왔다. 그리고 최근까지는 후자(주변, 로컬)가 전자(중심, 글로벌)에 흡수되어 가는 이분법적(dichotomy) 발상이 우세했다. 그러나 이제 이러한 발상은 뒤로 물러나 주변으로 배척된다. 글로벌화(중심화)가 진행되는 만큼 로컬화(주변)가 심화된다는 언설의 확산에서 알 수 있듯이, 글로벌화와 로컬화의 상보성이나 양의성을 강조하는 논조가 주류를 이룬다. 그와 함께 글로벌화를 유동체의 메타포로서, 즉 사람 · 물자 · 돈 · 정보 · 이미지 등의 흐름이 얽히고설킨 공생적 · 이접적이며 불안정한 일련의 관계에서, 또한 그러한 관계의 순간성 · 동시성 · 재귀성의 국면에서 파악하려는 논조가 대두되고 있다(상세한 것은 이 책 2장을 참조).

이 장은 사회학에서 나타나는 이러한 동향에 입각하여, 우선 그 선구적인 영역에서 조금씩 나타나는 '글로벌한 시민사회'의 존재양태를 시민권의 변화와 관련시켜 논하고자 한다. 그다음에, '글로벌한 시민사회'가 깊이 뿌리내리고 있는 로컬한 것과 장소에 대하여 그들의 위치를 검토하고자 한다. 최근, '장소의 강화'가 다양한 측면에서 주창되지만, 글로벌화를 둘러싼 동태적인 관계에 대한 분석을 빠뜨린 상태에서 주장되는 경향이 짙다. 이 장은 그런 경향에 대해서 하나의 반성적 시각을 던지는 것이다. 또한 최근에 특히 각광받고 있는 '가상적 공동체'에 대해서는, 언급할 필요성을 느끼기는 하지만, 여기서는 공동체의 재정식화라는 맥락에서 파생적으로 이를 논하는 데 그칠 것이다.[2]

---

2 '가상 공동체(virtual community)'에 대해서는 우선 딜란티(G. Delanty), 2003=2006:

2. 글로벌 시민권과 글로벌한 시민사회

1) 내셔널 시민권에서 글로벌 시민권으로

글로벌화는 다양하게 다루어진다. 그 논조가 두 가지의 입장을 둘러싸고 첨예하게 대립하는 점에 대해서는 후술하기로 하고, 여기서는 먼저 글로벌화에 의해 '사회'가 서로 조화될 수 없는 충성과 공약 불가능한 의무를 떠맡게 되어, 이제는 '영역'으로서는 성립할 수 없게 되었음을 지적하고 싶다. '사회'는 지금까지 시민을 하나로 결집하여, 그들 모두에게 국민으로서의 정체성, 즉 하나의 경계 지어진 공간에 기반을 둔 배타적인 시민권을 부여하고, 그렇게 함으로써 '단일한 소리로 말하는' 것을 가능하게 했다. 덧붙여서, 마셜에 따르면, 그러한 내셔널 시민권의 확충에 의해 계급이 야기하는 불평등, 특히 제 계급 간의 수입과 재산의 격차가 현저하게 완화된다고 한다(Marshall and Bottomore, 1992=1993: 100).[3]

그러나 이러한 국가적 시민권은 국민국가에 기반을 둔 위계구조를 전제로 하여 비로소 유효하게 기능하는 것이며 기능했던 것이다. 글로벌화는 무엇보다도 먼저 내셔널 정부를 우회하는 글로벌한 흐름과 네트워크, 그리고 탈영역적으로 정비된 인프라[4]의 발전을 촉구함으로써, 앞서 서술한 위계구조를 약화시키는 동시에 내셔널한 주권의 기반을 무너뜨렸다.

---

chap.9를 참조하기 바란다. 또한 후술한 카스텔의 정식화도 참조할 것.

3 그러나 이런 마셜의 설명도 사실상 건강한 일반 백인 남성을 중심으로 하는 시민권밖에 보지 않으며, 예를 들면 게이라든가 레즈비언이 여전히 '불완전한 시민'이라는 점을 묵인한다. 즉 젠더나 성의 불평등을 간과하고 있다는 점 등의 폐단에 빠져 있다는 점은 부정할 수 없다.

4 시간 · 공간을 극적으로 압축 혹은 수축시킨 다종다양한 일련의 물자, 기계, 기술을 가리킨다. 그것은 광섬유에서 시작되어 컴퓨터 네트워크에 이르며, 이에 그치지 않고 군사적 기술까지도 포함한다.

여기서 주목할 것은, 지적한 바와 같은 흐름과 네트워크의 확충 및 인프라 정비에 동반하여 다양한 형태의 의무와 권리가 발달함과 동시에, 그와 더불어 그러한 것을 향한 접근을 둘러싸고 발생하는 불균형적 상태, 즉 새로운 불평등이나 격차가 생겨난다는 점과, 나아가 폐기물이나 건강에 대한 위험의 증대와 같은 환경문제에서 상징적으로 나타나듯, '국내' 문제와 '국외' 문제의 경계가 애매해진다는 점이다. 왜냐하면 그런 사태가 중첩되어 내셔널 시민권의 유지를 곤란하게 함과 동시에 권력/지식의 새로운 공간적 배치를 초래하기 때문이다.

그렇다면 내셔널 시민권을 대신해서 어떤 시민권이 부상하는 것일까? 소이살은 그것을 문자 그대로 '포스트 내셔널'한 시민권이라고 지칭하고(Soysal, 1994), 유발 데이비스는 '변별적이고 중층화한 시민권'이라 부르며(Yuval-Davis, 1997: 12), 나아가 어리는 '흐름의 시민권'이라 칭하고 있다(Urry, 2000=2006: 294). 여기서는 일단 그러한 것들을 글로벌 시민권이라고 총칭하고자 한다. 중요한 것은 그러한 글로벌 시민권이 "근대적 형태의 중앙집권적인 정치지배에 중압을 가하는"(Cooke, 1990=1995: xvii) 동시에, 양심에 기초하는 의무를 포함한 아래로부터의 '수행적인(performative) 시민권'(Albrow, 1996=2000: 287)의 형태로 존재한다는 점이다. 거기서 엿볼 수 있는 것은, 글로벌 시민권이 글로벌한 흐름과 네트워크의 '조절자'로서의 국가의 역할에 부분적으로 공명한다는 점과, 그러한 흐름 및 네트워크와 상호작용하면서 나타나는 로컬한 의식과 행동 체계에 깊이 근거한다는 점이다.

전자에 대해서는 이 장의 3절 2항에서 서술하기로 하고, 여기서는 후자에 대해 간단히 서술하고자 한다. 글로벌한 흐름과 네트워크 속에서 자신이 선 위치를 확인하는(할 수밖에 없는) 사람들 — 거기에 포섭되어 있는가, 아니면 거기서 배제되어 있는가 하는 차이는 있지만 — 에게 있어서, 서로 같은 시민이라고 생각할 수 있는 사회공간은 이제 국가에서는 존재하지 않는다. 현재를 사는 사람들은 가령 그것이 상상 속의 이동(예를 들면, 컴퓨터상의 가상여행)이라 하더라도 매일 복잡하고 다중화된 이동 속에 있으며, 따라서 '순수하게 내셔널한 자신'이라는 의식의 증폭보다는 오히려 복합적인 정체성 형성을 지향하기 쉽다는 것이다. 물론 일상 세계에 살고 있는 사람들은 자신들의 일상적인 행위가 글로벌한 것과 어떻게 연쇄되는지에 대해서는 거의 의식하지 못하며, 단지 그것을 반복하는 데에 지나지 않는다고 할 수 있다. 그러나 그러한 반복적인 행위가 글로벌한 흐름과 네트워크에 편입되어, '이접'과 '경합'을 되풀이하면서 다른 세계와 연결되는 것이다. 그리고 '경계선의 어떤 영토'를 넘어서 일시적이고 우발적인 관계를 발전시킴으로써, 고정된 정체성보다는 복수의 대체적인 정체성을 확장하는 것이다. 이러한 정체성이 탈영역적인 로컬한 의식과 행동의 체계를 뒷받침하며 또한 심화시킨다는 점은 말할 것도 없다.

어느 쪽이든 간에, 이상에서 대충 살펴본 정체성은, 그 자체가 고도로 이접적이고 '당면문제 대응'적인 성격을 내포하면서 국민국가 시스템으로도 그리고 명확히 경계 그어진 배타성을 띤 내셔널한 시민권의 관념으로도 수용되지 않는다. 흥미로운 것은, 그것이 다음에 언급할 '글로벌한 시민사회'에 있어서는 매우 중요한 위치를 차지한다는 점이다. 이에 대해서는 항을 달리하여 검토하기로 하겠다.

2) 글로벌한 시민사회

글로벌화의 진전과 함께 시작도 끝도 명확하지 않은 다종다양한 유동체가 발전하며, 앞의 항에서 살펴본 바와 같이 정체성에 관한 논의가 횡행하는 가운데, 범세계적이고 혼성적인 시민사회가 등장하고 있다. 존스에 의하면, 그것은 새로운 학습 형태, 새로운 대항문화(counter culture)의 형성, 저작권이나 사생활권의 의미 변용, 직접민주주의를 향한 새로운 기회 창출 등을 초래한다(Jones, 1995: 26). 그러나 그것은 주도권을 쥔 주체도 없고, 진보와 발전의 이념으로 뒷받침된 유토피아를 지향하는 것도 아니다. 또한 (그것은) 지리적으로 떨어져 있는 사람들이 긴밀한 유대를 맺는 것을 돕기는 하지만, 구성원에 대해 말하자면 끊어졌다 이어졌다 하며 '당면문제에 대응'할 뿐인 그런 성격의 것이다. 구성원 간에 나타나는 초국가적인 민주주의는 공과 사, 겉(무대)과 (무대)속, 가까움과 멂의 관계/경계를 애매하게 하고, 공공권이 가시성을 지표로 삼는 공적 무대로 전환할 것을 촉구한다. 따라서 이러한 '글로벌한 시민사회'는, 하이데거가 말한 '세계의 개리(開離: 어떤 물건과의 거리를 제거하여 가까이 함—역주)', 즉 개인의 손으로는 닿지 못할 큰 세계로 개인을 연결하여, 간격이나 거리를 제거한다는 이른바 공간성의 변화를 동반한다는 점에 그 특징이 있다(Scannell, 1996). 국민국가에 의해 조직된 시민사회는 이제 급속히 낡은 것이 되고 있으며, CMC(컴퓨터에 의해 매개된 커뮤니케이션)에 의해 만들어진 시민사회가 그것을 대신하고자 하는 것이다.

그런데 다시 주목할 것은, 지금 코헨이 '디아스포라화'라고 칭하고 있는 사태를 지구상 여기저기에서 볼 수 있다는 점이다. 그것은 문자 그대로 "영토적 선 긋기가 없고, 몇 개의 언어를 구사하며, 글로벌화의 경향과 로컬화의 경향 사이에 있는 해자에 다리를 놓을 수 있을 것이다.……디아스포라가 한층 더 세계적 존재가 되어 간다는"(Cohen, 1992=2001: 279) 것이지만,[5] 이런 사태의 진전과 함께 일종의 초국가적인 일체감이 양성되고 있다. 그리고 그러한 일체감이 국가로부터 상대적으로 자유로운 시민

5 원래 디아스포라는 '박해의 희생자', '강제적 박해자', '정신적 외상자' 다는 의미로서 사용되는 경우가 많지만, 최근에는 디아스포라의 존재 형태가 글로벌한 흐름과 네트워크에 친화성을 가진 것으로 취급되게 되었다.

사진 2 **농촌 박람회** (Rural Fair)
※ 출처: Mckay, *Senseless Acts of Beauty*, London & New York, Verso, 1996: 37.

권을 육성함과 동시에, 앞서 살펴본 '글로벌한 시민사회'의 형성을 촉구한다는 것이다. 어쨌든 이러한 '디아스포라화'에서 보더라도, 단일의 안정적 · 포괄적인 국가적 정체성, 즉 단일한 국민을 둘러싸고 편성된 시민사회라는 관념이 이제는 현실성을 갖지 못한다는 점은 분명하다(Urry, 2000=2006: chap.7).

그렇지만 '글로벌한 시민사회'는 살펴본 바와 같은 고정된 정체성의 안팎을 자유롭게 흘러 다닐 수 있는 글로벌한 세계시민주의자의 뭉쳐나기만으로는 성립될 수 없다. 지적한 바와 같은 디아스포라=글로벌한 세계시민주의자에 의해 부분적으로 매개된 공적 무대에 모습을 드러내는 다양한 단체와, 그들이 서로 맞부딪치며 형성하는 상호 보상적이고 보답적인 관계의 영향 또한 무시할 수 없다. 덧붙여 말하면, 여기서 단체란 자활공동체, 직접적인 행동조직, 환경NGO 등과 같은 '신(新)부족' 공동체(후술)에서 비롯되어, 멕케이가 말한 "복수의 느슨한 네트워크를 느슨하게 연결한 네트워크"(Mckay, 1996: 11), 예를 들면 자유 축제(free festival), 농촌 박람회(rural fair), 평화 호위(peace convoy) 등에 이르기까지를 포함한다(사진 2 참조). 그것들이 엮이면서, 부분적이고 불완전하며 또 우발적이기는 하지만 '글로벌한 시민사회'의 형태를 만들어나가는 것이다. 이와 동시에, 이상과 같은 경계에 묶어둘 수 없는 네트워크의 일종의 수평적인 확장을 지지하면서도, 그것들을 규정하는 국가의 '사회적 조절자'로서의 역할(후술) 또한 간과할 수 없다. 왜냐하면 그러한 국가의 역할을 전제로 할 때 비로소 '글로벌한 시민사회'는 글로벌화에 대한 저항과 글로벌한 것의 이용 위에 존재한다는 카스텔이 언급한 바와 같은 상태가 발생한다고 여겨지기 때문이다(Castells, 1997).

한편, 이와 같이 생각하다 보면 필연적으로 글로벌화를 어떻게 파악할 것인가라는 기본적인 문제에 부딪히게 된다. 그러나 글로벌화의 구조적인 틀=전체상에 대해서는 이미 이 책의 1장에서 충분히 다루었다. 따라서 이른바 옥상옥의 우를 범하지 않기 위해 여기에서는 글로벌화에 대해 최소한의 서술을 하는 데 그칠 것이다. 그러한 서술에서 핵심이 되는 것은, 시스템 내부의 작은 변화가 예측 불가능하며 혼란을 동반하는 시스템의 분기로 이어진다는 브로디의 언급(Brodie, 1998)을 '글로벌과 로컬의 역설'에 대한 설명에 어떻게 원용할 것인가 하는 것이다.

3. 글로벌한 것의 로컬한 전개

1) 흐름과 네트워크-글로벌화의 메타포

오늘날 글로벌화를 둘러싼 논의의 조류는 주로 대립하는 두 가지 입장으로 설명할 수 있다. 그 하나는 글로벌화를 문자 그대로 새로운 시대의 도래, 즉 국경 없는 유토피아로서 파악하는 입장이다. 이 경우 국경 내에 머무르지 않고 국경을 넘어서 이동하는 사람 · 이미지 · 정보 · 화폐의 흐름이 사람들에게 새로운 기회를 가져다준다는 점이 강조된다. 그리고 또 하나는 국민국가의 동요와 함께 중세주의의 새로운 도래,[6] 즉 서양이 근대 이전으로 퇴행(dystopia)한다고 주장하는 입장이다. 양자 모두 앞서 언급한 바와 같이, 흐름이 새로운 위험(예를 들어, 에이즈의 만연이나 환경 위기의 증대)이나 접근상의 새로운 불평등을 낳는다는 점을 인식하고는 있지만, 그 논하는 방법에서 낙관주의적 논조와 비관주의적 논조로 나뉜다.

지금까지 이 두 가지 논조는 한쪽에서는 신자유주의적인 반응을, 다른 한쪽에서는 공동체주의적인 반응을 창출하였다.[7] 그리고 그들은 글로벌한 것의 로컬한 차원으로 전개되거나 차연화함에 있어서, 말하자면 의인화된 자본의 재구조화에 적극적으로 동화하는가, 아니면 '둘러싸인 불안정함(at homeless)'=원초적인 정체성에 소극적으로 기대는가 하는 점, 즉 입장(stance)의 차이라는 형태로 모습을 드러낸다. 사실 이 문제는 나중에 다룰 로컬한 것 또는 장소를 둘러싼 두 개의 입장과 결부되어 있지만, 여기에서 주목하고자 하는 것은 앞서 언급한 두 가지 입장이 부정적으로 뒤섞이면서, 기존의 '사회' 내부가 탈중심적인 성격을 가진, 복잡하고 중층적이며 이접적인 (글로벌화의) 효과들로 채워진다고 보는 입장들이 나타

6 중세의 세계는 국경이 정해져 있지 않고, '사회'가 존재하지 않는다는 특징을 가지고 있다. 그리고 '중심과 주변'으로 이루어진 각각의 제국은 다양한 교차권과 경합하는 권력 및 다원적인 언어권으로부터 성립되었다. 현재 글로벌화를 토대로 이러한 '중세적'인 다중적 지배권과 정체성을 가진 경합적인 여러 제도가 나타나고 있다고 일컬어진다.

7 여기서 신자유주의란 글로벌화는 인정사정없는 것이며, 사실상 멈추게 할 수는 없는, 따라서 저항하기보다는 받아들일 수밖에 없다는 입장을 취하며, 공동체주의란 로컬을 정체성에 속박된 장(場)이나 심미화된 공간성의 반동적 정치라는 '과거'로 되돌아간 장으로 간주하는 입장이다(吉原, 2004: 176~177).

난다는 점이다.

그러한 입장의 바탕을 이루는 것은, 글로벌화의 메타포가 어떤 것이든, 그것을 글로벌화의 질서와 제도를 영역으로서의 사회가 아니라 네트워크나 유동체 혹은 혼종적인 사회로서 파악하는 인식이다. 이미 글로벌화는 보다 큰 영역이 개별사회라는 보다 작은 영역을 삼켜버린다는 서사만으로 완전히 파악될 수가 없다. 그리고 바로 그 때문에 "중심, 권력의 집중, 수직적인 위계, 공식 · 비공식적 구성을 동반하는"(Urry, 2000=2006: 60~61) 구조의 메타포는 부적절한 것으로 거부되는 것이다.

생각해 보면, 기든스가 말하는 '멀리 있는 것'과 '바로 눈앞의 것' 사이에서 발생하는 탈(脫)편입－전이－재편입의 과정은 네트워크의 메타포 없이는 용이하게 상정하기가 어려운 것이다(Giddens, 1990=1993). 더욱이 네트워크 형태의 시스템은 권력에 기반을 둔 정치적 행위에 의거하지 않기 때문에 정보조작에 의한 유도나 설득을 수반하는 관리를 유발하기 쉽다는 점은 부정할 수 없다(→ '감시사회'화).

2) 내셔널한 구조에 대한 재검토

그런데 글로벌한 흐름과 네트워크는 그것들이 야기한 각양각색의 영향을 매개로 현실에서 다양한 로컬의 형태를 만들어 내지만, 무엇보다도 주목할 것은 그것들이 종래의 내셔널한 틀에 대하여 '탈전체화'를 촉진한다는 점이다. 카스텔에 따르면 글로벌한 네트워크, 즉 그 자체가 현저한 속도로 예측할 수 없는 유동체의 형태를 띠며 영역을 횡단하는, 매우 비균질적이고 단편화된 사람 · 물자 · 화폐 · 정보 · 이미지의 흐름 속에 내포되어 있는 권력형성의 논리와, 개개의 사회에 나타나는 내셔널한 결합과 표상의 논리 사이에는 이제 1대1의 조응관계가 인정되지 않는다고 한다(Castells, 1997: 11). 적어도 기업이나 브랜드,[8] NGO나 다민족 '국가' 혹

표 1 화교 · 화인의 분포(1989 · 1997)

(단위: 만 명)

국가 · 지역	1989년	1997년
세계	2726.0	3284.0
아시아(일본 제외)	2369.0	2528.1
동남아시아	2330.5	2495.9
말레이시아	520.0	544.5
싱가포르	209.0	231.1
타이	610.0	635.8
인도네시아	650.0	731.0
필리핀	120.0	103.0
보르네오	5.5	4.5
베트남	100.0	100.0
캄보디아	30.0	30.0
라오스	1.0	16.0
미얀마(버마)	85.0	100.0
동남아시아를 제외한 아시아	38.5	32.3
일본	10.0	23.4
북아메리카	186.0	364.3
아메리카(미국)	126.0	272.3
캐나다	60.0	92.0
라틴아메리카	46.0	109.6
유럽	87.0	193.8
오세아니아	29.0	52.8
오스트레일리아	20.0	37.2
뉴질랜드	3.2	11.1
아프리카	9.0	12.0

※ 출처: 天兒慧 외 편, 『岩波 현대중국사전』, 岩波書店, 1999. 116항 및 Ma, L. J. C. and Cartier, L. eds., *The Chinese Diaspora: space, place, mobility and identity*. Rowman & Littlefield Publishers, 2003: 13~16에 의해 작성.

은 화교와 같은 '사회'(표 1 참조)가 국민국가의 경계와 일치하지 않는다는 점과, 더불어 '경계선이 있는 영토'가 사람들의 정체성 형성이나 국민의 자기규정에 있어서도 더 이상 중심적이지 않다는 점은 틀림없는 사실이다. 그렇다면 과연 사람들이 모두 다 같은 시민이라고 여기는 '사회공간'이 점점 국가로부터 괴리됨에 따라 '국경을 초월한 공동체'가 신장하는 한편, 국가는 한결같이 무력해지는 방향으로 향하게 된다고 말할 수 있을까?

이 점에 대해 흥미 있는 지적을 하는 것은 바우만이다. 그는 국가의 성격이 정원사에서 '사냥터의 파수꾼'으로 변화/회귀한다고 말한다. 즉 국가의 역할이 개개의 식물에 따라 적절한 생육 조건을 파악하고, 정원을 유지하는 데 있어 생산적인 것과 비생산적인 것을 결정

8 요즘 사람들은 자신을 글로벌하다고 규정하는 근거로 브랜드화된 제품이나 광고를 예로 든다고 한다.

하는 정원사에서, 동물의 이동을 제한하고, 개개의 사냥터에서 사냥꾼이 사냥을 할 수 있는 조건을 확보하는(즉 사냥을 위한 자원을 조정하는) '사냥터의 파수꾼'으로 변화한다는 것이다(Bauman, 1987=1995). 이 같은 '사냥터의 파수꾼'이라는 메타포는, 현대 국가의 역할이 예전과 같은 재화나 용역을 직접 공급하는 것에서, 다종다양한 사적 · 자발적 · 준(準)공적 · 공적인 기관에 의한 재화나 용역의 공급을 통제하는 것으로 전환된다는 점, 즉 활동의 감시나 규격의 표준화라는 조정적인 역할로 특화된다는 점을 정확하게 파악한 것이다. 동시에 사람 · 물자 · 화폐 · 정보 · 이미지의 흐름이 국민국가에 의한 통제를 아주 간단하게 벗어나고 있기 때문에, 이제는 자신의 사회를 정원으로 유지할 수 없는 현상을 간파한 경우라고 할 수 있다. 이에 더하여, 들뢰즈와 가타리는 이상과 같은 '사냥터의 파수꾼'으로서의 국가 성격을, 국가의 '밖'에 존재하는 거대한 세계기구[9]나 새로운 원시부족사회[10]의 대두에 주목하면서, 국경을 초월하여 확장되는 공간의 조정이라는 맥락에서 다음과 같이 부연한다(Deleuze and Guattari, 1986: 59~60).

> 국가의 기본적인 임무 가운데 하나는 자신이 군림하는 공간을 체계화하는 것이다.……모든 국가에 있어서 중요한 관심사란 유목민을 정복하는 것만이 아니라 이민을 관리하는 것이며, 또한 가장 일반적으로는 '외부' 전체에 대해, 즉 전 세계를 가로지르는 흐름의 총체에 대해 여러 가지 권리의 지대(地帶)를 확정하는 것이다. 그것이 국가에 도움이 되는 한 국가는 주민 · 상품 · 화폐 ·

9 이 용어에서 바로 떠올릴 수 있는 것은 대기업형 조직, 산업 콤비나트(기업집단) 등이지만, 여기서는 기독교, 이슬람교, 메시아사상 운동과 같은 종교단체도 포함되어 있다.

10 여기서는 파편적인 사회의 권력을 유지하려고 하는 입장에서 국가적인 권력 기제에 대치하는 도당적, 주변적 집단이나 소수자 집단을 가리킨다.

자본 등의 모든 종류의 흐름을 포착하는 과정에서 자신을 떼어놓는 일은 없다.……국가는 운동을 분해하고 재편성하여 변화시키거나, 혹은 속도를 조정하거나 하는 일을 결코 멈추지 않을 것이다.

어쨌든 이같이 하여, 국가는 공간에 선을 그어 구분(=체계화)하면서 평활하고 탈영토화된 흐름을 조정하는 것이다. 물론 그것은 국가가 글로벌한 흐름에 석권되는 것을 의미하지 않으며, 오히려 다양한 네트워크에 대해 국가가 그 산파역=촉매로서 점점 더 중요한 기능을 담당할 수 있게 됨을 나타내는 것이다. 그리고 국가가 이렇게 '사회적 조정자'로서 행위할 수 있게 되는 것은, 컴퓨터 제어의 디지털화와 더불어 국가 자체가 복잡한 계통의 한 부분을 차지하는 것으로 등장한다는 점이다.

다시 말해, 국가 권력의 결정에 있어 이미 이전과 같은 정도로 물리적인 강제수단을 동반하지 않는다는 점, 그리고 국민국가가 정원사로서의 역할을 수행하는 가운데 질서 형성과 조정을 가능하게 하는 완전히 내셔널한 환경을 더 이상 상정하기가 어려워졌다는 점은 분명하다. 그럼에도 불구하고, 국가가 글로벌한 흐름에 대해 한층 다양한 기능을 행하게 되었다는 점도 사실이다. 다만 고려하지 않으면 안 될 것은, 그러면 그럴수록 국가의 '사회적 조정' 기능이 컴퓨터에 기반을 둔 새로운 형태의 정보수집, 검색, 제공에 의존하지 않을 수 없다는 점, 즉 고도의 디지털화를 동반하지 않을 수가 없다는 점이다. 이에 앞서 살펴봐야 할 것은 파워가 말하는 '감사(監査)사회'(Power, 1994=2003)에서 유동적으로 나타나는 감시사회다.[11]

---

11 새로운 전자 미디어가 타자에 관한 정보를 매우 간단하게 입수함에도 불구하고, 사람들은 그러한 전자 미디어가 만들어 낸 가상 공동체 전체에 대해서는 잘 모르거나 알 수가 없다. 그러한 까닭에 이제 인간이 컴퓨터로 제어되는 '감시'와 '시스템'에 의해

이러한 '감시사회'로의 이행에 대해서는 차치하고, 들뢰즈와 가타리가 말하듯이 거대한 세계기구와 새로운 원시부족사회가 상호작용하면서 국가의 지배를 기피하거나 국가에 대한 저항을 강화하는 한편, 그러한 움직임에 부응하여 국가가 푸코 식의 국민의 내생(內生)적 조정자 역할로부터 다종다양한 흐름에 대응하여 변환을 이루어가는 외생적 행위의 항목으로 그 역할을 바꿔가는 것은 분명하다. 그리고 이미 이 장의 2절에서 서술했듯이, 견고한 경비가 이루어지는 국경의 안쪽에서 사회와 함께 그 사회 특유의 시민을 상정하기가 급속히 어려워진다는 것이다.

3) 로컬한 것의 다양한 형태

그러면 이상과 같은 내셔널한 틀의 재검토/'사회적 조정자'로서의 국민국가의 역할 변화와 함께, 그 자체가 글로벌한 흐름과 네트워크의 '적자(嫡子)'로서 어떠한 로컬한 형태가 모습을 나타내는 것인가? 이 점에 대해서 서로 대조적인 논의를 전개하는 사람이 하비와 카스텔이다. 말할 것

관리되는 상황이 광범위하게 나타난다. 흥미로운 것은, 그런 상황 아래서 리욘이 '사회라는 오케스트라에의 참가'라고 지적한 다음과 같은 움직임이 널리 나타난다는 점이다(Lyon, 2001=2002: 22~23).

"감시사회에서 권력은 다양한 경로를 따라 유통될 것이다. 사회라는 경관을 내려다보는 집권적인 감시탑은 존재하지 않고, 또한 감시체제에 의한 속박이나 관리를 느끼는 사람도 좀처럼 없다. 대부분의 경우, 대부분의 사람들은 신분증명서의 제시 요구에 자진해서 응하고 개인 데이터를 기업에 제공하는 것도 승낙한다. 손실을 상회하는 이익이 있을 수도 있고, 혹은 잘못한 것이 없으니까 숨기거나 두려워할 것도 없다고 생각하기 때문이다. 필자의 견해로서는, 이런 감시 시스템에 대한 순응은 사회라는 일종의 오케스트라에의 참가로 이해될 수 있다. 어떤 이유로 인해 주변으로 내몰리거나 밖으로 배제되지 않는 한, 사회로의 참가라는 것은 일반적으로 자신들의 일상생활을 추적·모니터링하는 구조에 능동적으로 관여하는 것이다. 지휘자들은 사회라는 오케스트라를 구성하는 다양한 부문이 적절한 순간에 일치하여 연주하도록 노력한다. 다만 거기에서도 그들은 사회 속 '연주자들'의 자발적이며, 자각적인 활동에 의존한다. 후자의 참가가 하나의 전체로서의 시스템의 기능과 존속을 보증하는 것이다."

도 없이, 글로벌한 흐름과 네트워크는 그에 특유한 시간 · 공간적 변화를 동반한다. 이에 더하여, 하비는 그것을 다음과 같은 감각(의 변화)과 함께 존재하는 '시 · 공간의 압축(time-space compression)' 상태로 본다(Harvey, 1996b: 246).

> 이미지의 폭풍우가 가속화되는 세계에서 점점 더 장소가 사라져가고 있다. 우리는 누구인가? 그리고 어떤 공간에 소속되어 있는가? 나는 세계시민인가, 국민인가, 로컬인인가? 아니면 사이버 공간을 헤매는 가상적 존재로서 존재하는 것일까? ……

하비에 따르면, 지적한 바와 같은 '시 · 공간의 압축', 즉 시간 · 공간적 장벽의 영향이 약해진다는 것은 틀림없이 자본의 창조적 파괴라는 힘이 야기한 것이다(Harvey, 1989=1999). 주목할 것은 거기서 자본, 특히 이동자본에 의해 로컬한 것의 차이화가 강화되는, 알기 쉽게 말하면, 자본에 의한 로컬 쟁탈전이 격화됨에 따라 로컬리티가 강화된다고 여겨지는 것이다. 이러한 사고방식은 나중에 서술할 장소론의 유력한 입장을 구성하는 것이다. 다만 최근의 하비에 관해 말하자면, 자본 전략에 관련시켜 로컬한 것을 자리매김하는 이러한 입장은 이미 뒤로 물러나고, 오히려 문화연구에서 강조하는 개별성이나 종별성의 문맥에서 로컬을 파악하려 한다(Harvey, 1996b).

다른 한편, 카스텔은 로컬의 표출을 글로벌한 질서와 제도(그 자체가 유동체로 존재하는)에 대한 저항의 형태로 파악한다. 그러한 저항의 사례로 그가 예로 든 것은 다양한 환경NGO, 제3세계 여성과 아이들에 대한 글로벌한 시장의 영향을 둘러싸고 나타나는 각종 여성운동, 뉴에이지, 종교적 원리주의 등이다. 그 핵심을 이루는 것은 '저항적 정체성'이며, 그것과 관련하여 편성된 다음과 같은 가상적 공동체, 즉 "개개의 성원이 활동가의 언사, 문화적 생산물, 미디어 이미지라는 비지리적인 공간에 구축된 동일화를 매개로 하며, 상호 간의 유대를 유일한 요건으로 하여 조직된"(Castells, 1997: 11) 공동체다.

말할 것도 없이, 이러한 접근 방식은 글로벌화를 유동체로 파악하는 입장, 즉 사회관계의 중심축에 비인간적인 혼종성을 두는 입장으로부터 파생된다. 동시에, 논자 자신이 아무리 부정하려 해도, 거기에는 비장소이기는 하지만 '근접성'에 대한 억제하기 어려운 충동이 잠재되어 있다. 그것은 하비가 앞서 일별했던 로컬한 것을 파악하는 방식과 기본적으로는 공통되는 것이지만, 그것이 로컬을 안정성이나 친밀성의 근거로 파악하는 또 하나의 이론 동향과 부분적으로 공명하는 것도 사실이다. 그렇지만 그것은 이른바 글로벌과 로컬이라는, 동일평면에서의 이분법으로 환원되어 버리는 것은 아니다. 원래 카스텔이 말한 접근 방식은, 글로벌화를 네트워크나 유동체의 메타포로서 파악하는 이론의 지평 위에 있으며, 따라서 비물질적인 것이 세계를 하나로 덧칠하는 동질화(homogenization)의 과정으로 여기는, 앞서 언급한 글로벌화에 대한 인식과는 대립을 나타낸다. 생각해 보면, 글로벌화를 소위 강제된 문화제국주의로 일원화하려는 논의는 문맥이나 시간으로부터, 아니면 신체로부터 초월한 시선에 근거한 것이며, 따라서 로컬을 단지 시각적 소비를 기다릴 뿐인 장(場)으로 간주하는 것이다. 그리고 결국에는 시간론-공간론의 문맥에서 보면, 명백히 외눈을 가지고 세계의 기하학화를 추진하는 데카르트적 전통의 내부에 위치한다.[12]

---

12 데카르트는 외눈으로 세계를 기하학화하고, 공간을 관점주의적 공간으로 간주하는 입장의 기초를 쌓았다. 또한 시간을 길이와 숫자로 나타낼 수 있는 절대시간으로 간주했다.

카스텔 그리고 최근의 하비가 바라보는 로컬한 것이란 확실히 이러한 전통의 외부에 위치한다. 즉 "떨어진 위치에서 객관적으로, 무관심한 태도로 관찰하는"(Ingold, 1993: 40), "하나의 지구로 상상될 수 있는 세계"(위의 책: 32)와는 다른 차원의 것이며, 글로벌한 흐름과 네트워크로의 공동적인 관계(=저항)의 연장선상에 위치하는 것이다. 거기서는 '근접성으로의 충동'에서 볼 수 있는 공동체주의로의 치우침이 부분적으로 나타나기는 하지만, 기본적으로는 글로벌화의 '약속' 내용을, "다중다층적인 별반 정체성을 활성화하며, 전승된 시민의 존재방식에 잠재적으로 보다 더 큰 유동성을 도입하는"(Morris-Suzuki, 2000=2002: 226) 방식에 의해, 로컬한 것으로서 확인하고자 하는 것이다.

그러면 이러한 로컬한 것에 대한 논의를 수용함으로써 구체적으로 어떠한 장소의 서사가 모습을 드러내는 것일까?

4. 장소의 서사와 공동체의 재정식화

1) 경합하는 장소의 서사

오늘날 장소를 둘러싼 논의는 어리가 "학문분야의 경계를 횡단하는 학문적 이동"(Urry, 2000=2006: 368)이라 칭하는 것의 내실을 묻는 형태로 전개된다. 현상학을 효시로 하여 지리학이나 사회학이 이어서 참가하는 형태로서, 장소론을 중심으로 한 '창조적인 경계성'(같은 책)의 모색이 이루어지는 것이다. 장소에 관한 현상학적 접근을 예를 들자면, 이푸 투안은 공간을 차이화하는 인간의 '경험'으로서, 즉 '둘러싸여 인간화되는 공간'으로 (장소를) 개념화한다(Tuan, 1997=1988). 이러한 '내면의 공간'으로서 장소를 이해하는 것은, 렐프에 의해 인간의 경험에 기초한 '살아온 세계'

와 결합된 현상으로서 더욱 심화된다. 렐프는 이러한 장소를 과도하게 평균화 또는 균질화되어 정체성을 상실한 공간(전형적으로는 도시계획)인 '몰(沒)장소'와 대비시킴으로써 부각시킨다(Relph, 1976=1999). 그런데 장소의 서사는 이런 현상학적 이해를 원조로 하여, 구체적으로는 앞 절에서 개관한 로컬한 것의 파악을 기점으로 하여 거기서부터의 전개/전환이라는 형태로 이야기되는 것으로 보인다.

먼저 선행하는 장소의 서사를 살펴보면, 그중 하나는 "장소에는 단일하고 본질적인 정체성이 있다는 관념이나, 내면화된 기원을 찾기 위해 과거를 깊이 탐색하며, 거기에 입각한 내향화된 역사로부터 장소의 정체성 — 장소 감각 — 이 구축된다고 보는 관념"(吉原, 2004: 177)에 근거하여 편성된 것이다. 그것은 매시가 "〈생성〉으로서의 〈시간〉이라는 진보적인 차원에서의 전환", 즉 '진보적인 장소 감각'이라 칭하는 것에 기초한다(Massey, 1993=2002: 38~39). 또한 잉골드 식으로 말하자면, 일종의 글로벌한 이익사회(Gesellschaft)와 대비되어, 즉 **재정식화되어** 나타나는 공동사회(Gemeinschaft)의 문맥에 초점이 맞춰지며(Ingold, 1993), 그 본보기는 하이데거가 말한 "장소의 주위에 선을 긋는" 장소 인식에서도 찾을 수 있다.[13]

그리고 다른 하나는, 하비의 로컬을 둘러싼 논의와 대략 겹치는 것으로 "장소를 자본의 측면에서 바람직한 형태로 정비된 후에 나타난 지표의 일부로서 파악하여, 자본이나 정보의 흐름에 의해 균질화된 공간이 형성된 후의 세계가 창출한 장소의 차이를 문제 삼는 입장"(遠城, 1998: 214)에 근거하여 구성된 것이다. 그것은 다시 잉골드 식으로 말하자면, '글로벌

13 장소를 이를테면 국지성과 시차성을 가진 〈장소(Ort)〉로 보는 이러한 인식의 특징에 대해서는 吉原(2004: 152~155)를 참조.

한 이익사회'에 이론 성립의 직접적인 기초를 두는 것이다. 말할 것도 없이 이러한 관점에서는 신체화되어, 모든 감각을 동반하는 로컬한 관계성은 전혀 부각되지 않는다.

이상의 두 입장을 지리학적 전개에 입각하여 말하자면, 다소 거친 표현이 될지는 모르지만, 한편에서는 인문주의라는 깃발을, 다른 한편에서는 마르크스주의라는 깃발을 내걸고 맹렬히 싸우면서, 서로 날카로운 긴장관계를 가진 정반대의 서사를 구성해 왔다고 할 수 있다. 하지만 그들은 사실 기본적으로는 '멀고도 가까운' 관계였던 것이다. 덧붙여 설명하자면, 전자는 명백히 가시적인 차원에서 '안정성이나 문제성 없는 정체성'에 근거해 왔음에 비해, 후자는 '시간에 의한 공간의 절멸'[14]로부터 시작하여 자본에 의한 '장소의 강화 · 재연'이 드러나는 가운데, 장소가 가진 안정감이나 친밀성에 주목해 왔다. 그래서 두 입장은 서로 첨예하게 대립하면서도 '장소의 정체성'과 '장소의 장치' 사이를, 전자가 후자로 전환되며, 후자가 전자로 반전되는 것에 부응하여 왔다 갔다 한 것이었다고 볼 수 있다. 즉 양자가 모두 현상학적 접근법으로서 왕복을 시도하면서도 그것들이 제시하는 다차원에 이르는 벡터에는 눈을 감고, 아울러 '살아온 세계'를 하나의 추상으로 정립하는, 이른바 영역의 메타포로 수렴했던 것이다.

그러나 "근본적으로 프랙탈적이어서, 유클리드적인 경계나 구조, 혹은 규칙성을 이미 갖추고 있지 않은"(Appadurai, 1996=2002: 27) 글로벌화의 배열이 사회의 전면에 그 모습을 드러냄에 따라, 장소를 "사회적 제 관계, 사회과정, 그리고 경험과 이해를 목전에 함께 둔 상황 속에서, 그 특정한

---

14 마르크스에서 유래한 이 개념은, 하비에 따르자면, 시간 · 공간의 재편성을 가리키는 것이며, 이를 통하여 자본주의는 위기를 극복하고, 새로운 자본 축적의 단계에 이른다고 한다(Harvey, 1989=1999).

상호작용과 상호 절합을 통해 구축되는 것"(Massey, 1993=2002: 41)으로 파악하는 입장이 힘을 얻고 있다. 이 입장은 앞서 살펴본 두 가지의 입장과 길항하거나, 혹은 그것들을 능가하는 형태라 할 수 있다. 말하자면, "사회적 제 관계와 이해의 네트워크가 뿌리와 줄기상태로 절합되며, 그것도 밖으로 열려 있는 정경(情景)을 염두에 두는"(吉原, 2004: 179) 이러한 장소에 대한 이해를 매시는 "장소의 대안적인 해석"(Massey, 1993=2002: 41)이라 부르고 있다. 어느 쪽이든 간에, 글로벌한 유동체와 혼종적인 이동성 하에, "현재라는 시간의, 순간순간의 강렬한 동질적 감각을 기초로, 정기적으로 타자와 '하나가 되기' 위해 모이는"(Urry, 2000=2006: 79) 것이 '네트워크 멤버십'의 유일한 요건이 되는 상황 속에서, "장소를 개인이나 집단 간의 대립과 협동을 포함한 조건의존적인 사건의 계기를 이루는 장(場)으로서 파악하는 입장"(遠城, 1998: 215)이 그런 상황에 적합한 것으로서 모습을 나타내는 것이다. 그것은 말할 것도 없이, 사람들이 가진 감각의 다양성과 '살아온 경험'에 깊이 근거하는 것이고, 결과적으로 앞서 살펴본 현상학적 접근법을 영역의 메타포로부터 해방시키는 데 공헌하는 것이라고 할 수 있다.

2) 신체를 매개로 한 장소

앞서 서술한 바와 같이, 잉골드는 장소 이해에서 핵심을 이루는 '유대'와 '사건'이 특별히 신체화되어, 모든 감각을 동반한다는 점에 착안하고 있다(Ingold, 1993). 즉 글로벌한 유동체와 혼종적인 이동성 하에서 발견되는 장소는, 사람들이 생활의 실천적인 시도(='사건')(다분히 우연성을 띠고 있는) 속에서 '거주하는 곳'을 구성하는 다양한 요소와 오감을 통해 서로 관계하면서 "다양한 네트워크의 중복되고 서로 얽힌 층"(Lefebvre, 1974=2000: 578)을 구축하는 것과 연관되어 있다는 것이다(같은 책). 여기서 장소는 "다중 채널로서, 즉 관련된 네트워크와 흐름이 모여서 합쳐지고, 연접하며 분해되는 공간의 집합"(Urry, 2000=2006: 246)으로서 존재한다. 다시 말해, 살고 있는 곳, 몸을 두는 곳, 편안한 곳, 느긋한 곳, 즉 '거주하는 곳'을 통해 획득되는 인간들 사이의 연관=교감이 장소의 근저에 존재한다고 이해되는 것이다. 새삼스레 상기할 것은, 마르크스와 엥겔스가 『포이어바하에 관한 테제』 속에서 언급한 기성의 유물론이나 관념론에 대한 다음과 같은 비판이다(Marx und Engels, 1845~1846=2002: 230).

> 종래의 온갖 유물론(포이어바하의 그것도 포함해서)의 주요한 결함은, 현실이나 감성이 단지 객체 내지 직관의 형성만으로 파악되어, 감성적이며 인간적인 활동이나 실천으로서 주체적으로 파악되지 않는다는 것이다.……반대로, 관념론은 물론 현실적 · 감성적인 활동 그 자체를 알지 못한다.

여기에서 서술하는 인간적 감성의 작용은, 마르크스가 『경제학 · 철학수고』에서 오감에 의한 세계의 실천적 영유(="'거주하는 곳'의 전체성=인간존재가 지닌 제 조건들을 인간 스스로 재획득하는 것")(吉原, 2004: 147)로 똑같이 지적하는 것인데, 이것은 또한 다음의 서술과도 공통된 것이다.

> 인간은 전면적인 방식으로, 그리하여 한 사람의 전면적인 인간으로서 그의 전면적인 본질을 자신의 것으로 한다. 세계에 대하여 인간이 가지는 관계들 중 어떤 것이건 전부, 즉 보고, 듣고, 냄새 맡고, 맛보고, 느끼고, 유추하고, 직관하고, 감지하고, 의욕하고, 활동하고, 사랑하는 것, 말하자면 인간의 개성이 가진 모든 기관들은, 그 형태상에서 직접 공동체적인 제 기관들로서 존재하는 여러 기관들과 똑같이, 그것들의 대상적인 태도에 있어서, 혹은 대상에 대한 그것들의 태도에 있어서, 대상(을 내 것으로 하는) 획득인 것이다.

여기에는 페비앙이 '시각 지상주의'[15](Fabian, 1992)라고 칭하는 것의 대치점에 있는 상태, 즉 시각성이 다른 제 감각과 협동하고 또 상호 보상을 수반하면서 복잡하게 얽히는 〈신체의 경험〉이 제시된다. 바로 장소는 이러한 신체의 경험에 편입되어 있거나 그것을 편입해 가며, 그 때문에 특히 오감을 통해 느낄 수 있게 되는 것이다. 장소에 있어서는 이제 사람들과 사물 사이에 거리가 없다.

물론 로컬한 것이 그렇듯이, 장소도 또한 시각 테크놀로지에 의해 코드화된 글로벌한 관계(그 자체가 사적 이해, 지배적인 시장 관계의 유사형태로서 존재하는)에 의해 구조화되며 규정되는 측면을 가진다는 점은 부정할 수 없다. 동시에 교환가치의 명령과 시장의 논리를 빠져 나가는, 신체가 가진 복합적 감수성을 풍부하게 지닌 것도 사실이다. 결국 어리가 적절하게 서술하고 있듯이, "장소는 한편에서 비상하게 두터운 공존적 상호작용을 그 특징으로 하는 근접성과, 다른 한편에서 그칠 줄 모르고 흐르는, 신체적·가상적·상상적으로 거리를 초월하여 확산하는 웹과 네트워크의 특정한 연쇄로 간주할 수 있는"(Urry, 2000=2006: 246) 것이다. 그리고 바로 그 때문에, 장소가 글로벌한 것에 대한 저항의 거점이 됨과 동시에, 글로벌한 세계에 깊이 뿌리를 내리고 있다고 할 수 있는 것이다(Castells, 1997).

이상의 전개를 수용하여 여기서 강조하고 싶은 것은, 장소의 서사는 국민의 전통이나 우상의 역사로 어쩔 수 없이 이끌려 간 귀속감이나 원초적인 정체성으로부터가 아니라, "미지의 것과의 접촉"(Canetti, 1973)에서 "각각의 〈내(개인)〉가 모든 타자들을 상호 포섭하고 서로 조화를 이루는"(見田, 1984: 33) 신체적 관계로서 엮어지게 되는 것이다.

15 시각에만 근거하여, 세계를 살아 온 경험의 모체로부터 분리시켜 하나의 '구체(球體)'로 간주하는 입장을 말한다.

한편 이와 같이 보면, 새삼스레 공동체의 재정식화가 장소론에 대한 재검토와 서로 공명하는 형태로서 중요한 과제로 부각된다. 주지하는 바와 같이, 사회학에서는 공동체에 관해서 지금까지 다양한 논의가 교차되어 왔지만, 이제는 스스로 경계를 횡단하는 분과학문의 혁신을 동반하여 공동체의 재정식화를 다루게 되었다. 그러면 다음 항에서는 이상과 같은 장소론의 촉발을 수용함으로써, 공동체가 어떻게 새롭게 파악되는가에 대해 검토해 볼 것이다.

3) 공동체의 재정식화

지금까지 살펴본 바를 통해 분명히 알 수 있듯이, 공동체는 이제 해체되는 과정에 있다고 하기보다는, 다양한 글로벌한 네트워크나 흐름과 공명하면서 장소에 근거한 근접성이나 '유대'의 감각을 토대로 삼아 재차 모습을 드러내며, 다른 한편으로는 명확히 경계가 그어진 공동체라는 개념의 유효성 자체가 문제가 되고 있다.

지금까지 사회학에서 공동체라는 개념으로 함의해 온 것은 크게는 '영역성', '공동성' 그리고 '교감'이다. 첫 번째는 통상 지리적 근접성에 기반을 둔 거주지를, 두 번째는 국소적으로 경계가 그어진 일정한 통합성을 지닌 사회집단이나 로컬한 제도의 상호 관계를, 그리고 세 번째는 구성원 간의 인격적 접촉에서 파생한 유대, 귀속의식, 온정을 지표로 하는 사람들과의 교류를 의미하는 것이다(Bell and Newby, 1976). 이 경우 특히 세 번째의 '교감'이 공동체라는 관념에 있어서 중요한 의미를 가지게 되지만, 그것이 이제는 앞서 살펴본 바와 같은 글로벌한 흐름이나 네트워크, 그리고 공존적인 거주지에 있어서의 사회관계를 중시하는 시각에서 벗어나, 지리적 근접성이나 경계가 그어진 상호 관계가 존재하지 않는 곳에서도 일어날 수 있다고 간주하게 되었다. 즉 일상적으로 얼굴을 접하는 곳이 아니더라도, 또 자신들의 신체가 동일 공간에 있지 않더라도 자신들은 공동체의 구성원이라고 상상하는 것이 가능하며, 더구나 국민국가로 하나가 되지 못할 것도 없다는 것이다. 그래서 이전과는 전혀 다른 정의에 기초한 공동체를 재정립해야 하는 것이다.

그러한 경우 재정식화의 전제를 이루는 것으로서 다음과 같은 점들을 들 수 있다.

(1) 지금까지 공동체론의 전개에서 나타나는 '영역성'과 '공동성'에 대한 지나친 강조가, 공동체를 특징짓는 내부의 불평등한 사회관계와 외부의 인간에 대한 이상할 정도의 적의를 위장해 온 점, (2) 공동체가 신체를 통해 느끼거나 신체의 경험에 포함되는 것들에 너무 무관심했던 점을 반성적으로 추궁하지 않으면 안 된다. 둘러싸여 경계가 그어진 사람들과 그 상호작용을 과도하게 중시했기 때문에, 경계를 빠져 나가서/초월해서 느끼는 외부 사람과의 '교감'이 갖는 형태가 무시되어 왔던 것이다. 그리고 그것이 결과적으로, "공동체라는 말이 그 지역이 따뜻하고, 마음이 맞는, 대면하여 느끼는 교감에 기반을 둔 것이라는 의미로 잘못 전달되는"(Urry, 2000=2006: 247) 것이 되고 말았던 것이다.

한편, 이상과 같은 입장을 고려하여 지금 공동체를 논함에 있어 다시 실마리가 되는 것은, 그것(=공동체)이 결코 지리적 근접성으로 '돌아가는' 것은 아니라는 점에 더하여, "제도적인 구조, 공간, 더구나 상징적인 의미 형태만이 아닌, 대화적인 과정 속에서 구축되는"(Delanty, 2003=2006: 261) 가동적인 교감에 기반을 둔다는 점이다. 이 교감이 듣는 것, 접촉하는 것, 맛보는 것, 보는 것, 행동하는 것을 탁월하게 통합한 것을 매개로 다시 비지리적인 근접성을 일으킬 것으로 생각하는 것이다. 그리고 그런 공동체는 자신들의 공간, 자신들의 장소를 구성하더라도, 또한 그런 까닭으로 다양하고 잡다한 사회 집단이 가진 기억의 흔적을 남기고 있다 하더라도 기본적으로는 의식적인 것이며 국가를 초월해서 자유롭게 선택할 수 있는 것이다. 여하튼 오늘날 공동체에 대해(로컬한 것이나 장소에 대해 그렇듯이) 국민국가라는 단일한 목소리로 이야기하는 것이 대단히 곤란하게 되어 가고 있다. 동시에 여러 가지 형태로 분출되는 연합의 위상=〈현재성〉을 새로운 공동체 패러다임으로 설명하지 않을 수 없게 되었다.[16]

그렇다고는 하나, 이상과 같은 공동체의 재정식화에 대하여, 일종의 글로벌한 이익사회를 상정하여 거기에 로컬한 공동사회를 대치시키는, 현재에도 여전히 뿌리 깊게 나타나는 이분법적 설정이 극히 안이한 시도라는 점을 지적해 두고 싶다. 왜냐하면 그런 이분법적 시나리오를 무비판적으로 수용함으로써, 지적한 바와 같은 근접성이나 교감이 '글로벌한 시민사회'가 아니라, 폐쇄된 국민 공동체로 포섭되어 갈 위험성이 있기 때문이다.[17] 만족을 모르는 시장주의가 국소적인 '영역성'이나 안으로 닫힌 '공동성'을 무너뜨리고 있는 상황과 병행하여, 글로벌한 흐름과 네트워크가 밖으로 개방되며, 더욱이 신체에 의해 매개된 공동체를 위한 자기장을 구성해 가는(Delanty, 2003=2006: 271~272) 상황에 대해 유연한 시선을 가질 수 있는가 하는 것이 문제의 핵심이다.

4) 대안을 추구하며

이상으로 글로벌화를 글로벌한 흐름과 네트워크의 모습으로 다시 파악하면서, 그러한 흐름과 네트워크의 누적이 '글로벌한 시민사회'의 형성

---

16 극히 통속적인 과제의 설정이라고 말할지 모르지만, 우선 연합의 글로벌한 위치평가의 측정상, 이른바 '공동체 연합'(→'쵸나이카이(町内會)'－NPO/VA)이라는 예로부터 새로운 주제를 지금 확실히 재심의하는 시기가 왔다고 할 수 있다.

17 이런 위험성에 걸려들지 않기 위해서라도, 이요타니(伊豫谷)가 지적한 "내셔널한 존재에 대한 비판과 세계화에 대한 대항이라는 양방향을 일으킬 수 있는 장"(伊豫谷, 1998: 235)으로서의 공동체를 구축할 필요가 있을 것이다.

을 촉구한다고 서술했다. 나아가 그러한 '글로벌한 시민사회'가 특정한 국가적 맥락에서 이탈한 집합성이나 관계성을 육성하고, 거기에 로컬한 것과 장소를 자리매김한다는 점을 명확히 했다. 점점 더 미디어화되어 가는 현대의 시민사회는, 가상성이 야기하는 끝없는 불안을 안은 채, 일단은 그 지평으로 내려가서 공동체주의자와 자유주의자의 소모적 논쟁으로 상처 입은 장소를 회복시킬 수밖에 없는 것이다. 그리고 이러한 자각적 문제제기가 장소에 대한 새로운 '읽기'=서사를 가능하게 하는 것이다. 물론 이 장은 전체로 보면, 서사에 대해 이해가 필요한 사항을 부분적으로 제시한 것에 지나지 않으며, 또 그러한 점에서 장소의 서사는 이제 막 시작되었다고 말하지 않을 수 없다.

그러나 그럼에도 불구하고 우리들을 깊이 둘러싸고 전개되는 '글로벌한 시민사회'는 (우리들을) 점점 더 예측 불가능하고 혼란한 시스템으로 이끄는 것처럼 보인다. 현재 '글로벌한 시민사회'와 함께 논의되곤 하는 국경을 초월한 시민의 연대는 여러 갈래의 경계를 뛰어넘는 한편, 그 몇 배의 경계를 새롭게 만들어 내는 것처럼 보인다.[18] '글로벌한 시민사회'를 활성화하는, 글로벌한 흐름과 네트워크를 관통하는 프랙탈적인 것이 탈질서화에서 재질서화의 기제로 반전되며, 특정 권력/지식의 공간적 배치를 위해 포석을 깔고, 또 장소가 복수적이며 다원적인 '읽기'에서 정통적인 '읽기'로 회귀하는 등의 일이 절대로 없다고는 말할 수 없다.

국민국가의 지속적인 권력 보유가 이제 곤란하다는 점에 대해서는 이미 서술했다. 그러나 앞서 살펴본 바와 같은 '글로벌한 시민사회'의 반전

---

18 말할 것도 없이 이 문맥에서 주목할 것은 글로벌 도시뿐 아니라 제3세계의 거대도시에서도 소위 출입통제 공동체(gated community)가 여기저기서 출현한다는 점이다(덧붙여, 자카르타의 사례에 대해서는 이 책의 7장을 참조). 또한 하나 더 추가하자면, 출입통제 공동체는 특히 앞에서 살펴본 '감시사회'의 이면을 구성하는 것이다.

혹은 장소의 '바꿔 읽기'와 부합하는 형태로, 국가가 '사회적 조정자'로서의 역할을 '감시사회'를 심화시키는 방향에서 순화해 갈 것이라는 것은 충분히 상정할 수 있다. 그때 다시 고조될 글로벌화 회의론(=청산주의적 부정론)에 대해서 우리들은 어떤 대안을 제시할 수 있을까? 어쨌든 우리들에게 남아 있는 과제는 터무니없이 광대하다고 말하지 않을 수 없다.

제5장
로컬 거버넌스와 개방적 도시공간

"인간은 그 자체로 하나의 유기체이며, 그 존재는
태양이나 대기, 토양, 박테리아, 곰팡이, 쑥쑥 자라는 초목으로부터
수천 개나 되는 종 사이의 복잡한 상호작용에 이르기까지
물리적이고 유기적인 모든 자연력 사이에 존재하는
미묘한 균형을 유지하는 것에 그 바탕을 두고 있다."

– L. 멈포드, 『도시와 인간』

1. 시작하는 말

최근 글로벌화의 진전과 더불어 사람들 사이에서 신자유주의와 함께 일종의 공동체주의적인 사고가 확산되고 있다. 또한 그러한 동향에 부합하듯, 바다 저쪽에서는 자유주의적 민족주의(Liberal Nationalism)를 표방하는 움직임이, 그리고 바다 이쪽에서는 순수한 보수와 보수반동을 구별하고, 전자에 부응하여 응답하는 형태로 자유주의를 재정립하려는 움직임이 나타나고 있다. 이러한 움직임은 종래의 좌표축으로는 반드시 완전하게 정리될 수 없는 굴절된 상황의 표출이라고 할 수 있지만, 여기서는 그 이상 논할 여지는 없다. 이 장에서는 글로벌화의 진전 → 공동체주의적인 사고의 확산에 부응하여 모습을 드러내는 '폐쇄적 공동체'로의 지향이 가지는 사회적 함의에 대해서 먼저 주목하고 싶다.

'폐쇄적 공동체'가 '친밀함의 전제(專制)'를 수반하는 점에 대해서는, 출입통제 공동체의 사회적 위상에 대해서 명확히 정의하고 있는 영(Young)이나, 그에 준거하는 사이토(齋藤純一)가 매우 탁월하게 논하고 있다(Young, 1990; 齋藤, 2000). 이 문맥에서 직접 문제시되고 있는 것은 신자유주의와의 친화성이지만, 필자는 이러한 신자유주의와 공명하면서 '폐쇄적 공동체'의 병리가 오늘날 '안전 · 안심의 마을 만들기'에 집약적으로 나타난다고 생각한다. 이 점에 대해서는 이미 다른 곳에서 서술했기 때문에 반복하지 않겠지만(吉原, 2007), '안전 · 안심의 마을 만들기'에 나타나는 '동질성에 대한 강제'는 공동체의 이상화와 더불어 외부에 대해서는 벽을 쌓고 경계하는 한편, 내부에서는 오로지 무관용 원칙(zero-tolerance)을 추구하는 상태를 만들어 낸다. 그리고 성원 간에는 개인적인 접촉을 바라면서, 서로 '이질적인 것'은 감시의 눈초리로 바라보는 모순된 관계를 만들어 낸다. 여기서 상기되는 것은, 세넷이 예전에 '공공성의 상실'이라고 언급한 사태다. 세넷은 확고한 안전과 집약적 정체성에 기인하는 공동체에 대한 찬미가 '전체로서의 도시'가 가진 공적 성격을 말살시키고 있다고 보아, 동질적이며 '폐쇄적'인 친밀권을 이상화하는 움직임을 호되게 비판한다(Sennet, 1974=1991). 앞서 언급한 영도 또한 '폐쇄적 공동체'에 대한 희구와, '커다란 공적 세계'인 도시에 대한 부정이 이른바 세트를 이루고 있는 사태에 대하여 비판적 눈길을 보낸다(Young, 1990).

거기서 새로이 주목되는 것이, '폐쇄적 공동체'와 대치점에 있으며 '동질성'을 강요하지 않고, 오히려 차이를 적극적으로 승인하는 도시공간의 존재양태다. 그것을 잠정적으로 '개방적 도시공간'이라고 부르기로 하며, 이러한 도시공간의 성격을 선구적으로 설명하는 자가 짐멜이다. 짐멜은 도시공간을 "질적인 면에서 유일무이하고, 타인과는 바꾸어 넣을 수 없는" 개인의 독자성=개별성과 차이가 횡행하는 '간(間)' 공동체적 세계로 파악한다(Simmel, 1957=1999a). 그것은 개인의 자유를 하나의 기축으로 삼는 그의 화폐적 세계와 발생적으로 동일하게 묘사된 것이지만(Simmel, 1900=1999a), 이러한 도시공간의 '개방적 성격'에 대한 관심은, 도시생활의 역학을 차이나 다양한 가치가 교착하는 지점에서 찾는 제이콥스의 도시에 대한 시점이나(Jacobs, 1965=1977), 나아가 민주주의의 진면목을 크고 작은 다양한 단위가 복잡한 상자 꼴의 구조를 이루고 있다는 점에 주목하여 파악하는 다알의 시선(Dahl, 1973)과 영향을 주고받고 있다. 이 장은 이러한 짐멜, 제이콥스, 다알의 도시공간에 대한 관점/관심을 '계승하는

표 2 거버넌스의 정의와 특징

	정의	특징	출처
제솝	이질수평조직 (혹은 자기 조직화)의 다양한 양식	• 자기 조직적인 개인 간 네트워크 • 협의에 기초한 조직 간 조정 • 탈중심적이고 맥락에 매개된 시스템 간 운영	Jessop(1998)
스토커	다양한 상호 협조 양식	• 〈본인-대리인〉 관계 • 조직 간의 교섭 • 체계적인 협조	Stoker(1998)
로데스	자기 조직적인 조직 간 네트워크	• 조직 간 상호 의존 • 네트워크 성원 간의 계속적인 상호작용 • 경쟁적인 상호작용 • 국가로부터의 상대적 자율성	Rhodes(1996)

자'로서의 입장을 명확히 하면서, '폐쇄적 공동체'에 포섭되지 않는 '개방적 도시공간'의 가능성을, 말하자면 복수의 주체들 사이에서 전개되는 조정양식으로서의 로컬 거버넌스에 입각하여 검토하고자 하는 것이다.

필자는 로컬 거버넌스에 대해 이미 여러 저서에서 언급해 왔다(吉原, 2002, 2004). 따라서 지금 여기에서 자세한 서술은 피할 것이지만, 위의 표 2와 같이 개괄된 거버넌스에 대하여 다음과 같은 4가지 점을 확실히 해두고자 한다. (1) 원래 '현대의 역설'[1] (Held) → '제도의 실패'라는 상황을 응시하면서, 기존의 조직 사이에서 새로운 제도의 설계나 사고의 실험을 행하여, 복잡해지고 중복된 제 과제나 이슈의 수행 · 처리가 요구되는 환경 하에서, 지방정부, 기업, 각종 중간집단 등의 어느 정도 자율성을 가지는(가진다고 간주되는) 제 세력이나 분야(sector) 사이에서 뭔가 구체적인 목표를 설정 · 공유하며, 공식/비공식적으로 자기조직적인 네트워크가

1 헬드에 의하면, "현대의 역설이란 간단하게 말하면 대처해야 하는 집단적 과제의 긴장도가 높아지고, 그 범위도 넓어지고 있는 데 비해, 이에 대처하는 수단은 취약하고 불안정한 상태에 있는"(Held, 2007: 81) 것이다. 그렇기 때문에 이러한 상태에 대처하는 '집단적인 협력'과 '그것을 위한 타당한 거버넌스의 구축'이 요청되며, 거기에서 헬드가 강조하는 것은 연대이고, 사회정의이며 민주정이다(같은 책).

체결되는 형상으로 그 모습을 드러낸다는 점, (2) 그와 같은 형상의 출현이 특히 비강제적 정치과정, 즉 '의견의 차이에 대해서 검토하고 교섭할 수 있는' 상호 관계와 의존 관계에 기초하여, 종래의 통치와는 다른 통치양식(governing)에 서 있다는 점(Held, 2007:84), 이와 더불어 (3) (거버넌스가) '국민적(national)'이라는 문구로 묶을 수 없는 그러한 통치양식과 근본적인 공통점을 가지는 이상으로, 새로운 접근법이나 개념 틀을 확립하는 방법이며, 문제를 파고들고 비전을 제시하는 방식이라는 점을 먼저 확실히 해 두고자 한다.[2] 이와 동시에, (4) 최근 들어 하비가 기회 있을 때마다 지적하고 있듯이(Harvey, 2005=2007), 로컬 거버넌스를 테마로 삼는 배경에 신자유주의의 영향이 있다는 점, 즉 국가의 시장 개입(규제)을 제한(완화)하는 신자유주의적인 정책의 침투가 얼핏 보이는 점도 시야에 넣어 두고자 한다.

이 장에서는 이러한 점들에 유의하면서 로컬 거버넌스의 존재양식/형태를 도시계획이 작동하는 국면을 통해 살펴봄과 동시에, '개방적 도시공간'의 가능성에 대해서 언급하고자 한다.

---

2 로컬 거버넌스에 대해서는, 필자가 체계적인 형태로 논한 이후(吉原, 2000), 다양한 논자가 오로지 로데스의 주장을 중심에 두고 논하였다. 그 표준적인 개괄의 시도는 필자의 좁은 식견으로는 아직 찾지 못했지만, 예를 들어 『인문지리학 사전 제4판(*The Dictionary of Human Geography*, 4th ed.)』에서는 로데스의 정식화를 제 조직 간의 상호작용, 네트워크 멤버 간의 계속된 상호작용, 게임과 같은 상호작용, 국가로부터의 상대적 자율성이라는 4가지 점에서 정리하였다. 흥미로운 것은, 거버넌스론의 전개를 '정책 네트워크' 접근법 및 행위자 네트워크론에 더하여, 사회적 복잡성에 관한 논의와의 관계에서 파악하려 한다는 점이다. 필자로서는 앞으로의 거버넌스 전개에 있어 이것이 핵심을 이룰 것으로 생각된다.

2. 거버넌스란 무엇인가 – 문제 설정과 그 방법

거버넌스란 한마디로 새로운 통치양식(governing)이나 통치능력이고, 더 나아가 새로운 접근법이나 문제를 제기하고 비전을 제시하는 방식이다. 즉 제도를 설계/구상하는 사상인 것이다. 그 정식화에 대해서는 이미 수많은 시도가 이루어졌지만, 중요한 것은 대항모델로서의 거버넌스라는 용어를 사용하지 않으면 설득력이 결여되는, 이론적이고 현실적인 아젠다를 어떻게 설정할 것인가 하는 점이다. 이 경우 말할 필요도 없이 국민국가라는 통치 틀과 하나의 세트로서 존재했고, 그리고 현재도 존재하는 정치용어, 예를 들어 주권이나 헌법, 시민권, 혹은 민주주의 등의 제 개념과 어떻게 절충시킬 것인가 하는 것이 우선 문제시되지만,[3] 거버넌스가 원래 글로벌과 로컬의 중층적이고 괴리적인 통치기능에 그 근거를 둔 것이라는 점을 고려하면, 앞서 말한 용어와의 개념적 연계(linkage)를 찾는 것은 지극히 어려운 작업이라 하지 않을 수 없다.

따라서 여기서는 우선 위계를 표상하는 거버먼트(government)와의 '개념적인 동맹관계'(遠藤, 2003: 252)를 단념하고, 그 위에 거버넌스라는 말로밖에 표현할 수 없는 것을 명확히 밝히고자 한다. 그럴 경우에 열쇠가 되는 것은, 새로운 통치양식을 권하는 공리(公理)와 전략이며, 또한 그것과의 연관으로 거버넌스를 테마로 삼는 상황이나 장소다. 그 어느 쪽이든, 한쪽에서는 초국가적(글로벌한) 기관이, 그리고 다른 한쪽에서는 로컬한 주체가 탈국민국가의 문맥에서 통치기능을 부분적으로 담당하며, 그 결

---

3 덧붙여, 앞서 기술했던 헬드는 "국민국가의 형성기에 있어서 지리 · 정치권력 · 민주정은 강한 통합 관계에 있다고 상정된다. 또한 정치권력 · 주권 · 민주정 · 시민권은 일정한 영토 공간으로 구분됨에 의해 성립되며, 그것이 타당한 것으로 간주된다"고 서술하였다(Held, 2007: 101~102).

과로서 중층적이고 다차원적인 공간 규모로 이루어지는 통치구조가 만들어진다는 현실을 고려해야만 비로소 검토가 가능해진다. 이러한 점에 대해서는 앞으로 점차 서술해 가기로 하고, 먼저 거버넌스의 '작용 형태'(조직화 및 조직 간의 관련형태)에 대해서 필자 나름의 견해를 언급해 두고 싶다. 그것은 대략 다음과 같다.

> '제도의 실패'라는 상황 하에서, 기존의 조직 사이에서 점점 더 새로운 제도의 틀을 설계하며, 과제를 수행하고 이슈를 처리하는 일이 요청되고, 그 결과 지방정부, 기업, 중간집단 등 상대적으로 자율적인 조직이나 집단 사이에서 어느 정도 구체적인 목표를 공유하면서 공식/비공식적으로 자기조직적인 네트워크가 체결되는 형상(吉原, 2002, 2004).

이러한 정식화는 말할 것도 없이 표 2에서 보여준 여러 논자의 정식화 시도를 최대한 집약 개괄하여 도출한 결과로서 얻어진 것이다. 여기서 재차 주목할 것은, 거버넌스가 조정양식과 밀접하게 관계하는 것으로서 존재한다고 보고, 그것이 "위계를 매개로 한 위에서 아래로의 통제나 시장을 통해서 민영화된 관계에 의한 조정이 아니라, 네트워크나 파트너십을 매개로 한 조정"(Painter, 2000: 317)이라는 점, 그리고 거버넌스에 내재하는 구성요소가 기본적으로 이하의 다섯 가지, 즉 쟁점이 되는 대상, 주체(지방정부, 기업, 중간단체－NPO, 마을회 등의 지역주민조직, 지역업계단체, 그 외－등), 이익(stake) 및 정체성, 그리고 그러한 것들이 서로 다투는 장/층(site/arena)에서 이루어진다는 점이다. 거버넌스는 이러한 것이 복잡하게 교착하면서 원환을 이루며 존재한다.[4] 동시에 여기서 강조해 두고 싶은

4 로컬 거버넌스의 다원적이고 중층적인 구조에 대해서는, 굳이 말하자면, 이질수평조직

것은, 그러한 거버넌스의 구성요소가 끊임없이 상황 의존적이며, 재편되는 과정에 있다는 점이다. 이 점은, 제솝이 거버넌스의 기층에서 본 것, 즉 "글로벌 사회 내부에서 나타나는 제도적 질서의 기능적 분화 및 진전에서 파생하는 사회적 복잡성의 증대"(Jessop, 1997: 59)라는 문맥에 근거하여 이야기하자면, (거버넌스가) 거버먼트로의 퇴행이나 자체의 내부에 있는 단층(斷層)의 노출 가능성을 포함하여 매우 불안정한 것임(→ '거버넌스의 실패')을 나타내는 것이다.

3. 지금 왜 거버넌스인가? – 주제로 삼게 된 배경과 사회적 함의

다음으로, 거버넌스를 주제로 삼게 된 배경에 대해서 생각해보자. 약간 도식적이지만, 주된 배후요인으로는 글로벌화의 진전에 의해 기존의 기능적 영역과 규제시스템에 지각변동(⇒ 실패)이 발생하고, 이와 함께 타성화되고 닫혀버린 규칙과 절차(코드와 규칙)에 의해서는 처리할 수 없는 이슈가 분출하게 되었던 점을 생각할 수 있다. 다시 말해, (1) 국가와 시장, 특히 국가만으로는 이제 처리할 수 없는, 그러한 상황이 가지는 영역적 질서에 기초하여 대응수단과 목표 혹은 비용을 조응시키면서 규정하고 조정하는 등의 능력을 넘어서는 이슈가 다면적으로 표출되는 점,[5] (2) 복

(heterarchy)의 위상에 의해 장악되어 왔다. 그러나 그러한 한편으로, 공간적 규모와 시간적 편차의 도입에는 그다지 관심이 없었던 것처럼 보인다. 확실히, 거버넌스와 대(對)를 이루며 보완성 원리(principle of subsidiarity)가 서술되어 오기는 했다(예를 들어 遠藤, 2003). 그러나 그것도 이제까지는 반드시 거버넌스와의 유기적인 관련 하에서 전개되지는 않았던 것 같다. 역시 공간적 규모와 시간적 편차를 도입하는 가운데, 보완성 원리의 개념적 채용과 경험적 적용의 가능성을 찾아보아야 할 것이다.

5 덧붙여, 가네코(金子郁容)는 이러한 이슈에 대해서, 국가의 개입 및 시장의 관여가 반

수의 기능적 영역, 공간적 규모에서 이야기되는 '경계' 횡단적인 이슈, 즉 글로벌 · 내셔널 · 로컬이 복잡하게 교차하는 문제가 광범위하게 표출되는 점, 이 때문에 필연적으로 (3) 단일한 이슈(single issue)의 연쇄를 집합적/협동적으로 어떻게 처리할 것인가 하는 것이 당면한 최대 현안이라는 점이 거버넌스가 거론되게 된 문맥을 형성하고 있다.

말할 것도 없이, 앞서 지적한 이슈는 생활자 각 개인의 수준에서 나타나는 다차원적이고 중층적인 격차(divide)—소득뿐만 아니라 젠더, 세대, 민족성 등의 여러 층에서 보이는 균열—에 깊이 근거하고 있다. 그리고 현실에서는 이들이 상승작용을 일으키며 기존 제도의 붕괴를 촉진시킨다고 생각된다. 덧붙여 위에서 서술한 격차는, "국제(혹은 세계), 국민국가, 지방의 여러 다른 결정구조의 층이나 장(場)으로의 접근 능력", 나아가 "이들의 레벨 · 장(場)의 어딘가에서 확립된 강제나 사회적 의무를 회피하는 능력"(Bartolini, 2003: 52)에 부응하여 가속화되는 경향이 있으며, 사실 그와 같이 논의된다. 여기서 새삼 주목할 것은, 그러한 경향 하에서 문제의 당사자(담당자)이면서 그러한 문제와 관련된 정치제도나 전략에서 배제되는 사람들이 다수 등장하고 있다는 점이다.

그런데 위에서 서술한 바와 같은 배경으로부터 편성되는 거버넌스는 무엇보다도 먼저 탈영역적인, 즉 글로벌 또는 로컬한 차원으로 확산된 통치양식으로서 존재한다. 즉 그것은 영역적인 것을 넘어, 고도로 다원화하여 폭주하는 '작용의 형태'를 수반하여 표출되는 것이므로, 결코 주권국

드시 성공하지만은 않은 점을 위계적 해결 및 시장논리에 의한 해결의 '실패'로서 묘사한다(金子, 1999). 가네코가 그에 대신해 제시하는 공동체적 해결(community solution)이 지적한 바와 같은 이슈에 대해서 과연 어느 정도 유효할 것인가는 제쳐두고, 가네코의 시야가 로컬 거버넌스의 근저에까지 미치고 있다는 점은 거의 틀림없는 것으로 보인다.

가로 닫혀가는 것은 아니다. 오히려 한편으로는 국경을 횡단하는 조직이나 단체를, 그리고 다른 한편으로는 국가보다 작지만 국가에 의해 제약되지 않는 조직이나 단체를 그 토대로 삼는 점에 특징이 있다.[6] 그렇기 때문에 공간 규모에서의 〈간(間) 지역적인 조정〉과 기능적 영역에서의 〈국경 없는 이슈 처리〉가 거버넌스의 지표가 되는 것이다. 간단히 말해, 일반적으로 전자는 광역행정/협역행정, 글로벌/리저널/로컬이라는 형태를, 또한 후자는 공/사, 공식/비공식적, 법/사회(→ 권리상의 제 제도/사실상의 제도)라는 형태를 취하는데, 거기에서는 형식적 평등성에 회수되지 않는 등가성 원리가 관철된다는 점이 중요하다.

어쨌든 거버넌스는 기본적으로 복수의 영역이 교착하는 곳에 성립하는 제도편제 또는 새로운 통치양식인 것이다. 다시 말해, 거버넌스는 어떠한 영역적 자원의 패권 · 결정적 작용도 절대화하지 않는다. 오히려 각각의 영역적 자원의 다양성에 입각한, 복수 단위(Multi-level)의 다층화된 연계와 영역적 경합에 기초한다. 그리고 이 점은 이른바 완전히 둘러싸인 영역(=공간을 한정한 정치영역) 내에서의 결정, 즉 내셔널한 주권원리에 기초하는 거버먼트와는 크게 다른 점이다. 즉 여기서도 또한 "국민국가의 지배이념과는 다른 글로벌화와 로컬화를 통일적으로 내포하는 세계관"(遠藤, 2003: 253)의 편린을 볼 수 있는 것이다.

6 바로 보완성 원리 그 자체라고 할 수 있다. 덧붙여, 엔도(遠藤乾)는 "이 원리의 핵심은, 어느 단위도 절대화되지 않고 각각의 존재사유를 완수하면서 역할을 분담한다는 문제 구성에 있다"고 서술하였다(遠藤, 2003: 262). 그리고 "보완성이라는 외래의 개념을 통해서, 어떠한 구체적인 사회상을 이미지화하고, 또 어떠한 쟁점을 중심으로 그것을 실현하려 하는가" 하는 것이 과제가 된다고 말하고 있다(같은 책, 268). 또한 덧붙여, 앞의 각주 4를 참조할 것.

4. 거버먼트에서 로컬 거버넌스로

그러면 이제 새로운 제도편제로서의 거버넌스에 대해서 이야기할 차례가 되었는데, 그 전에 먼저 기존 제도의 불안정성에 대해서 서술하고자 한다.

제도를 어떻게 파악할 것인가 하는 문제는 그 자체로서 매우 논쟁적인 것이지만, 여기에서는 '이익을 둘러싸고 만들어진 복합체'라는 최소한의 정의로 일단락 지을 것이다. 즉 기본적으로 이익을 매개로 하여 그것을 둘러싸고 질서가 형성되는 메커니즘의 총체라는 식으로 이해해 두자. 그리고 그러한 입장에 입각하여 지금까지의 내셔널한 제도를 살펴보면, 이익을 대표하는 회로에 소위 과소(過小)대표라는 문제상황과 관련하여 일종의 '편향'이 발생한다는 것을 알 수 있다. 주지하듯이, 전후(戰後) 일본의 정치제도의 방향에 크게 영향을 미친 것은 대도시권/지방(→ 도시/농촌), 첨단산업/구조불황산업, 기업/노동조합 등과 같은 이해대립축이다. 그리고 공공사업, 보조금, 비관세장벽, 협동조합주의(corporatism) 등이 이러한 대립축을 생산영역에서 조정해 왔다. 실은 이러한 이해대립 조정의 과정에서 위에서 말한 '편향'이 생긴 것이다. 그것은 '성장'과 '중류의식'이라는 〈국민 이야기〉의 정착과 표리를 이룬다.

그러나 전후사회가 포스트 버블의 단계로 돌입함과 동시에, 이러한 이해대립축에 일종의 틈이 생겼다. 나오키(植木豊)가 지적하는 위치변동(dislocation), 즉 레짐 시프트(Regime shift)가 일어난 것이다(植木, 2000). 앞서 말한 '편향'에 대해 말하자면, 대도시 중류층, '시민' 각층/소비자, 하이테크 생산자에게 제도적인 자원을 우선적으로 배분하면서 그들로부터 광범위한 지지나 동의를 얻어내는 것이 이제는 곤란하게 된 것이다(→ 〈국민 이야기〉의 종언). 헤게모니 정치에서 간취되는 이러한 지각변동은 다른 시각에서 보자면 이제까지의 집권적인 위계(hierarchy) 시스템의 와해/ '정부의 실패(government failure)'로서 묘사될 수 있을 것이다.

'시민' 측에서 본다면, 그것은 법과 사회 간의 간극의 확대에서 유래하는 '정당성의 결손'으로서, 또한 신자유주의적 원리에서 본다면 '유효성의 결여'라는 형태로 나타난다. 포스트 버블의 오늘날에 규제완화와 지방분권이 담합하는 기묘한 풍경이 연출되는 것이지만, 그것은 '시민' 측에서 본 '정당성의 결손'과 신자유주의적 원리에서 본 '유효성의 결여'가 비틀어진 채 '공명'하는 현상 위에 존재한다고 할 수 있다.[7] 결국 통치양식에 있어서 이상과 같은 변환(지각변동)이 발생하는 상황 속에서, 이하에서 서술할 로컬 거버넌스를 위한 자기장이 광범위하게 형성되는 것이다.

그러면 이제 구체적으로 로컬 거버넌스의 실정에 대해 알아보기로 하자. 그것은 한마디로 말해 과제를 수행하고 이슈를 처리하는 것과 제도의 설계가 서로 겹치면서 침투하는 로컬의 지평에서 헤게모니 정치에 개입하는 것을 주안점으로 삼는다. 문제는 그 개입방법인데, 일단 다음 두 가지가 요건이 될 것이다. 그 하나는 '정당성의 결손' 및 '유효성의 결여'로서 나타나는 '정부의 실패'를 로컬한 차원에서 어떻게 파악할 것인가 하는 것이며, 다른 하나는 대안적인 제도설계론을 어떻게 제시할 것인가 하는 것이다. 여기에서는 지역의 물적, 인적, 제도적 자원의 공간적 배치를 간파하여 다양한 과제수행과 제도설계를 추구함과 동시에, 이제까지 왜곡된 동원시스템 때문에 거의 표출되지 못했던 이익을 적절하게 전달하

7 오히려 사태는 이른바 사회민주주의와 신보수주의의 대립 단계에서, 전자가 후자에게 수용되는 단계에 이르게 되었다고 여겨진다. 거기서는 정부의 활동에는 쓸모없는 낭비가 있다는 사고방식이 시장경제를 무원칙하게 수용하게 된다는 점으로 연결된다. 복지국가개혁과 관련되는 일련의 언설이 공동화(空洞化)되고, 유일하게 "집단, 정당, 그리고 국가조차도 그 조직적 자원이 도달하는 범위는 시장보다 좁아진다"(Bartolini, 2003: 52~53)라는 언설이 상식이 되는 것이다.

는 방법이 검토되어야 할 것이다. 그것은 어떤 의미에서 '유효성' 문제는 제쳐두면서 '정당성' 문제에 집착하는 것, 즉 후자의 우선권을 강조하는 것이다.

5. 대안으로서의 로컬 거버넌스의 존립요건

그렇다면 과연 어떤 식으로 로컬 거버넌스의 대안(대항모델)으로서의 존립구성과 관계된 논제를 설정할 수 있을까? 이에 대해서는 나오키(植木豊), 미야모토(宮本太郎) 등의 논의를 원용하면서, 우선 세 가지 문제구조의 형태를 제시하고자 한다.

먼저 첫 번째는 집합적인 의사결정과정과 그에 수반하는 멤버십 공간에 관련된 것이다. 이 경우 다수의(multiple) 집합적 주체 사이의 제휴관계, 자기조직적인 네트워크, 집합적인 의사결정이 피해 갈 수 없는 부담이 문제의 초점이다. 이른바 멤버십 또는 이해관계자(stakeholder) 문제로서 존재하는 이러한 문제구조에서는 결정을 하는 자와 그것을 받아들이는 자 간의 균형의 문제와 관련하여, 특히 집합적 주체 간 네트워크의 공식·비공식적인 관계, 그리고 그곳에 정착하는 자기조직성과 '창발성(emergence)'(伊藤, 2007)의 경계영역[8]이 문제다. 다만 후자에 대해서는 아

---

8 거버넌스의 다원적이고 중층적인 구조를 설명할 때 위계와 보완성 원리가 개념적인 중심이 되는 점에 대해서는 이미 서술했다. 게다가 네트워크나 제휴의 경우에, 그것을 구성하는 여러 주체가 각각의 조직적인 자원을 이른바 리좀 상태로 결합하는 것이 중요해지는데, 거기서 핵심 개념이 되는 것이 자기조직성이며 '창발성'이다. 또한 이러한 개념은 오늘날 공동체 측에서 '내발성'으로 호환되어 종종 사용된다. 그러나 여기서는 그러한 움직임에 동의하지 않는다. 여기서 말하는 자기조직성이나 '창발성'은 제솝이 말하는 이하와 같은 사회적 복잡성과 세트를 이루고 있다. "(거버넌스의) 발견은, 계속

직 개념적으로 발전해 가는 도중이기 때문에 자세한 설명은 피하고, 여기에서는 오로지 전자에서 나타나는 다음과 같은 관계를 지적해 두고 싶다. 즉 공식적인 레벨에서는 '당사자성', 보다 엄밀하게 이야기하자면 당사자로서의 자격 요건을 결여한 채 비공식적인 네트워크의 형성에 의거하여 그 문제로 인해 중대한 영향을 받는 사람들의 이익이나 편익을 제도상으로 도출 · 전달하려는 관계가 존재하거나 혹은 거기에 생각이 미친다는 점이다. 그런데 이러한 멤버십이나 이해관계자 문제는 거버넌스와 '공공권' 사이의, 설명에 대한 책임 내지는 정보의 공개를 둘러싼 〈위촉-수탁〉 관계라는 존재양태를 내포하며, 이른바 '정당성' 확보의 문제와 연결되어 있다(植木, 2000).

두 번째는 정말로 이러한 '정당성'의 확보와 깊은 관련이 있으며, 영리 · 비영리를 불문하고 이익이나 편익을 도출 · 전달하는 집합적인 주체로의 하청(下請)화가 확대되는 현상 속에 파생하는 것이다(宮本, 2005). 로컬 거버넌스는 지금까지 이익/편익의 도출 · 전달에서 주도적인 역할을 해 온 집합적인 주체의 퇴출과 영리 부문 혹은 비영리 부문의 새로운 참여를 촉진시켰다. 그리고 그렇게 함으로써 이 문제의 당사자들에게 복수의 집합적인 이익/편익을 공급하는 주체로부터 선택권이 부여되며, 그들의 자립을 향한 요구를 표출하는 수단을 복수화할 가능성을 제공하려 한다.[9] 그러나 이러한 다원적인 거버넌스도 대형 단위의 거버넌스 재편의

해서 확대되는 글로벌 사회 내에서 나타나는 제도적 질서의 기능적 분화가 진전되면서 파생하는 사회적 복잡성의 확대를 반영한다. 물론 그것은 체계적인 상호의존성이 사회적, 공간적, 시간적 지평을 초월하여 확장 · 심화되는 점을 의미한다"(Jessop, 1997: 59).

9 특히 이와 관련하여 주목할 것은, 로컬 거버넌스에서 비영리 분야가 하는 역할이며, 그것이 차지하는 위치다. "새로운 요구에 대응해 가는 기동성과 유연성을 가지고 있다"(宮本, 2005: 11)고 간주되는 비영리 분야는 행정이나 공동체와의 제휴를 강화함으로써 '당사자성'을 발휘할 뿐만 아니라, 여러 주체 간의 매개적 역할을 한층 주도적으로 담

동향이나 시장주의적인 다원화의 방향과 공명하고 있으며, 지금으로서는 '당사자성'을 공식적인 관계로까지 끌어올릴 수 있을 정도로 명확하게 작동하는 것은 아니다.

그리고 세 번째는 위의 두 가지 점과 다소 관계하면서 표출되는 것으로, 말하자면 조직화된 생산자 이익을 과도하게 도출·전달해 버리는 현행 선거제도의 편향을 그 반대쪽에 두고, 토론으로서의 '심의 민주주의(deliberative democracy)'론의 가능성(Cohen, 1997)을 설명하는 측면에서 나온 것이다. 이 경우 '심의 민주주의'의 제도화가 로컬 거버넌스의 작용을 통해 확인된다. 더욱이 현재의 선거제도 하에서는 쟁점화되지 않는 이슈나 제대로 매개되지 않는 이익/이해관계가 논의·교섭·조정이라는 일련의 과정을 거치면서 해결되어야 할 문제로서 인식되는 심의 민주주의론은 아직 규범적 수준에 그치고 있다. 적어도 로컬 거버넌스의 작용면에서 진행되는 멤버 간의 교섭·조정을 통해서 로컬 단위의 가치서열의 재편(재구조화)이 이루어져, 그것에 의해 심의 민주주의가 구현된다는 시나리오는 현재의 상황에서는 기대 논리 그 이상은 아니다.

이렇게 보면, 제도편제로서의 로컬 거버넌스의 주안점이, 종래의 체제에서는 그다지 표출되지 않고 오히려 무시되기 쉬웠던 이허대립축에 초점을 맞추는 것으로, 이슈의 전이를 도모하고 조직화된 생산자 이익에 특화된 전달양식의 편향을 시정하는 데에 있다는 점은 명확하다. 그리고 말할 것도 없이 '개방적 도시공간'을 옳다고 인정하는, 이익/이해가 다원적으로 경합하는 정치를 그 주어진 조건으로 한다. 여기서 다시금 도시계획

당할 가능성을 가지고 있다. 그렇다고는 해도, 여기서 말하는 매개적 역할은 활동 현장의 자율성(autonomy)에 기초하는 것으로, 근대주의적인 이항대립도식의 아류/변종인 이른바 공사(公私) 혼합론으로 포섭되어 버리는 것은 아니다. NPO와 관련하여 공사 혼합론이 가지는 이론적 함정에 대해서는 影山(2005)를 참조할 것.

에 초점을 두어 로컬 거버넌스의 가능성과 거기에 숨어 있는 과제를 검토하기로 하겠다.

6. 도시계획의 위상 – 하비와 카스텔

종래의 체제에서 도시계획은 기본적으로 제도로서의 편향이 생산영역에서의 이해대립 조정에 적합한 형태로 관철된다는 이른바 헤게모니 정치의 틀 안에 있었다. 그리고 그 근원을 더듬어 가면, 국가의 '좋은 통치'의 원초적 모델을 도시나 도시계획에서 찾는 푸코에까지 이르며(Foucault, 1984), 그러한 주장과 기묘하게도 공명하면서, 전혀 다른 두 개의 이론지평이 나타난다. 그들 중 하나는 도시계획의 전제(前提)를 균질한 공간과 그러한 공간의(물자 · 일 · 사람을 자유롭게 자리매김하는) 조작 가능성에 두는, 즉 도시계획에 있어서 '몰장소'성의 횡행을 강조하는 렐프의 입장이며(Relph, 1976=1999), 다른 하나는 균질공간이 '개발'과 '성장'서사와 연결되면서, '지배'와 이익의 균형을 지표로 삼는 도시계획에 의해 적극적으로 창조되어 왔다고 보는 급진적(Radical)인 입장이다(예를 들어, Grabow and Heskin, 1973). 그러나 생각해 보면, 이러한 입장들은 어느 것이든 크게 봐서는 근대주의적 도시계획 비판의 틀 속에 존재한다. 따라서 위에서 제시한 헤게모니 정치의 구체적인 모습을 도시계획에서 살펴보기 위해서는, 역시 작동면의 차원에서 검토할 수밖에 없다. 여기서 검증의 기점으로 삼는 것은 하비와 카스텔의 도시계획에 대한 인식이다.10

---

10 하비도 카스텔도 이론의 진폭이 매우 넓다. 또한 그런 만큼 그들의 이론에 대해 온갖 세간의 평이 뒤따르는 것은 피할 수 없다. 그러나 한 가지 말할 수 있는 것은, 그들의 이론에의 영향원(影響源)이 매우 다양하고, 게다가 시대사조의 변천과 함께 그러한

먼저 하비의 논의를 특히 초기의 것부터 살펴보자. 그는 도시계획을 건조환경의 물적 구성요소인 주거, 도로, 공장, 오피스, 학교, 병원, 상하수도 등을 적절하게 배치하고, 적당한 정도의 공간 혼합(mix)을 만들어 내는 시도라고 규정한 다음, 그것이 기본적으로 자본의 축적운동에 입각해 있다고 논술한다. 이 경우에 확실히 자본가, 노동자, 부동산자본 · 토지소유자 간에 다양한 이해가 교착하며, 그것들이 용이하게 일원화될 수 없는 점 때문에 "사회가 조화를 이룬 균형을 달성할 가능성"을 모색하는 도시계획 고유의 의의가 분석된다. 그러나 그것도 결국에는 자본의 축적활동과 '조화'를 이루는 사회질서의 재생산에 이바지하는 것이고, 그마저도 도시계획가가 기술적으로 전문 · 특화한 '합리성'의 담당자(⇒'가치의 테크니션'(후술))로 스스로를 한정함으로써, 위에서 서술한 사회질서 재생산에 기여하게 된다(Harvey, 1985=1991). 하비에 의하면, "직선의 전제적 힘이 작용하는 건조환경"에 맞춰 사람들의 "나날의 실천들을 그에 적합하도록 조정"(같은 책)함에 있어 도시계획가의 전문지식=기술지식은 아주 긍적적인 역할을 발휘하는 것이다.

도시계획에 대한 카스텔의 주장 역시 적어도 '도시문제'에서 제시하는 집합적 소비(collective consumption)론의 단계에서는, 위에서 서술한 하비의 논의와 상당히 높은 친화성(유사성)을 가지고 있다. 카스텔의 '도시문제'의 기조를 한마디로 말하면, 집합적 정치를 둘러싼 정치를 도시정치로 파악한 다음, 도시정치를 공간의 조직화를 통해서 집합적 소비의 제 조건에 관여하거나 제 조건을 규제하는 도시계획과 이에 대항하는 도시사회

영향원의 성쇠가 나타난다는 것이다. 이것은 관점을 달리하면 그들이 항상, 기초로 삼았던 이론적 조망(perspective)의 반대편에서 시대의 지배적인 추세를 바라보고 있었다는 것이기도 하다. 하비의 시대와 함께 존재한 이론적 추이에 대해서는 吉原(2008)를 참조할 것.

운동(urban social movement)이라는 이원구성의 형태로 이해하려는 것이다(Castells, 1972=1984). 이러한 경우 도시계획이 토지이용의 기술적 기준에 머무름으로써 균형을 취하는 '성장'과 '발전'의 제 조건을 창조하며, 이와 반대로 계급 간 투쟁이나 당파 간의 알력을 저지하기 위한 억압이나 적응적 흡수 혹은 통합을 행한다는 점이 강조된다.

이렇게 보면, 하비의 주장이든 카스텔의 주장이든, 자본축적과 그것에 종속되는 도시계획이라는, 이른바 기저(基底)환원론적 입장을 취하고 있는 듯이 보인다. 하지만 도시계획 '조정'의 상황에서 자본 축적활동의 동요나 모순을 간파함과 동시에, 반드시 자본의 축적활동으로 환원할 수는 없는 '유연한 교섭의 도구'로서의 가능성에 주목한다. 덧붙여, 하비는 자본축적이 자신이 처한 상황에 유리한 '조정'이나 '합리성'을 도시계획에 떠맡기고 있음에도 불구하고, 스스로가 만들어 낸 공간의 유동화(예를 들어, '공간의 고정화나 회피(spatial fix)')와 그에 수반하는 계급이나 당파적 이해상황의 변화 때문에 '조정'이나 '합리성'의 기초가 흔들린다고 한다. 그리고 도시계획의 내용에 따라 새롭게 그 '정당성'을 조달할 필요가 발생하는 것이라고 한다(Harvey, 1985=1991). 다른 한편, 카스텔은 초기 구조주의적 입장에서 벗어남과 동시에, 도시계획이 지금까지 해오던 것처럼 사전에 설정되어 있는 합리성의 규칙에 머무르던 것을 그만두고, 교섭이나 전략적인 지도(guidance)로 전환하는 것에 대응하여, 시민이 정보공개나 참가를 위한 조건 정비에 의지하여, 스스로의 이해(利害)에 따라 도시계획의 목표와 전략에 개입할 기회가 증대하고 있다고 주장한다(Castells, 2002).

어쨌든 공간과 관련되는 행위자(actor)의 제반 이해가 복잡하게 교착하며, 종래의 헤게모니 정치가 크게 흔들리고 있는 자기장, 즉 로컬 거버넌스가 작동하는 지평에 관심이 집중되었다. 물론 도시계획에 대한 인식 자체에도 일종의 흔들림이 보인다는 점은 부정할 수 없다.

7. 도시계획과 로컬 거버넌스의 방향 정립[11]

오늘날 도시계획에 로컬 거버넌스가 침투하여 정착할 가능성은 반드시 크지는 않다. 그러나 스지(辻清明)가 '가치와 인과를 연결하는 사회적 기능'과 '계획'을 정식화(辻, 1954)한 이래, 도시계획 영역에 뿌리 깊게 침투해 있던, 과학이 가치를 발견하고 근거를 제시한다는 신념이 흔들리게 되었다. 이와 동시에 '가치의 테크니션'이 이끄는 '바람직한 상태'='전체의 이익'이라는 일원적 가치 속에 숨어 있는 권위주의적 성격, 그리고 그러한 것들과 거버먼트와의 친화성이 서서히 명확해져가고 있다. 무엇보다도 글로벌화의 진전과 함께 가치는 제반 이익과 이해가 대립하고 경합하는 장에서 결정된다고 하는, 언뜻 보기에 평범한 사실이 자명한 것이 되었다. 이처럼 이해(利害)가 다원적으로 경합하는 장에 도시계획을 두는 것이 오늘날 극히 중요해졌다. 또한 계획은 "어느 정도 정치를 의미한다"고 하는 롱의 언급도(Long, 1965) 이러한 문맥에서 다시 소생하는 듯하다(당연히 여기서 보다 중요한 점은 '누구를 위한 도시계획=정치인가'를 추궁하는 것이다. 이 점에 대해서는 나중에 서술할 것이다).

그런데 도시계획을 로컬 거버넌스라는 제도편제와 연관하여 논하려고 할 경우, 과거로 되돌아가 다시 떠오르는 것이 다비도프의 '시민참가/이익대변계획(advocacy planning)'론이다(Davidoff, 1965). 다비도프에 의하면, 그 이전의 계획은 굳이 말하자면 '가치중립성'에 입각해 있었다. 따라

---

11 이 절을 전개함에 있어서, 특히 문헌 섭렵 및 정리는 水口(2007)에 의거한 바가 크다. 또한 '개방적 도시공간'에 관한 계통적인 이론적 조사(survey), 특히 제이콥스 및 세넷의 주장에 관한 이론적 정리에 대해서는 별도의 원고를 준비하고 있는데, 예를 들어, 버만(Birman) 외(2005) 및 原口(2005)에는 제이콥스의 이론적 전망에 대한 흥미로운 논점이 제시되어 있다.

서 특히 가치의 전제가 문제시되는 공공문제가 그 해결을 위한 기술적 방법의 (선택) 문제로 대체되어, 정말로 중요한 의미를 지니는 계획과정에서의 공개성이나 다원적 이익집단의 참가라는 문제가 회피되어 왔다고 한다. 그러나 다원적인 사회에서는 계획의 방향을 결정하는 것이 기본적으로 사회의 가치 배분을 결정하는 정치적 심의의 과정이다. 그 때문에 종래와 같이 가치중립성이나 기술의 관점을 상위에 두는, 단일의 절대적인 도시계획에 의거하는 집권적이고 통제적인 정치적 결정방식(→government)이 반드시 바람직하다고는 말할 수 없다. 오히려 가치를 달리하는 집단이 각각의 이해관계(stake)나 입장을 유지하면서, 그것에 기초해 다원적으로 계획안을 제출하며, 상호 간에 경쟁하는 시스템을 구축하는 것이 바람직한 것이다. 덧붙여 다비도프는 이러한 시스템의 이점을 시민과 지방정부(공공기관)의 양방향에서 인정한다. 먼저 시민의 경우는 계획안을 비교 · 검토하는 기회가 늘고, 정보와 선택의 폭이 넓어진다. 다른 한편 지방정부는 다른 계획과의 비교 · 참조가 가능하고, 계획의 개선 방향이 보다 가시적이며, 나아가 지방정부 바깥에서 대안을 작성하는 계기나 가능성이 높아진다.

그런데 이러한 논의과정에서 다시금 중요해지는 것이 도시계획가의 역할이다. 다비도프는 '가치의 테크니션'이 '전체의 이익'이라는 일원적 가치에 입각하여 계획을 정하는 데 관계되는 도시계획을 확실하게 기각한다. 이에 대신해 그가 강조하는 것은, 도시계획가는 각각의 이익집단의 이해를 대변하여, 그것을 구체적인 계획안으로 표현해야 한다는 점이다. 확실히 이러한 주장은 생각에 따라서는 미묘한 말이다. 왜냐하면 거기서는 '가치의 테크니션'이 의거하는 '합리적 계획'의 패러다임까지는 부정하지 않는 것으로 보이기 때문이다. 오히려 그러한 것을 다원주의적 세계관 속에서 다시 규정하는 듯이 보인다.

그러나 여기에서 확실히 해 두고 싶은 점은, 위계적 통합보다도 수평적 절합에 근거한 계획의 방법에 역점을 두는, 이른바 로컬 거버넌스와 공명하는 도시계획론의 모범적 형태가 시민참가/이익대변계획의 양상 속에서 발견된다는 점이다. 동시에 이러한 논의가 내포하는 난점에 대해 지적해 둘 필요가 있다. 경합하는 이익이나 이해를 절합하는 기능, 즉 다원적 이익의 조정기능을 어떤 수준에서 설정하며, 어떻게 제도 틀에 짜 넣을 것인가? '전체의 이익'을 지향하는 피(被)통합이라는 형태의 거버먼트로의 회귀는 더 이상 없다 하더라도, 로컬 거버넌스가 걸리기 쉬운 상대주의의 덫에 빠지지 않기 위해서라도 이 논점에 전격적으로 마주해야 한다.

이 경우 생각할 수 있는 하나의 방향은, 일의 실질적인 내용에 걸맞은 해답을 제공하려는 노력은 굳이 하지 않고, 오히려 인식의 외형(스타일)이나 결정의 방법 · 절차의 퇴고(推敲)를 도모하는 가운데, 다원적 이익을 절합 또는 조정하여 전체로의 가교(다리 놓기)를 시도하는 것이다. 이것은 웨버 식으로 말하자면, 도시계획(가)을 '가치의 테크니션'으로서가 아니라, '절차와 과정의 테크니션'으로서 규정하는 것과 결부된다(Webber, 1978). 이러한 방향은 가치의 실질적인 평가를 보다 철저하게 단념시킴으로써 성립하는 것이라고 할 수 있지만, 그것만으로는 이 역시 시민참가/이익대변계획이 그 내부에 품고 있는 이원적 틀의 실천성을 묵살시키고 말 위험이 있다. 이에 관하여 니시오(西尾勝)는, 이러한 시민참가/이익대변계획은 원래 토지이용의 고도화를 추진하는 지방정부의 계획안에 대한, 저소득층의 이해에 입각한 대안적인 안으로서 제안되었던 것이라고 지적하였다(西尾, 1975). 즉 시민참가/이익대변계획은 '누구를 위한 도시계획=정치인가?'라는 물음을 본원적으로 품고 있었던 것이다.

경합하는 이익이나 이해를 절합하고 조정하는 또 하나의 방향은, 가치의 실질적인 평가의 단념과는 반대의 벡터에서, 그것도 '전체의 이익'이라는 일원적 가치로 결코 환원되지 않는 이론지평에서 전체로의 가교를 시도하려고 하는 것이다. 클로스터만이 설명하는, 계획의 윤리적 전제를 비교 조정하면서 합의로 이르는 대화(=‘합리적인 대화’)(Klosterman, 1978)는 실로 이러한 방향에서 생각이 미친 것이다. 그것은 계획의 윤리적 전제를 조작(操作)적인 틀 속에 정리하고, 그렇게 해서 얻어진 정의를 ‘합리적인 대화’에 의해 선별 확정하며, 계획을 둘러싼 전문지식=기술지식을 동원하고 조직화함으로써 확정된 가치의 실현을 도모한다는 것이다. 예를 들어, 롤스 정의론의 근저를 이루는 것, 즉 열등한 지위에 있는 사람에게 최대한의 이익이 돌아갈 수 있도록 해야 한다는 불평등의 원리(Rawls, 1971=1979)는 이러한 ‘합리적인 대화’에 의해 뒷받침됨으로써 비로소 계획의 윤리적 기초가 될 수 있는 것이다.

이로써 비록 에둘러서이긴 하지만, 5절에서 언급한 로컬 거버넌스의 존립요건, 특히 심의적 민주주의와 ‘정당성’ 확보에 관계되는 문제가 도시계획에서도 그 중심축을 이루고 있음을 확인했다. 그리고 도시계획이 다양한 벡터의 대항이나 교차를 통해서 실로 로컬 거버넌스 존립을 위한 장(場)으로서 ‘개방적 도시공간’의 기제를 담보함과 동시에 변화를 향한 급진적인 요소를 육성해 가고 있음을 엿보았다.

8. 맺음말에 대신하여

‘시작하는 말’에서도 언급했듯이, 오늘날 로컬 거버넌스를 테마로 삼는 배경에 신자유주의의 영향이 광범위하게 미치고 있다. 이와 동시에 거버넌스 개념이 정책 현장에서 ‘비용효율성’이나 ‘지방 공공단체의 기능 강화’ 등의 용어로서 기능적으로 취급되는 움직임이 현저하게 나타나고 있다.[12] 이에 덧붙여, 하비는 최근의 저서 『신자유주의』에서 신자유주의와 거버넌스는 한 몸〔一體〕이라고 갈파하였다(Harvey, 2005=2007). 하비의 지적에 의거할 것도 없이, '시민파'와 신자유주의의 결합, 즉 후자가 전자를 포섭하면서 전개되는 지방분권의 헤게모니 정치가 가진 기세는 놀랄 만하다. '유효성'을 축으로 삼아 규제완화(deregulation)와 연동하는 지방분권이 지역격차의 끝없는 확대를 초래한다는 점에 대해서는 이제 어느 누구도 부정할 수 없을 것이다. 도시계획과 관련지어 말하자면, '타자의 고통'이나 '약한 개인'을 아무렇지도 않게 짓밟는 경우가 온전히 없어지지 않고 있다. 이러한 사태에 대해서 거버넌스 접근법이 우회하여 지나가는 것은 허용되지 않는다.

생각해 보면, '시작하는 말'에서 대략적으로 살펴본, '개방적 도시공간'이 현실화되기 위한 조건은, 오늘날 감시 테크놀로지에 의해 장치화된 비가시적 권력의 '전제성'이 확대됨에 따라 더더욱 닫혀져 가는 것처럼 보인다. 그것은 위로부터 고취되고 방향이 설정되어 현재 전면에 드러나는, 이른바 '폐쇄적 공동체'로 회수되는 움직임조차 보인다. 그리고 이러한 상황 하에서는 앞 절에서 로컬 거버넌스의 방향 정립을 의한 사고 작업의 일환으로서 다룬 도시계획론도 피상적일 수밖에 없다. 오히려 현실의 도시계획이 신자유주의의 기제에 완전히 흡수되는 가운데, 그것을

12 최근 들어 거버넌스 인플레이션이라 불러도 될 사태가 발생하고 있다. 문구의 범람 이상으로 무개념적인 용어 사용이 눈에 띈다. 이러한 경향 자체가 일종의 시대성을 나타낸다고도 할 수 있지만, 이 장 2절에서도 언급했듯이, 굳이 거버넌스라는 문구를 사용하지 않으면 안 되는 이론적, 현실적 필요를 명확히 할 필요가 있다. 거버넌스가 (예를 들어, 조직론과 같은 분야에서) 기능적으로 취급되는 배경에는, 그것이 특유의 정치적, 사회적 문맥이 잠재한다고 생각된다. 사전 작업을 게을리 한다면, 이러한 정치적, 사회적 문맥을 간과해 버리게 될 것이다. 어찌됐든 거버넌스가 거론되는 시대상황에 대한 고찰이 요구된다.

'정당화'하는 근거로서 그러한 것을 '이용'하려는 움직임조차 나타난다. 어쨌든 '개방적 도시공간'과 가능성의 양태로서의 로컬 거버넌스는 항상 융합관계에 있다고는 말할 수 없다.

그렇기 때문에 이 장 5절에서 서술한 바와 같은 대안으로서의 존립요건을 현실의 움직임을 보아가면서 다시 다듬고, 이슈/과제마다 광역/협역에서 보완 · 조정 · 제휴하는 로컬 거버넌스의 틀을 구축해 나갈 필요가 있다. 그리고 앞서 서술한 매개양식의 왜곡을 시정하고, 이를 통해 헤게모니 정치로의 개입을 달성하며, 지역 내/지역 간 격차에 대처할 수 있는 제도설계의 현실화를 도모할 것이 요구된다. 여기서는 위에서 서술한 바와 같은 신자유주의와 공명하는 형태로의 우회는 필요 없다. 오히려 신자유주의를 극복하는 형태로서, 명확한 이념과 유연한 현실감각에 뒷받침된 우회[13]가 요청되는 것이다.

---

13 말할 것도 없이, 이러한 또 하나의 우회에서 핵심을 이루는 것은, "공공(public)으로의 구체적인 회로"(長谷川公一)다. 덧붙여 하세가와(長谷川)는 '새로운 공공권'의 성공 여부를 실질적으로 거버넌스의 존재양태에 관련짓고 있다(Hasegawa, 2004).

추기 이 장을 탈고한 후 니시야다 야스오(西山康雄) · 니시야마 야에코(西山八重子)(2008)를 입수하게 되었다. 영국에 있어서 사회적 기업의 양상을 중심축으로 도시재생의 방향을 논한 것인데, 흥미로운 것은 '거버먼트형 도시계획에서 거버넌스형 마을만들기로'라는 구호에서 알 수 있듯이 관(官)도 민(民)도 아닌, 필자 식으로 말하자면, 〈공(共)〉에 의한 '또 하나의 도시계획'을 제창하는 가운데, 그 기저에 로컬 거버넌스를 규정한다는 점이다. 말할 필요도 없이, 이 책의 강조점은 거버먼트로부터 거버넌스로의 전환에 있으나, 동시에 그 기저를 관통하고 있는 통치양식(governing)을 어떻게 해명할 것인가 하는 것이 현재 초미의 과제라는 점을 이 책은 시사하는 듯하다. 이러한 점은 이 장의 논조와도 크게 공명하는 것이며, 거기서 배운 바가 크다.

II

아시아 메가시티에 있어서 도시공간의 전환

제6장

아시아의 도시

— 자카르트타의 사례 —

"온갖 시대가 당신의 여러 가지 정신이 되어,
서로 요설(饒舌)을 부딪치고 있다.
하지만 온갖 시대의 꿈도 요설도 당신이
각성해 있을 때보다 현실적이었다!"

– F. 니체, 『차라투스트라는 이렇게 말했다』

1. 아시아의 도시를 어떻게 파악해 왔는가?

글로벌화의 흐름은 아시아의 도시 또한 깊이 집어삼켰다. 그러나 그 충격은 매우 굴절된 형태로 나타난다. 그것은 얼핏 보기에, "이(異)문화, 이종, 이질적 조직 · 기구 · 사람 · 물건이 서로 의존하며, 그 결과로 조화로운 질서를 형성해 온 (아시아 도시의) 역사"(出口, 2005: 6)에 걸맞은 것처럼 보이지만, 거기에는 포스트 식민지의 상황적 위치(境位)가 숨겨져 있다.

생각해 보면, 식민체제와 함께 발전해 온 아시아의 도시에 관해서는 오랫동안 불안정하고 혼돈된 상황에 시선을 빼앗겨 왔고, 또한 그로 인해 특유의 도시상이 형성되었다. "활력이 넘쳐나는, 그러나 걷잡을 수 없는 혼란에 빠져 있으며, 유럽을 특징짓는 시민이 존재하지 않는, 혹은 애니미즘 주술에 사로잡힌 정신 등 아시아 도시를 유럽과의 대비를 통해 부정적으로 파악하는", 즉 "유럽도시에 대한 반(反)명제로서 아시아 도시를 뭉뚱그려 논하는"(友杉, 1999: iii) 경향이 지배적으로 나타난다. 그리고 "종주도시(primate city)의 탁월함을 앞세워 농촌지역에서 종주도시로의 인구이동에 의한 대도시권 문제에 그 초점이 맞춰졌다"(松原, 1998: i)는 것이다. 그 과정에서 광범위하게 모습을 드러낸 다양한 도시론에 대해 다사카(田坂)는 다음과 같이 설명한다(田坂, 1999: ii).

종래의 동남아시아 도시론의 대부분은 농촌에서 도시로의 인구이동(요인과 형태)에 초점을 맞춘 인구이동(migration)론이며, 게다가 도시는 '공업화에 선행하는 도시화' 상태에 있었기 때문에, 인구이동은 오로지 유출(push) 요인(=농촌 빈곤화)에 의해서만 설명되었다. 또한 도시문제 연구에 관해서도 '산업화 없는 도시화'에 의해 발생한 '과잉도시화' 상황의 분석, 즉 취업활동의 관점에서 보자면 비공식 부문(informal sector)론, 거주의 관점에서 보자면 슬럼(slum)론으로 집약되었다.

여기서 주목해야 할 것은 '왜곡된 도시화'나 '공업화 없는 도시화' 등의 호칭을 빌려 언급되는 과잉도시화가 굳이 말하자면 제3세계(여기서는 아시아 사회) 고유의 사회적 원리를 내포하고 있는 것으로 파악되기 쉽다는 점이다. 그러한 입장은 확실히 "제3세계 사회문화의 구조가 역사적으로 식민지 제국에 종속된 상태로 진행된 도시화에 의해 왜곡되어 왔다는 점을 어느 정도 인정하면서도, 결국은 그것이 서구를 근원으로 하는 산업주의/도시주의와는 양립할 수 없는 토착적인 사회구조"(吉原, 2005: 16)였다는 점으로 귀결된다. 더 말할 것도 없이, 여기서 말하는 토착적 사회구조란 아시아 특유의 '뒤처진 것/후진성'으로서 파악되었다.

애초부터 서양의 태생적인 진보주의에 의해 뒷받침되어 온 사회과학에서 아시아는 오랫동안 미개·몽매라는 꼬리표를 달고 있었다. 이에 관하여, 헤겔의 아래와 같은 동양적 전제(oriental despotism)[1]론은 아시아='후진지역'이라는 이미지를 고취하고 증진시킨 것으로 잘 알려져 있다(Hegel, 1928=1954: 44. 단 고딕은 원문, ( )안은 필자 삽입).

1 고야쓰(子安宣邦)에 의하면, "'동양적 전제'라는 용어는 문명적 진보로부터 뒤떨어져 역사의 원초적 형태 그대로 지속하는……정치적·국가적 형태를 나타내는 것으로서, 동양적인 것의 단적인 지표로서 서양에 의해 아시아에 붙여진 용어였다"고 한다(子安, 2003: 57).

동양인은 한 사람이 자유롭다는 것을 알고 있을 뿐이고, 이에 반해 그리스인과 로마인은 소수의 사람이 자유롭다는 것을 알고 있는 데 지나지 않았지만, 우리들(게르만의 모든 국민)은 모든 인간이 본래 자유롭다는 것, 즉 인간이 인간으로서 자유롭다는 것을 알고 있다.

이와 같은 '후진지역'이라는 이미지가 강조되어, 그 영향 아래 혐오와 조소의 대상으로서 야만적이고 불결하며 못돼먹은 아시아가 이야기되어 왔던 것이다. 이로써 아시아는 서양의 입장에서는 이해할 수 없는 것, 즉 자신들의 사회적 가치와는 양립될 수 없는 '타자'로서밖에 인식되지 않았다. 아니면 기껏해야, 자신들이 걸어온 길을 뒤좇아 올 수밖에 없는 '과거의 세계'에 머물러 있다고 간주되었을 뿐이다. 기어츠는 1950년대에 자신이 직접 행한 인도네시아 조사를 되돌아보면서, 이러한 입장을 자기 반성적으로 다음과 같이 말한다(Geertz, 1963=2001: 194~195).

30여 년 전 내가 인도네시아 연구를 시작할 때, 몇 안 되는 경제학자를 뺀 모든 경제학자와 아마도 대부분의 인류학자에게 인도네시아 고유의 문화적 전통은 '발전'이라 불리는 일종의 사회변화에 대한 장해에 지나지 않는다고 여겨졌다. 전통적 가족, 전통적 종교, 전통적 위신과 복종의 형태, 전통적인 정치적 결정은 업무, 효율적 조직, 기술적 변화를 받아들이는 것과 같은 적절한 합리적 태도의 성장을 방해하는 것으로 여겨졌다. 관습을 깨는 것은 빈곤에서 벗어나 근대적 생활의 혜택을 누리고, 일인당 소득의 지속적 성장을 향한 이른바 '이륙'의 필요조건으로 간주되었다. 경제학자에게 있어 과거와 관계된 것은 그대로 버려야만 할 것이었다. 인류학자에 있어서 이것들은 버리기 전에 연구하고, 그리고 아마 없어져버리고 나면 단지 유감이라고 말할 뿐인 그런 것이었다.

주지하다시피, 앞서 대략적으로 살펴본 아시아 도시론이나 과잉도시화론은 이러한 '전제(專制)와 정체의 아시아'라는 사고, 즉 아시아를 "뭔가 사악한 뉘앙스를 띤, 문화적으로나 정치적으로 열등한 장소로 얕보는"(Said, 1993=1998: 73) 이른바 오리엔탈리즘[2]에 깊게 뿌리내리고 있다.

그러나 1970년대 후반에 이르러 오리엔탈리즘에 기반을 둔 과잉도시화론은 서서히 뒤로 물러나게 되었다. 이를 대신해 저산업화 → 과잉도시화의 과정이 '새로운 국제분업' 구조 속에 편입되면서, 점차로 메가시티(mega city)화 되어가는 상황에 초점을 맞춘 이른바 〈종속적 통합〉론이 전면으로 부각되게 되었다. 필자는 이러한 〈종속적 통합〉론에 의거해 메가시티의 존재형태를 일찍이 다음과 같이 설명한 적이 있다(吉原, 1988: 149).

> 과잉도시화론의 발생원인 가운데 하나로 여겨지는 농촌에서 도시로의 인구이동이 실은 〈중심〉도시를 본거지로 하는 다국적기업의 세계경영 전략에 통째로 포섭되어 있다는 점, 즉 그것으로의 종속적 통합을 매개로 나타난다는 점이 점차 명확해지고 있다. 상세한 설명은 접어두고, 지적한 바와 같은 농촌에서 도시로의 인구이동(rural-urban migration)은 이른바 유출(push)과 유입(pull)의 합성적 결합의 소산으로 존재한다. 즉 한쪽 측면에서는 '녹색 혁명'→ 농업생산성 향상에 의한 과잉노동의 광범위한 창출('내부로부터'의 강제적 배출), 다국적 농업 경영의 토지포획과 농민의 임금노동자화, 세계시장과 연동한 수출용 환금작물경영의 항상적인 불안정화로 인해, 다른 측면에서는 수출지향 공업화 정책에 연유한 '세계시장공장'으로서의 수출가공구역(export processing zone)으로 (농촌출신 젊은 여성을 대상으로 하는) 대량의 저임금 노동력 흡인과 같

2 이른바 동서이원론—서양 대 동양, 서구 대 비서구라는 이분법—에 근거하여, 서양(서구)을 '어둠의 세계'를 개명하는 문명화의 '사자(使者)'로 자칭하는 한편, 아시아를 그러한 문명화에 저항하는 고루한 것으로 비방하는 점에서 그 사상성을 간취할 수 있다.

은 요인에 의해 야기된 것이다. 따라서 이러한 과잉도시화-〈주변〉공업화는 〈중심〉국가의 다국적기업에 의해 석권된 세계자본주의 시스템으로의 종속적 통합의 결과인 것이다.

지금에 와서 생각해 보면, 이러한 〈종속적 통합〉을 핵심 개념으로 삼는 메가시티론은 과잉도시화론을 일국 내의 현상 국면에서 경계 없는 세계도시 시스템과의 구조적 연쇄의 국면으로 끌어올렸다는 점에서 획기적이라 하겠지만, 글로벌화의 또 하나의 공명(共鳴)축인 식민지-포스트 식민지의 단면[3]을 무시했다는 점에서 이론적인 착오를 면치 못할 것이다.

2. 종주도시와 아시아 메가시티의 사이(I)

그런데 이제까지 살펴본 바와 같은 과잉도시화와 하나의 세트를 이루며 논의되어 왔던 것이 다름 아닌 종주도시다. 제퍼슨에 의하면, 종주도시란 일반 순위규모법칙(rank and size rule)에 반하여, 제2위 도시에 비해 월등하게 큰 제1위 도시를 말한다(Jefferson, 1939). 그 특징으로는 고유의 질서를 가진 복수의 인종으로 이루어진 복합사회(plural societies)일 것

3 여기서 오로지 시야에 들어오는 것은, 식민지 체제 → 탈식민지 체제를 가로질러 존재하는, 고타니(小谷汪之)가 말하는 '내면화된 오리엔탈리즘' / '포스트 식민지의 곤경'이다. 고타니에 의하면, 탈식민지화(=독립)가 바로 오리엔탈리즘/식민지 상황의 탈피로 이어지는 것은 아니며, 오리엔탈리즘이 탈식민지화된 정치/사회/문화상황을 여전히 규정하고 있다고 한다(小谷, 2003: 32). 이하의 서술에서는, 아시아 도시의 종주도시에서 메가시티로의 형태변화를 촉진하는 최대의 규정 요인이라 할 수 있는 글로벌화가 결과적으로 앞서 말한 〈연속의 지평〉을 보강하면서 지지하고 있다는 점을 명확히 하고자 한다.

(Furnival, 1956), 토착문화와 이질적 기원의 문화를 가진 사람들로 이루어진 이질적 문화변용의 도시(heterogenetic cities)일 것 등과 같은 점이 지적되었다(Redfield and Singer, 1954). 그 어느 것이나 모두 '저발전(under-development)'과 '기생적인 것(the parasitic)'이 지표로 되어 있지만, 특히 후자와 관련하여 종주도시가 논의될 경우, 식민지 체제에 그 기원을 두며,[4] 다른 도시의 발전을 막고 경제발전에도 장애가 된다는 점이 강조된다. 그리고 그 반대의 지점에 복합사회의 상태를 벗어나 통일된 질서체계를 만들어가는 계통적 문화변용의 도시(orthogenetic cities)가 대응모델로서 상정된다(Redfield and Singer, 1954). 즉 '기생적인 것'을 '산출적인 것(the genetic)'이 대치하는 것이다(Hozelitz, 1955).

그런데 이러한 종주도시론의 중심축을 이루고 있는 것이 도시빈곤화론 패러다임이며, '도시 · 농촌 이분법'론이다. 이들은 대강 다음와 같은 논조다. 즉 인구폭발에 수반하는 과밀화와 농업경영의 영세화에 허덕이는 농촌에서 도시로, 그것도 다른 중소도시를 훨씬 압도하며 존재하는 일극집중형의 도시로의 인구이동이 도시지역 내에 충분한 고용기반이 갖추어지지 않은 상태에서 이루어지기 때문에 그로 인해 생기는 문제가 항상 반실업의 상태에 놓여 있는 비공식 부문(전통적 도시잡업부문)의 비대화 및 슬럼의 확대와 관련되어 있는 것으로 논한다는 것이다.[5] 이러한 논의에

4 종주도시의 기원은 분명히 식민도시에서 찾을 수 있지만, 그 대부분은 19세기 말부터 20세기 초두에 출현했다고 이야기된다. 특히 아시아의 대도시를 상정한다면, 자카르타에서 상징적으로 나타나는 것처럼 다기능 항만도시가 그 토대를 이루고 있다. 특히 바타비아의 종주도시로의 형성과정에 관해서는 간단하지만 山本(2005: 509~511)을 참조.

5 이러한 논의와 병행하여 나타나는 것이 도시의 퇴축(urban involution)론이다. 그것은 용어의 원뜻을 보면, 경제의 구조가 근본적으로 변하지 않은 상태에서 도시인구가 기하급수적으로 늘어나는 것을 나타내고 있지만, 기어츠가 깊은 관심을 보였던 다른 측면, 즉 도시의 외곽에서 친족이나 동향(同鄕)의 네트워크를 재조직하고, 상호부조의 관행을 살려나가면서, 일과 배당을 끝없이 세분화하여 증대하는 유입자들을 받아들이는,

있어 그 전제가 되는 것은, 농촌 지역이 빈곤에 빠져 정체되고, 게다가 그것이 쉽사리 개선되지 않으며, 도시와 농촌의 격차가 조금도 줄어들지 않는, 이러한 상황이 농촌에서 도시로의 인구이동을 촉진하는 요인이 된다고 보는 인식이다.

이러한 논의/인식은 확실히 산업주의를 선행요건으로 하는 선진국의 도시주의(urbanism)를 그 모델로 삼고 있으며, 거기에는 "식민지 지배와 오리엔탈리즘에 근거한 차이와 대립이라는 사고방식"(Breckenridge, *et al.*, 1993: 11)이 짙은 그림자를 드리우고 있다. 예를 들면, 고나가야(小長谷一之)는 종주도시의 공간점거형태로서 '유입요인이 없는 인구이동' 또는 '유출요인만 있는 인구이동'과 〈상층=중심〉 대 〈하층=주변〉이라는 영역구분에 착안하여, 그러한 공간점거형태를 선진국 근대화로의 지체, 혹은 그 이전의 전근대로 파악한다(小長谷, 1997). 즉 전자를 "유럽, 미국, 일본 등의 현재 선진국 대도시를 형성한 원동력인 산업혁명 이후의 산업화에 대응하는 근대적 가내공업이 성장이 지체된 발전도상국의 대도시에서는 양적으로 빈약했다"는 점에 기인하는 것이라고 보며, 후자를 "선진국 도시에서 산업혁명 이전에 볼 수 있었던, 쇼베르크(G. Sjoberg)가 말하는 시원적 배치에 가깝다"(위의 책)고 본다. 그리고 이내 다른 측면을 공략해 비공식 부문의 불안정한 저임금 구조나 고용기반의 취약성을 강조하고, 거주환경의, 때로는 '인간이하의 예속'을 강제하는, 열악함을 부각시킨다.

흥미로운 것은, 이같이 유럽·근대를 우위에 두고 있는 도시빈곤화론

이른바 '빈곤의 공유'도 포함되어 있다(Geertz, 1963=2001). 그러나 이런 식으로 증대하는 유입자들을 받아들여, 일의 수를 무한정으로 늘려가면서 빈곤을 나눠가지는 관행이, 식민제국에 의해 캄풍이 값싼 노동력의 공급원인 까닭에 기술자, 노동자, 하인 등이 밀집해 사는 '이지(裏地)의 공동체'(石澤, 1989: 59)로서 방치되고, 그러한 상태가 독립 후에도 유지된 데 기인한다는 점을 잊어서는 안 된다.

이나 도시문제론이, 한편으로는 오랜 기간 종주도시를 석권해 온, 권위주의적인 정치체제와 공업화 지상주의 경제개발정책을 그 요점으로 하는, '개발독재(development dictatorship)'를 비민주적이고 전제적인 것으로 간주하면서, 다른 한편으로는 '빈곤의 하위문화(sub-culture)'론, 즉 "슬럼의 주민은 문화적 · 정신적으로 후진성을 가지고 있으며, 그 때문에 행동이 합리성을 결여하고 있거나 아니면 그들이 도시에서 경력을 형성할 수 있을 정도의 기능이나 근대적인 가치관을 갖추지 못하고 있다. 따라서 개혁에 등을 돌린다고 여겨지는"(吉原, 2005: 23) 논의에 공명하는 것이다. 이러한 논의는 명확하게 "서양=옥시덴트를 경유하여 들어온 오리엔탈리즘"(大塚, 2000: 8)을 인식의 근거로 삼고 있으며, 식민지-포스트 식민지의 지층에도 깊이 발을 담그고 있다.

여기서 우선 중요한 것은, 이상과 같은 종주도시론에 대한 비판적 검증을 매개로 삼아 식민지-포스트 식민지의 지층을 어떻게 부상시킬 것인가 하는 점이다. 이 경우 그 핵심이 되는 것은, 한편으로는 이제까지 보아 온 바와 같은 도시빈곤화/도시문제론에 의해 완전히 해소되지 않는 비공식 부문이나 슬럼에 대한 사회적 합의를 어떻게 끌어낼 것인가 하는 것이다. 적어도 비공식 부문이나 슬럼은, 기존의 중심-주변, 유출-유입 모델만으로는 충분히 설명할 수 없는, 특정사회(지역)의 역사적, 문화적, 정치적 상황 아래 구축된 것들에 의해 매개되어야 비로소 도시사회에 편입된다. 다른 한편으로 그것들은 식민지뿐만 아니라 식민지-포스트 식민지와 근본적으로 공통성을 가지는 '내부 식민지(internal colony)'[6]로서 나타났거나

6 통상적으로 식민지라는 용어는 식민지의 바깥에서 식민지를 그 지배하에 둔다는 맥락에서 사용된다. 그러나 여기서 말하는 '내부 식민지'는 식민지의 내부에 원래 식민지가 존재한다고 하는 맥락에서 사용된다. 즉 가끔씩 지적되는 것처럼 비공식적 부문을 불안정한 저임금의 상태에 묶어두며, 슬럼에 '인간이하의 열악한 거주'를 강제함으로

나타나고 있다.

생각해 보면, 비공식 부문 및 슬럼이 안전망(safety net) 기능을 수행함에 따라 나타나는 '사회 · 문화구조'와, 그것이 식민지의 지층에 고착되고, 또 '거기서 벗어나는' 과정은, 〈상층=중심〉 대 〈하층=주변〉이라는 영역구분의 기층에 자리하고 있는 도시개발과 캄풍(Kampung: 인도네시아어로 마을이나 시골을 의미하지만, 이보다는 도시를 이루는 기초단위의 의미로 흔히 쓰임—역주)의 상관관계로 되돌아가서 검증되어야 할 것이다. 자카르타와 관련지어 말하자면, 이러한 공생관계는 "〈중심〉이 네덜란드의 식민지 통치 하에서 유럽의 식민지 스타일과 전통적인 에티켓이나 예의범절을 몸에 익힌 엘리트의 위신체계에 기초하고 있으며, 거기에 근거하여 전개된 도시개발은 고급 주택지, 예를 들면 크르라한 크바요란(Kelurahan Kebayoran: 자카르타 남부의 고급 주택지구—역주)을 캄풍과 짜맞춰가면서 영역적으로 확대해 갔다. 바꾸어 말하면, 캄풍은 도시의 수평적 확대의 과정(process), 즉 도시외곽을 잠식해가며 확대된 고급 주택지 주도의 시가지에 편입되어 갔던"(吉原, 2005c: 24) 과정에 부합하여 부상될 수 있었다.[7] 그리고 비공식 부문이나 슬럼에 내재하는 '능동성'의 단서도 이러한

써, 식민지/포스트 식민지 체제를 유지하는 것을 가리킨다.

7 여기서 다시 한 번 문제가 되는 것이 캄풍의 원초적 형태이다. 이를 이해하기 위해서는, 우선 식민도시 특유의 다음과 같은 복합사회적 도시거주 특성을 파악해 둘 필요가 있다(矢崎, 1988: 51~52). "도심지구는 경관적으로 볼 때 큰 석조 건축물이 즐비하고, 기관의 종류와 규모, 구조, 문화가 서구식이라서, 중국문화 혹은 토착문화 지구와는 현저한 대조를 이룬다. 도심에 접하여 중국인 또는 인도인이 경영하고 있는 소상점, 혹은 소규모 공업이 포령(enclave)을 이루고 있다. 그들은 토착인보다 뛰어난 상공기술을 가진, 도시적 생활에 적합한 인간들이며, 도매업, 중개상, 금융업, 귀금속상, 양복점, 요리점 그리고 소공업 경영을 통해 도시에서 독점적 지위를 획득했다. 그들의 가게는 효율적으로 최소 인력을 고용하는 서구형과는 달라서, 가족, 친족, 동향 등의 연계가 있는 자들로 이루어진 다수의 인력이 싼 임금으로 일하는 상호부조의 조직을 이루고 있다. 토착인 가족이 경영하는 상공업은 어디든 있으며, 점포를 가지지 못한 노점상이나 행

과정 속에서 육성되었다고 이해할 수 있다.

하지만 그러한 공생관계 또는 비공식 부문이나 슬럼에 있어서의 '능동성'은, 종주도시가 글로벌화의 진전과 함께 메가시티(mega city: 흔히 대도시를 의미하나 맥락에 따라 대도시를 의미하는 유사용어, 즉 메트로폴리스, 메갈로폴리스 등과 구분되어질 필요가 있어 원어를 그대로 사용함—역주)로 바뀌어 나감에 있어, 일종의 유사 '창발적인 것'으로 반전하게 된다. 이에 대해서는 절을 바꾸어 검토하기로 하자.

3. 종주도시와 아시아 메가시티의 사이(II)

메가시티는 카스텔에 의해 3천 년에 걸친 도시화의 주요한 징표 가운데 하나로 여겨진 것이며, 그 대부분이 발전도상의 사회에 존재한다. 이는 인구의 거대한 응집체이며, 도시와 글로벌 경제를 잇는 교차 중심으로서 존재한다(Castells, 1996). 그러한 점에서 방대한 인구를 가지면서도, 인구규모보다는 오히려 글로벌 경제의 관리를 위한 거점으로서 존재하며, 단적으로 다국적 기업의 본사기능 집적에 의해 특징되는 세계도시(global city)와는 그 성격을 달리한다. 그렇지만 이제는 세계도시와의 연속성에 있어서도 스스로의 설 자리를 확인할 수 있게 되었다고 말할 수 있을 것이다.[8] 예를 들면, 로와 융은, 1990년대 중반의 시점에서 일본, 아시아

상이 도로에서 장사를 하고 있지만, 이것만으로는 최저생활을 유지하기도 힘들다. 바자르(이슬람문화권의 노천시장) 경제의 정점을 이루는 것은 시장이며, 이곳에서는 정가도 없이 흥정과 에누리가 이루어진다."

8 이러한 점에서 메가시티를, 더글라스와 같이, 지역 차원에서 글로벌 자본의 축적과 순환을 지휘하는 센터이며, 위계적인 세계도시들의 시스템에 일익을 담당한다고 파악하는 것은 이치에 어긋나지 않는다(Douglass, 1995). 즉 메가시티는 사회를 초월한 글로

NIES(신흥공업경제지역), ASEAN(동남아시아국가연합)의 사이에 국경을 초월한 '도시회랑(都市回廊)'이 형성되었다고 설명하면서(Lo and Yeung eds, 1996), 앞서 말한 구조적 연쇄를 시사하였다. 물론 그렇다면야 메가시티가 세계자본주의 시스템의 〈종속적 통합〉이나 세계도시가 지역 차원에서 전개하는 공간경제의 형태로 자주 논의되는 것이 마땅하다.

확실히 아시아 메가시티의 대부분은 종주도시를 그 자장(磁場)으로 하여 나타난다. 그러나 그것은 이미 일국사회 내의 노동력 이동을 기반으로 하는 것이 아니다. 오히려 '글로벌한 조립라인'(M. P. Simth)에 기초한, 국경을 넘어 중층적으로 전개되는 사람 · 자본 · 물자의 이동성(mobility) 위에 성립한다. 이와 동시에 탈공업화와 경제의 글로벌화에 완전히 일치되어 진행되는 노동시장 전체의 다층화와 분절화, 나아가 도시 취업구조의 계층적 분화의 움직임은 세계도시는 물론 아시아 메가시티(여기서는 자카르타에 초점을 둠)에도 나타나며, 도시 재구조화가 초래한 건조환경(built environment)의 측면에서는, 양자의 사이에 차이보다는 유사성이 더 많아진다. 예를 들면, 아크힐즈와 골든 트라이앵글(사진 3), 그리고 중심도시의 여기저기에 소재하는 몰(mall)과, 숲을 이루고 있는 신중간층용의 콘도미니엄, 나아가 그것들과 어울리면서 또 근본적으로 공통성을 가지는 맥도널드화와 마돈나화가 그러하다.

어쨌든 자카르타에는 "많은 논자들이, 이전에는 잘 알려졌던 고장의 도로변이 지금은 문화 수입품의 진열장—피자가게, 케밥 노점, 중동은행의 지점—으로 변해 있음을 보고 느끼는 전위(dislocation)의 감각"(Massey, 1993=2002: 33)이 널리 퍼져 있으며, 자카르타에 대해 "외국자본 및 로컬자본이 시장거래를 하고, 광고를 내며, 모방적인 라이프스타일이나 소비

벌 네트워크에 연쇄되어 있는 것이다.

사진 3 골든 트라이앵글
※ 출처: Ziv(2002: 52)에서 인용

자주의를 통해 근대화 · 효율화와 성장의 철학을 팔고, 그렇게 함으로써 비자본주의적 생산시스템과 문화가치를 내팽개치는 무대가 되고 있다" (Armstrong and McGee, 1985: xii)고 보는 주장에 정면으로 이의를 제기하려는 논의는 이제 거의 들리지 않는다.

하지만 아시아 메가시티, 특히 자카르타에서 나타나는 광역수도권화 현상은 세계도시의 그것과는 도저히 같은 수준에서 논의될 수 없는 내용을 지니고 있다. 그것은 이른바 EMR(Extended Metropolitan Region: 광역대도시권)론 및 데사코타(desakota: 도시농촌공존형 대도시권. 마을을 뜻하는 데사와 도심을 뜻하는 코타의 합성어—역주)론(McGee, 1991; McGee and Robinson, 1995) 등에 의해 알기 쉽게 논의되고 있다. 하지만 한편에서는 인구가 조밀한 농촌을 편입한, 농업과 비농업이 대규모로 혼재하는 데사코타에 무수히 존재하는 반농반공(半農反工)적인 저임금 재지인구(in situ population)의 인력풀(pool)과 저비용의 토지공급이, 그리고 다른 한편에서는 그것에 의존한 수도권의 비대화와 기능분화 및 신중간층을 중심으로 한 노동력 이동의 다방향적 · 연쇄적 전개가 그 특징을 이루는 것이 광역수도권화 현상인 것이다.

그런데 다시 주목되는 것은, 이러한 광역수도권화의 진전과 함께 자카르타가 이미 "자본축적을 결여하고 있던, 1970년대 이전의 '의사(疑似)도시화' 단계의 도시"(Guinness, 2000: 88), 즉 더 이상 종주도시가 아닌 형태로 바뀌고 있다는 점이다. 즉 오히려 외부의 '거대한 세력'(세계은행 등)에 의한 "명확한 지배를 명문화하지 않고, 명확한 저항을 요구하지 않는" (Hall, 1993=2002: 116) 수법의 지배를 통해 식민지 지층의 비가시화가 진행되는 한편, 중심도시의 재구조화나 교외지구의 개발을 통한 식민지의 탈구축이 진전되는 것처럼 보인다는 점이다.

여기서 다시 상기되는 것은, 앞서 대략적으로 살펴본 과잉도시화 및 도시개발과 캄풍의 공생관계의 행방이다. 메가시티의 단계는, 일부 특권층의 주도하에 신중간층의 존재가 희미한 채로 개발공업화와 도시화가 연쇄를 이루며 진행되는 식민지의 지층으로부터는 확실히 벗어나 있다. 그리고 이러한 포스트 과잉도시화의 진전은, 앞서 설명한 것처럼, 일종의 사회간접자본(infra stock) — 고속도로나 대규모 뉴타운, 쇼핑센터 등 — 의 구축과 함께 포스트모던 도시 특유의 경관(landscape) 표출을 동반한다. 하지만 이 같은 식민지의 지층에서 포스트 식민지 지층으로의 이행은 식민지의 변형임과 동시에 재구성(즉 식민지의 탈구축 → 재구축)의 과정이기도 하다. 덧붙이자면, 메가시티화의 기층에는 여전히 위신이나 위엄의 체계에 의지하여 다시 한 번 상징적인 수도를 만들어 내려는, 식민지의 지층에 뿌리내린 엘리트의 사고양식이 잠복해 있다. 바꾸어 말하면, 수도의 경관은 식민지주의의 성격이 짙게 남아 있는 교육을 받은 엘리트의 헤게모니에 의해, 식민지 시대의 카테고리나 상징을 이용해 계속해서 표상되는 것이다. 물론 그것은 어디까지나 포스트 식민지 체제하의 탈통합적인 표상으로 존재하는 것으로, 내셔널한 통합을 직접 표상하는 것은 아니다.

동시에 도시개발과 캄풍의 공생관계에는, 예를 들어 메가시티화의 땅고르기의 역할을 다했다고 여겨지는 KIP(Kampung Improvement Planning: 캄풍개선계획)[9]에 비추어 말하자면, 명확한 기피나 저항이 아니라, 그것에 깊이 결부되어 있으면서도 이를 다시 파악해 가고자 하는 로컬화의 움직임과 거기에 잠재하는 내적인 힘들의 '경험'이 가진 다양성이 담겨 있다. 자세한 설명은 제쳐두고, '오래된 것'이 '새로운 것'과 공존하면서 재생산되어 가는 메커니즘(=단순한 부활이 아님)과 함께 외부로부터 강제된 문화적 제도들이나 경제적 시스템을 '토착'인들이 '다시 읽어내는' 과정을 여기서 간취할 수 있다는 것이다. 더욱이 이러한 '다시 읽기'나 '능동성'

9 KIP는 주민참여에 의한 공동체 개선계획으로서, 1974년 이후 실시되어온 것이며, 크게 4가지 유형, 즉 '주민주도형', '자치체주도형', '세계은행 KIP', '유엔환경계획형 KIP'로 나눠진다고 한다(石澤, 1989: 88). 덧붙이자면, 포스트 KIP로서, 1990년대 이후 대규모 개발이 본격화하여 슬럼 해소의 측면에서는 일정한 성과를 올렸다고 여겨진다. 그러나 그러한 '대증요법(對症療法)적' 성격과 맞물려 실제로는 슬럼의 해소가 아니라 단순한 이동에 그쳤다는 지적도 있다.

도 이하에서 설명하는 것처럼 포스트 오르데 바루(신질서체제) → '개혁의 시대'로의 이행과 함께 전도 불명의 상태에 빠져있다고 보기보다는, 글로벌화에 대한 일종의 공동체주의적인 반작용10이 강화되는 가운데, 유사 '창발적인 것'으로 변해가고 있다고 할 수 있다.

4. 사회 · 문화구조의 위상

아시아 메가시티는 적어도 자카르타를 보자면 모던의 딜레마에 빠져 있다. 그것은 식민지의 지층에 접목되어 있으면서도, 더없이 극한화 또는 기형화된 형태로 나타난다. 거기에는 내부적으로 중층화되어 다양성을 띤 격차나 차이화가 팽배함과 동시에 일상의 차원에서 다양한 주체가 중층적으로 얽혀 있다. 그리고 "생활은 정형화된 형태가 없기 때문에 매우 유연하며, 사회구조는 애매하기 때문에 중심성을 갖지 못하고, 개인의 유대는 결속력이 약하기 때문에 배타성을 갖지 않고 해방적이다"(石澤, 1989: 79)라는 일상의 여러 모습이 떠오른다.

더욱이 그러한 여러 모습도 지역 공동체 차원에서 뭔가의 발현형태를 갖고 있을 터이므로 지역 공동체에 닻을 내리고 있는 사람 · 물자 · 용역의 존재양식과 공간적 배치를 명확히 하며, 나아가 그것들을 과잉도시화 단계의 식민지 시대 '사회 · 문화구조'가 포스트 개발 시기에 있어서의

10 예를 들면, 전통으로의 회귀라는 현상이다. 그 배후요인으로서 지적할 수 있는 것은, 글로벌화가 그 무언가의 의미에서 사람들의 생활을 위협하고 있다는 점이다. 글로벌화는 고용의 불안정화를 초래하며, 사회적 유동화를 재촉함과 동시에 사람들이 일상에서 이제까지 유지해 온 〈공동성〉의 내용을 파괴하여, 그 끝을 알 수 없는 불안으로 사람들을 몰아넣고 있다. 이러한 가운데 글로벌화를 위협으로 받아들이는 자 또한 늘고 있다.

지역 공동체에 어떻게 '탈(脫)편입', '재(再)편입'화하는가 하는 문제로 되돌아가서 다시 검토할 필요가 있을 것이다. 여기서 약간 우회하게 되지만, 캄풍의 형성요인과 '고통 로용(gotong royong: 상호부조—역주) 및 '루쿤(rukun: 전원일치—역주)'에 대해 언급함으로써, 위에서 말한 검토 작업에 착수하기로 한다. 이 점에 관하여 필자는 복합사회로서의 식민도시 자카르타의 계보를 이미 기록한 바가 있기에, 우선은 그것을 원용하기로 한다(吉原, 2005c: 329~330).

자카르타는 식민도시 특유의 복합사회로서 역사적으로 17세기에 들어서면서부터 형성되었으며, 1740년에 이르면 그 외형이 거의 갖추어졌다고 할 수 있다. 즉 이 무렵에 이르면 타 지역에서 건너 온 다양한 민족이 소수의 예외(중국인 및 노예)를 제외하고 성새(城塞)도시 바타비아의 외부로 이주하지 않을 수 없게 되었다. 네덜란드〔식민통치자〕는 민족별로 성 밖의 토지에 격리시켜 살도록 하고, 주변지역/배후지의 개발을 비롯한 잡다한 일을 이들에게 나누어주었다. 여기서 민족별, 출신지별 캄풍의 기초가 만들어졌다. 그 후 바타비아는 한때 '동양의 여왕'이라 불릴 정도로 번영을 구가했지만, 이윽고 시내의 인구가 감소하기 시작하고, 역으로 주변/배후지의 인구는 급증하게 되었다. 그리고 결정적으로는 유럽인 자신들이 배후지로 이주하게 되면서 구(舊)바타비아는 쇠퇴하게 되었다. 이와 함께 식민지 지배의 중추기능 또한 구바타비아에서 배후지로 이동하게 되었다. 그러한 가운데 이제까지 바타비아를 외부로부터 구분해오던 성벽이나 운하가 허물어지거나 메워져 구바타비아는 그야말로 '동양의 묘지'로 변해 버렸다.

이윽고 산업혁명의 파도는 바타비아에도 밀려와 시 영역의 확대와 함께 철도를 비롯해 항만, 도로, 하수도, 주택 등 기반시설(infra structure)의 건설이 급속도로 진행되었다. 그러나 그것은 기본적으로 유럽인 쪽에 맞춰진 것으로,

캄풍은 그대로 방치된 채로 있었다. 즉 원주민인 인도네시아인의 입장에서는 좋든 싫든 캄풍이 매일매일의 자급자족적인 생활을 실행하는 장이 되었다. 그리고 그러한 복합사회의 구조－식민도시와 캄풍－는 독립 이후까지 계속 되었다.

그림에서 보는 바와 같이, 식민도시 자카르타는 바타비아의 시초부터 역사적 이중구조/복합사회에 따른 공간적 점거형태를 드러내고 있다(그림 2 참조).

그리고 캄풍에 대해 말하자면, 이는 당초부터 식민지 행정의 직접적인 대상이 되지는 않았다. 그 때문에 복합도시 내에는 아다트(adat: 관습)법에 따르는 공동체의 성격이 남아 있고, 그리고 거기에 자바(Java) 농민의 이웃관계－친족내의 대등한 자들끼리 상보적인 교환 및 비대칭적인 관계가 '살고 있는 곳이 인접해 있다는 점'을 지표로 하여 확대 적용된 것－가 자리하게 되었다. 마오타니(間苧谷榮)에 의하면, 전자는 "반나절 일하여 같은 양의 노동을 돌려주는 교환"의 형태이며, "이웃 간의 상호 협력, 이른바 고통 로용의 대부분은 여기에 속한다"고 한다. 다른 한편, 후자는 "단식월의 마지막 10일간, 이웃들이 접시에 가득한 요리를 서로 주고받는 관습"에서 찾을 수 있다(間苧谷, 1983). 이러한 이웃관계에 있어 중시되고 있는 것은, 가시적인 차원에서의 공동작업=노동교환이 아니라, 물건과 서비스를 주고받음으로써 사회적 결합을 도모하는 것이다. 그렇게 함으로써 사회적 결합을 촉구하기 위한 이웃들 간의 '화합', 즉 '루쿤(rukun)'[11]

11 루쿤이란 마오타니(間苧谷榮)에 의하면, "이해의 대립이 발생한 경우에 각을 세우지 않고 담화를 통해 서로 양보하여 타협에 이르며, 사태를 모나지 않게 마무리하는 행동양식이다. 또한 이렇게 해서 도달한 상태를 나타내는"(間苧谷, 1983: 283) 이른바 '전원일치'의 양식/상태이며, "지역을 공동 관리하는 조직과 역동성의 형성"(佐藤, 2005:

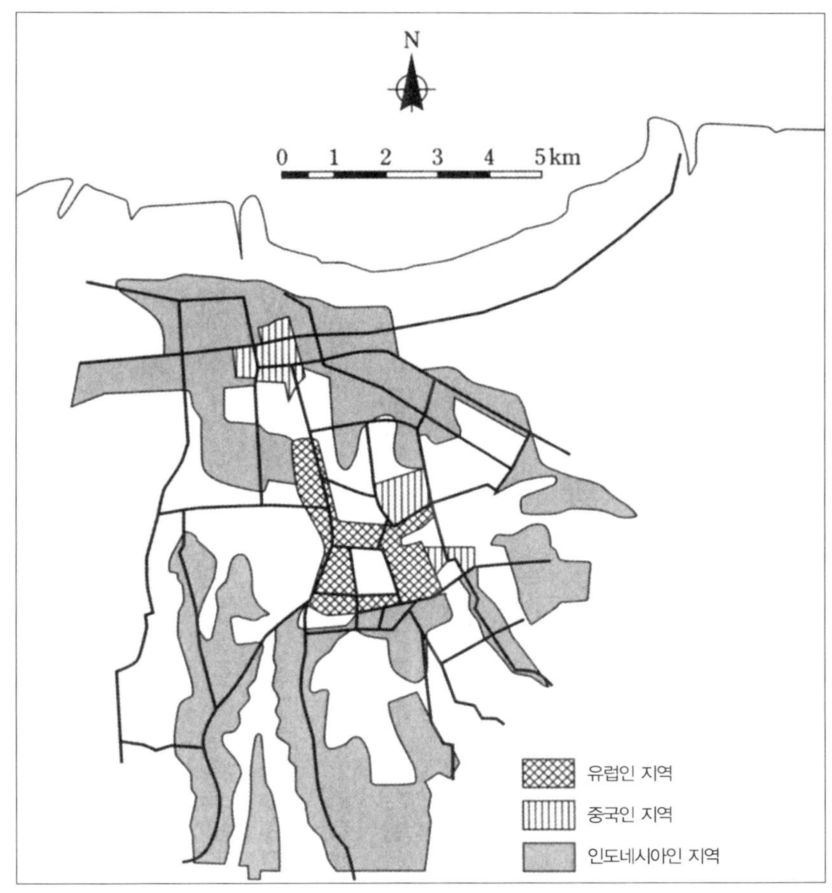

그림 2 1885년경의 자카르타 – 역사적 이중구조
※ 출처: 城所(1998: 222)에서 인용.

이 강조되었던 것이며, 루쿤 자체는 실제의 이웃관계에서 강력한 응집력을 가지며 표출되었다. 또한 루쿤을 통해, 데사(desa: 읍 · 면에 해당하는 행정구역–역주)의 부유한 자와 빈곤한 자의 관계가……보호자와 피보호자의 관계, 나아가서는 친족 가운데 손위와 손아래의 관계와 유사하게 변

---

143)에 있어 빠져서는 안 될 것으로 여겨진다.

형 · 흡수된다.

그런데 고통 로용 및 루쿤은 국가원리로서의 판차실라(pancasila: 인도주의 등 5가지 원칙으로 이루어진 인도네시아의 공식국가철학—역주) 민주주의에 편입되거나, 주민조직 형태로 위로부터 강제적으로 도입되었다는 역사적 경위를 통해 알 수 있듯이, 정치성을 띤 개념이기도 하다. 특히 개발독재체제 시기에는 '위로부터'의 제도적인 고통 로용 및 루쿤의 주입 · 고취가 전근대적인 강제성을 띤 채 실행되었다. 그리고 실제로 개발에 연관되어 편익을 향유할 수 있는 역동성은 매우 제한된 것에 머물렀다. 동시에 그러한 위로부터의 '편입 · 흡수'는 고통 로용 및 루쿤이 캄풍에 따라 확실히 실행됨으로써 비로소 가능했다. 여기서 생각이 미치는 것은, 그 자체로 식민지 지배의 소산이면서 복잡다기하게 미치는 캄풍의 토지제도=권리관계의 중층성이, 그 '애매한' 배열(constellation) 및 '빈곤의 공유' 촉진과 어울려 그 결과로서 캄풍의 이웃관계의 자율성을 유지하는 데 적극적으로 작용했다는 점이다.

이 점에 착안하여 억지로 '규정되는 측'의 입장에 서서 보면, 개발을 외부로부터의 자원으로 받아들여 그것을 차지하는 가운데, 자신들의 '생활의 공동'의 틀을 발전시키며, 그러한 점을 통해 개개인의 공동적인 생활능력을 높여나가는 과정이 RT/RW(Rukun Tetangga/Rukun Warga: 도시의 주민/자치조직—역주)[12]로 대표되는 지역 공동체의 내용 속에 자리매김되었다고 할 수 있다. 물론 국민국가의 기제를 주어진 전제로 해서이긴 하지만…….

12 지역 공동체의 동태를 거기에 작용하는 '외부로부터'의 구조적 요인에 주의하여 살피면서도, 어디까지나 사람들의 일상생활 차원에서부터, 개개 행위의 상호작용이 변화에 미치는 영향을 통해 살펴보는 경우에 빠뜨릴 수 없는 것이 RT/RW의 분석이다. 포스트 식민지 체제하의 국민 형성(nation building)에 있어 그것이 행한 역할을 포함하여, RT/RW의 존재양태에 관해서는 吉原 編著(2005)를 참조할 것.

5. 글로벌화, 포스트 과잉도시화 및 포스트 개발 그리고 로컬리티

그런데 이제까지 서술해 온 바를 식민지-포스트 식민지의 지층에서 다시 한 번 개괄해 보면, 우선 고찰의 포인트가 되는 것은, 과잉도시화가 '생활의 공동'이나 '빈곤의 공유'를 통해 '위로부터'의 조직화 비용을 대신 떠맡거나 감소시키는 형태로 '개발의 존속'을 가능하게 해 왔다는 점과, 뒤집어서 그러한 '개발의 존속'에 있어 열쇠가 된 것이 RT/RW의 지역주민조직과 같은, 긴 햇수에 걸친 '조직경험의 축적장치'(O'uchi and yogo, 1985)였다는 점이다. 여기서 '위로부터' 혹은 '아래로부터'의 시점간의 우열을 가려봤자 의미가 없다. 왜냐하면 전자는 그것 자체가 〈허구〉인 '근대서구'라는 것을, 또 후자는 '전통적 비서구'라는 환상(illusion)을 많든 적든 고집하거나 그것에 편입되어 있어, 그야말로 오리엔탈리즘의 두 가지 양식의 고정관념을 이루고 있기 때문이다.

오히려 여기서 주시해야 할 것은, 글로벌화가 한층 진전됨에 따라 '위로부터'의 통제가 느슨해짐과 동시에 메가시티화가 도시사회 전역에까지 미친다는 점이다. 특히 통화위기 이후 '월스트리트-재무성-IMF 복합체'(Harvey, 2005=2007: 132)에 의해 실행되었던 구조조정 프로그램과, 이에 근거하여 진행된 도시공간의 전면적인 구조재편은 자카르타를 일거에 포스트 과잉도시화/포스트 개발의 국면으로 이끌었다. 덧붙이자면 '밖으로부터'의 구조조정 프로그램 강제에 의해 개발독재체제 하에서 추진된 축적체제 전체가 심각한 타격을 입음과 동시에, 특히 중심상업지구(CBD)에 인접한 많은 캄풍 공동체가 천이지대(zone in transition)의 확장이라는 파도에 휩쓸려 쇠퇴하고, 또 교외의 수출지향공업단지가 제조업의 해외 재이전 붐 속에서 공동화되었다(원래 개발독재 시기에 중심도시－DKI자카르타, 특히 골든 트라이앵글－가 '새로운 국제분업'의 거점적 기능을 떠맡고, 보타벡–보고르, 탄게랑, 베카시–가 수출지향공업단지의 조성 · 입지와 신중간층을 향한 뉴타운 개발을 떠맡는다는 기능분화체제가 완성되었다). 이러한 경우에는 '인접해 사는 것'에 의거한 개인들의 국지적인 상호작용에 근거를 둔 지역사회의 길항력 유지가 이미 불가능하게 되며, 동시에 이웃관계의 응집력이 극단적으로 저하된다. 그리고 이러한 상황을 가속화시키는 것이 많은 수의 도시하층민 체류13이며, 종래의 '생활의 공동'이나 '빈곤의 공유'라는 관행에 의해 문제가 해결되지 않는 계층하락민의 뭉쳐나기이고, 심각한 인간해체상황(마약에의 의존 등)의 만연인 것이다.

이와 동시에 식민에서 포스트 식민에 걸쳐 항상 캄풍/지역 공동체의 지층을 조성해 온 '사회 · 문화구조'=로컬리티가 '개발의 시대'에서 포스트 개발이나 '개혁의 시대'로 이행하는 과정에서, 그리고 국민국가가 이미 근대사의 최종목표가 아닌 가운데(Wong, *et al.*, 2001=2002: 7), 내셔널한 것, 즉 인도네시아 국민의 정체성 형성을 위한 실마리가 되어온 판차실라 내셔널리즘과 반드시 같은 것으로는 인정되지 않고 있다. 다른 한편, 글로벌화와 함께 앞서 설명한 바와 같은 지역해체상황이 진행되는 가운데, '사회 · 문화구조'=로컬리티에 대해, 그것이 '방어적인 안전망'으로서 행해 온 역할에 시선이 쏠리고 있다. 공동체주의적 반작용을 깊게 내재하고 있는 후자의 움직임은 유사 '창발적인 것'으로의 지향성과도 어울려, 네오내셔널리즘과 공명하며, 권위주의국가의 복권으로 쉽게 이어질 위험성을 품고 있다. 여기서는 이러한 위험에 빠지지 않도록 하기 위해서라도 지적한 바와 같은 '사회 · 문화구조'=로컬리티의 실정을, 국가에 의한 자

---

13 인도네시아에서는 1997년 취업남성의 약 15%가 1998년 8월까지 직장을 잃었으며, 이러한 경제적 황폐는 자카르타에서 특히 심하여 빈곤층이 배로 증가했다고 일컬어지고 있다. 이에 더하여 인도네시아의 GDP는 전년대비 13.1% 감소하였으며, 위기의 3년이 지난 후의 GDP도 위기 이전과 비교하여 75% 낮았다(Harvey, 2005=2007: 137).

원의 '재(再)' 구획(enclosure)이 아니며, 시장에 의한 자연의 상품화 움직임으로 인정되는 것도 아닌, 말하자면 '사회학적 고유성(sociological particularities)'(穗坂, 2005: 144)을 지니는 내부자원으로서 달리 파악하여, 그 가능성에 관해 생각해 보고자 한다. 이하에서는 지면이 허락하는 범위 내에서 이에 관해 언급하기로 하겠다.

국민국가 기제의 외부에서 메가시티화가 진행되는 자카르타의 현 상황을 생각하자면, '사회・문화구조'=로컬리티의 지적된 바와 같은 가능성에 대한 물음을 제기함에 있어 무엇보다도 먼저 생각해야 하는 것은, 외부로부터 이에 관여하는 스타일의 변용이며, 그 규정 요인으로서의 포스트 개발의 존재양태이다. 여기서 확인해 둘 필요가 있는 것은, 포스트 개발의 시기인 지금 현재 국민국가의 안정성과 통일성이 보다 애매해지는 한편, 개발독재체제 시기에 이루어진 외부로부터의 관여='동원형의 개발'이 유효하게 작용하지 않았다는 인식이 지배적이며, 그러한 가운데, '규정되는 측'의 내부에서 대두하는 논리에 대한 '외부로부터'의 모색과, 개발에 반드시 공명하지는 않는 지역적 공동성에 대한 '위로부터의 재발견' 요구가 높아지고 있다는 점이다.

그리고 다음으로 확인해야 할 것은, 그러한 지향성의 고조와 마주함에 있어, 말하자면 한계지점에 맞부딪힌 사람들의 다양한 생존전략(새로운 안전망으로의 대체)이 "현장의 사람들이 다양한 답을 만들어 내고, 그것이 변화하며, 새로운 합의가 형성되어 이에 대한 정책도 변화해 가고, 그리고 사람들 간의 관계와 문제의 구조가 변해 간다"(佐藤, 2005: 130)고 하는 형태로 실행되려 한다는 점이다. 물론 그러한 생존전략은 고통 로용이나 루쿤 아래서 성장해 온 지역적 공동성에 뿌리를 두면서, 국가행정이나 지방분권제도와는 대치하거나 협동하는 관계 위에서 펼쳐지는 것이다. 여기서 주목되는 것은 생존전략의 핵심을 이루는 지역적 공동성의 내용물이다. 그것은 '그 자리에 우연히 함께 있는 것'에 근거하면서도, 반드시 지역완결성에 수렴하는 것은 아닌, 오히려 캄풍의 다양성과 무정형성에 기초하고 있으며, 복수의 행위주체 간의 상호작용에 의해 관철된다는 특징을 가지고 있다. 그리고 그렇다면 바로 그 당사자가 마침 가지고 있는 '복수의 제도적 정체성' 위에서 사람들의 지역 활동이 누적된 흔적을 발굴해내는 것이 가장 중요한 과제가 되는 것이다.

어쨌든 이렇게 보면 포스트 개발의 시대인 지금 내부자원으로서의 '사회 · 문화구조'=로컬리티는 식민지 시대 이후의 공시적(共時的)인 '생활의 공동'을 존립의 터로 삼아가면서도, 복수의 행위주체들 간의, 내외의 자원 활용에 기반을 둔 상호작용/네트워크로부터 솟아오르는 '창발성(emergence)'을 그 근거로 삼지 않을 수 없는 것이다. 물론 이러한 경우 최대의 규정 요인은 글로벌화이다. 더욱이 자카르타의 '공간의 생산'이라는 현상에서 보면, 위에서 말한 창발성에 연결되는 상호작용/네트워크의 형성은 이제 가까스로 그 실마리를 잡았을 뿐이다.

6. 아시아 도시의 새로운 지평

이 장에서는, 앞선 논의에서는 다소 등한시되어온 식민지-포스트 식민지의 지층에 자리를 잡고 아시아 도시의 위상을 살펴보았지만, 다시 한 번 글로벌화가 아시아 사회에 미친 영향의 거대함에 오싹하지 않을 수 없다. 무엇보다도 글로벌화는 오랜 기간 아시아 국가들에 침투해 있던 권위주의적 정치체제와 공업화 지상주의의 경제개발정책으로 이루어진 개발독재체제의 종언을 초래했다. 그리고 아시아 사회의 '근대'가 '위로부터의 내셔널리즘', 즉 베네딕트 앤더슨이 지적하는 '관주도 민족주의(official nationalism)'에 의해 만들어져 왔다고 여기는 인식방식을 바꾸도록 재촉했다(吉原, 2006a: 327). 도시론에 입각해 말하자면, 글로벌화와 함께 진행된 메가시티화에 의해, 과잉도시화론을 지지해온 실체적 기반이 상실되면서, 메가시티론이 사회의 전면에 모습을 드러내도록 강력하게 촉구했다. 그리고 부차적이긴 하지만 아시아를 후진적이자 '어둠의 세계'로 보는 인식의 근거를 부각시키는 데 공헌했다.

이와 동시에 글로벌화는 스스로를 향한 대항명제로서 내셔널한 것으로의 회귀라는 움직임을 불러일으키고, 도시에 한정한다면 도시공간에 자리 잡은 '사회 · 문화구조'에 대한 해석이 '후진성' / '특수성'에서 시작하여 '독자성'으로 옮겨가는 흐름을 만들어 내었다. 글로벌화의 진전에 짝을 맞춘 도시 구조재편이 메가시티와 세계도시의 경관의 유사성[14]을 높이면 높일수록, 그리고 무엇보다도 먹고살기 힘든 사람들을 도시공간의 기층에 두텁게 누적시키면 시킬수록, 그러한 '독자성'에 대해서는 '창발성'을 내포한 것으로서 보는 후한 점수가 주어지게 된다. 확실히 국가와 사회의 분열이나 국민적 통합과 사회적 통합의 괴리가 결정적인 것이 된 지금, 그러한 '독자성'이 '관주도 민족주의'의 해석체계에 익숙해진 '국민의 이야기'를 향해 곧바로 닫혀져 간다고는 생각하기 힘들다. 그러나 기대되는 '창발성'이 쉽게 유사 '창발적인 것'으로 전화할 우려가 전혀 없다고는 말할 수 없다.

따라서 만약 지적된 바와 같은 '사회 · 문화구조'=로컬리티에서 '독자

14 크바요란 바루의 그로도크에서 블록 M으로 이어지는 '유리 가루의 길'이라고 형용되는 거리가구(street furniture)는 세계도시의 그것과 거의 차이가 없다. 단지 다른 점을 말하자면, 여기저기 산재하는 포스트모던 건축에 산스크리트어나 고(古)자바어의 이름을 새겨 넣어, 로컬한 표상에 일부러 의미를 주입하고 있는 듯이 보이는 것이다. 물론 그것은 내셔널한 통합을 표상하는 수도의 경관과는 전혀 다른 차원의 것이다.

성'을 내포한 모습을 찾고자 한다면 글로벌화의 진전에 의해 교묘하게도 명료해진 아시아 사회의 지금 하나의 모습, 즉 다양성이나 다양한 계통성[15]에 관계 지어 논의해야 할 것이며, 또 이러한 방향에 있어서 '사회 · 문화구조'=로컬리티가 실은 매우 다의적이며 유동적이라는 점이 지닌 함의를 확인해 갈 필요가 있을 것이다. 그사이 개발독재체제기의 국민적 통합에 의해 일단은 배후로 물러난 듯이 보이는 사회조직이나 사회집단, 혹은 그에 말미암은 네트워크나 연합이 글로벌화의 진전과 함께 분단되어 고립화를 피할 수 없게 된 사람과 사람, 사람과 사회가 서로 격렬히 부딪치는 형태로 다시 대두하고 있다. 이러한 움직임을 염두에 두면서, 아시아 메가시티의 성가시거나 구제하기 힘든 측면뿐만 아니라, 이것들이 내포하는 강열하고 폭넓은 의미를 발굴해 내는 것이 지금 그 무엇보다도 먼저 요청되는 것은 아닌가? 그러한 점은 종주도시에서부터 아시아 메가시티까지를 관통하고 있는 모던의 딜레마가 잠재해 있는 한 피해 갈 수 없는 과제라고 할 것이다.

15 여기서는 필자의 다음과 같은 서술을 원용해 둔다(吉原, 2006a: 334~335). "원래 유라시아라는 대지 위에 존재하는 아시아는 중화문명의 동아시아, 힌두문명의 남아시아, 이슬람문명의 서 · 동남아시아가 경쟁과 모방을 통해 '공진화(共進化)'의 길을 걸어왔으며, 다양하고 수렴되지 않는 발전과정에 의해 틀이 짜여 있다. 그리고 그 당시 이슬람에 의해 형성된 상업 · 금융거래의 광역 네트워크가 중핵적인 역할을 다 했다(原, 2003: 3-11). 과연 앞서 말한 바와 같은 다양한 계통의 발전과정은 개발주의 체제하의 '위로부터'의 공업화정책에 의해 한때는 부정되었던 것으로 보인다. 그러나 '개발의 시대'의 종언과 함께 국가 간 관계에 수렴되지 않는, 그 자체로 대립과 마찰을 품고 있는 지역 간 관계나 사람들의 네트워크가 싹을 틔웠다. 동시에 국내적으로는 국민국가의 기제가 느슨해지는 가운데 '경합의 내셔널리즘' 아래서 억제되고 분절화되어 있던 사회가 지방의 자기주장이나 종교조직의 대두 등을 수반하며 머리를 쳐들기 시작했다. 그리고 각양각색으로 부유하는 다원적인 정체성이 사람들의 일상을 선명하게 만들고 있다."

제7장

출입통제 공동체와 슬럼

"니어노스사이드는 눈부시기만 한 빛과 그림자의 지역, 즉 오래된 것과 새로운 것, 토착인들과 외국인뿐만 아니라 부유와 빈곤, 악과 존경, 인습적인 것과 보헤미아적인 것, 낭비와 곤궁이라는 명확한 대조로 이루어진 지역이다."

– H. W. 조르보, 『골드코스트와 슬럼』

1. 시작하면서

최근 포스트 개발 체제하에 있는 인도네시아의 다층적인 계층구조와 불평등의 문제를 논할 때 자주 인용되는 것이 아시아 메가시티의 대표격인 자카르타에서 두드러진 형태로 나타나는 '출입통제 공동체와 슬럼'이라는 분극적인 공간형태이다. 이러한 공간형태는 사회학이나 지리학에 한정해 말하자면, '이중도시(dual city)' 또는 '분극도시(divided city)'로 불리며, 흔히 후기 산업도시(post industrial city)의 구조적 특성을 나타내는 것으로 논의되어 왔다. 그리고 여기서 주목되는 것은 이러한 '분열된' 도시 상(相)의 원형이 대부분의 경우 세기 전환기로부터 1920년대까지의 시카고를 실험실로 삼았던 조르보(Zorbaugh, H. W.)의 '골드코스트와 슬럼'에 그 근거를 두고 있다는 점이다.

이에 더하여 '눈부시기만 한 빛'을 발하는 골드코스트와 '빈곤' 및 '곤궁'에 빠져 있는 '슬럼'이 '뚜렷한 대조'를 이루는 니어노스사이드는, 조르보에 의하면, '충격도시(shock city)'(R. メラー)인 시카고 자연사의 한가운데 위치해 있었으며, 그야말로 자유방임(laissez-faire)의 기제에 흠뻑 빠진 '불안정과 변화에 흔들리는 지대'='천이지대'였던 것이다(Zorbaugh, 1929=1997). 그리고 바로 그 때문에 '뚜렷한 대조'라고 묘사된 공간형태는 도시에 유입된 다양한 이민이 사회적 여과작용을 거치면서 상승이동하여 '우리 미국인'이라는 마인드를 지니게 된다는, 미국에 동화(同化)되는 이

야기의 본원적 바탕을 이루게 되었던 것이다.[1] 즉 '골드코스트와 슬럼'은 단순히 분극적인 공간형태를 나타낸다기보다는 오히려 '도시 전체의 중산계층 및 상류계층의 지배'를 그 종착점으로 두거나 아니면 그렇게 되기를 예상하는 '통과적 현상'으로서 자리매김되는 것이다(Schwendinger, 1974).

그렇다고 보면 똑같이 '분열된' 도시의 상을 나타내고 있는 것처럼 보이지만, 조르보가 본 '골드코스트와 슬럼'과 이 장에서 보는 '출입통제 공동체와 슬럼'은 그 문맥과 위상을 명확히 달리하고 있다. 무엇보다도 전자는 자유방임의 기제가 그대로 공간에 투영되는 자연지역의 공간적 배치로서 존재하는 데 반하여, 후자는 글로벌화의 진전에 부합하는 도시 재구조화(urban restructuring)가 공동체의 파괴와 쇄신, 그리고 전위(dislocation)와 반전을 재촉하면서 초래한, 그 자체로 신자유주의적 자본의 욕구와 깊이 공명하는 분열(fragmentation)로서 존재한다. 이러한 '분열된' 상이 한편으로는 '자유방임적 도시'의 신진대사(metabolism)=박동에, 다른 한편으로는 아시아 메가시티의 다층성과 분절성을 띤 계층구조와 공간적 불평등에 포섭되어 같은 것으로 인정되어 가는 것이다. 하지만 후자의 경우, 지적한 바와 같은 다층성과 분절성에 아시아 메가시티 특유의 식민지/포스트 식민지의 지층이 뒤얽혀 '출입통제 공동체와 슬럼'이라는 분극화된 무늬가 형식적인 〈두 도시 이야기〉만으로 해소되지 않는 콘텐

1 우선 '천이지대'에 몸을 두고, 거기서부터 서서히 동심원의 바깥쪽을 향해 이동해 가는 지역이동의 과정은 동시에 사회적 상승이동의 과정이었다. 버제스의 동심원지대 이론은 이러한 이중의 과정을 생태적(ecological)으로 묘사한 것이다(Burgess, 1925= 1972). 하지만 거기에는 장대한 사회적 침전(filtering down)에 관한 이야기가 숨겨져 있다. 균형론적 변동론의 입장에서는 이러한 이야기를 건져내는 것이 불가능했다. 오히려 WASP(백인 앵글로색슨 개신교도)에 의해 주도된 '성공 이야기'를 고취시킴으로써 미국에의 동화를 촉진시켰다고 여겨진다.

츠를 가지게 되는 것이다.

이 장은 그러한 콘텐츠를 이 책 전체의 테마와 관련지어 가면서 서술한다. 그리고 이를 통해서 아시아 메가시티인 자카르타가 글로벌한 세계에서 차지하는 '자리'='현재'를 검증해 본다.

2. 철거와 재개발 속의 슬럼

앞 장에서 살펴본 바와 같이 자카르타에서는 종주도시의 단계부터 도시기반이 아직 정비되지 않은 채 국내의 각지에서 방대한 수의 이주자가 유입되었다. 그리고 그들의 거의 대부분이 도시잡역 부문이나 비공식 부문에 참가해 공유지이긴 하지만 식민지 시기의 토지를 포함해 권리관계가 확실하지 않은(따라서 아직 관리가 느슨한) 토지를 어정쩡하게 불법 점거하는 형태로 정착했다. 그리고 이러한 불법점유자(squatter)가 사는, '인간이하'의 거주환경을 형성하는 빈민굴(shanty town), 즉 슬럼이 도시의 여기저기로 퍼져나갔다. 원래 각지에서 유입된 이주자들은 동향(同鄕)을 중심으로 고밀도의 캄풍을 형성하였지만, 그 대부분이 저지대의 배수가 좋지 않은 곳에 입지했기 때문에 슬럼과 거의 다름없는 상태가 되어버렸다.

그런데 이러한 슬럼은 식민지-포스트 식민지 시기를 거치며 오랜 기간 동안 방치되어 왔다. 분명하게는, 1960년 이후에 아시아 국가들에 대한 유엔 주도의 사회개발이 진행되었지만, 그것은 주로 공식 부문을 향해 있었다. 그러한 사회개발에서는 슬럼은 말하자면 '빈곤의 하위문화(subculture)'가 응집된 곳으로서, 즉 슬럼의 주민은 문화적·정신적으로 후진성을 지니고 있으며, 그 때문에 행동에서 합리성을 결여하고 있거나 혹은 그들은 도시에서 경력을 형성할 만큼 기능이나 근대적인 가치를 갖추지 못하였다고 간주되기 일쑤였다.

슬럼이 굴절되면서도 공적인 정책의 대상으로 여겨지게 된 것은 KIP(캄풍개선계획)이 시작되면서부터다. KIP가 캄풍의 인프라인 육교, 상하수도, 쓰레기 처리시설 등 최소한의 물리적인 거주환경정비를 응급조치의 형태로 시행했던 것이다. 하지만 단지주택 그 자체의 개선은 거주자에게 맡겨두어 정비에서 제외되었다. KIP가 자카르타에서 공식적으로 개시되는 것은 1969년이다. 당초에는 자치단체에서 실행되었지만, 이윽고 제2기 5개년 계획(1974~1978)에 따라 국가적인 정책으로서 전개되었다. 그리고 그 정책이 국제적으로도 알려지게 되어 세계은행의 융자를 받을 수 있게 되었다.

KIP는 대단한 성과를 올려 발전도상국의 슬럼 개선계획의 효시가 되었다고 한다(布野, 1991). 그러나 그 성과로 제시되는 점을 살펴보면, KIP가 RT/RW, 아리산(계모임), PKK(Pembinaan Kesejahteraan Keluarga: 가족복지회—역주) 등을 매개로 하여, 기어츠가 지적하는 '빈곤의 공유(shared poverty)'[2]라는 일종의 생활의 상부상조 관행을 받아들이는 것으로, 공동체 조직화의 방법을 자카르타에 도입한 점이 주목된다. 그렇게 말할 수 있는 것은, 그렇게 함으로써 권위주의적인 정치체제와 공업화 지상주의

2 '빈곤의 공유'는 원래 도시의 퇴축(urban involution)으로서 언급된 것이다. 글자 그대로 이해하면, "내부적으로 더욱 복잡해질 뿐 전혀 새로운 진화의 단계에는 이르지 못한다"는 것으로, 그 자체로 부정적인 논조로 사용되는 경우가 많다. 그러나 기어츠는 그것을 자바 지역의 농촌을 필드로 하여 적극적인 의미를 포함한 것으로 사용했다. 즉 논농사는 대량의 노동력을 투하하는 것이 가능하며, 또 상호부조의 관행에 의해 노동기회나 분배의 세분화가 가능했기 때문에, 사회의 구조를 바꾸지 않고도 많은 사람을 부양하는 것이 가능했다고 보았다(Geertz, 1963=2001). 이를 비유적으로 원용하여, 도시에 유입된 대량의 인구가, 고용기회가 절대적으로 부족한 상황 하에서 오로지 제3차 산업에 종사하며, 일을 세분화함에 의해 빈곤을 나눠가진다고 하는 도시의 퇴축, 즉 '빈곤의 공유'가 논의된 것이다.

를 두 축으로 삼는 개발체제를 말단에서부터 지지함과 동시에, 그 이후의 글로벌화 진전에 부합하는 도시 재구조화(후술)를 위한 땅고르기의 역할을 담당했기 때문이다. 결국에는 KIP가 착종되고 혼재된 권리관계에는 손을 대지 않았기 때문에 슬럼 개선계획의 성공사례라고 내외적으로 널리 알려지면서도 슬럼은 여전히 잔존하게 되었다.

그런데 인도네시아 정부 및 자카르타 시 당국이 포스트 KIP의 슬럼 대책을 본격적으로 전개하게 된 것은 1990년대에 들어서면서부터다. 거기서의 슬럼 대책은 사실상 슬럼의 강제철거라는 형태를 취했다. 1990년대에 접어들어 이러한 강제철거가 진행되면서 자카르타 전 세대의 40%를 차지하는 불법점유 세대가 일상적으로 '생명과 생계'가 위태로운 상황에 방치되었다. 강제철거는 대낮에 슬럼의 방화마저 허용하는 국내치안법 아래 진행되었으며, 사람들이 철거된 장소에 다시 거주하거나 법적 인가를 얻기 위해 조직화하는 것도 금지되었다. 강제철거와 함께 저비용 주택의 공급계획이 확립되었지만,[3] 그 혜택을 입을 수 있었던 것은 정규직에 고용된 사람들(자카르타 시민 전체의 19%)뿐이었다.

게다가 1994년에 약 600명의 군인이 중앙 자카르타의 벤둔간 힐리르(Bendungan Hilir) 지역을 습격해, 새벽에 300여 명이 자신의 집에서 내몰

3 기타노(北野尙弘) 등은 이러한 저비용 주택공급계획은 "저소득층의 주택취득을 지원한다는 주택보조제도 본래의 취지"가 그다지 달성되지 않았다고 지적하며, 다음과 같이 서술했다(北野 외, 2001: 95, 단 ' '안은 필자가 삽입). "우대금리 주택대출의 대상이 된 상한가격 및 사양 등은 공공사업성(省)이 카테고리별(very simple house, core house, simple house)로 정하고 있었다. '여기서 very simple house, core house, simple house의 금리는 각각 8.5%, 11%, 14~21%였다.' 그러나 지방과 대도시 간에도 상한가격의 차이는 2할 정도밖에 나지 않았고, 가격이 높은 대도시에서는 개발업자가 비교적 고가인 simple house만을 중심으로 개발하였다. 따라서 우대금리 주택대출을 받을 수 있는 자는 중 · 저소득자 가운데서도 저소득자라기보다는 중소득자층의 경우가 많고, 최장 20년에 걸쳐 우대금리를 받을 수 있었다."

렸다. 이후 그 공동체는 자카르타에서 가장 고가에다 명성 있는 상업지구가 되었다. 내몰린 주민은 그 어떤 보상도 받지 못하였으며, 항의하는 주민에게 정부는 총과 최루탄으로 대응했다. 다음 해인 1995년에는 서자카르타의 케도야 우타라(Kedoya Utara) 및 케본 제루크(Kebon Jeruk) 지역에서 수백 명의 사람들이 자신들의 집을 불도저로 철거당한 채 내몰렸다. 철거의 공식적인 이유는 하천제방에 불법으로 거주하고 있다는 것이었지만, 실제로는 인접한 부유층 주택단지의 안전을 확보하기 위한 것이었다. 더욱이 1996년에는 어부들의 공동체인 다다프(Dadap) 지역에서 수천 명의 사람들이 철거대상이 되어 배제되었다. 그해 6월에 국제공항 가까이에서 국제항공쇼를

표 3 자카르타 수도권에서의 슬럼 분포

(면적: ha)

	캄풍 번호	면적	세대/인구
I 자카르타			
중앙 자카르타	1	20	
	2	10	
	3	40	1,620/70,000
	4	10	800/
	5	10	700/
	6		60/
	7	500	2,000/5,000
	8	4	118/
서 자카르타	9	9.5	1,230/
	10		
	11		417/2,085
	12		
	13	1.5	190/
	14	4	187/
북 자카르타	15	40	1,081/5,345
	16	2.75	357/1,175
	17	0.3	66/313
	18	5.6	2,000/
	19	4	200/
	20	10	300/
	21	6	100
	22	5	220/
	23		4,000/
	24	4	50/
동 자카르타	25		12/
	26	20	500/
	27	11	300/
II. 보고르	28		470/1,714
III. 탄게랑	29		
	30		
	31		100/
	32		35/
	33		75/
	34	10	800/
	35		3,000/

※ 주: 1. 조사시점은 1998년부터 2002년.
2. 표 가운데 공란은 알 수 없음.
※ 출처: DKI 자카르타 · 사회복지국의 내부자료에 근거해 작성. 단, Urban Poor Consortium(UPC), Kampung Masalah, 2005에서 인용.

연다는 것이 철거의 이유였다(COHRE, 1998).

어쨌든 정부-자카르타 시에 의한 슬럼의 폭력적인 철거가 "청결하고 질서 정연하며, 그래서 투자가들에게 매력적으로 보이는 대도시"를 만들고, "고가의 주택이나 건조물을 건설하는 도시재개발계획"을 전개한다는 내용으로 강행되어, 대부분의 '발전에서 제외된 사람들'이 길가로 내몰리게 되었다. 따라서 슬럼의 강제철거는 슬럼을 없애는 방향으로 이어지지 못하고, 오히려 슬럼의 단순한 이동으로 귀결되었던 것이다. 실제 그 후로 이전보다 슬럼이 더 증가하여 자카르타 시(수도권) 전역으로 확산되었다. 덧붙이자면 표 3은 슬럼 개선에 앞장서고 있는 NGO가 그 대상으로 삼고 있는 슬럼을 정리하여 제시한 것이다. 어느 것이나 모두 공유지에 존재하지만, 남 자카르타 지구를 제외한 수도권 전역으로 슬럼이 확산되었다는 점을 알 수 있다.

이처럼 슬럼이 광역적으로 확대되어 가는 경향은 1997년 중반의 통화위기에 의해 빈곤한 주민이 격증하는 가운데(1996년 37만 8,000명 → 1998년 86만 1,000명) 한층 심화되었다. 그리고 오늘날, 어느 과학 작가가 전하는, 아래와 같은 열악한 거주환경으로 이루어진 슬럼이 여기저기서 나타나고 있다. 관찰대상이 된 곳은 북 자카르타에 위치한 캄풍 칸당(Kampung Kandang)이다.

> 캄풍 칸당은 하천가에 접해 있으며, 후방에는 습지가 펼쳐져 있다. 거기에는 사람들이 쓰레기수거료를 지불하지 않으려고 무단 투기한 플라스틱 쓰레기나 잡동사니가 어지럽게 널려져 있고, 방목하는 닭이 그 쓰레기더미 위를 헤집고 돌아다니고 있다. 습지의 물은 목욕이나 세탁에 사용될 뿐만 아니라, 화장실 겸용이기도 하다. 캄풍 칸당의 공중화장실은 사용료가 0.1달러나 든다. 이러한 사용료는 하루하루를 2.5달러로 살아가는 세대들에게 적은 금액이 아니다. 그

사진 4 캄풍 칸당
※ 출처: Marshall(2005: 314)에서 인용.

래서 주민들은 아무데서나 용변을 본다. 가끔 습지의 물속을 한 노인이 걸어 다니고 있다. 습지의 식물을 채집해 공예품을 만들어 팔기 위해서다. 각자의 집에는 공용수가 들어오지만 수압이 낮아서 별 소용이 없고, 오로지 60리터의 물을 0.2달러에 파는 행상인에 의지한다. 부자인 자카르타 사람들은 이의 몇 배나 되는 금액을 지불해가며 공급회사로부터 물을 구입하고 있다(사진 4).

슬럼은 이처럼 하천가에만 있는 것이 아니라 철도변에서, 또 시 한가운데의 입체교차로 아래에서 서로 밀고 밀리는 형태로 존재한다. 더욱이 1999년 이후에는 경제위기에 허덕이는 슬럼 주민을 대상으로 한 빈곤경감대책인 사회 안전망(social safety net) 계획이 실시되었다. 구체적으로는 경제위기에 대응하는 커뮤니티 베이스의 활동계획(CBEC)이 극빈상태에 있는 15개의 슬럼을 대상으로 하여, 또 도시빈곤경감계획(P2KP)이 201개의 슬럼을 대상으로 실시되었다. 그러나 현재의 시점에서 이러한 사회 안전망 계획에 의한 성과는 가시적인 형태로는 나타나지 않았다. 오히려 이전부터 안전망 역할을 해 온 '빈곤의 공유'조차 거의 기능하지 못할 정도로 쇠퇴하고 있는 슬럼이 적지 않게 나타나고 있다.[4]

3. 분절화/다층화되는 도시하층과 양극화되는 도시중간층

앞 절에서는 자카르타가 종주도시에서 아시아 메가시티 가운데 하나로 그 형태를 바꿔가는 가운데 슬럼이 철거와 재개발의 상황을 겪어 온 점에 관하여 개관했다. 그리고 무엇보다도 앞 장에서 언급한 통화위기 이후의 '월스트리트-재무성-IMF 복합체'에 의해 주도된 구조조정 프로그램 및 이에 의거하여 진행된 도시공간의 전폭적인 재개발이 이러한 상태를 더

---

4 필자 등이 이전에 필드로 삼았던, CBD에 인접한 멘텡아타스의 어느 RT에서는, 경제위기 직전까지는 안전망으로서의 '빈곤의 공유'가 그 나름대로 기능하고 있었다. 예를 들면, RT 내의 어느 구획이 도시 재구조화의 일환으로서 개발업자에 의한 투기의 대상이 된 후에 방치된 채 있던 것을 고장의 카란타르나(청년회) 등이 중심이 되어 땅을 고른 뒤 어린이들의 놀이터로 바꾸었다(吉原, 2000). 그야말로 위로부터/외부로부터의 재구조화를 아래로부터/내부로부터 다시 취했다고는 하지만, 경제위기에 의해 지역을 짊어지고 나갈 청년층의 대다수가 실업자가 되고 마약 등에 빠지는 가운데, 지적한 바와 같은 '빈곤의 공유'가 그 기층에서부터 붕괴하고 있다. 이러한 상황에서 공동체의 쇠퇴가 현저한 형태로 진행되었다.

욱 심각하게 만든다는 점을 지적했다. 여기서 다시 한 번 주목되는 것은, 이러한 과정에서 나타난 도시하층 및 도시중간층의 동향이다. 이는 그들의 동향이 자카르타(수도권)의 건조환경, 즉 중심도시와 교외의 기능분화를 내포한 경관이나 나아가 이미 살펴본 바와 같은 슬럼의 철거와 재개발의 진전과 밀접하게 관련되어 있기 때문이다.

여기서 우선 도시하층의 동향부터 살펴보면, 이미 살펴본 것처럼 1996년부터 1998년까지 단 2년 사이에 빈곤주민의 수는 2.27배까지 증가하였다. 그리고 2000년의 시점에서 자카르타의 소득계층은 대략 고·중소득자 30%, 중·저소득자 40%, 빈곤자 30%라는 구성비를 나타냈다(北野 외, 2001: 95). 덧붙여서, 여기서는 이제까지의 서술과 관련해 도시하층을 일단 도시잡업 종사자나 비공식 부문 종사자로 한정하지만, 유감스럽게도 자카르타에서의 그 양적 추이를 살펴볼 수 있는 자료는 저자의 좁은 식견의 범위에서는 존재하지 않는다. 다만 인도네시아 전체를 두고 보면, 15세 이상 인구의 취업부문별 추이(공식 부문/비공식 부문)는 2000년 58.3/31.5%, 2001년 55.8/35.0%, 2002년 57.9/33.6%, 2003년 60.0/32.7%, 2004년 59.2/34.5%, 2005년 60.6/34.3%로(*Kompas*, 15 April, 2006), 비공식 부문의 비율은 확실히 점증하는 경향을 나타냈다. 이러한 점증 경향은 자카르타에서도 마찬가지일 것이라고 여겨지지만, 글로벌화 → 메가시티화에 따르는 생산·서비스부문 및 소비·서비스부문의 확대에 의해 한층 대대적으로 진행되고 있는 것은 아닌가 하는 생각이 든다.

그렇지만 여기서 보다 주목되는 것은, 비공식 부문 종사자의 양적 추이를 넘어서는 그들의 공간적 배치다. 비공식 부문이 종주도시 단계에서 과잉도시화가 진행될 수 있었던 밑그릇의 역할을 했다는 점, 그리고 슬럼의 형성과 확대를 야기한 주된 원인을 이루어왔다는 점 등에 관해서는 이미 서술한 바 있다. 그러나 자카르타의 메가시티로의 전환과 함께 비공식 부문이 단순히 양적으로 증대할 뿐만 아니라 다층화 · 분절화하고 또한 그것이 슬럼의 공간적 배치를 바꾸는 요인이 되고 있다는 점을 지적해 두고 싶다. 예를 들면, 멘텡아타스(Mentengatas)의 푸다간크리링(행상인)에 관한 뒤안트의 아래와 같은 조사결과는 이러한 점을 매우 복잡한 형태이긴 하지만 잘 나타내주고 있다.

뒤안트에 의하면, "'거주의 일시성', '환류성', '타지 돈벌이형'이라는 비공식 노동력의 전형적 성격이 멘텡아타스의 푸다간크리링을 통해 여전히 확인되며, 다른 측면에서 이러한 타지 돈벌이형 노동자 혹은 계절주민의 범주에 들어가지 않는 사람이 다수 나타나고 있다"(ドゥイアント, 2005: 189)고 한다. 확실히 대다수의 푸다간크리링이 "취업 면에서의 동향주의(특정 농촌지역의 이주자들이 동일한 비공식 부문의 활동에 취업하는 경향)나 동창회 등의 형태로 출신지와 연계를 유지하고 있는"(위의 책) 점과, 그러한 농촌과의 네트워크가 그들의 생활거점인 슬럼 혹은 그곳과 가까운 캄풍에서 안전망으로서 기능하고 있다는 점은 조사결과로 볼 때 명확하다. 그리고 그러한 점이 '빈곤의 공유'를 불가결한 존립조건으로 삼고 있는 기존 슬럼의 재생산을 촉진한다는 점도 부정할 수 없다.

그러나 다른 측면에서는, 특히 외곽지역으로 확산되는 도시중간층의 주택지역을 주된 영업구역으로 삼고 있는 푸다간크리링의 경우, 통근형에 가까운 형태이며, 그들의 라이프스타일도 공식 부문 종사자와 그다지 다르지 않다고 한다. 그리고 결과적으로 그들이 생활의 거점으로 삼고 있는 슬럼이나 캄풍 자체에 기존의 형태에는 들어맞지 않는, 이른바 분수령(divides)이 나타나게 되었다는 점이다. 어쨌든 이상과 같은 비공식 부문 종사자의 동향은 슬럼의 평면적 확대에 더하여 슬럼 자체의 공간적 배치에 있어서도 유동성 및 가변성과 차별성을 수반하고 있다고 여겨진다. 더 말할 것도 없이, 이러한 동향은 기본적으로 앞서 살펴본 바와 같이 대도시공간의 기능분화에 따른 분절화와 다층화에 부합한다.

이에 덧붙여서 자카르타에는 2001년 8월 이후 '슬럼이 없는 도시'(이른바 '청결한 도시')라는 캠페인이 전개되어, 앞서 대략적으로 살펴본 슬럼의 강제철거와 함께 노상에서 장사를 하고 있는 비공식 부문 종사자의 추방 · 선별이 강제적으로 실시되었다. 뒤안트에 의하면, 자카르타 시 당국은 비공식 부문에 대해 이중의 기준을 적용하고 있다고 한다. 즉 비공식 부문을 복지의 대상이 되는 것과 그렇지 않은 것으로 구별하여,[5] 전자에 대해서 억압적인 정리(clearance) 정책을 실시하는 한편, 후자에 대해서는 자카르타의 유력한 관광자원이 될 것으로 기대하여 규제하지 않는다는 것이다(ドゥイアント, 2006: 86~87). 결과적으로, 행정당국이 자행한 비공식 부문에 대한 이러한 차별적 규제가 앞서 살펴본 슬럼 자체의 차별성을 더욱 강화한다는 점은 부정할 수 없다.

그런데 이상과 같은 도시하층의 동향과 교차해, 앞 절에서 살펴본 슬럼의 철거와 재개발 진전 및 다음 절에서 접하게 될 출입통제 공동체가, 도시권을 종횡으로 달리는 고속도로를 따라 확대 · 연장됨으로써 깊은 그림자를 드리우고 있는 것이 이하에서 살펴볼 도시중간층의 동향이다. 여기서도 자료의 제약에 부딪힐 수밖에 없지만, 인도네시아 도시중간층의 형성과정에 관해서는 이미 곤노(今野裕昭)에 의해 다루어진 바가 있다. 곤노는 동남아시아 전체 도시중간층의 동향에 관해서 개관한 로빈슨이나 핀

5 비공식 부문 가운데 복지의 대상이 되는 것은 "도로변에서 포장마차 영업을 하는 자, 교차로에서 신호대기중인 차에 상품을 팔고 다니는 자, 신호가 없는 교차로에서 차의 좌우회전을 유도하는 자, 오전 7시부터 10시까지 그리고 오후 4시 30분부터 7시까지 자카르타의 중심 거리에서는 주행가능 차량의 승차인원을 3인 이상으로 규정하고 있기 때문에, 규정 인원을 채우기 위해 '가짜탑승자'로서 차에 올라타서 차가 중심 거리에 들어가면 일정한 보수를 챙기는 자, 인력거영업자 등"(ドゥイアント, 2006: 86~87)이며, 복지의 대상이 되지 않는 것은 이 장에서 다뤘던 행상인 등 소규모(영세) 상인이다.

체스 등의 주장(Robinson, 1992; Pinches(ed.), 1999)에 근거하면서, 또 인구센서스와 노동력 통계에 기초하여 산출한 계층구성비에 의거하여 도시중간층의 형성을 잘 설명하였다. 거기에 따르면, 1970년대부터 1980년대 중반의 민간부문 고용확대에 의해, 다양한 비육체노동(non manual) 신중간층이 형성 · 확대되었다. 1990년대 이후, 인도네시아 경제가 일련의 규제완화와 자유화정책을 통해 글로벌 경제와의 접점을 심화하는 가운데, 이 같은 비육체노동 신중간층은 한층 확대되었던 것이다(今野, 2006).

어쨌든 도시중간층은 개발경제의 '사생아'로서 존재하는 셈이지만, 자카르타의 경우 "지방 도시지역 신중간층의 자녀가 중간층을 재생산하는 구조이며, 노동자층으로부터 신중간층으로의 계층이동은 전혀 없는 것으로 나타나고 있다. 곤노는 계층 간의 유동성이라는 측면에서는 견고한 구조를 이루고 있는" 한편, "유입 인구가 구중간층(여기서는 중소실업가나 자영업자를 가리킴)에 계속 머무르는 구조가 지속되는" 점, 즉 "공업부문의 전개가 주변국과 비교해 상대적으로 취약하기" 때문에 파생하는 특유의 구조를 간파할 수 있다고 한다(今野, 2006). 이 같은 '상대적으로 취약한' 공업국이라는 인식이 옳은가 그른가에 대한 평가는 제쳐두고, 인도네시아의 도시중간층의 경우 신중간층과 구중간층이 병존 또는 중첩된 상황에 놓여 있다는 지적에 대해서는 주목할 필요가 있다. 왜냐하면 그러한 점이 자카르타의 '출입통제 공동체와 슬럼'이라는 경관에 복잡한 그림자를 드리우고 있기 때문이다.

그런데 앞서 말한 비육체노동 신중간층의 확대와 함께 새롭게 부상하고 있는 것이, 도시공간에 새겨 넣어진 도시중간층의 주거선택 패턴이며, 그러한 주거선택 패턴에 있어서 중요한 규정 요인을 이루고 있는 그들의 라이프스타일이나 가치관이다. 우선 거주 패턴을 보면, 도시중간층의 대부분은 중심도시 내의 주택지나 교외의 신흥 주택지에 거주하고 있다. 이

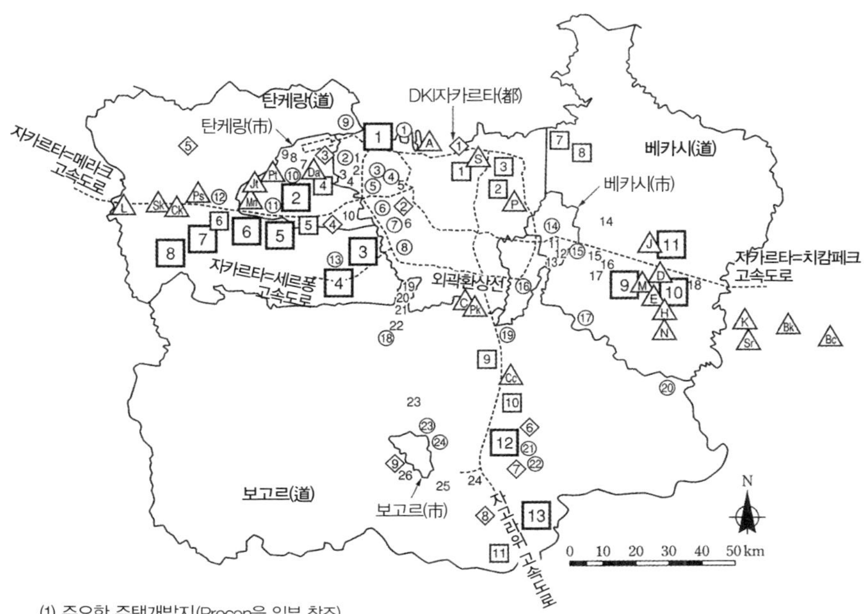

(1) 주요한 주택개발지(Procon을 일부 참조)

□ 1,000ha~/1: 판타이인다카부크, 2: 모던랜드, 3: 빈타로쟈야, 4: BSD, 5: 가딘스르퐁, 6: 릿포빌리지(카라와치), 7: 치토라라야탄게란, 8: 코타티가라그사, 9: 코타레젠다, 10: 릿포이시티(치카란), 11: 치카란바르, 12: 로얄센트빌하이랜드, 13: 리드레이크스리조트

□ 500~1,000ha/1: 순튀르아군포도모로, 2: 크라바가딘, 3: 가딘키라나, 4: 반자르위자야, 5: 아라무스토라, 6: 비라페르마타, 7: 판타이모던, 8: 하라판인다, 9: 에메랄드원, 10: 센트빌힐, 11: 뒤타라컨트리에스테이트

◇ 250~500ha/1: 타만안피아에스테이트, 2: 타만크봉쥬르크, 3: 치토라가든, 4: 쿠바요란레전시, 5: 비라탄게란레전시, 6: 한바란, 7: 구눙게우리스, 8: 란차마이야, 9: 쿠르마리조트

○ 100~250ha/1: 판타임티아라, 2: 타만스루야, 3: 타만페르마타부아나, 4: 구링가든, 5: 푸리인다, 6: 타만무르야이릴, 7: 페루마타히자우레전시, 8: 폰돗크인다, 9: 비라타만반다라, 10: 로얄그린가든, 11: 팜스프링빌리지, 12: 쿠다톤, 13: 비라무라티마스, 14: 자카무리야, 15: 쿠만푸라다마, 16: 치쿠닐링로드파크, 17: 치랭구시칸트리웃드, 18: 팜란비라, 19: 랏플즈빌리지, 20: 칼리우컨트리런치, 21: 레인보우힐즈, 22: 벨루아일, 23: 비라봉파크힐, 24: 쟈스민가든

숫자만 50~100ha/1: 타만겐차이나, 2: 팜뷰가든, 3: 코산비바르, 4: 타만스마난인다, 5: 그린힐, 6: 타만알파인다, 7: 듀타가든, 8: 듀타타만한다라, 9: 치본도이마크무르, 10: 메트로페르마타, 11: 타만캬라쿠시인다, 12: 본도크푸카얀인다, 13: 쟈티베닝게스테이트, 14:부미앙그레크, 15: 폰돗크히자우페루마이, 16: 쟈티무리야자야, 17: 타만나라곤인다, 18: 센토사가든, 19: 푸리치네레, 20: 비라치네레마스, 21: 푸킷트치네레, 22: 팜란에스테이트, 23: 비라펠티위, 24: 보고르레이크사이드, 25: 비라듀타, 26: 보고르컨트리에스테이트

(2) 주요한 공업단지 · 공업지역

△ 자카르타 도(都) / A: 안쵸일, S: 슨튀르, P: 푸로가돈, C: 치라챠스, Pk: 푸카얀탄게랑市
자카르타 군 / Da: 다안모곳트街道, Pt: 파브아란튄펜, Jt: 자타게, Mn: 마니스, Ps: 파사일케미스, Ck: 치크바, Sk: 스카나가라, L: 리만
베카시 군 / M:MM2100, E:EJIP, D: 델타실리콘 H: 휸다이, N: 뉴톤, J: 자바베카
카라왕 푸르와카르타 군 / K:KIIC, Sr: 스루야치푸타, Bk: 푸킷트인다카라완, Bc: 푸킷트인다치칸페이크
보고르 군 / Cc: 치비논센타

그림 3. 자카르타 수도권 자보타벡의 입지구조

※ 출처: 小長谷(1999: 102~103)에서 인용.

와 관련하여, 그림 3은 1996년 전후의 자카르타 수도권의 주요 주택개발지 및 공업단지 · 공업지역의 입지상황을 살펴본 것인데, 확실히 고속도로를 따라 외연적으로 대규모 주택지가 발전했음을 알 수 있다. 이러한 대규모 주택지에 거주하고 있는 신중간층, 특히 1980년대 후반부터 급증한 뉴리치로 불리는 신중간층은 서민대중들에게 선망의 대상인 승용차를 구입하고, 몰이나 쇼핑센터에 자주 드나들며, 소비자 금융의 확대를 촉진하고 있다. 그들은 사치스런 배금주의에 사로잡힌 개인주의적 소비생활양식에 완전히 길들여져 있으며, 소비주기에 있어서는, 1980년대 전반까지의 도시중간층보다도 훨씬 짧고, 그만큼 낭비적인 소비를 하고 있다.[6]

그런데 이러한 소비주의적인 라이프스타일과 함께 도시중간층과 관련하여 자주 거론되어온 것이, 그들이 '민주화'의 주역이라는 점이다. 그러나 오늘날에는 이하에서 지적하는 바와 같이 그들의 '진보적인 성격/측면'보다도 '보수적인 성격/측면'이 더욱 강조되고 있다(吉原, 2006: 142~143).

중간계층이 하는 역할 혹은 사회에서 차지하는 지위에 관해서는 이제까지 굳이 말하자면 '진보적인 성격/측면'이 강조되어 왔다. 특히 오르데 바루에 비판적인 지식인들은 학생운동, NGO활동, 매스 미디어나 예술분야에 있어서 고

6 더욱이 여기서는 신중간층=뉴리치로 파악하고 있다. 그러나 양자를 준별해야 한다는 의견도 존재한다. 예를 들면, 자카르타의 노상에서 관찰을 행하고 있는 팀에 의하면, 차를 통해 이들 양자를 구분하는 것이 가능하다고 한다(Ziv, 2002). "종주도시의 시기부터 자카르타의 풍물시(詩)가 되어 있는, 펄럭펄럭하고 소리를 내며 달리는 바자이(삼륜차 택시)나 반쯤 망가진 기타를 치고 있는 걸인 사이를 번쩍번쩍하는 마세라티나 S클래스 메르세데스를 타고 휙휙 달리는 것이 뉴리치다. 다른 한편, 특히 아침저녁으로 포드나 도요타 마크를 넣은 자신의 차로 모든 도로를 메우며, 자카르타 전체의 빈축을 사고 있는 것이 신중간층이다"라고.

조된 비판적 운동과 중간계층의 대두 사이에 상보적인 관계가 있다고 간주하는 경향이 있었다. 실제로 그들 가운데는 중간계층을 지식인, 학생, 신문편집인, 신흥 비즈니스계급, 법률가 등 다양한 전문가로 이루어진 사회집단과 동일시하는 경우도 있다. 또한 중간계급을 중간급의 정부관료, 대기업 중간관리자, 소기업오너 등으로 구성된다고 보거나, 중간계층은 PDI(민주당)의 두터운 지지층을 이루고 있다고 간주하는 경향도 다분했다. 어쨌든 중간계층을 점진적인 입장에 있는, '변동의 담당자'로서 논하는 경향이 지배적이었던 것이다.

그러나 그렇게 논의되어 왔던 중간계층도 그 내부에서, 1997년에 시작된 경제위기로 인해 실업을 피할 수 없었던 자, 나아가 경제위기의 심화와 함께 나타난 하이퍼(hyper) 인플레의 고조 → 루피아(Rupiah)의 급속한 하락에 의해 상대적 빈곤에 빠진 자 등이 속출했다. 그리고 이와 함께 차츰 분명해지게 된 것이 그들의 '보수적 성격'이다. 원래 중간계층은 오르데 바루의 〈산물〉로서 존재하며, 개발독재 하에서 이루어진 경제성장의 '수혜자' 또는 '수용자'라는 측면을 강하게 지닌다. 그런데 그것이, 체제의 변화에 의해 발생한 불안정한 사회질서에 따른 위협이 현실화되면서 일거에 표출된 것이다. 즉 포스트 오르데 바루로의 이행과 함께 중간계층의 '진보적인 성격'의 이면에 숨겨져 있던 '또 하나의 성격'이 그 존립기반이 흔들리면서 표면화되었던 것이다.

여기서 간과할 수 없는 하나의 사실은, 도시중간층이 양극화된다는 점이다. 특히 아시아 경제위기 이후, 계층 하락한 도시중간층이 다수 출현하면서, 도시중간층과 도시하층과의 격차가 그다지 명확하지 않게 되었다. 그들은 캄풍에 거주하며, 소비주의적인 라이프스타일을 유지하는 한편, 이슬람의 율법에도 관여하는 양면성을 가지고 있다(今野, 2006: 204~205). 하지만 도시중간층의 상층부분 및 중간부분은 확실히 계속 증가하며, 이와 함께 앞서 서술한 바와 같은 '보수적인 성격'이 한층 두드러지고 있다. 그것이 가장 상징적인 형태로 나타난 것이 출입통제 공동체이다. 그것은 부분적으로 캄풍에 침식되기도 하고 캄풍을 석권하기도 하면서 나타나지만, 중요한 것은 그것이 교외나 외곽지역에서 폭넓게 나타난다는 점이다.

4. 출입통제 공동체

앞서 살펴본 것처럼 경제위기에 의해 도시중간층의 양면성이 표출되고, 그것이 공간적으로 매우 기형적인 형태로 나타나는 것이 다름 아닌 출입통제 공동체이다. 이의 가장 두드러진 특징은 울타리 등에 의해 인공적으로 구분하거나, 하천, 구릉 등의 자연 장벽을 적극적으로 활용하여 의식적으로 외부 세계와의 사이에 경계를 설치한다는 점이다. 출입통제 공동체에서는 24시간 내내 경비원과 감시카메라에 의해 보호되는 '개인적'인 동질공간이 만들어진다. 그런데 자카르타에서 이러한 출입통제 공동체가 '새로운 현상'으로서 표출된 것은 비교적 최근의 일이다.

출입통제 공동체의 뭉쳐나기와 직접 관련이 있는 것은 글로벌화와 결부된 토지개발이다. 토지개발이 시작된 것은, '주먹구구식 도시화'(Goldblum and Wong, 2000)가 진행되던 가운데 (토지개발이) 1981년의 자보타벡 대도시권 계획 안으로 편입되면서부터다.[7] 그 후 토지개발은 큰

7 구체적으로는 1981년의 자보타벡 대도시권 계획에 따라 1985~2005년을 대상기간으로 하는 자카르타 수도권(KDI Jakarta) 종합계획에 포함되었다. 다만 이하에서 서술하는 바와 같이 자치체 주도의 체계적인 토지개발은 거의 행해지지 않고, 비즈니스를 위한 좋은 기회라고 여긴 화교계의 복합기업에 의한 토지 사 모으기가 한결같이 선행되었다. 이들 복합기업은 그 후의 경제위기의 와중에 대부분 도태되었지만, 출입통제 거주공간을 자신들의 뜻에 따라 고객에게 제공했다는 점에서 보자면, 도시 재개발의 실질

돈벌이가 되는 사업으로 여겨졌고, 이에 화교계의 복합기업이 토지개발에 관계하며 새로운 주택수요를 불러일으켰다. 이들 개발업자는 최초에 싼 가격으로 휑뎅그렁한 토지를 사 모아 한동안 묵힌 채('휴면 토지' – Firman, 2000) 그대로 두었다. 그 후 1991년부터 1993년까지 2년 사이에 약 5만 8천 ha의 농지가 주거용으로 변경되었다. 그리고 1990년대 중반까지 자카르타 대도시권에서 규모로 보아 5백 ha에서 3만 ha에 이르는 25개의 대분양지 계획과 수백 곳에 이르는 5백 ha이하의 소분양지 계획이 모습을 드러냈다(Firman, 1997). 이리하여 자카르타 및 자보타벡의 도로지도에는 판매 대상의 집들이 늘어선 수천 개의 지역이 표기되기에 이르렀다. 특히 앞서 말한 복합기업과 외국자본이 공동으로 분양한 매우 사치스런 고급 주택지, 즉 출입통제 거주공간이 탄게랑 등의 외곽지역이나 교외에 입지하게 되었다. 게다가 아시아 경제위기 이후 주택시장에 있어서 복합기업의 이러한 과점상태는 한층 심화되었다.

그런데 여기서 눈에 띄게 대두하고 있는 출입통제 공동체의 일례로서 탄게랑에 입지한 릿포 카라와치(Lippo Karawaci, 이하 카라와치로 약칭)에 관해 살펴보고자 한다. 카라와치의 개발은 1992년에 시작되었다. 최초에는 약 500ha가 중심지로, 그리고 그와 동시에 2,800ha가 조성(개발)되었다. 그 후에 다시 1,300ha가 조성되었고, 이에 더하여 1999년까지 6,000ha가 추가로 조성되었다. 뉴타운의 형상을 보면 우선 중심에 거주지구가 있다. 여기는 담으로 둘러싸여 있으며, 공공도로인 중심 도로가 그 가운데를 지나고 있을 뿐이다. 입구에는 바리케이드가 있지만 언제나 열려 있다. 거기에는 경비가 있어 사람들을 감시하거나 출입을 통제한다(사진 5). 이 거주구역은 완전방어지대(TPZ)라고 불린다. 이 거주구역의 중심에 골프코

적인 담당자였다고 할 수 있다.

사진 5 릿포 카라와치의 게이트
※ 출처: Leisch(2002: 345)에서 인용.

사진 6 릿포 카라와치의 거리 모습
※ 출처: Leisch(2002: 345)에서 인용.

스가 있고, 그곳 혹은 그 주변에 입지해 있는 주택이 가장 고가이며 안전하다고 여겨진다. 완전방어지대 내에 있는 집은 모두 낮은 담으로 둘러싸여 있다(사진 6). 그리고 그곳에서는 장사를 할 수 없으며, 공공교통수단인 미니버스가 진입하는 것 또한 안전을 해친다는 이유로 금지되어 있다. 카라와치에는 거주구역을 중심으로 병원, 쇼핑몰, 영화관, 볼링장, 스포츠골프클럽, 레스토랑, 학교, 대학 등이 입지해 있으며, 문자 그대로 '자족적인(self-sustained)' 공동체를 구성하고 있다.

이에 덧붙여서, 라이쉬가 카라와치의 주민 754명에 대해 실시한 인터뷰 조사의 결과에 의하면, 대부분의 주민들은 이용료가 고가라서 그러한 시설을 항상 이용하지는 못하지만, 그러한 시설의 이용 자체가 그들이 선호하는 라이프스타일(미국식 생활방식)로 자리 잡고 있으며, 또 그러한 시설을 갖춘 타운에 살고 있다는 것 자체가 그들의 위신을 높여준다고 한다. 이러한 점이 안전성 이상으로 그들이 뉴타운으로 유입되는 동기다. 다른 한편, 주민들 가운데는 해외에서 교육을 받은 자가 많고, 거의가 핵가족 세대라는 점에서 확실히 일종의 동질성을 갖고 있다고 할 수 있지만, 그렇다고 해서 같은 지구의 주민이 서로 잘 알고 있는 것은 아니며 오히려 면식도 없는 경우가 많다. 그 때문에 개발업자나 조성주체가 '이웃 지켜보기'와 같은 활동을 조직하여 공동체를 형성하려고 노력할 정도다. 어쨌든 "사회적 측면의 수요와 근대의 디자인 사상, 그리고 자본주의적 명령이 섞인 것"이라는 상징적인 함의를 떠맡으며 출입통제 커뮤니티가 그곳에 등장하고 있다(Leisch, 2002).

여기서는 이미 살펴본 바와 같은, 고도의 '개인적'인 공간으로서의 출입통제 공동체는 아직 형성되지 않은 듯하다. 그리고 외부의 세계에 대해 무관심하고 냉담하면 할수록, 자신이 속한 공동체로의 정체성은 강화된다는 출입통제 공동체 특유의 경향도 그다지 명확한 형태로 출현하지 않는 것으로 보인다.[8] 그러나 '공(公)'에 전면적으로 의존하는 것이 아니라, 오히려 자신의 재량과 책임 하에 자신을 확립하려고 하는, 이른바 출입통제 공동체의 원형질과 같은 뭔가는 이미 만들어져 있다고 할 수 있을 것이다. 흥미로운 것은 거기에 도시중간층이 지닌, 이미 살펴본 바와 같은 '진보적인 성격'과 '보수적인 성격'이 혼연일체가 되어 그림자를 드리우고 있는 것처럼 보인다는 점이다. 이러한 점이 최근의 특징적인 동향으로서 범세계적인 국면에서 주목되고 있지만, 폐쇄된 동질적인 공동체로서의 성격을 지니게 될지 어떨지에 대해서는 성급하게 판단하기 어렵다. 그러나 외부 세계와의 경계(border)를 이루고 있는 출입문(gate)이 단순한 물리적 격리에 그치지 않고, 사회적 격리도 촉진하는 형태의 공동체가 머리를 쳐들고 있는 것은 사실이다.

새삼 주목되는 것은 카라와치와 같은 출입통제 공동체가 군데군데 만들어지는 가운데, 과도한 개인화의 진전에 의해 사실상 '공'이 부정되어, 그것에 의존할 수밖에 없는 외부세계와 (출입통제 공동체) 사이에 긴장관계가 일거에 높아지는, 미국에서 나타난 것과 같은 사태가 여기서도 발생할 것인지 어떨지 하는 점이다(상세한 것은 이 책 4장을 참조). 이 점은 카라와치와 같은 교외의 뉴타운보다는 오히려 캄풍에 직접 침식되거나 캄풍을 석권하면서 나타나는 중심도시 내의 출입통제 공동체를 필드로 삼아

---

8 덧붙이자면 자카르타 교외의 데포크(Depok)의 페소나카얀간에서 1998년 5월 폭동이 발생했던 당시에 자율경비단 결성을 둘러싸고 형성되었던 〈공동성〉은 '주민을 일깨우고, 공론을 형성하는 장'으로서의 요건을 담보함과 동시에, 고도의 동질적이며 '개인적'인 공간으로서의 출입통제 공동체의 내실을 갖추고 있다. 거기서는 위기에 직면하여 '우리들의 세계'가 중요함을 주민들 사이에서 확인할 수 있었다. 그리고 그러한 점을 계기로 지역 공동체의 정비가 이루어졌다. 그것이 고도로 배타적인 공간을 만들어 내고 있는지 어떤지는 논외로 하더라도, 도시중간층이 주도하는 출입통제 공동체의 본보기를 이루고 있다는 점은 확실하다. 또한 이러한 사례에 관해서는 ドゥイアント(1999)를 참고할 것.

검증해야 할 것이지만, 어쨌든 메가시티 자카르타에 있어서 이제까지 기본적으로 존재하지 않았던, 혹은 존재했다고 하더라도 캄풍의 세계에 포섭되어 있던 분수령(divide)의 표출이 이제부터 커다란 쟁점이 될 것이라는 점에는 어렵지 않게 생각이 미칠 수 있다.

5. 맺음말에 대신하여

여기서 이 장을 시작하면서 제시한 문제설정으로 돌아가자. 첫째는 글로벌화의 진전에 부합한 도시 재개발이 진행된 결과, 신자유주의적인 자본의 욕구에 유인된 공간 분화가 어떻게 하여 '출입통제 공동체와 슬럼'이라는 형태를 띠고 나타나는가 하는 점이다. 그 연원을 찾아보면, 확실히 초기 시카고학파가 즐겨 의제로 삼은 자연 상태의 도안인 '골드코스트와 슬럼'에 공명하는 것으로 보인다. 그러나 이 장의 이제까지의 서술에서 명확히 알 수 있듯이, '출입통제 공동체와 슬럼'이라는 도안 자체는 아시아 메가시티의 다층성과 분절성을 띤 계층구조와 공간적 불평등을 그 기층으로 삼고 있다. 문제는 이러한 계층성과 분절성을 글로벌화 일반의 문맥에서 읽어낼 것인가 아니면 자카르타가 가진 사회 · 문화구조의 차원으로까지 파고들어 검토할 것인가 하는 점이다. 이 장에서는 후자에 중점을 두고 지적한 바와 같은 다층성과 분절성에 다가가 보려고 했다. 어쨌든 이러한 점에서 아시아 메가시티 특유의 식민지/포스트 식민지의 지층이 '출입통제 공동체와 슬럼'이라는 분절된 도안과 어떻게 뒤얽히는가 하는 점이 또 하나의 〈질문〉으로 떠오르게 되었다.

이 장에서는 앞서 살펴본 두 가지 문제를 의식하면서, 우선 슬럼의 철거와 재개발이나 출입통제 공동체 뭉쳐나기의 과정을 도시 재개발의 〈쌍

생아〉로 밀어 붙이면서, 거기에 내재하는 공동체의 파괴와 쇄신, 전위(轉位)와 반전이 엮어내는 역동성에 주목하여 이를 명확히 하기 위해 힘썼다. 따라서 '출입통제 공동체와 슬럼'의 본원적 구조를 식민지/포스트 식민지의 지층에 내려서서 검증하는 작업은 그 필요성을 강하게 지적하면서도 약간의 소개에 그치고 있다.

이에 더하여 한 가지 확인해 두고 싶은 것은 중심도시의 여기저기서 볼 수 있는 정보화빌딩과 캄풍, 쇼핑센터 · 몰과 카키리마(노점)가 이웃하여 늘어선 경관, 그리고 세계의 맥도널드화나 마돈나화라고 불리는 현상의 진전과 함께 모방적인 라이프스타일, 관습, 기호, 패션, 소비자주의가 널리 침투해 있는 출입통제 공동체의 풍경이 포스트 식민지에 특유한 광경으로 존재하면서, 마찬가지로 사회의 내부에 있는 다양한 구성요소에 깊이 계류되어 있다는 점이다. 이러한 착종된 관계는 글로벌화가 그 내부에 심어놓은 '로컬한 것'의 전위를 잘 나타낸다고 할 수 있지만, 그 전위의 반대편에 메가시티 자카르타의 글로벌리티가 지닌 실정을 드러낸 것도 사실이다.

어쨌든 아시아 메가시티 자카르타는 슬럼과 출입통제 공동체의 병존 · 대립이라는 평면 위가 아니라, 오히려 양자가 중층적으로 폭주하는 형태로 존립한다고 보는 것이 이 장의 우선 당장의 귀결이다.

제8장

발리에서의 무슬림

"발리 생활의 박동은 그침이 없는 바다 속의 발레와 같아서
해저의 물의 흐름에 해초가 흔들리고, 문어나 해파리가
떠다니는 것 같은 특정의 리듬으로 움직이고 있다."

– M. 코바르비아스, 『발리 섬』

1. 시작하면서

2002년 10월 12일과 2005년 10월 1일 두 차례에 걸쳐 발리 섬 남부 번화가인 쿠타(Kuta)에서 발생한 폭탄테러 사건은, 발리힌두와 함께 '신들이 사는 섬'으로 여겨져 온 발리를 크게 뒤흔들었다. 테러에 휘말린 희생자의 수가 많다는 점에서도 그러하지만, 이 사건으로 발리가 이제 글로벌화가 야기한 모순과 무관하게 존재할 수 없다는 점을 세계가 인식하게 되었다. 실은 두 건의 사건 발생을 전후로 하여 발리 사회의 기층에서 커다란 지각변동이 일어나 오늘에 이르고 있다. 예를 들어, 주도(州都)인 덴파사르(Denapasar) 시(市)를 걷다보면, 발리의 상징인 힌두사원 푸라(Pura)를 능가하기라도 하듯이 최신의 크고 작은 모스크(mosque)가 여기저기에 자리하고 있음을 알게 된다. 또한 덴파사르의 중심부에 있는 서점에 들어가면, 코란 관련 서적이 줄지어 꽂혀 있는 서가 앞에 사람들이 무리지어 있는 것을 볼 수 있다. 필자 자신이 발리를 필드로 삼아 연구한 지 이미 10년이 넘었지만, 이는 얼마 전까지만 해도 생각할 수 없었던 일들이다.

기묘하게도 해외에서는 이러한 현상을 거의 간과하고 있다. 필자가 보기에는, 지금 발리에서 조용히 진행되고 있는 이슬람화는 글로벌 관광산업(tourism)의 진전과 밀접하게 관련되어 있다. 덧붙이자면 2004년의 시점에서 해외로부터 발리로 들어온 여행자의 수는 일본인이 32만 5천 명을 넘어섰으며, 다른 국가로부터의 여행자 수에 비해 압도적인 우위를 나타내었다(BPS, 2005). 이러한 상황은 현재까지 변하지 않았다. 그리고 매일매일 일본에서 발리를 향하는 수많은 여행객이 발리의 글로벌 관광산업에 공헌하고 있다. 그러나 발리를 방문하는 다수의 일본인은 변함없이 계속 정형화된 발리의 모습을 떠올리며, 글로벌 관광산업의 일익을 담당함으로써 결과적으로 자신들이 발리의 이슬람화를 촉진하고 있음에도 불구하고 발리의 이슬람화에 대해서는 전혀 무관심한 것으로 보인다.

확실히 발리에 사는 무슬림은 양적으로 봐서는 틀림없는 마이너리티다. 그러나 이하에서 서술하는 발리의 이슬람화에 의해, 발리힌두에 근거한 아다트(관습) 세계의 질서가 부분적으로 무너지기 시작한 것도 사실이다.[1] 즉 발리힌두라는 균질한 인종을 전제로 하는 전통적인 주제('신들의 섬')가 더 이상 성립하지 않게 되었다.

그래서 이 장에서는 발리의 이슬람화가 실제로 어떠한 형태로 진행되고 있는가, 그리고 그러한 점이 발리 사회에 어떠한 영향을 미치고 있는가에 관해 지난번 현지조사에서 얻은 지식을 원용해가며 서술하기로 한다.

2. 발리에서의 글로벌 관광산업 전개

우선 발리 관광산업의 경과에 관하여 간결하게 서술하고자 한다. 발리 관광산업의 시작은 숄테에 의하면 1908년 네덜란드 식민지 정부가 완강

---

1 원래 발리 사회는 아다트(관습)와 다나스(행정)라는 이원적 권위를 특징으로 한다. 그것은 네덜란드 식민지체제가 발리힌두를 제도의 바깥에 따로 둔 데서 비롯되지만, 포스트 식민지 시기에 와서 다시 제도 속으로 편입됨으로써 오히려 견고한 것이 되었다. 그러나 글로벌 관광산업의 진전에 수반하는 도시화의 파도에 공동체가 잠식되는 가운데 아다트가 다나스에 다시 포함되는 사태가 발생하고 있다(이러한 점에 관해서는 吉原, 2006c를 참조).

하게 저항하던 클룽쿵(Klungkung) 왕조를 항복시키던 당시로 거슬러 올라간다고 한다(Scholte, 1996). 이 당시 네덜란드군에 의한 현지민의 대량학살(이른바 푸푸탄)이 세계에 널리 알려지자 비판이 고조되었고, 이를 회피하고자 식민지 정부는 발리 문화의 보호책을 강구하게 된다. 그 일환으로 바타비아(현 자카르타)에 식민지 정부 공인의 관광사무소를 개설하고, '소(小)순다열도의 보석(Gem of the Lesser Sunda Isles)'이라는 캐치프레이즈를 내세우며 발리의 매력을 호소했다. 그 후 1920년대에 식민지 정부는 발리화로 알려진 정책을 전개해, 발리인 청년들에게 문화유산의 계승을 촉구했다. 그리고 그 결과로 발리는 외부인들의 관심을 끌게 되었다. 이에 더하여 발리라는 이름을 세계에 널리 알리는 계기가 된 것은 1931년 프랑스 파리에서 개최된 식민지박람회에서의 발리댄스 공연이다.

그런데 이러한 움직임과 함께 수라바야, 스마란, 바타비아, 싱가포르와 발리를 잇는 바다의 정기항로가 1920년대 말부터 1930년대 중반에 걸쳐 차례로 개설되었다. 또 발리호텔(덴파사르 시), 쿠타비치호텔, 수아라스가라 등이 개업하면서, 발리 방문객이 서서히 증가해 갔다. 이에 더하여 앞서 말한 관광사무소의 공식 기록에 의하면, 발리를 방문한 여행자 수는 1924년 213명, 1929년 1,428명 그리고 1939년에 약 3,000명으로 현저히 증가했다(Picard, 1996). 이처럼 발리에서는 식민지 시대에 주로 외부로부터의 에이전시 활동에 의한 관광산업 붐이 일었다. 그러나 이러한 붐은 식민지 단계에서는 아직 시작에 불과할 뿐 현지주민 자체도 이에 적극적으로 관여하지 않았다.

발리에 본격적인 관광산업의 파도가 밀려들어온 것은 이른바 수하르토의 오르데 바루 시기에 접어들면서부터다. 독립혁명의 영웅이자 초대 대통령인 수카르노(Sukarno)는 그의 어머니가 발리인이라는 점도 있고 해서 발리에 대해 지속적인 관심을 가지고 있었지만, 그의 재임기간(1945~

1966)에는 외국인 여행자의 모습이 두드러지게 눈에 띌 정도는 아니었다(Pringle, 2004). 그러나 1966년 일본의 전후배상기금에 의해 지어진 발리 비치호텔의 개업과 1969년의 응구라라이 공항의 개항에 의해 발리는 이제 국제적인 관광산업의 거점으로서 이후의 발전을 위한 기초를 형성하게 되었다.[2] 실제로 이 이후로 발리를 방문한 외국인 여행자 수는 1969년 8만 6천 명, 1974년 31만 3천 명 그리고 1982년 64만 2천 명으로 기하급수적으로 늘었다. 또 관광산업에 의해 벌어들이는 외화도 1969년의 1,080만 달러에서 1982년에는 3억 5,900만 달러로 현저히 증가했다(Erawan, 1994; Bari Government Tourism Office, 1997).

관광산업의 전개에 있어 빼놓을 수 없는 것이 발리비치호텔의 개업 및 응구라라이 공항의 개항을 계기로 하여, 그 이후 국영(가루다 인도네시아 항공)의 누사비아 비치호텔, 세계적으로 지점을 두고 있는 클럽메드, 힐튼, 소울, 하얏트, 쉐라톤, 샹글리아, 라마다, 하드록 호텔 등 최상급 호텔들이 연거푸 발리로 진출한 점이다. 또 이러한 움직임과 보조를 맞추듯이 가루다 인도네시아 항공을 시작으로 KLM, 루프트한자, UTA/에어프랑스, 라우다항공, 일본항공, 젠니쿠(全日空), 싱가포르항공, 캐세이패시픽, 말레이시아항공, 에어뉴질랜드, 타이항공, 칸타스, 안셋오스트랄리아, 콘티넨탈미크로네시아 등의 항공회사가 경쟁적으로 발리 정기편을 개설한 것도 빠뜨릴 수 없다. 여기서 그 견인차 역할을 한 것은 오르데 바루 체제하의 제1차 5개년 계획(1969~1974)이다. 이 5개년 계획 속에 관광산업이 포함되어, 발리 관광산업의 전개가 국책사업으로 수행되었다. 예를 들어, 1983년의 무비자 관광객 수용조치는 이러한 국책사업의 일환이었다.[3] 그

---

2 덧붙여서 그리야는 이 이전 시기 발리의 관광산업은 산발적인 도입기라고 했다. 그에 의하면, 응구라라이 공항의 개항과 함께 도로가 정비되고, 질적 · 양적으로 관광산업의 전개가 촉진되는, 이른바 집중기에 접어들었다고 한다(Geriya, 2002: 15~17).

리고 수하르토 일가와 연결된 정상(政商)들이 암약하여 1980년대부터 1990년대 중반에 걸쳐 관광산업의 전개는 발리 전역으로 확산되며, 정상궤도를 벗어난 형태로 진행되었다.

그런데 이러한 거침없는 관광산업의 확대는 발리가 실로 '자카르타의 식민지'(Hitchcock and Putra, 2007: 22)로서의 성격을 강화하는 과정이기도 했다. 그리고 1997년의 아시아 통화위기와 뒤이은 오르데 바루 체제의 붕괴에 따른 국가 차원에서의 관광산업 침체는 발리에도 크게 파급될 것으로 여겨졌다. 그러나 발리의 침체는 그다지 크지 않았다. 루피아에 대한 '엔화강세' 및 '호주달러강세'의 혜택을 누리기 위한 일본이나 호주로부터의 여행객이 계속해서 발리를 찾았기 때문이다. 포스트 오르데 바루 시기에 발생한 동티모르의 독립과 이에 뒤이은 혼란, 그리고 투쟁민주당의 강력한 지반 위에서 발생한 구스 두르(Gus Dur: 와히드)의 대통령 취임에 반대하는 발리의 폭동도 발리를 향하는 여행자의 흐름을 방해하지는 못했다. 그런데 발리를 방문한 여행자의 수에 기록적인 감소를 초래한 것은 2002년 10월 12일 번화가인 쿠타에서 발생한 폭탄테러사건이었다. 이 사건에 의해 표 4에 나타난 것처럼 2002년부터 2003년까지 1년간 외국인 여행자 수가 22.75%까지 감소하였다. 게다가 그 주된 부분이 호주와 유럽국가에서 온 여행자들이었다. 2004년에는 다시 상향기조로 바뀌었지만, 2005년 10월 1일 짐바란(Jimbaran)과 쿠타에서 발생한 두 번째 폭탄테러사건은 관광산업을 또다시 악화의 길로 이끌었다.

이렇게 보면 발리의 관광산업은 매우 불투명한 상황이지만 적어도 최근까지 글로벌화와 밀접하게 관련되어 해외의 주요도시와 덴파사르를 잇

3 나중에 폭탄테러사건의 영향으로 관광객이 격감하는 가운데 관광객에게 비자취득이 부과되었다. 이에 대해 관광객이 더욱 줄어들 것이라는 반대론도 제기되었지만, 지금까지의 상황으로는 수입의 증가로 이어지고 있다.

표 4 외국인 여행자 수 추이(2001~2005)

(단위: 명)

	2001년	2002년	2003년	2004년	2005년
I. 아시아·오세아니아	764,508	726,289	524,213	920,590	816,454
	(9.55)	(-5.00)	(-27.82)	(75.61)	(-11.31)
·오스트레일리아	238,857	183,389	107,386	267,338	249,520
·일본	296,282	301,452	228,013	325,849	310,139
II. 유럽	430,214	392,262	295,340	316,419	396,964
	(-2.42)	(-8.82)	(-24.71)	(7.14)	(25.46)
III. 미국	97,828	76,064	54,489	67,566	76,903
	(-15.53)	(-22.25)	(-28.36)	(24.00)	(13.82)
IV. 아세안	54,664	70,146	97,432	128,450	114,823
	(69.55)	(28.32)	(38.90)	(31.84)	(-10.61)
V. 중근동	322	3,770	3,925	9,572	2,543
	(-86.52)	(1,070.81)	(4.11)	(143.87)	(-73.43)
VI. 아프리카	7,447	5,955	4,606	5,679	6,539
	(-64.18)	(-20.03)	(-22.65)	(23.30)	(15.14)
VII. 기타	1,791	11,156	13,180	23,915	5,043
	(-96.09)	(522.89)	(18.14)	(81.45)	(-78.91)
계	1,356,774	1,285,642	993,185	1,472,191	1,419,269
	(0.07)	(-5.24)	(-22.75)	(48.23)	(-3.59)

※ 출처: BPS(1996, 2001, 2006)에서 작성

※ 주: 표 가운데 ( )는 전년대비를 나타냄.

는 항로가 개설된 점과 많은 호텔체인이 진출한 것이 그 견인차가 되었다는 점은 틀림없다. 나아가 관광산업의 진전이 외국인 여행자나 방문자를 대상으로 한 레스토랑 산업이나 그 외의 산업, 특히 예술이나 공예품 및 의료(衣料)를 다루는 산업의 융성을 가져온다는, 이른바 도미노 효과를 초래했다는 점도 명확하다(Hitchcock and Putra, 2007: 23). 그러나 이제 발리는 거기에 머물지 않고 발리 그 자체가 세계적인 브랜드가 되어 중부 자바 및 동부 자바, 나아가 동부 인도네시아의 섬들, 특히 롬보크(Lombok)에서 만들어진 제품을 모아 세계로 수출하는 기지가 되었다. 그리고 이를 둘러싸고 다국적기업이 이윤을 추구하기 위해 발리에 모여들어 기세 좋은 컨벤션 도시로서의 양상을 드러내고 있다.

하지만 여기서는 이러한 점을 다시금 언급하려는 것이 아니다. 앞서 서

표 5 발리의 산업부문별 취업인구 변화(1970~2004)

(단위: 명, ( )는 구성비)

년	농림 어업1)	제조업	건설업	상업·레스토랑·호텔	운수·보관·통신	금융·보험	서비스업2)	기타3)	계
1970	(66.7)	(5.8)	(2.5)	(10.5)	(1.2)	(0.2)	(8.3)	(4.9)	(100.0)
1980	(50.7)	(9.8)	(4.8)	(14.5)	(2.2)	(0.5)	(15.3)	(2.0)	(100.0)
2000	552,248 (32.3)	252,420 (14.7)	134,285 (7.9)	412,014 (24.1)	82,188 (4.8)	37,632 (2.2)	227,539 (13.3)	11,626 (0.7)	1,709,952 (100)
2004	681,320 (35.3)	190,420 (14.2)	104,595 (7.2)	489,750 (23.0)	86,245 (4.0)	21,215 (2.0)	234,725 (13.4)	26,895 (0.9)	1,835,165 (100)

※ 출처: 永野(2007: 170).

※ 주: 1) 농원노동자 포함. 2) 공공서비스 포함. 3) 기타는 채광 · 채석이나 전기가스공급을 포함.
4) 1970년과 1980년의 실제 수는 알 수 없음.

술한 바와 같은 글로벌 관광산업의 전개가 예를 들면 여행자가 소비하는 방대한 양의 새우를 공급하기 위해 망그로브(mangrove) 숲을 벌채하여 인공양식장을 만드는 일, 호텔 건설 러시에 따른 석탄수요에 대응하기 위해 산호초를 파괴하는 일, 여행자의 트래킹 투어로부터 야생동물을 보호하기 위해 산림과 들판을 벌채하여 보호지를 마련하는 일 등의 형태로 발리가 유구한 역사를 통해 유지해 온 생태계를 파괴하는 한편, 오랜 기간 발리 경제의 기간부분을 차지해 온 농업 및 이와 밀접하게 연결된 힌두사회를 크게 흔들어 왔으며, 현재도 흔들고 있다는 점을 드러내려 한다. 특히 후자와 관련시켜 글로벌화 현상으로서의 이슬람화가 발리 사회에 초래하고 있는 충격을 명확히 하는 것에 이하 서술의 목적을 둔다.

3. 무슬림의 발리 사회 유입 및 체류

글로벌 관광산업이 발리의 기존사회에 미치고 있는 영향을 무슬림화라는 형태로 읽어내려고 할 경우, 단적으로 두 가지의 현상을 통해 이해하면

알기 쉽다. 그 하나는 토착 발리인, 특히 젊은이가 급신장하는 호텔, 레스토랑 등의 상업부문에 대부분 고용되고, 그 결과 젊은이의 농업이탈이 진행되어 농업에 종사할 자가 현저히 부족해지는 사태가 발생했다는 점이다. 이에 더하여 표 5에 따르면 1980년과 2004년의 발리의 산업부문별 취업인구 중 농림업 종사자의 구성비가 50.7%에서 35.3%로 감소하고 있는데 비해 상업 · 레스토랑 · 호텔 종사원의 구성비는 14.5%에서 23.0%로 증가했다. 그리고 또 하나는 관광산업의 진전과 보조를 맞추어 다양한 관련 산업이 생겨났지만, 특히 발리의 브랜드화와 함께 의료(衣料)나 공예품, 특히 바티크(Batik: 수제 납염)에 대한 수요가 높아져, 덴파사르 시 남부의 교외지구에 바티크 공장이 즐비하게 들어서고, 그곳에 많은 반숙련 노동자들이 고용되었다는 점이다. 그림 4는 덴파사르 시 남덴파사르 구의 프모간 마을을 중심으로 입지한 바티크 공장의 분포상황을 나타낸 것인데, 대략 2000년경에 공장의 수가 정점에 달했다는 것을 알 수 있다.

여기서 첫 번째 현상에 관해 부연하여 말하자면 덴파사르 시 교외의 농촌지역과 같은 곳에서는 농지가 못쓰게 되어 택지화되는 경우, 농지의 일부에 저렴한 비용으로 로스멘이라 불리는 숙박시설을 지어 저임금 노동자의 홈스테이용으로 제공되는 경우가 끊이지 않는다(Hitchcock and Putra, 2007: 23). 그러나 무엇보다도 주목해야 할 것은 젊은이가 떠나면서 방치된 농지의 대부분이 자바에서 건너 온 일시체류자에 의해 경작된다는 점이다. 그들은 대체로 동부 자바로부터 동향이나 친족의 네트워크를 통해 부탁하여 집을 떠나 돈 벌러 온 농민들이다. 발리인에게서 농지를 빌려 모내기부터 벼베기까지 모두 수작업으로 행하고, 끝나면 다음 장소로 이동해 간다. 말하자면 계절이동노동자의 성격을 가지고 있으며, 벌어들인 돈은 고향의 가족에게 송금하는 한편, 숙박은 빌린 농지 근처의 공터나 길가에 텐트를 치고 하며, 취사도 거기서 해결한다(사진 7).

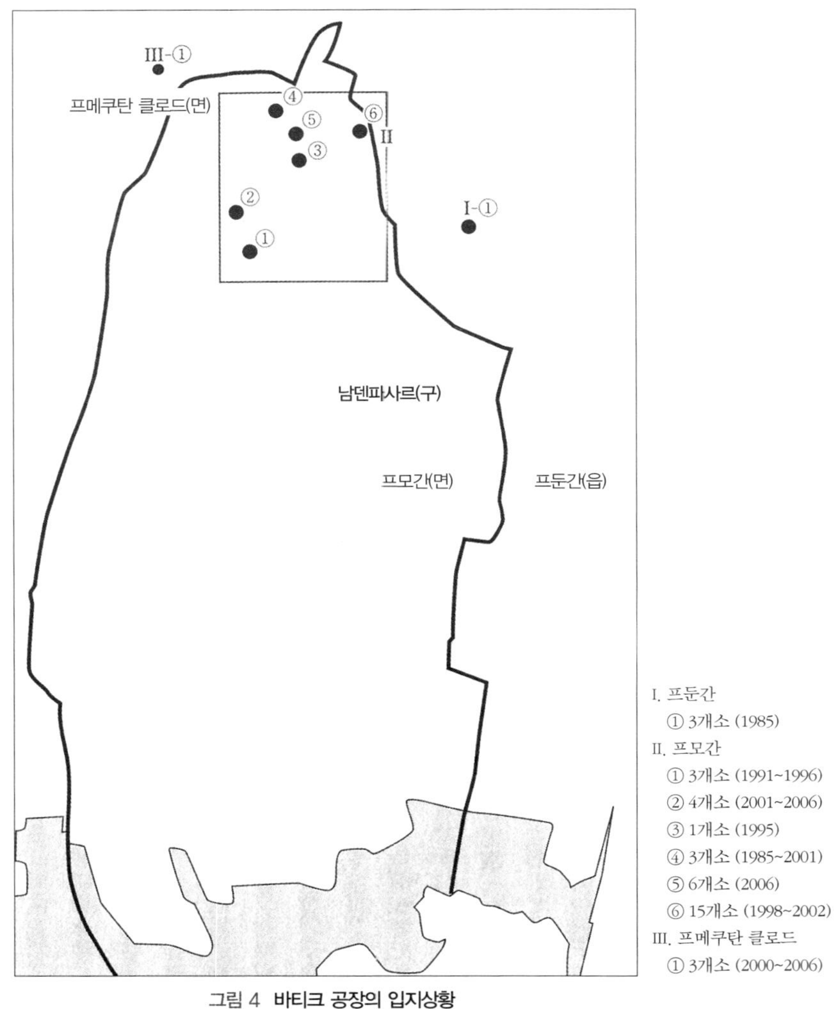

그림 4 바티크 공장의 입지상황

※ 출처: 城所(1998: 222)에서 인용.

이어서 두 번째 현상으로 시선을 옮겨보자. 바티크 공장 자체의 대부분은 이미 주민등록을 끝마친 자바 이주자들에 의해 경영되고 있지만, 그 바티크 공장에 고용되어 있는 반숙련노동자 역시 거의 대부분이 중부 자바 혹은 동부 자바에서 온 자바인이다(발리인은 거의 전무하다). 그들은 이

사진 7 **키푼**(외지 돈벌이 농민)**이 거주하는 텐트**(필자촬영)

른바 3D(Dirty, Difficult, Dangerous)업종에 종사하는 저임금의 일시체류자이며, 앞서 말한 외지를 돌며 돈벌이하는 농민과 마찬가지로, 고향에서는 생계를 유지할 수 없어서 일자리를 찾아 건너 온 사람들이다. 그리고 이들의 거의 대부분이 동향이나 친족의 네트워크를 통해 일자리를 얻고 있다. 그들의 노동현장은 환기가 잘 되지 않고 고온에다 습도도 높으며, 실로 노동력 착취공장(sweat shop) 그 자체이고, 숙식도 공장에 인접한 가건물 같은 곳에서 하고 있다(사진 8, 9 참조). 더욱이 최근에는 바티크 공장에서 흘러나온 폐수가 수바크(Subak: 발리 전통의 수리공동체조직—역주)의 용수로나 논을 오염시켜 쓰레기 투기와 함께 이웃주민을 괴롭히는 커다란 문제가 되고 있다(이 점에 관해서는 永野, 2007을 참조).[4]

---

4 발리 주정부는 2000년부터 바티크 공장의 폐수대책을 강구하게 되었다. 구체적으로는

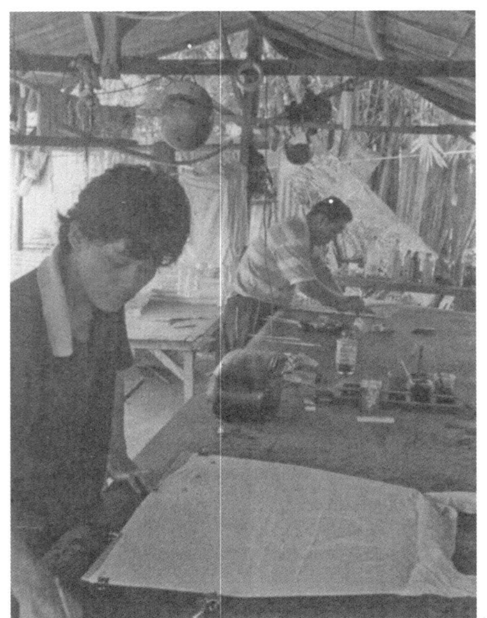
사진 8 **바티크 공장의 작업현장**(필자촬영)

새삼 주목되는 것은 앞서 개관한 자바에서 온 일시체류자가 글로벌 관광산업의 진전을 밑에서부터 지지함과 동시에, 블루 롬보크로 불리는 롬보크 출신의 육체노동자(특히 타일공이 많다)와 하나가 되어 발리의 저변사회를 구성하고 있다는 점이다. 그들은 거의 전원이 무슬림이며, 발리힌두 주도의 발리 사회에 있어서는 틀림없는 마이너리티로 존재한다. 지금 이러한 마이너리티 일시체류자가 글로벌 관광산업의 진전과 맞물려 양적으로 증가하는 한편, 그들의 유입·체류가 빈민가를 형성해 많은 수

주정부의 지도하에 2002년경부터 각 공장에 침전지(沈殿池)가 만들어졌다. 또 화학약품을 사용해 폐수의 색을 옅게 할 것이 요구되었다. 그러나 주변지역의 피해는 경감되지 않고 공장에 대한 비난은 오히려 거세졌다. 덧붙이자면 바티크 공장 경영자들이 조직한 협회(PPB)에서는, 회보『푸르나마(purnama)』2호에서, 2003년 8월 14일의 결정사항을 다음과 같이 전하고 있다.

1. 회원이 지켜야 할 규칙
   1) 하천에 바티크를 씻지 않을 것.
   2) 바티크의 폐수를 공장 내에서 여과하지 않은 채 그대로 방류하지 말 것.
   3) 공중시설에 바티크를 말리지 말 것.
2. 규칙위반에 대한 처벌
   1) 규칙을 지키지 않는 회원은 협회에서 제명된다.
   2) 규칙을 지키지 않는 회원은 데사(행정촌)에 의한 처벌을 받는다.

의 루코(Luko: 집을 뜻하는 루마와 가게를 뜻하는 토코의 조어로 가게가 딸린 집을 말함—역주)를 만들어 내고 있다. 그들은 일시적으로 바티크 공장의 폐쇄(이에는 앞서 언급한 두 번의 폭탄테러사건이나 후발주자인 중국의 시장참여가 영향을 미치고 있다)에 의해 자바의 고향마을로 돌아가더라도, 거기서는 먹고살 수가 없는 현실상황이 바뀌지 않는 한 다시 되돌아 올 수밖에 없다.[5] 어쨌든 한편으로 발리 사람들이 3D업종을 기피하고, 다른 한편으로는 자바에서 온 일시체류자의 고향마을이 절대적인 빈곤상태에 처해 있는 한, 후자의 발리 사회로의 유입·체류는 피할 수 없는 것이다.

사진 9 **키푼**(바티크 공장 노동자)**이 사는 가건물**(필자촬영)

그런데 이러한 자바에서 건너온 일시체류자의 양적 추이는 이들의 높

5 현재는 인구증가에 의한 공터의 부족, 토지가격의 급등, 중국과의 경쟁 격화 등에 의해 바티크 공업은 줄어드는 경향이다. 그리고 종업원은 일단 자바로 돌아가고 있다. 그러나 자바에 돌아가도 일할 곳이 없기에 결국 발리로 다시 오게 된다. 그리고 대부분은 다른 바티크 공장으로 옮겨간다. 결과적으로는 발리 사회에 체류하는 것이다. 그런데 바티크 공장의 대응을 살펴보면 다품종 소량생산(예를 들어, 비치사롱이나 베드커버의 제작)으로 활로를 개척하든가, 바티크의 예술적 측면이나 손으로 직접 만든 공예품의 가치에 착안하여 새로운 상업전략을 세우는 등의 경영자가 나타나고 있다. 또 공장을 자바로 이전하더라도 에이전트 기능을 발리에 두고 새로운 경영전략을 짜려고 하는 경영자도 등장하고 있다.

표 6 종교별 인구의 추이(1996~2006)

(단위: 명)

년		무슬림	힌두	불교도	개신교	가톨릭	계
1996	발리 주	163,259	2,672,151	16,054	10,454	12,157	2,874,075
		(5.7)	(93.0)	(0.5)	(0.4)	(0.4)	(100.0)
	덴파사르 시	43,119	312,667	6,743	2,497	6,388	371,414
		(11.6)	(84.2)	(1.8)	(0.7)	(1.7)	(100.0)
2001	발리 주	183,977	2,823,173	18,844	21,255	15,782	3,063,031
		(6.0)	(92.2)	(0.6)	(0.7)	(0.5)	(100.0)
	덴파사르 시	44,626	357,684	7,653	8,295	7,755	426,013
		(10.5)	(83.9)	(1.8)	(2.0)	(1.8)	(100.0)
2006	발리 주	198,933	2,956,875	20,925	48,799	22,258	3,247,790
		(6.1)	(91.1)	(0.6)	(1.5)	(0.7)	(100.0)
	덴파사르 시	68.705	342,629	9,329	32,350	10,902	463,915
		(14.8)	(73.9)	(2.0)	(7.0)	(2.3)	(100.0)

※ 출처: BPS(1996, 2001, 2006).

※ 주: 표 가운데 ( )는 전년대비를 나타냄.

은 이동성이나 유동성 때문에 파악하기가 반드시 쉽다고는 할 수 없다. 표 6에 나타나 있듯이 1996년 이후 무슬림 자체는 특히 덴파사르 시에 있어서는 확실히 힌두교도〔의 증가율〕를 능가할 정도로 늘고 있다. 그러나 여기서는 주민등록을 마친 무슬림만이 그 대상이 되었고, 일시체류자의 수는 포함되지 않았다. 따라서 실제로 발리, 특히 덴파사르 시에 거주하는 무슬림의 수는 표 6에 나타난 수치의 수배에 이를 것으로 추정된다. 오히려 현지사회 측이 일시체류자를 불법체류자로 이름 붙여 배제하는 경향이 있다는 점이 결과적으로 그들의 존재를 감춘 채 증가시켜 버렸다고 할 수 있다. 이 점에 관해서는 다음 절에서 서술하기로 한다.

4. 위로부터의 인구관리와 공동체의 유연한 대응

발리 주정부 및 덴파사르 시 당국은 이제까지 자바에서 건너온 일시체류자들에게 키펨(KIPEM: Kartu Identitas Penduduk Musiamn)이라는 호칭을 부여하여 기본적으로 이들의 유입을 억제하는 대책을 취해 왔다. 우선 1998년 제10호「발리 주 내에 있어서의 주민관리에 관한 주 조례」에서 정주 주민과는 달리 키펨을 일시적 주민, 계절주민, 방문객으로 구분하여 현행 규칙에 따라 각각 말단의 행정당국, 즉 데사(Desa: 면에 해당하는 행정단위—역주) 혹은 크루라한(Kelurahan: 읍에 해당하는 행정단위—역주)에 전입신고서를 제출하거나 보고할 의무를 부과했다. 나아가 2002년 2월 27일자로 각 지사·시장 앞으로 보낸 주지사 포고「발리 주에 있어서의 인구등록 실시방침」에서는 "키펨의 유입에 의해 발리의 인구가 증가하는 경향이 있으므로 인구등록을 통해 주민관리를 실행할 필요성이 점점 커지고 있다"는 인식하에서 키펨의 등록조건을 제시하고 이주/전입증명서의 발행, 이주자 명부의 작성, (주거)임대인의 반자르(Banjar: 마을에 해당하는 말단 행정단위—역주)에의 보고의무, 키펨 고용주의 데사나 크루라한에의 보고의무 등의 일반원칙(기준)을 열거했다. 그러나 이 당시까지도 주당국은 유입 일변도인 키펨의 동향을 파악하는 데에 급급해, 말하자면 뒤쫓아 가는 식으로 일반원칙을 지시하는 데 그치고 있었다고 할 수 있다.

2002년 10월 12일에 발생한 폭탄테러사건은 이러한 상황을 크게 변화시켰다. 사건이 일어나고 대략 한 달 후인 11월 14일, 지사로부터 각 시장·군수에게 내려진 공문인「이주자의 인구등록에 관한 방침」에서는 '사회의 질서회복'을 강조하면서, 이주자 인구등록을 철저히 함으로써 실행해야 한다는 점이 명시되었다. 그리고 총칙, 요건(여기서 처음으로 등록비에 관해 언급), 형식(서식), 절차에 관한 세칙을 정하였다. 더욱이 이러한 방침에 대한 데사나 크루라한의 대응은, 징수하는 등록비가 서로 차이가 나는 등 제각각이었다. 한편, 공동체 차원에서는 키펨에 대한 배제의 움직임이 고조되고 있었다. 덧붙여 말하자면 2003년 1월 7일자『콤파스』

지에는 덴파사르 시의 도시지역에서 프차란이라 불리는 토착의 경비단원이 심야에 주택에 밀고 들어와서 거주자에게 키프(KIPP: Kartu Identitas Penduduk Pendatang)라는 ID카드(신분증명서) 제시를 요구하는 행위가 빈발하고 있다는 기사가 보도되었다. 그러한 가운데 중앙정부로부터 더욱 체계적이며 실효성 있는 주민관리방식, 즉 키펨 억제책을 강구하라는 지시가 내려져, 동년 2월 10일, 지사포고 2003년 제153호 「발리 주의 주민관리 실시방법에 관한 발리 주지사와 전 시장 · 군수 간의 약정」이 나왔다.

이 약정은 인구등록의 정의에서 시작해 보증인, 절차, 수수료(등록비) 등에 관해 자세하게 언급하고 있다. 특히 보증인에게 키펨의 등록절차 및 체재기간(유효기간은 3개월, 1회에 한해 연장가능)에 관한 연대책임을 지우거나, 키프스(KIPS: Kartu Identitas Penduduk Sementara)라는 일시적인 주민 ID카드의 발행 수수료를 일률적으로 5만 루피아(연장의 경우 키프스 재발행 수수료도 5만 루피아)로 정하는 등, 일선현장에서 주민관리체제 및 키펨에 대한 취급규정에 혼란이 발생하지 않도록 상세하게 기술하여 알리고 있다. 이는 확실히 키펨에게뿐만 아니라 키펨을 받아들이는 측에게도 강제로 부담을 지우는 것이었다. 또한 그러한 점에서는 키펨의 유입을 억제하려는 의도가 엿보이는 것이라고 할 수 있다. 동시에 책임체제의 명확화와, 절차의 단일화를 통해 키펨의 유입으로 인해 혼란을 겪고 있는 인구관리를 위로부터 재편하고자 하는 행정당국의 논리를 간파할 수 있다. 덧붙여서 2005년 1월 20일에 발포된 지사포고 2005년 제3호 「발리 주의 인구관리에 관한 정보시스템에 관하여」에서는 면(읍)장, 구청장, 시장 및 군수의 각 차원에서 매일 정기적으로 인구관리에 관한 정보를 보고서로 정리하여 상부에 제출하도록 지시하였다.

그런데 이상과 같은 위로부터의 주민관리, 특히 키펨에 대한 통제가 진행되는 가운데 실제로 최말단의 행정당국이나 공동체(반자르)에서는 어떠한 대응이 이루어지고 있는 것인가? 우선 등록수수료를 보자면, 이는 보통 크리안(반자르의 수장)을 통해 데사에 지불된다. 앞서 살펴본 프모간 면(面)의 경우 수수료는 10만 루피아다. 지불 수수료 가운데 5만 루피아를 데사가 가져가고, 반자르 디나스(행정면 아래에 있는 반자르)와 반자르 아다트(관습면 아래에 있는 반자르)가 각각 2만 루피아를 가져간다.[6] 그리고 남은 1만 루피아는 면의 치안을 지키기 위한 비용과 수수료를 지불하지 않는 키펨을 단속하기 위한 팀의 운영비용으로 충당된다. 다른 한편, 3개월 더 연장할 경우에 지불하는 키펨의 수수료는 3만 루피아이며, 그 가운데 1만 5천 루피아가 데사에, 1만 2천 루피아가 반자르 디나스와 반자르 아다트에 반반씩, 그리고 3천 루피아가 수수료 미지불 키펨을 단속하기 위한 팀의 운영비용으로 배분된다. 이러한 등록수수료에 관한 한, 그 액수가 얼마이든 대체로 위에서 정한 규정의 틀 내에서 운영된다.

여기서 공동체의 대응이라는 점에서 새삼 주목되는 것이 앞서 언급한 수수료 미지불 키펨을 단속하기 위한 팀의 존재형태이다. 이 팀은 분명히

6 주 1에서 지적한 것처럼 발리 사회는 아다트와 디나스의 이원적 구성으로 되어 있지만, 이것이 행정의 최말단인 반자르에도 관철되고 있어 반자르 아다트와 반자르 디나스의 복합으로 이루어진 발리 공동체가 구성되어 있다. 하지만 이러한 공동체는 다양한 스카(임의로 가입 가능한 집단/자원봉사단체)로 이루어진 다원적 집단구성을 그 특징으로 한다. 지금까지는 전통적인 제례 · 행사는 반자르 아다트가, 세속적인 행정업무는 반자르 디나스가 담당하는 존재의 이유(raison d'etre)가 명확히 정해져 있지만, 오늘날 특히 도시화가 진행된 지역에서는 전자가 형식화되어 후자에 포섭되어 버리는 사태가 나타나게 되었다(상세한 것은 吉原, 2006c를 참조). 또한 그다지 심하지는 않다고 해도 전체적으로 양자의 상호 침투가 진행되고 있다는 점은 부정할 수 없는 사실이다. 그러한 가운데 반자르 아다트와 반자르 디나스 간의 역할분담은 이전만큼 명확하게 이루어지지 않고 있다(실제로 반자르 아다트와 반자르 디나스의 자리를 동일인물이 겸하는 경우도 발생하고 있다). 그런데 지방분권법의 성립을 계기로, 발리의 전통적 사회를 옹호하려는 입장에서 반자르 아다트의 자율성을 높이려는 움직임이 모습을 드러내고 있지만, 대략적으로는 위에서 말한 동향을 바꿀 정도는 아니다.

위로부터의 요청으로 반자르 단위로 만들어진다. 필자가 현지조사를 하고 있는 어느 반자르(프모간 면을 구성하는 반자르 가운데 하나)에서는 일주일에 한 번, 일요일에 반자르 내에 있는 키펨의 거주지를 방문하여 체류기간을 체크하고 있으며, 그 결과는 데사에 보고하도록 하고 있다. 당연히 데사에서는 시다크(불시검사)를 실시하여 미지불자나 체재기간을 넘긴 키펨을 적발해 범칙금을 부과한다. 그러나 해당 팀에서는 징벌적인 대응은 일체 하지 않고, 오히려 일자리를 구하지 못하거나 저임금에 허덕이는 키펨에 대하여 수수료의 감액이나 분할 지불 혹은 범칙금의 대납이 가능하도록 하고 있다.[7] 즉 공동체가 앞의 신문보도에서 본 바와 같이 위로부터의 통제에 따르는 것이 아니라, 굳이 말하자면, 키펨 자체 안전망의 형성 · 유지에 공헌하고 있는 것이다.

말할 것도 없이 이러한 공동체의 대응은 하나의 사례에 지나지 않는다. 그러나 키펨에 대한 위로부터의 억제가 일률적으로 모든 공동체에 작용하고 있지는 않다는 사실을 나타낸다는 점에서는 단지 하나의 사례로만 그치지 않는다. 어쨌든 글로벌 관광산업의 전개가 멈추지 않는 한, 그리고 키펨에 대한 권력적 통제 · 개입에 대한 공동체의 대응이 다양하고 유연하면 할수록 무슬림의 발리 사회 유입 · 체류는 진전되게 될 것이다.

7 이러한 반자르에서는 수속비용을 지불하지 않는 키펨에 대해 다음과 같은 조치가 강구되고 있다. 우선 3회 분할 지불을 인정한다. 그러니까 예를 들어 부부가 모두 키펨인 경우 두 사람에 20만 루피아의 수속비용이 필요하기 때문에, 우선 남편만 수속을 하고, 아내는 3개월 후에 수속을 하는 것을 용인한다. 또한 바티크 공장의 키펨의 경우, 수속은 경영자의 책임으로 하여 경영자에게 한데 모아서 수속을 밟게 한다. 거기서 키펨으로서 수속을 한 자가 유효기간(3개월) 내에 자바에 돌아갈 경우, 경영자의 지도 아래 수속 미완료 키펨에게 그 이름을 사용할 수 있도록 묵인한다.

5. 아제그 발리의 원천

여기서 무슬림의 발리 사회 유입 · 체류가 발리 사회의 새로운 긴장요인이 된다는 점도 지적해 둘 필요가 있을 것이다. 이러한 점에 관해서 특히 주목되는 것은 2002년 4월 『발리 포스트』지 그룹이 실시한, 아제그 발리(*ajeg Bali*: 발리 바로세우기)라 불리는, 발리의 전통 유지를 요구하는 운동이 그 이후의 우여곡절을 거치면서 무슬림의 발리 사회 유입 · 체류에 부정적인 반응을 나타내는 움직임과 공조하게 되었다는 점이다. 아제그 발리를 만들어 낸 원천은 하나가 아니지만, 그것이 포스트 오르데 바루의 분권화 흐름을 하나의 수맥으로 한다는 점은 틀림없다. 분권화는 당시까지의 오르데 바루 체제하의 집권적인 제도를 고쳐 지역적인 정체성의 확립을 지향하는 새로운 움직임을 인도네시아 사회에 가져왔다. 그리고 발리에서는 『발리 포스트』지 그룹이 그러한 정체성 확립의 일환으로서 지역문화의 진흥을 내걸고 아제그 발리 운동을 일으켰던 것이다(Hitchcock and Putra, 2007: 173). 그러나 많은 발리인들에게 있어 아제그 발리의 제창은 그다지 새롭지 않았으며, 의미 있는 문화적 표현으로 여겨지지도 않았다.[8]

아제그 발리가 진부한 전통의 고취에서 한 발 내딛게 되는 계기가 된 것은 2002년 10월에 발생한 폭탄테러사건이다. 이 사건을 거치면서 아제그 발리는 이제 단순한 문화적 표현에서 사회적이고 정치적인 슬로건으

---

8 아제그 발리가 소리 높여 외친 지역문화의 진흥은 식민지 체제하에서 이미 통치의 일환으로 편입되어 있었으며, 포스트 식민지 시기 글로벌 관광산업의 전략적 핵심을 이루고 있다. 확실히 아제그 발리가 부흥시키려고 하는 지역문화는 발리힌두에 깊이 발을 들여놓고 있다. 그러나 글로벌화와 그것에 얽혀서 모습을 드러내는 지역문화의 차이가 반드시 명백한 것은 아니다. 오히려 글로벌화의 흐름에 완전히 농락당하고 있는 것처럼 보인다.

로 그 모습을 바꾸게 되었다. 그리고 명확하게 테러리스트로부터 섬을 보호하자고 호소하게 되었다. 즉 문화보다도 안전 · 안심을 훨씬 상위에 두고, 그리하여 아제그 발리를 달성하자는 운동과 관광산업의 진전이 결부되었던 것이다. 무엇보다도 관광산업은 외부로부터의 환경파괴나 격차의 심화라는 좋지 않은 영향을 초래한다. 따라서 그러한 '악'을 배제하고, 발리를 지켜나가는 것이 운동으로서의 아제그 발리의 최대의 요점이 된 것이다. 이에 더하여 아제그 발리에 호응하는 사람들에게는 지적한 바와 같은 '악'과 키펨이 겹쳐서 보이게 된다. 따라서 키펨은 억압과 배제의 대상이 될 뿐이다.[9]

더욱이 아제그 발리는 결코 하나로 결속된 것만은 아니다. 아제그 발리라는 말이 발리 사회에 범람하게 되자 이를 문화적 선전이나 정치적 운동, 혹은 미디어 집단의 시장전략으로 간주하는 입장이 복잡하게 교차하면서 나타났다. 또한 국정 차원에서 아제그 발리가 쟁점이 되는 일도 결코 드물지 않고, 아제그 발리를 국가 차원에서 '다양성 속의 통일'을 추구하는 움직임과 동일한 기원을 가진 것으로 보려는 입장도 출현했다. 그러나 이러한 상황을 아무리 넓혀서 보아도, 그것이 아제그 발리의 원천을 이루고 있는 것 자체를 부정할 수는 없으며, 또한 무슬림의 발리 사회 유입과의 사이에서 자아내는 긴장관계를 완화할 수도 없다. 어쨌든 아제그

9 주 8의 반복이 될지도 모르지만, 아제그 발리는 오늘날 세계의 여기저기서 나타나는 반글로벌리즘 운동의 변종으로 규정할 수 있을지도 모른다. 또한 유럽에서 확산되고 있는, 어떤 의미에서 문화상대주의를 표절한, 이민노동자를 배격하는 네오내셔널리즘 운동과 유사한(analogical) 것으로 논의될 수 있을지도 모른다. 중요하다고 여겨지는 것은, 아제그 발리의 운동이 글로벌 관광산업의 진전에 의해 '종(race)'을 둘러싼 사회질서가 무너지는 상황을 어떻게 보고 있는가 하는 점이다. 또한 이러한 점과 관련하여 아제그 발리가 발리힌두의 교의에 보다 충실하게 돌아가려는 일면을 지니고 있다는 점도 지적해 둘 필요가 있다. 이러한 점에 관해서는 우선 Bali Post(2004)를 참조.

발리 운동은 글로벌 관광산업의 진전에 의한 밖으로부터의 영향에서 발리를 지키고 발리의 전통을 유지하자는 호소에서 시작해 발리의 안전성을 높이기 위해 공동체와 하나가 되어 '다른 것'을 배제하려는 실제적인 움직임으로의, 어쩐지 불안한 확산을 나타내고 있다.

그러한 가운데 『발리 포스트』지가 2007년 6월 4일과 6일에 보도한 다음과 같은 사건은 결코 우발적인 것으로 그냥 지나쳐버릴 수 없다. 이에 의하면, 6월 3일 새벽(오전 3시경), 캄풍 이슬람 크파온의 젊은이들이 집단으로 자전거를 타고 인접한 반자르인 자바 산티를 통과하려고 했다. 그때 자바 산티의 젊은이들과 싸움이 벌어졌다. 싸움에 질 것 같았던 자바 산티의 젊은이들은 급히 크루크루(목제 半鐘)를 두드려 반자르에 알리면서 가세해 줄 것을 요청했다. 그 결과 자바 산티의 사람들이 대거 현장에 모여들었다. 한편 이러한 사실을 안 캄풍 이슬람 크바온의 젊은이들, 특히 여성들은 자바 산티의 사람들이 자신들의 집에 밀고 들어오지나 않을까 하는 불안에 휩싸여 일종의 패닉상태에 빠졌다고 한다. 사건 그 자체는 이웃에 사는 젊은이들끼리의 사소한 다툼에서 파생된 것이라고 할 수 있을지라도, 그 밑바닥에는 실은 아제그 발리에 동조하거나 혹은 이에 연동하는 사회의 동향과 미묘하게 얽힌 뭔가가 자리하고 있는 것이 확실하다.

6. 마치면서

'신이 사는 섬' 발리는 이제까지 '다양성 속의 통일'로 대변되는 인도네시아 사회 속에서 섬 전체가 발리힌두 일색이라고 하는 특이한 사회구성을 유지해 왔다. 그리고 그러한 점 자체가 얄궂게도 '상상의 공동체'(Anderson, 1983=1987)로서의 국민국가 형성의 중요한 일환을 이루어 왔다. 그러나 오르데 바루의 붕괴, 그리고 그것과 상승작용하며 진행된 글로벌 관광산업의 전개는, 전통적이고 지배적인 발리에서 가장 받아들이기 힘들 것으로 여겨져 왔던 이슬람의 수용을 필연적인 것으로 만든다. 정말로 글로벌 현상으로서의 이슬람화의 파도에 휩쓸려가려 하는 것이 지금 발리의 상황이다. 물론 그렇기 때문에 오히려 그러한 거대한 파도로부터 필사적으로 자신을 지키려는 전통적인 발리, 보수적인 발리가 머리를 치켜든다. 그것은 이를테면 이질적인 것에 대한 억압과 배제의 입장(stance), 그리고 '닫아서 지키는' 로컬리티로의 지향을 내재한 형태로서 나타난다. 즉 거주형태야 어떻든 현재 발리에서 생활하는 무슬림을 마이너리티로서 제재하려는 힘으로 작용하는 것이다.

이 장에서는 글로벌화 현상으로서의 이슬람화에 노출되면서, 그것을 여전히 자신의 것으로 받아들이지 못하고 있는 발리의 현상을 살며시 엿봤다. 앞으로 이질적인 것끼리의 싸움을 통해 가령 '창발적인 것(the emergent)'10이 발리 사회의 내부로부터 용솟음쳐 나온다고 해도, 그렇게 되기까지는 상당한 시간이 필요할 것이다. 그 점에 대해서는 앞으로 주의 깊게 지켜볼 수밖에 없지만, 여기서 마지막으로 이제까지 서술해 온 발리의 이슬람화가 일본인에게는 어떤 의미를 가지는가에 관해서 한마디 언급해 두고 싶다.

글의 첫머리에서 다뤘던 것처럼 오늘날 발리의 글로벌 관광산업을 지탱하는 최대의 담지자는 일본인이다. 그럼에도 불구하고 글로벌 관광산

---

10 여기서 말하는 '창발적인 것'은 끝없이 확산하며 바닥이 없는 뭔가 본원적인 것으로부터 솟아오르는 것이 아니다. 현실에 유포하는 자기 조직성이나 내발성에 관계된 논의는 자칫하면 이러한 성격을 띠기 쉽다. 필자가 합의하고 있는 '창발적인 것'은 일상을 살아가는 살아있는 인간이 타자와의 관계를 통해 만들어 내는 중층적인 네트워크로부터 솟아올라오는 것이며, 그 자체로 존재하는 것이 아니다. 상세한 것은 吉原(2005c)를 참조.

업의 진전과 함께 진행되는 발리의 이슬람화에 대해서는 그다지 잘 알지 못한다. 그들 대부분은 주어지고 제시된 것, 즉 발리힌두에 근거한 균질적인 인종이라는 주제구성을 '있는 것'으로 받아들이고, 그것을 단지 소비하는 데 지나지 않는다. 그들에게 있어 이슬람화는 '없는 것'이나 마찬가지다. 또한 그러한 한, 그들의 의식 속에 발리 무슬림의 존재는 계속해서 절대적인 마이너리티로 존재한다. 원래 그들에게 발리는 단지 보는 데 그치는 '타자'에 불과하기 때문에 발리 사회의 이슬람화에까지 생각이 미치는 것 자체가 무리일지도 모른다. 그러나 현실의 발리는 '있는 것'이 점차 효력을 잃어가며, 역으로 '없는 것'으로 일방적으로 단정되어 온 것이 '있는 것'을 대신하려고 한다. 따라서 무엇보다도 먼저 이러한 점에 대한 인식을, 자신의 여행자적 경험이 실은 이슬람화를 촉구한다는 감각과 함께 심화해야 할 것이다.

이러한 감각이나 인식의 심화는 어떤 의미에서 그들의 일본 사회에 대한 인식으로 이어져, '있는 것'으로 관념화된 것(국민국가가 암묵적으로 요구하는 균질적인 사회)을 통해 현실의 사회를 바라보며, 자신의 관념이 미치지 않는 새로운 동향, 특히 세계를 이동하는 사람들이 만들어 내는 경관인 '인종적 경관'(Appadurai, 1996)의 출현을 '없는 것'으로서 거부하는 입장을 객관적으로 재평가하게 될지도 모른다. 필자는 이러한 점이 발리의 이슬람화가 일본인에게 가져다주는 가능성이라고 보아 지금으로서는 이에 가장 주목하고 있다.

제9장

발리와 일본인

"발리 사회에서 발생하고 있는 일을 관찰해 보면 거대한 선전도 지나침도 없이, 또한 예를 들어 공적으로 강화할 필요도 없이 이미 많은 것이 변화하고 있다."

– P. 스티아, 『발리 안내』

1. 글로벌화와 '경계에 선 사람'

글로벌화의 진전과 함께 국민국가나 국민사회를 특징지어온 영역이나 경계가 매우 유동적이며, 사람 · 물자 · 돈의 경계를 넘는 흐름이 사람들의 생활을 크게 변화시키고 있다. 정말로 '사회를 초월한 사회'의 존재가 풍문으로 나돌게 될 정도가 되었다. 그런데 사람의 흐름에 관해 말하자면 내셔널리티와의 강한 연계를 유지하기가 점점 어렵게 되었다. 그리고 여행과 이주를 잘라 구분하는 것이 곤란해지며, 일상과 비일상의 구분도 애매해졌다. 오히려 국가와 국가, 사회와 사회 그리고 민족과 민족의 '사이'에서 살아가는 것이 새로운 이동주체의 생활 '형태'가 되었다. 이러한 점에서 근대 국민국가를 도려내려고 하는, 코헨이 말하는 '글로벌 디아스포라'는 틀림없는 선구적인 형태를 이룬다(Cohen, 1997=2001). '어떠한 영역에도 속하지 않는 이중적인 존재'로서의 디아스포라나 노마드(nomad)[1]가 역사상 처음으로 사회의 〈전면〉에 등장하려 하는 것이다(伊

1 덧붙이자면 코헨은 디아스포라에 관해 다음과 같이 설명하고 있다. "디아스포라는 영토적인 선 긋기가 없고, 몇 개의 언어를 구사하며, 글로벌화의 경향과 로컬화의 경향 사이에 있는 해자에 다리를 놓는 것도 가능하다. 따라서 디아스포라는 눈앞의 경제적, 문화적 기회를 교묘하게 파악할 수 있다.……디아스포라가 훨씬 더 세계적인 존재가 되어감에 따라 그들이 가진 권력도 중요성이 높아져 간다"(Cohen, 1992=2001: 279). 다른 한편, 어리는 노마드에 관해서 "노마드는 점이나 교차점이라고 하기보다는 도주선(逃走線: ligne de fuite)에 의해 구성되어 있으며, 탈영토화된 사회를 특징짓고 있다"(Urry,

豫谷, 1998: 239).

다른 한편, 사람들의 국경을 넘는 흐름은 이주지의 포령(enclave)을 탈영토화하면서 재영토화한다. 동시에 그러한 과정과 마주하면서 다양한 연합이 생겨난다.[2] 그러한 연합은 '닫힌' 공동체로의 일체화가 아니라, 로컬한 사회로의 '열린' 관계를 매개로 만들어진다. 거기서 볼 수 있는 것은 "해외 일본기업을 중심으로 부동산업, 소매업, 서비스 산업, 학교 · 유치원, 클럽 등의 일련의 세트를 이루는 생활기반 지지시스템"(岩崎, 2003: 4)을 둘러싸고 형성된 '인종적 경관'(아파두라이)가 아니라, '탈(脫)회사'를 지표로 하여 만들어진 인종적 경관이다. 여기서도 자신의 의지로 국경을 넘어 각각의 영역에서 공존하는, 발걸음도 가벼운 이른바 '경계에 선 사람'이 그 주역이 된다.

그런데 여기서 살펴보고자 하는 발리의 일본인도 기본적으로는 위에서와 같은 움직임의 한복판에 있다고 할 수 있다. 아니 오히려 그러한 움직임을 적극적으로 만들어 내고 있다고 해야 할 것이다. 발리 자체가 글로벌 관광산업[3]의 첨단을 이루며, 어딘가 정겨운 '치유의 마을'이 다른 곳보다 더 나은 관광자원이 됨과 동시에, 그러한 것들에 매혹되어 '발리 참

2000=2006: 48)고 설명한다. 여기서는 디아스포라와 노마드가 실로 이동과 여행의 메타포로서 존재한다는 점을 확인해 두고 싶다.

2 여기서 말하는 연합은 "국민국가의 경계 안에만 있는 것이 아니라 국경을 넘기도 한다. 즉 일종의 시민사회 네트워크의 수평적인 확대를 전제로 하는" 공동의 참여=커뮤니티를 말하는 것이지만, 그것은 "의식적인 것이며, 공감과 정감을 기초로, 자유롭게 선택한다는 점에 그 특징이 있다"(Urry, 2000=2006: 250~252). 나아가 연합의 현실적 형태에 관해서는 이 책 4장에서도 약간 언급하고 있으므로 참조가 되었으면 한다.

3 발리에 있어서의 글로벌 관광산업 전개에 관해서는 우선 요시하라(吉原) 편저(2008)에 수록된 곤노(今野)의 논문(2장 및 3장)을, 또 현지 연구자의 눈으로 본 글로벌 관광산업의 존재양태에 관해서는 아래의 주 **4**에서도 언급하는, 파소니안 모델을 채용한 Geriya (2002)를 참조할 것.

배'를 행하는, 해외로부터 유입되는 사람들의 흐름이 이미 형성되었다. 이와 동시에 이른바 기업진출과 세트를 이루는 해외이민과는 확연히 다른 목적으로 국경을 넘어 온 이주자들의 탈내셔널리티 지향이 발리의 일본인 사회에 새로운 영향을 미치고 있다. 여기서는 해외의 많은 일본인 사회에서 나타나는, 이른바 '폐쇄적인 것이 쾌적하다'는 '동질성에의 애착/지향'은 보이지 않는다. 그러나 '경계에 선 사람'은 여행과 이주의 사이를 왔다 갔다 하면서도 일본의 '지금'에 깊게 계류되는 것도 사실이다.

이하에서는 2007년 8월에 실시한 구술조사를 기반으로 하여 몇 가지 사례를 제시해가며 발리 일본인의 '지금' 모습을 밝혀보고자 한다.

2. 기업이민에서 라이프스타일 이민으로

발리에서 일본인의 모습이 눈에 띄게 된 것은 1990년대에 들어서면서부터다. 특히 1994년에 시작된 JAL기 취항은 발리 붐에 불을 붙여 일본인 관광객이 발리에 쇄도하는 계기가 되었다고 할 수 있다. 덧붙여서 『발리주(州) 통계』에 의하면 1999년에 그 당시까지 항상 최다의 관광객을 자랑해오던 호주를 제치고 결국 일본인 관광객 수가 1위로 뛰어올랐다(호주인 22만 8,568명, 일본인 29만 9,233명). 그리고 그 후로 오늘에 이르기까지 항상 1위의 자리를 유지해오고 있다. 확실히 2002년과 2005년에 일어난 폭탄테러사건은 일본인의 발리행에 찬물을 끼얹었다. 실제로 2002년부터 2003년 및 2005년부터 2007년에 걸쳐, 각각 38.4%, 17.5% 하락했다(Bali Government Tourism Office 소장자료에서). 그러나 전반적인 증가 기조 그 자체를 되돌릴 정도는 아니다.

그런데 발리를 방문하는 관광객의 증대와 함께 발리에 체류하는 일본

표 7 발리 체류 일본인 수의 추이

년	1997	1998	1999	2000	2001	2002	2003	2004	2005	2006
사람 수	737	841	921	1,005	1,226	1,330	1,372	1,453	1,568	1,657
(증감률)	(10%)	(14%)	(10%)	(9%)	(22%)	(8%)	(3%)	(6%)	(8%)	(5%)

※ 출처: 덴파사르 일본 총영사관 소장자료에 의해 작성.

표 8 지역별 체류 일본인 수(2006)

( )안은 백분율

	남		여		계	
덴파사르 시(덴파사르, 사누르)	253	(37/43)	334	(35/57)	587	(35/100)
바둥 군(쿠타, 스미냐크, 짐바란, 누사두아)	306	(44/42)	416	(43/58)	722	(44/100)
기안야르 군(우부드)	109	(16/37)	184	(19/63)	293	(18/100)
불레렝 군	10	(1/50)	10	(1/50)	20	(1/100)
타바난 군	4	(1/36)	7	(1/64)	11	(1/100)
카랑가셈 군	4	(1/31)	9	(1/69)	13	(1/100)
젬브라나 군	4	(1/67)	2	(0/33)	6	(0/100)
방리 군	1	(0/25)	3	(0/75)	4	(0/100)
클룽쿵 군	0	(0/0)	1	(0/100)	1	(0/100)
계	691	(100/42)	966	(100/58)	1,657	(100/100)

※ 출처: 덴파사르 일본 총영사관 소장자료에서 작성.

※ 주: ( )안의 왼쪽은 군 · 시별 구성비, 오른쪽은 남녀별 구성비를 나타내고 있음.

인의 수도 확실히 늘었다. 표 7은 1997년부터 2006년까지 10년간의 발리 체류 일본인의 양적 추이를 살펴본 것으로 일관되게 계속 증가함을 알 수 있다. 하지만 이 수치는 체류 서류를 제출한 자에 한한 것이기 때문에 실제로는 표 7에 나타난 것보다 훨씬 많은 일본인이 체류한다고 여겨진다. 더욱이 표 8에 나타난 것처럼 지역별로는 글로벌 관광산업의 첨단지역인 2군 1시(덴파사르 시, 바둥 군 및 기안야르 군)가 전체의 96.7%를, 또 성별로는 여성이 약 60%를 차지한다. 이러한 점은 1990년대에 접어들어 일본인 여성과 발리인 남성 사이에 혼인 붐4이 일어, 그 움직임이 현재까지 계속

4 그리야에 의하면, 발리에서 이민족간 결혼(mixed marriage) 현상은 결코 새로운 현상이 아니라고 한다. 옛날로 거슬러 올라가면, 7세기경에 발리인 왕과 중국인 왕비의 예가 있으며, 식민지 체제하에서는 발리인과 미국인, 네덜란드인, 독일인, 호주인과의 혼

되는 점(영사관의 이야기로는, 특히 최근에는 일본인과 발리인의 결혼이 한 주에 3쌍 정도 이루어졌다고 한다), 또는 최근 정년퇴직자 등에 의한 장기체류(long stay)가 꽤 많이 나타난 점[5]과 관계가 있다고 여겨진다.

여기서 주목되는 것은 발리의 일본인의 경우 다른 국가나 지역에서 흔히 볼 수 있는 일본기업의 해외진출과 직접 결부된 이주자('기업이민')가 주류를 이루지 않고, 오히려 야마시타(山下普司) 등이 말하는, 중·장년층

인이 자주 나타났다. 그러다가 1990년대가 되어 발리인과 일본인 쌍이 두드러지게 나타났다(덧붙이자면 1997년에 발리인(남)과 일본인(여) 부부는 약 300쌍이었다). 그리야의 시기구분에서 이러한 1990년대는 발리 관광산업의 제3기에 해당하며, 발리의 진정한 매력(자연의 아름다움, 사람들의 친절함, 촌락적 가치 등)이 관광산업 전략의 중심에 자리하며, 또한 그러한 움직임과 관련되어 벤처 비즈니스나 패밀리 비즈니스가 적극적으로 전개된 시기다. 이러한 관광산업의 존재양태가 일본인 여성 관광객의 마음을 사로잡았다고 할 것이다(Geriya, 2002).

5 롱스테이 재단에 의하면 1991~2006년에 있어 50세 이상의 연령별 롱스테이 추계인구는 그림 5와 같다. 확실히 점증하고 있음을 알 수 있다. 단지 국가별 추계인구가 분명하지 않기 때문에, 2006년에 한하여 연령별 롱스테이 희망국의 순위를 보면, 인도네시아는 50대에서 8위, 60대 9위, 70대 8위, 80대 2위로 나타났으며, 아시아에서는(80대를 제외하고) 말레이시아, 타이에 이어 그 희망자가 많다(롱스테이 재단, 2007). 속단은 금물이지만, 인도네시아 특히 발리의 롱스테이가 하나의 조류가 되었다는 점을 지적할 수 있다.

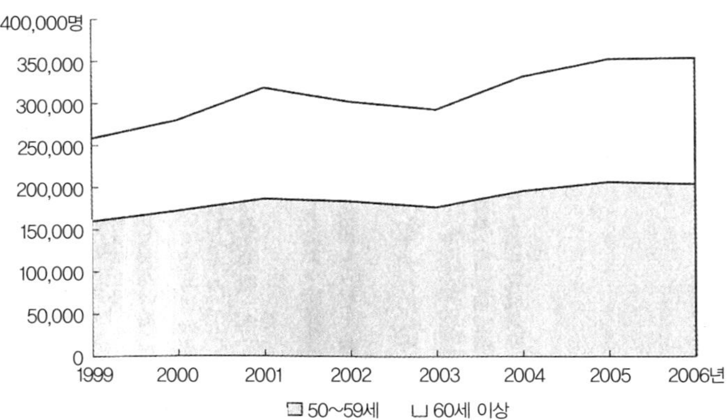

그림 5 롱스테이 인구추계(연도별)의 추이
※ 출처: 롱스테이재단(2007: 49)

여성이나 정년퇴직자를 당사자로 하는 '라이프스타일 이민'이 그 중심을 이룬다는 점이다(山下, 2007; 島村, 2007). 예를 들면, 같은 인도네시아라도 자카르타에 사는 일본인의 경우 '회사 파견 주재원과 전업주부인 아내'가 중심을 이룬다. 굳이 말하자면 폐쇄적이며 동질적인 공동체가 형성되었다고 할 수 있다. 이른바 지위가 위세를 떨치는, 고도로 위계적인 일본인 사회가 형성된 것이다.

발리의 일본인은 이하에서 보는 것처럼 굳이 말하자면 여행과 이주의 경계를 왔다 갔다 하는 존재이며, 스스로의 선택에 의해 발리 사회에 관계하려고 한다. 따라서 종래의 이민이나 이주자와는 달리, 살아가는 방식의 '형태'가 어딘가 정형적이지 않고 유동적이다. 그리고 그러한 점 자체가 글로벌화의 진전에 수반하는 생활/생활주체의 탈경계화/유동화에 서로 영향을 주고받는다. 그렇다면 탈통합과 유동성을 특징으로 하는 일본인 사회는 구체적으로 어떠한 존재양태를 나타내는 것일까? 그리고 그것은 '일본적인 것의 반사경'과는 다른 사회문화적 맥락에서 도대체 어느 정도 안전망(safety net)으로서의 역할을 하는 것인가? 우선은 그 핵심을 이루는 것으로 여겨지는 발리 일본인회에 관해서 언급하는 것에서 시작하자.

3. 발리 일본인회의 기층

발리 일본인회(사진 10. 이하 일본인회로 약칭)가 발족된 것은 1991년의 일이다. 일본어 보습수업학교(이하 보습학교로 약칭)를 설립할 즈음에 외무성 등과 교섭하기 위한 조직으로서 발족되었다. 그리고 보습학교는 11명의 학생으로 개교했다. 일본인회의 회원은 법인회원과 개인회원으로 이

사진 10 **발리의 일본인회**(필자촬영)

루어지며, 2007년 7월말 현재 법인회원은 52개사 154명(가족회원 16명 포함), 개인회원은 271명이다. 법인회원은 JAL, HIS, JTB 및 이들과 관련된 기업이 주력회원을 이루고 있다. 개인회원 가운데 양친 모두가 일본인인 경우는 16세대뿐이고, 나머지는 양친 가운데 어느 한 쪽이 인도네시아(발리)인이다. 더욱이 자녀를 보습학교에 보내기 위해서는 반드시 일본인회에 입회하지 않으면 안 된다. 현재 보습학교의 유치부(3년 보육)에는 88명, 초·중학부에는 115명이 다닌다. 덧붙여서 유치부 교원은 9명, 초·중학부 교원은 8명이지만 전임 스태프는 2명뿐이고, 나머지는 모두 자원봉사자이다.

일본인회의 조직구성은 그림 6과 같다. 회장-부회장 아래 7개의 부서 및 이와 병행해 우부드 지구가 설치되어 있다. 그리고 각 부의 부장 및 부부장으로 이루어진 운영위원회가 회장의 소집에 의해 매월 1회, 3번째 목요일에 개최되며, 각 부서의 활동방침이나 임원선임 등의 안건이 심의된다. 사실상의 집행기관이다. 총회는 연 1회 3월에 개최되지만, 결산보고만 할 뿐 최근 수년간 출석률이 전회원의 1할 정도에 머물고 있다. 일본인회의 큰 행사는 봉오도리(盆踊り: 밤에 남녀가 모여서 추는 윤무—역주), 운동회, 3도시(자카르타, 수라바야, 발리) 대항 스포츠대회이며, 이 외에 송년회

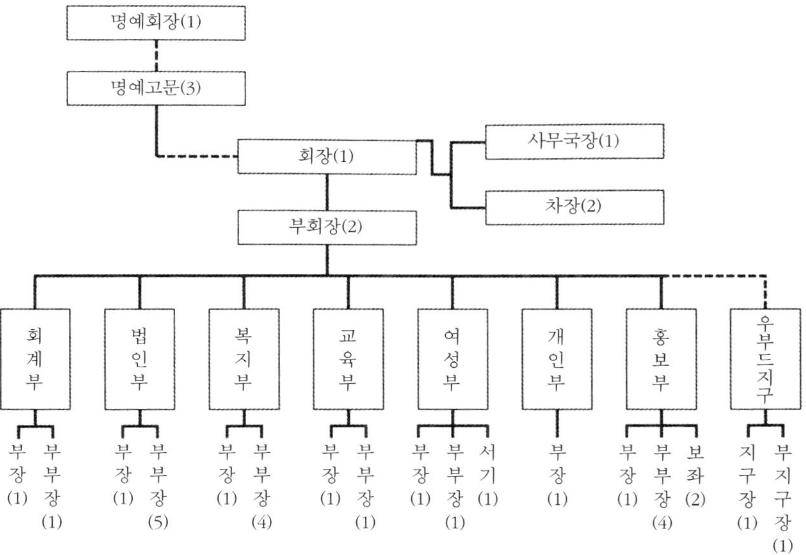

그림 6 발리 일본인회의 조직구성

※ 출처: 사무국자료 및 인터뷰에 의해 작성
※ 주: 그림 가운데 ( )는 사람 수를 나타냄.

등이 개최된다. 또한 각 부서에는 다양한 동호회 활동이 있다. 운영비(인건비를 포함해) 및 제반 활동이나 행사에 필요한 비용은 회비로 충당한다. 더욱이 유급 스태프는 사무국에 있는 1명뿐으로, 나머지는 모두 자원봉사자이다. 덧붙여서 보습학교는 수업료, 보조금(외무성-영사관) 외에 바자회를 통한 수입금 등에 의해 운영된다.

한편 외부에서 보기에 발리의 일본인에게 있어서 일본인회의 존재이유는 이른바 '친목'이라는 형식적인 이유를 제외하고는 그다지 명확한 것은 아니다. 하지만 적어도 일본인회를 통해 이런 저런 정보가 교환되고, 그럼으로써 일본인 사회 내에 느슨한 결사체를 형성하는 기회가 육성된다는 점은 부정할 수 없다. 이 경우 홍보부(廣報部)가 연 4회 발행하는 회보(『케차크 와판(瓦版)』)[6](사진 11)와 그들이 관리하고 있는 홈페이지가 중요한 역할을 하고 있다. 새삼 주목되는 것은 일본인회 운영의 핵심을 이

사진 11 **『케차크 와판(瓦版)』**

루는 스태프들 가운데 빠르고 늦은 차이는 있더라도 인생의 어느 단계에서 '대안적인 삶의 방식'을 선택하여 국경을 넘어 온 은퇴자나 여성의 모습이 눈에 띈다는 점이다. 일본인회가 발리의 일본인 사회 내에서 강한 응집력을 가지지 못하는 것은 어떤 의미에서 그들/그녀들의 특성, 즉 구심점을 가지려 하지 않는 '라이프스타일 지향'이 강하게 반영되어 있기 때문이라고 여겨진다. 그리고 그러한 일본인회의 존재양태가 실은 발리 일본인의 존재방식을 매우 정확히 알려준다고 할 수 있다. 어쨌든 일본인회를 통해 발리에 사는 일본인의 '형태'를 읽어낼 수 있다.

다음 절에서는 그러한 '형태'를 몇 가지 사례를 통해 구체적으로 설명하기로 하겠다.

---

6 『케차크 와판』은 2007년 8월 말 시점에서 제51호까지 발행되었다. 간행주체는 일본인회 홍보부다. 덧붙이자면 제51호의 내용은 회원근황보고, 일본인회예산, 부서활동보고, 운영위원회소식, 이벤트정보, 보습학교소식, 법인회원 및 개인회원보고, 릴레이토크, 타운페이지, 무엇이든 전달판, 총영사관소식, 사무국으로부터의 알림 등으로 되어 있다. '정보센터'로서의 역할을 충분히 하고 있음을 알 수 있지만, 뒤에서 설명하는 것처럼 그것만으로 한정되지 않는다.

4. 발리에 사는 각양각색의 일본인

1) 여행의 종착점에 - 아메리카에서 우부드로

우선 N씨(남성)로부터 시작하자. N씨는 S현 T시 출신으로 현재 나이 47세. 부친은 수산처리관계의 회사를 경영하고, 모친은 전업주부다. 3형제의 막내로 T시의 공립 초·중학교를 나와 도쿄의 사립고교를 다녔으며, 그 후 사립대학(정경학부)에 진학하였다. 졸업 후 아르바이트를 하면서 여행자금을 모아 어학연수를 위해 미국에 건너갔다(3개월 정도). 귀국 후 '영어에 대한 욕심'을 버리지 못하고 국립대학 영미학과(2부)에 학사편입하였고, 졸업 후 도쿄의 사진관련 회사에 취직하지만, 2년 후에 기내지(機內誌)를 만드는 출판사로 전직하였다. 해외로 취재여행을 갈 수 있다는 것이 전직의 최대이유였다. 이 출판사에 5년 정도 있으면서, 매년 5~6회 해외(주로 아메리카, 유럽)로 나갔다. 그 후 다른 출판사로 옮겼지만, 1년 정도 다니다가 이전 출판사에 근무할 때 알게 된 친구가 가루다(항공)의 기내지 발행을 위해 창립한 회사에 취직했다. 그리고 1995년 10월, 그 친구의 취재여행에 동행하여 처음으로 발리를 방문했다.

이때 N씨는 3주 동안 체류했다. 처음에는 누사두아의 호텔에 머물렀지만, 취재가 끝나고 나서는 우부드를 배낭여행자로서 방문했다. 관광객이 몰리는 큰길에서는 어떤 감동도 느끼지 못했다. N씨는 자전거를 빌려 현재 살고 있는 데사로 왔다. 그리고 단 한 채밖에 없는 민박에 머물렀다. 이때 숙소 앞에 펼쳐진 시렁밭을 바라보며 무심코 숨을 들이마셨다. 그 후 일단 귀국하여 2주가 지난 후에 다시 데사를 방문해 1개월 정도 체류했다. 이때 지금의 처와 만났다. 1개월 동안 밤이 되면 한 장소(바레 반자르)[7]

7 바레 반자르는 반자르의 일상적 활동이 이루어지는 장(=미디어)으로서 기능한다. 여기

에 반자르의 사람들이 모여 담소를 나누는 장면을 보고, 언어가 통하지 않으면서도 매우 감동했다. 그리고 '이곳 데사에서 이제부터 계속 살게 되는 것은 아닌가'라고 생각하게 되었다. 물론 처와 만난 것이 크게 작용했다. 이때 N씨는 34세, 처는 24세였다. 그런데 그 후 몇 번이고 일본과 발리 사이를 왔다 갔다 하다가, 드디어 1997년 4월에 결혼했다. 그사이 토지를 구입해 집도 신축했다. 현재 자녀는 3명(여 2명, 남 1명)이며, 가정에서는 일본어를 쓴다. 아이들은 모두 보습학교에 다닌다.

N씨의 생계는 오로지 민박경영(롱스테이용)에 의존한다. 그러나 찾아오는 손님은 그리 많지 않고, 실질적으로는 직장생활을 할 때 저축한 돈을 빼 써가며 생활한다. 그리고 때로는, 일본에서 온 사람들의 가이드를 하거나 하면서 생활자금을 보충한다. 앞으로도 우부드에서 계속 생활할 계획이지만, 자녀들에게는 일본과의 연계를 소중히 하도록 가르친다.

N씨는 반자르의 활동에 적극적으로 참여하며, 아다트(관습)의 세계에 대해서도 경외하는 마음을 품고 있다. 그러나 반자르 업무의 일부가 외부의 업자에 의해 대체되는 점이나 최근에는 밭이나 논에 나오는 사람이 거의 노인들뿐이라는 점, 더욱이 수공예품으로 인기가 높았던 장식품류가 과잉생산과 과당경쟁에 의해 도통 팔리지 않게 된 점에 대해서도 눈을 뗄 수 없다. N씨는 이제 우부드에 대한 '열광 청년'이 아니다. 우부드가 글로벌 관광산업의 큰 파도에 휩쓸려 급속히 변해가는 것을 건조한 시선으로 바라보고 있을 뿐이다.

서 반자르의 각종 모임이 열림과 동시에 반자르의 사람들은 탁구, 텔레비전 시청, 투계 관전 등을 즐긴다. 그러나 이뿐만 아니라 단지 대화를 나누거나 잠시 쉬기 위해 모여드는 사람들도 있다. 또한 읽고 쓰기 교실이 열리거나, 자바에서 볼 수 있는 신판 빈잠과 같은 서민금융조직의 창구가 설치되거나, 또 대향연을 위한 식사를 준비하는 부엌 또는 발리댄스의 의상이나 악기를 수납할 수 있는 방을 갖춘 바레 반자르도 있다. 나아가 바자회나 작은 시장이 열리는 바레 반자르도 있다.

2) 역할기대에서 벗어나다

H씨(여성)는 도카이(東海) 지방의 A시 출신으로 현재 46세다. 앞서 말한 N씨와는 한 살 차이다. 부친은 공무원(현재 퇴직)이며 모친은 전업주부(파트타임 근무)다. 장녀로 아래에 남동생과 여동생이 있다. 초·중학교는 고장의 공립학교를 나와서 고교는 A시에 있는 현립고교를 다녔다. 도쿄의 여자대학에서 배운 후, 도쿄에 있는 광고 프로덕션에서 카피라이터로 일하고, 4년 후에 영화배급회사로 옮겼다. 여기서 2년 동안 근무한 후에 잡지를 만드는 회사에서 라이터로서 일했다. 그 후에는 프리랜서로 일했으며, 이전에 한 번 발리를 방문한 적이 있다.

30세가 되던 해에 혼자서 발리에 왔다. 일정을 정하지 않고 타이, 말레이시아, 인도네시아(메탄에서 발리로)를 2주에 걸쳐 가벼운 마음으로 돌았다. 이때 우부드에서 몇 명의 일본인과 만났다. 실제로 살고 있는 사람들과 이야기를 나누는 과정에서 우부드에서 사는 것이 가능할까 하는 생각을 했다. '우부드의 자연, 한가로운 시골풍경, 그리고 붙임성 있는 사람들'에 막연히 끌렸다. 그러나 그 당시는 결단을 내리지 못했다. 일단 귀국하여 자신의 마음을 지켜보기로 했다. 결단하기까지는 1년이 걸렸다. 그 동안 자신만의 시간을 갖고 싶기도 하고 해서 프리랜서로 일했다. 방을 빌려서 혼자서 살았다. 결국 캐리어로서 열심히 일할 것인가, 아니면 결혼할 것인가 하는 선택에 등을 돌리고, 발리로 가기로 했다. 즉 스스로에 대한 역할기대에서 벗어나 발리를 선택한 것이다.

발리에 온 것은 31세 때이다. 이른 단계에서 적당한 곳을 찾아 양복점을 개업하여 현재도 계속하고 있지만, 처음에는 스스로 디자인하고 재단했다. 도중에 N시의 A염색 교실을 다니며 그 기술을 익혀 양복 만들기에 응용했다. 이러한 염색을 도입해 사업으로서 성공을 거두었다. 현재 종업원은 10명이며, 중심거리의 M가(街)에 상점을 차렸다.

33세가 되던 해에 친구의 소개로 알게 된 사람과 결혼했다. 그는 메단의 대학을 중퇴한 후 몇 차례 전직을 하고, 현재 그림을 그리고 있다. 경건한 무슬림이기도 하다. 자녀는 3명(남 1명, 여 2명)이며, 모두 보습학교에 다닌다. H씨는 일단 무슬림이긴 하지만, 픈가지안(Pengajian: 이슬람교 학습모임-역주)에도 모스크에도 가지 않는다. 또한 반자르에는 회비만 낼 뿐 고통 로용에도 참가하지 않는다. H씨의 관심은 주로 사업과 자녀를 매개로 한 일본인 사회에 있다. 양복맞춤은 거의가 주문생산으로 일본인이 주 고객이다. 중간상을 통하는 경우도 있지만, 일본에서 단골로 오는 사람을 통해 고객이 늘고 있다. A염색 기술을 사용하여 발리의 의장(意匠)이나 색채를 짜 넣는 점이 특징이다. 일본 측에서 보면 발리답고, 발리 측에서 보면 일본답다는 것이 세일즈 포인트라고 한다. 다른 한편, 일본인 사회와의 교제는 자녀를 통해 확실히 넓어졌다. H씨는 우부드에 푹 빠져 있는 일본인과의 교제는 아니지만, 보습학교를 매개로 한 여성의 다양한 네트워크에는 적극적으로 관계하고 있다.

H씨는 우부드에서 '외인(外人)'으로 살아간다. 힌두의 의식과 거리를 둘 뿐 아니라, 남편의 본가와는 떨어져 있기 때문에 친족을 통한 이슬람과의 접촉에 대해서도 거리를 두고 있다. H씨는 일단 발리에서 살 계획이지만, 자녀들에게는 고교를 졸업하면 일본의 대학에서 공부하였으면 하는 바람을 갖고 있다. 자녀는 일본을 동경하고 있으며, 일본어를 배우게 하는 것도 그 때문이다. 또 자녀들 조부모의 노후문제도 있기 때문에, 그들이 계신 곳에서 아이들이 다닐 수 있다는 점도 장점이다. 자녀들의 종교에 관해서는 장래에 그들 스스로가 생각하면 된다고 여기고 있다.

3) 아름다운 인도네시아어에 매혹되어

T씨(여성)는 S현 Y시 출신으로 현재 38세다. 부친은 H금속의 전직 회사

원이고 모친은 전업주부며 4살 터울의 오빠가 있다. Y시의 공립 초 · 중학교와 현립 고교에서 공부한 후, 교토의 여자단과대학에 진학했다.

20세가 되던 해, 졸업과 동시에 대형 의류회사의 판매부에 근무했다. 1997년, 부친의 전근으로 도쿄로 이주하여 6개월 동안 실업보험을 받았다. 그 후 S여행사의 파트타임 사원이 되었다.

실업상태이던 1997년 9월에 처음으로 발리를 방문했다. 요시모토 바나나 등의 소설에 자극을 받아, 늘 해외에 나가고 싶다고 생각했다. 처음에는 이탈리아에 관심이 있어 의류회사에 함께 다니던 동료 3명과 함께 이탈리아 여행을 준비하였다. 그러나 그 가운데 1명이 갑자기 갈 수 없게 되어, 둘이서만 가야 하는 사정을 감안해 발리로 행선지를 바꿨다. 이때 3박 4일 일정으로 누사두아 힐튼호텔에 체류하면서 순식간에 인도네시아어의 포로가 되었다. 킨타마니에 가서 식사를 한 후에 "트리마카시(고맙습니다)"라고 했을 때, "사마사마(별말씀을요)"라고 대답해주어 매우 감격했다. 귀국 후 인도네시아어를 본격적으로 공부했다. 외국어전문학교에서 배운 후 T대학의 인도네시아어 야간코스를 다니며 인도네시아어를 습득했다. 바로 그 무렵 인도네시아 연수생과의 교류회에도 참가하게 되었다.

S여행사에 근무하던 1998년 3월, 친구와 둘이서 다시 발리를 방문했다. 사정에 의해 T씨는 10일 동안 쿠타의 방갈로에서 숙박하고 혼자서 귀국하게 되었다. 그때 공항에서 탑승구를 확인해주던 체크카운터의 담당자가 지금의 남편이다. 서서 이야기를 주고받으며 그의 KTP(신분증명서)를 보았고, 그가 장남이 아니라는 점, 미혼이라는 점을 알았다. 그와 주소를 교환하고 탑승구에서 사진을 찍었다. 귀국 후 사진을 보내면서 인터넷 등으로 연락하게 되었다. 처음에는 결혼할 의사가 없었다. 그해 5월의 황금연휴 기간에 가족과 함께 발리를 방문했다. 그리고 그와 재회하여 매우 가까워졌다. 그 후 4개월에 한 번 정도 인도네시아를 방문했고, 그러한 가

운데 우다야나 대학의 R선생이 주최하는 '외국인을 위한 인도네시아어'를 배우기 위한 세미나에 참가한다는 구실로 1개월간 발리에 체류하면서, 발리에서 살아볼까 하고 생각하게 되었다. 2000년 10월 결혼했다. 양친이 크게 반대하여 충격을 받았지만, 결혼하는 것에 대한 불안감은 없었다. 특히 발리에서 남편과 함께 잘 살아보겠다는 마음이 간절했다. 현재 자녀는 1명(여)이다.

T씨는 결혼 후에도 일본 국적을 그대로 가지고 있다. 자녀는 인도네시아 국적이다. 양친이 살아계실 동안은 일본 국적을 그대로 가지고 있을 예정이다. 일본 국적은 보험이나 출입국에 있어 이점이 크며, 또 정치상황이 불안정해질 때도 일본 국적을 가지고 있으면 보호해준다고 한다(T씨가 귀화를 결심하지 못하는 큰 이유이기도 하다). 역으로 면허, 비자, 토지소유에 관해서는 인도네시아 국적을 가지고 있지 않은 점이 불리하게 작용하기도 한다.[8] T씨는 부모가 돌아가시고 나면 국적에 관해서는 고려해볼 것이라고 한다.

또한 T씨는 일본인 사회와의 교제를 피했다. "발리라는 좁은 지역에서, 더구나 좁은 교제는 답답하다"고 한다. 일본인회에 가입하지 않고 있으며, 자녀를 보습학교에 보내지도 않는다. 일본에 관한 필요한 정보는 인터넷에서 얻고 있으며, 어학학교 시절의 친구를 통해 다양한 정보를 입수할 수 있다. 또한 아르바이트하는 곳(치과)이 일본인을 상대로 하기 때문에 거기

8 T씨가 지금 사는 집은 자신의 저축과 남편 소유의 토지를 팔아 만든 돈, 그리고 T씨의 부친이 도와준 돈으로 구입한 것이지만, 구입가격의 9할이 T씨와 T씨 부친의 자금에 의한 것이었다. 인도네시아 법률은 가옥 또는 토지의 명의자는 인도네시아 국적을 가진 자만 인정하고 있기 때문에, 가옥과 토지가 T씨와 T씨 남편의 '공동소유'라는 점을 공증인을 세워서 증서를 남겨두었다고 한다. T씨는 일본인의 인도네시아 거주에 수반하여 앞으로 가옥이나 토지의 소유(의 귀속)와 관련한 문제가 많이 발생할 것이라고 생각한다.

에서도 정보가 들어온다. 덧붙여서 일본의 양친은 매년 발리에 온다.

자녀에 대해서는 장래 인도네시아인도 아니고 일본인도 아니라는 정체성의 문제에 부딪힐지 모르지만, 최종적으로는 스스로 길을 선택하면 된다고 생각한다. 덧붙여서 T씨는 일본은 효율성을 중시하는 사회라는 점을 절실히 느낀다고 한다. 그런 만큼 일본에서는 '살아있구나'라는 느낌이 들지 않는다. 언제나 '이대로 살아서 좋은 것인가'라는 생각에 휩싸여 있었다. 발리에 있으면 '매일매일 새롭다', '순간순간 열정적으로 산다'는 기분이 자연적으로 용솟음친다. 그래서 T씨는 남편에 대한 사랑이라기보다는 "아이 러브 발리"라고 이야기한다.

4) 병의 심연을 딛고 일어서다

I씨(여성)는 G현 S마치(町) 출신으로 현재 48세다. 부친은 낙농업을 경영하고 모친은 전업주부며, 6살 터울의 오빠와 2살 위인 언니가 있다. 고장의 공립 초·중학교와 현립 고교를 거쳐 예능계 대학에 진학했다. 의상디자인을 전공하여, 졸업 후 1년 동안 도쿄에 있는 디자인연구소에서 공부했다. 그 후 도쿄증시 2부에 상장된 디자인계 회사에 입사하여, 어시스턴트 디자이너를 거쳐 새로운 브랜드의 주임 디자이너가 되었다. 5년간 근무한 뒤에 F그룹의 스카웃에 의해 이적하여 주임 디자이너가 되지만, 병으로 2년 만에 퇴직했다. 병은 분명히 인생에 있어 '좌절'이었지만, '인생 재출발'의 계기가 되었다고 한다. 1년간 쉬고 난 뒤, 주식회사 K에서 계약사원으로 근무하였으며, 그 근무기간 중에 결혼했다.

그때까지 이탈리아나 파리에는 일 때문에 자주 나갔지만, 발리에는 간 적이 없었다. K에 근무하고 있을 때 발리에 대해 잘 아는 사람이 있어서 그 사람의 소개로 지금의 남편과 알게 되었다. 남편의 본가는 사누르에서 호텔을 경영한다. 남편은 고교졸업 후 반 년 동안 호주에 체류하고, 그 후에 일본에서 유학했다. 도쿄 근처에 있는 사립대학에서 공부하였으며, 졸업 후 인도네시아계 회사인 P의 도쿄지사에 근무하고 있었다. 결혼은 I씨의 부친뿐만 아니라 남편의 양친도 반대하였다. 결혼 후 곧바로 자카르타로 이주(남편의 희망)하였으며, I씨는 M지구의 S데파트의 개업과 함께 공간을 얻어 주문생산의 점포를 열었다. 자택의 2층에서 10명의 바느질공을 고용해 양복을 만들었으며, 같은 장소에서 남편은 무역업을 했다. 그러나 I씨는 자긍심이 강한 인도네시아인이나 일본인과의 교제에 실증을 느끼게 되었다. 또한 남편의 사업은 생각한 만큼 실적이 오르지 않고 벽에 부딪혔다. 1997년에 폭동이 일어난 것을 계기로 자카르타를 떠나 1개월 정도 일본에 체류하고 그 후 발리로 향했다. 발리에서는 남편과 함께 빌라나 방갈로의 경영에 종사한 후에 남편 본가의 호텔 경영에 참가했다. 그리고 2004년에 I씨는 양복과 여성의류를 취급하는 가게를 열기에 이르렀다.

자녀는 셋이며, 모두 다 고장의 초등학교에 다니면서 보습학교에도 나간다. 남편은 자신의 형제와 마찬가지로,[9] 세 자녀가 각각 다른 나라의 대학에 다녔으면 하고 생각하는 것 같지만, 자녀들은 일본에 가고 싶어 한다. I씨는 남편과 마찬가지로 일본에 한정하지 않고 다양한 나라로 가서 시야를 넓혔으면 하고 생각하지만, 기본적으로는 자녀의 의사를 존중한다는 입장이다.

일본인 사회와는 일단 자녀의 보습학교 관계로 할당된 일을 하는 정도의 교제에 머무르고 있다. 오히려 자신들이 경영하는 호텔에 장기간 체류하는 일본인이 꽤 있어 그 사람들과 상대하는 일에 치중하고 있다. 물론

9 I씨의 남편에게는 2명의 동생이 있다. I씨의 남편 삼형제 중 첫째(즉 I씨의 남편)는 일본의 대학에, 둘째는 미국의 대학에, 그리고 셋째는 프랑스의 대학에 갔다.

호텔 내에 있는 테니스 코트를 이용하거나 장기를 두기 위해 모여드는 일본인과의 교제는 있다. 더욱이 형제들과는 자주 연락을 취하며, 대학시절의 학우와도 연락을 계속 한다(일본에는 1년에 한 번씩 꼭 들어가려고 한다). 덧붙여서 반자르의 행사(예를 들어 장례식)에는 얼굴을 내비치려고 노력한다. 또한 가족 · 친족의 예식에는 빠짐없이 참가한다. I씨가 보기에는 일본인 가운데 자기들끼리만 교제하는 사람은 잘 살아가지 못한다. 역으로 언어를 배워 발리 사회에 적극적으로 녹아들려고 하는 사람은 잘 적응해 산다.

5) 일과 생활의 균형을 바라며

W씨 부부는 모두 K현에서 태어나, 현재 남편은 43세, 처는 37세다. 남편은 공립 초 · 중학교, 현립 고교를 거쳐 유학을 위한 어학학교(이때 현재의 처와 만났다)에서 수학한 후, 24세 때 미국의 N공과대학에 입학(전공은 경영관리학)하여 27세에 졸업했다. 한편 처는 초등학교 3학년 때 양친과 함께 자카르타에 이주하여 중학교 졸업 때까지 자카르타의 일본인 학교를 다녔다. 귀국하여 전원 기숙제의 O고교에 입학했으며, 졸업 후 유학을 위해 어학학교에 다녔다(여기서 현재의 남편을 알게 되었다). 18세 때 뉴욕의 N대학(환경건강학부)에 입학하여 3년 만에 졸업했다. 졸업 후 W씨와 동시에 귀국했으며, 귀국하자마자 곧바로 두 사람은 처의 양친이 운영하는 수산물 수출 관련 회사에 취직하기 위해 자카르타로 이주했다. 그러나 일 중심, 이익 본위의 비즈니스에 위화감을 느껴 1996년에 독립했다(업종은 같다).

두 사람이 결혼할 당시, 남편은 31세, 처는 26세였다. 결혼 후 4명의 자녀(2남 2녀)를 낳았다. 둘째가 태어나기 직전에 발리로 이주하여 자카르타에서의 사업을 전개하려고 했다. 그러나 2년 만에 그만두고, 새롭게 천연

소재 화장품류 판매회사를 차렸다. 처가 대학시절에 배운 것(환경과 건강)이 그 기반이 되었다. 현재 사업은 발리 본점(8명)과 자카르타 지점(4명)에서 펼치고 있다. 처는 자녀양육에 전념한다. 사업은 자녀의 환경이나 건강에서 시작하여 발리 사회의 장래를 확인하는 것으로까지 발전하였다. 당연히 발리 사회의 개발의 존재방식에 대해서도 묻게 된다. W씨 부부는 반자르에 있어서는 타무(손님)이기 때문에 반자르 활동에는 거의 관여하지 않지만, 종업원에게는 열심히 활동하라고 권장한다. 또한 항상 자녀양육에도 힘을 쏟으라고 말한다. 즉 회사가 중심이 되기보다는 자신들의 생활을 소중히 여기고 싶어 한다. "자신들의 사업이 거기에 의거하고 있는데다, 양친의 사업에서 손을 뗀 것도 일 중심의 생활방식에 회의를 느꼈기 때문"이라고 한다.

일본인회에서의 교제는 '하는 둥 마는 둥이다'. 남편은 일본인회를 계기로 하여 야구와 축구팀에 들었다. 그러나 필드에서의 교제에 머물고 있다. 처로 말하면, 자녀의 보습학교를 통한 교제가 넓어져, 그것이 결과적으로 발리 사회와의 연계로 발전하였다(부부의 어느 한 쪽이 발리인인 경우가 많기 때문에 자연히 그렇게 된다). 그 반면 일본인만의 '어물어물하고 지루한' 교제는 의식적으로 피하고 있다. 최근 W씨 부부가 갑자기 절감하는 것은, 새로운 형태의 국제결혼이 늘어나서 발리 사회에서의 일본인을 일본인으로서 있는 그대로 받아들이는 분위기가 형성된다는 점이다. W씨 부부는 이제 일본인이 발리 사회에 동화되는 방식이 다양화되는 것은 아닌가라고 여기고 있다. 한편 최근에 마음에 걸리는 것은, 발리에서 만나는 일본인 여성이 모두 똑같이 무표정한 얼굴을 하고 있다는 점이다. '자신들의 사업과 관련하여 말하자면, 편의점이나 패스트푸드점의 음식만 먹고 있어 건강에 대해 무관심한 것은 아닌가'라고 생각하는 것처럼. 이에 덧붙여서 처의 여동생도 해외에 부임한 남편을 따라 동남아시아의 어느 도시에 체류하고 있지만, 체류지의 회사에 관한 인식, 남편 일에 관한 견해에는 의견차가 있다고 한다.

6) '탈일본'의 장기체류로

K씨 부부는 모두 S현 T시 출신으로, 현재 남편은 66세, 처는 64세다. 앞의 W씨 부부와는 나이가 간지(干支) 두 바퀴(24년) 혹은 그 이상 떨어져 있다. 남편은 미야다이쿠(宮大工: 신사·절 등의 건축을 전문으로 하는 목수―역주) 집안의 차남으로 태어나, 중학교 졸업 후 고장의 직물판매회사에 취직했다. 27세 때 결혼하여 그 이후 1974년까지 같은 회사에 근무했지만, 같은 해 처남(나중에 현의회 의원을 거쳐 시장이 되었다)이 시작한 건설자재 판매회사에 입사하기 위해 퇴직했다. 건설자재판매회사에서는 2002년까지 근무했다(마지막 2년 동안은 촉탁). 한편, 처는 고장의 공립 초·중학교, 현립 고교를 나와 가업인 신사복판매회사에 취직했다. 24세에 결혼할 때까지 거기서 근무했으며, 결혼 후 전업주부가 되었다. 자녀는 1명(남)이다.

그런데 처는 남편이 퇴직하기 3개월 전에 발리로 이주했다. 처는 이제까지 조카가 발리에 갈 때 몇 차례 동행했기 때문에 해외이주에는 그다지 저항감도 없고 망설임도 느끼지 않았다. 이때 마침 현재 사는 곳이 건축 중이었기에 이를 빌리기로 했다. 남편은 오랜 기간 일 중심으로 살아왔기 때문에, 퇴직하면 처가 하고 싶은 대로 해도 좋다고 약속했다. 그래서 처가 한발 앞서 발리로 건너가고 남편이 뒤를 따랐던 것이다. 그런데도 처음에 발리에 건너갈 즈음에는 언어와 먹을거리 등에 대해 불안감이 있었다. 그러나 실제 와보니 먹을거리에 대해서는 거의 위화감이 없었다. 언어에 관해서는 어떻게 되겠지 하는 심정으로 각오를 다졌다.

그런데 발리에 오고 나서 K씨 부부는 인접한 주택이 셋집 주인의 집이었기에 이웃교제를 적극적으로 하고, 또 그 연장선상에서 다양한 가족 행사 · 의식에도 참가하였다. 즉 앞집 이웃집으로 교제가 확대된 것이다. 한편 일본인 사회와는 거의 관계하지 않는다. 그런 까닭에 일본인회에도 가입하지 않았다. K씨 부부는 원래 일본에 있을 때 처남(현재 T시 시장)의 선거에 휩쓸려, 일본 사회의 지나친 연고의 '굴레'에 진절머리가 난 적이 있다. 발리에 감으로써 잠재적으로 그러한 '굴레'에서 해방되고 싶다는 생각이 있었다는 점은 분명했다. K씨 부부의 눈에 일본인회는 그러한 '굴레'의 연장으로 비친 것이다. 오히려 K씨 부부에게 흥미 있는 것은 가믈란(Gamelan: 인도네시아 전통의 합주음악악기—역주)의 연습이다. 특히 처는 일본에 있을 때 야간축제 사자무의 해설을 했던 적도 있고, 축제가 좋아서 발리에 와서는 계속 가믈란 연주에 푹 빠져 있다. 그리고 가믈란 연주를 통해 발리인과의 새로운 관계도 만들었다.

K씨 부부에게 발리의 생활은 경제적으로 전혀 문제가 없다. 남편의 연금(후생연금)과 처의 연금(국민연금),10 거기에 일본에서의 임대료 수입을 합치면 충분히 지낼 수 있다. 임대해서 사는 집도 3년 계약으로 갱신하기로 되어 있다. K씨 부부는 지금 발리를 마지막 살 곳으로 생각한다. 동시에 K씨 부부는 최근에 발리에서 일본인 중 · 고령자를 상대로 사기행위를 하거나, 일본에서 온 나홀로 부임자에게 '현지처'를 알선하는 일본인이 나타나는 점에 부끄러운 느낌이 드는 이상으로 '질리지도 않는 일본'이라는 감정을 느끼게 된다고 한다.

---

10 덧붙이자면, 인도네시아에서는 55세 이상의 외국인으로 월 1,500달러(최초년도는 2,500달러) 이상의 연금증명자 혹은 같은 액수 이상의 연 수익(자산운용 등)의 증명이 가능한 사람은 신청자에 한해서 체류기간 1년(1년 단위 갱신으로 4회까지 가능, 그 이후는 재류허가 신청가능)의 퇴직자 비자를 발급한다.

7) 여행을 하듯 살아가는 가운데

마지막으로 Y씨에 관해 언급하고자 한다. Y씨는 K현 Y시에서 태어나 현재 36세다. 여기서 제시한 사람들 가운데 가장 젊고 게다가 독신이다. 도쿄 도(都) M시의 공립 초·중학교를 나와 도내의 사립고교에 진학했지만 2학년 때 중퇴했다. "이대로 학교생활을 보내도 되는 것인가? 라는 고민이 깊었는데, 정신을 차려보니 중퇴해 있었다"라고 한다. 중퇴 후 건설 현장을 전전하다가 23세 때 다이빙 관계의 일을 시작했다. 처음에 이리오모테지마(西表島)에 가서, 그 후 오가사와라쇼토(小笠原諸島), 아마미오오시마(奄美大島)를 거쳐 발리 섬에 이르렀다. 그때가 28세 때이다. 발리를 동경하여 온 것이 아니다. 일본이 아닌 해외로 가고 싶다고 막연히 생각하던 차에 우연히 발리로 오게 되었다. 그러나 발리에 와 보고는 자신에게 잘 맞는다고 느꼈다.

발리에 오자마자 지금의 다이빙 서비스 회사에 들어갔다. 이 회사의 사장은 현재 발리에 사는 일본인으로 일본 여행사의 총대리점을 맡고 있다. Y씨는 2003년부터 책임자(지배인)가 되어 현재에 이르고 있다. 종업원은 현재 20명이며, Y씨 이외에 또 1명의 일본인이 있고, 나머지는 모두 현지인이다. 고객층은 주로 30대 후반의 부부나 여성(하나같이 회사원)이며, 모두가 다이빙 경력이 길다. Y씨는 발리에 온 지 8년이 되지만 그동안 일본에는 두 번밖에 다녀오지 않았다. 이후로 계속 발리에 머물지는 알 수 없지만, 지금의 다이빙 일은 계속하고 싶다는 생각이다.

현재 사누르에 있는 단독주택에서 거주한다. 반자르에는 관계하지 않지만, 장례식이나 우파차라 포통 기기(이 절단식) 등에는 발리의 친구를 통해 가끔 참가한다. 그들이 육친처럼 매우 친하게 응대해 주기 때문에 그들과의 관계는 소중히 하고 싶다고 한다. 또한 자신의 집과 이웃한 셋집 주인과는 교제가 있다. 예를 들어, 셋집 주인의 손자의 행사 등에는 빈번히 참가한다. 또한 셋집 주인의 주위에는 친족이 가까이 모여 살고 있어, 이들과도 일상적으로 교제한다. 지금은 일본보다도 오히려 발리에 정체성을 느끼고 있다. 덧붙이자면 직장에서 발리인과 함께 있다 보면 시간을 잘 지키지 않고, 근무 중에 음식을 먹거나 잡담하며, 또 자리를 비우는 등 이해하기 힘든 면이 많지만, 이것이 발리인다운 것이 아닌가라고 생각한다. Y씨는 일본인의 감각으로는 통용되지 않을 것으로 여겨지는 일이라도 곧바로 이러니저러니 판단하지 않기로 했다. 그러나 고객은 거의가 일본인이라서 일본 사회에 관해서도 이해하려고 노력하는 중이다. 이러한 균형을 어떻게 잡는가 하는 것이 자신에게 매우 중요한 일이라고 생각한다고 Y씨는 말한다.

Y씨는 일본인 사회와 의식적으로 관계하지는 않지만, 일 때문에 여행사, 호텔관계의 일본인과 교제하는 일이 자주 있다. 그리고 이러한 일본인과는 업무관계 이외에도 가끔 식사를 같이 한다. Y씨가 다이빙 관계의 일에 종사하게 된 것은 취미를 연장한 것이라기보다는 답답한 일본에서 벗어나고 싶다는 생각에서였다. 그러나 지금 하고 있는 일로 일본인과 만나는 가운데 이러한 생각이 자신에게만 해당되는 것이 아니라는 점을 알게 되어 결과적으로 '힘을 얻었다'고 한다.

5. 라이프스타일 이민의 이면

일본으로부터의 해외이주나 해외이민, 그리고 해외 일본인 사회는 오랜 동안 그 주체 혹은 사회가 의식하는지 어떤지는 별개로 하더라도, 어떤 의미에서는 민족의식을 고취시키고 있다. 기업의 해외진출과 함께 한 '기업이민'이나 그들이 주도권을 쥔 일본인 사회에서는 지금도 그러한 경향이 나타나지만, 글로벌화의 진전은 그 기층을 파서 허물어뜨림과 동시에 다양한 형태의 해외이주나 해외이민을 만들어 낸다. 그 가운데서도 국제결혼에 따른 일본인의 해외이주나 해외이민에는 이제까지와 같은 일종의 오리엔탈리즘[11]을 내포하는 것과는 분명히 그 계통을 달리하는 점이 나타난다. 이를 앞에 적어놓은 '라이프스타일 이민'이라는 용어로 포괄할 수 있을지 어떨지는 별개로 하더라도, 영역이나 경계에 얽매이지 않는 새로운 종류의 이민 형태가 대두하는 점, 이와 함께 유동성이나 탈통합을 키워드로 하는 일본인 사회가 출현하는 점에 유의할 필요가 있을 것이다. 이 장에서 살펴본 발리의 일본인 혹은 일본인 사회가 그러한 것을 집약적으로 떠맡고 있다고 하면 지나친 말일지도 모르지만, 그 단서 혹은 맹아 형태가 나타나게 되었다는 점은 분명할 것이다.

물론 이상과 같은 동향을 규정하는 구조적 요인에 관해서는 더욱 철두철미한 고찰이 필요할 것으로 여겨진다. 무엇보다도 글로벌화의 진전에 따른 탈경계적인 이민(유민)정책이나 글로벌 시티즌십의 존재형태를 우리가 보아온 바와 같은 동향의 규정 요인으로서 시야에 넣지 않으면 안 된다. 하지만 그러한 경우 아시아권역의 역사적인 국가 간(inter-state) 시스템의 변용에 입각해야 한다는 점을 놓쳐서는 안 된다. 또한 그러한 시야의 도입과 함께, '경계에 선 사람'의 흐름이 어떠한 인종적 경관을 만들

---

11 시마무라(島村麻里)는 켈스키가 주장하는 바(Kelsky, 2001)를 원용하면서, 구미 남성과 사귐으로써 연애나 결혼에서 우위에 서고자 하는 의식이나 아시아 남성에게 흥미를 가지는 감정 속에 일본형 오리엔탈리즘이 잠복해 있다고 지적한다(島村, 2007: 98).

추기 이 장은 봐서 알 수 있듯이 현지조사(구술)의 성과를 중심으로 구성했다. 현지조사 자체는 우다야나 대학의 이 마데 센도라 씨 및 이 마데 부디아나 씨와 공동으로 진행하였다. 그러나 이 장의 집필은 두 사람의 양해를 얻어 필자(吉原)가 단독으로 행한 것이다. 또한 이 장은 2004~2007년도 일본학술진흥회 과학연구비 조성금(기반연구(A)(1))「'포스트 점령체제' 시기 지역주민조직의 비교 · 역사사회학적 연구」(대표 吉原)에 의한 연구성과의 일부다.

어 내는가에 관해서도 검토가 필요할 것이다. 그것은 이제 일원적인 정보 네트워크가 아니라, 다층적인 안전망에 기초를 둔 초국가적인 상상 위에 펼쳐진 경관(landscape)으로서 존재한다고 여겨지지만, 이 점에 관해서는 지극히 상세한 부분까지 캐묻는 통찰이 요구된다.

그러나 그렇다고 하더라도, 앞서 살펴본 바와 같은 '탈일본'의 이주 '형태'는 다양한 요인들이 교차하는 지평에 있어 쉽게 정형적인 것으로 묶이지는 않는다. 무엇보다도 그것들은 일본과 발리의 '사이에' 서 있는 듯 보이면서, 일본의 '지금'이 안고 있는 현안의 과제－예를 들어, 고령자 문제－에 깊이 계류되어 있다. 그리고 그러한 점이 앞서 서술한 이주 '형태'를 매우 복잡하게 만드는 것이다. 발걸음의 가벼움이 강조되면 될수록 거기에 숨겨져 있는 것들의 커다란 모순(상징적으로는 격차)에 마음이 쓰이는 것은 과연 필자만의 생각인가? '라이프스타일 이민'이 그것의 가벼움과 함께, 강제된 이주라는 측면과 일본 사회 내면의 '혼미함'을 다분히 끌어안고 있다고 필자는 생각한다.

제10장
포스트 세계도시의 좌표축
— 현대 아시아 도시공간 전환의 위상 —

"우연히 만난 면식 없는 사람끼리는 의지할 수 있는 유일의 버팀을, 그들의 외견, 언어, 표정이라는 가늘고 감기지 않은 뜨게 실로 엮어가지 않으면 안 된다. 자신의 배에서 나온 실로 짜서 만든 둥지가 전 세상인 거미와 같이……"

– Z. 바우만, 『리퀴드 모더니티』

1. 시작하면서 – 다층적인 지역과 비가시화되는 도시

글로벌화와 함께 다양한 공간적 규모에서의 지역(region)이 사람들 입에 오르내리게 되었다. 적어도 국민국가와 같은 것으로 인정되거나 등치되는 의미의 지역은 이미 절대적인 것이 아니다. 국가적 차원을 포함해 글로벌, 리저널, 내셔널, 리전, 로컬, 그리고 각양각색인 개인의 신체를 매개로 한 지역의 형성이 거론되었다(岩永, 2008). 이러한 다층적 구성을 나타내는 지역은 말할 것도 없이 글로벌화의 최대 상징인 '거리의 단축'에 의한 결과로서 나타난 것이지만, 그 자체가 새로운 지역적 공동체로의 통합과 분화의 움직임을 내재하고 있다.[1] 그리고 이러한 움직임에 관해서 동아시아(여기서는 동남아시아도 포함)에서는 동아시아공동체와 이와 교착하는 아시아 태평양권(나아가 최근에는 ASEAN+3)이라는 형태로 이미 논의

---

1 글로벌한 차원에서의 지역공동체로는 유라시아 대륙 서쪽을 넓게 규합하면서 모습을 드러내는 유럽연합, 그리고 이하에서 서술할 동아시아공동체나 아시아 태평양권이 잘 알려져 있다. 흥미로운 것은 그러한 지역공동체의 구축이 국민국가를 넘어 위쪽을 향하는 벡터와 국민국가의 아래쪽을 향하는 벡터와의 균형 위에 나타난다는 것이다(이 점에 관해서는 岩永, 2008을 참조). 즉 지역의 통합과 지역의 차이화가 일종의 균형을 유지하면서 발전한다는 점이 오늘날 지역공동체 형성의 기초가 된다. 덧붙이자면 지역의 로컬 정체성의 부흥을 추구하는 움직임은 그러한 기조 위에 있는 지역주의(localism)의 전적인 표출이라고 할 수 있다. 더욱이 그러한 움직임의 배후에 민족(국민)성을 재구축하려고 하거나 국가와 지방자치체의 재편을 진전시키려는 의도가 저변에 흐르고 있다는 점 역시 부정하기 힘들다.

가 대두되었다(→ 지역개념 재구성의 진전).

그런데 이러한 새로운 지역 형성을 둘러싼 움직임과 함께 논의를 환기시키고 있는 것은 도시 표층 위의 균질적인 풍경과 국경을 넘어 나타나는 이른바 도시 간의 경쟁이다. 양자 모두 이제까지는 물리적 거리와 사회적 거리 양방향을 포함한 '거리의 단축'에 의해 초래된 것으로 상정된다. 덧붙이자면, 전자에 관해서는 필자가 이전에 다음과 같이 말한 적이 있다(吉原, 2002: 255).

> 오늘날 하늘을 뚫는 초고층 빌딩이 숲을 이루고 있는 풍경은 이제 선진국 대도시 특유의 현상이 아니라, 개발도상국 대도시에서도 널리 볼 수 있는 것이 되었다. 이와 함께 예를 들면 과거 오랜 기간 뉴욕에 체류하고 있던 사람이 똑같은 시간 감각을 멀리 떨어진 아시아 메가시티에서 느끼는 것도 드물지 않은 경우가 되었다. 그리고 방문한 자를 매료시켜 마지않았던 각각의 도시가 가진 농밀한 시간은 완전히 동결되어 버린 듯이 보인다. 남아 있는 것은 신체에 전해지는 탈경계(borderless)의 감각뿐이다. 이전의 도시건축이나 조각양식은 외부에 자리해 있는 농촌을 지배하며, 스스로의 존속을 꾀하는 권력의 '성스러운 표상'의 장치였고, 그러한 한에서는 또한 신화성을 띠고 있었다. 그러나 지금 도시는 도대체 무엇으로 스스로를 드러낼 것인가? 또한 스스로를 지키기 위한 신화체계 혹은 환상을 만들어 내고는 있는 것일까?

그야말로 균질한 것으로서 경계를 넘어 나타나는 이러한 무국적의 풍경을 포착하여, 필자는 "도시의 좌표축이 매우 찾기 힘들게 되었다"고 말하며, 그 배경에서 글로벌화의 기제 →'거리의 단축'을 읽어내었던 것이다. 세계도시 도쿄뿐만 아니라 아시아 메가시티에도 공통으로 나타나는 이러한 풍경은, 그러나 도쿄에 관한 한, 국민국가와 정확히 자리를 달리하는 것은 아니라는 것이 필자의 또 하나의 주장이다. 이 점에 관해서는 다음 절에서 다시 한 번 간단히 서술하겠지만, 이와 동시에 앞서 설명한 주장에서 충분히 전개하지 못했던 도시 간의 경쟁에 대해서도 점차 언급하기로 한다. 왜냐하면 그것은 세계도시 도쿄와 같은 도시는 '거리의 단축'에 뿌리를 두면서 세계도시와는 확실히 다른 상황적 위치에, 즉 포스트 세계도시라는 상황적 위치에 발을 담그고 있기 때문이다.

아래에서 보듯이 세계도시 도쿄는 관료제나 집합적 소비(collective consumption)가 국민국가의 하위 특성을 이루던 시대2의, 이른바 '변동의 변경'이나 '사회의 망루'로서의 도시와는 동떨어져 있는 듯이 보이지만, 그것이 명확히 제도(帝都) → 수도(首都)의 계열에서 이탈하게 되는 것은 1990년대에 들어서면서부터다. 이 단계가 되어 공간〔空〕과 전자(電子)의 다중적인 네트워크에 의해 매개된 '흐름의 공간'이 자본의 욕구가 고조됨과 교차하면서 나타나며, 이러한 '흐름의 공간'(카스텔)이 확산되는 가운데, 아시아 메가시티를 끌어들이는 일련의 국경을 초월한 도시 간의 경쟁이 격화되게 되었다. 그리고 여기서 새로운 세계도시(→ 포스트 세계도시)가 성립하는 것이다. 흥미롭게도, 지적한 바와 같은 도시 간 경쟁은 앞서 언급한 지역적 공동체로의 통합과 분화의 기반을 이루며, 그 자체가

2 '새로운 도시사회학'이 횡행하던 시대에는 케인스주의적 복지국가(=개입국가)의 위기가 아직 본격화되지 않았다. 그러한 단계에 있어서 '새로운 도시사회학'이 중점을 두었던 것은 외부의 거대한 힘이 도시를 어떻게 규정하고 재규정하는가 하는 점이었다. 그리고 이러한 외부의 힘은 신베버주의자인 파울(Pahl, R. E.)에게는 관료제(→ 도시 관리주의)였으며, 구조적 마르크스주의에 의거해 있던 카스텔(Castells, M.)에게는 자본주의(→ 집합적 소비)였다. 이러한 점 자체는 '새로운 도시사회학'의 다원적이고 논쟁적인 성격을 나타내는 것이지만, 여기서 주목되는 것은 관료제든 집합적 소비든 모두 개입국가의 틀 내에 있었던, 즉 포디즘적 자본주의 기제에 완전히 공격당하여 포위되어 있었다고 하는 점이다. 따라서 포디즘에서 포스트 포디즘으로의 이행과 함께 역으로 '새로운 도시사회학'이 국민국가의 하위 특성에 구애되었던 점이 명확해졌던 것이다.

포스트 세계도시로의 전환을 재촉하는 것으로서 존재한다.

그래서 우선 세계도시 도쿄의 위상을 살펴보기로 한다. 그리고 다음으로 아시아 메가시티와의 접속면에 있어서 그 변화형태가 의미하는 바에 관해서 아시아 메가시티의 입장에 서서 검토해 본다. 더 말할 것도 없이 이 장에서는 이러한 시도를 통해 II부의 내용을 개괄하여 마지막 장에 이어가는 것을 주된 목표로 삼았다.

2. 세계도시 도쿄

도시에 관한 사회이론이 마르크스, 베버, 스미스, 짐멜 등의 도시인식으로부터 그 영향을 풍부하게 받으면서도 고유의 전개를 이루어낸 것은 20세기에 들어와서부터다. 사회학에 한정한다면, 이 세기를 우선 시카고 사회학이, 그리고 그 뒤를 '새로운 도시사회학'이 달려 나갔다. 잘 알고 있듯이 이러한 두 학파는 굳이 단순화시켜 말하자면 도시를 독립변수로 볼 것인가 아니면 종속변수로 볼 것인가 하는 문제, 즉 도시에 대한 외부의 힘을 규정 요인으로 둘지 어떨지를 둘러싸고 첨예하게 대립하였다.[3] 그러나 지금에 와서 생각해 보면, 이러한 쟁점의 지적은 매우 표층적인 파악에서 나온 것이었으며, 오히려 자본주의적 모더니티의 문맥에 깊게

3 이러한 점에 관한 '새로운 도시사회학'의 이론 동향에 대해서는 주 2를 참조하기 바란다. 이에 더하여 '새로운 도시사회학'이 비판의 대상으로 삼은 시카고 사회학은 도시를 이해하기 위해 도시를 본다는 방법론적 입장, 즉 '자기완결적인 도시영역'을 설정하는 이론적 태도(→ 도시를 독립변수로 간주하는 입장)에 의해 관철되어 왔다는 점에 커다란 특징이 있었다. 이러한 방법론적 입장=이론적 태도는 실은 시카고 사회학자가 본 1920년대(시카고적 세계)의 예리하고 날카로운 반영이었다. 이 점에 관해서 '새로운 도시사회학'은 그다지 의식하지 않았다고 여겨진다. 상세한 내용은 吉原(1983)를 참조.

기초한다는 점에서는 양자 모두 공통의 지평에 서 있다고 할 수 있다(Savage and Warde, 1993). 시카고 사회학뿐만 아니라 '새로운 도시사회학' 과도 대치하며 나타난 '공간론적 전환'은 이러한 점을 반성적으로 인식하는 적절한 계기가 되었다. 도시의 사회이론이 이러한 '공간론적 전환'을 거쳐 일련의 세계도시론에 직면한 것은 20세기 말의 1980년대 후반부터 1990년대에 걸쳐서다. 더욱이 '공간론적 전환'에 대한 대응이 그러했던 것처럼, 여기서도 사회학의 대응은 일부를 제외하면 매우 조심스러워서 '내향적'인 성격을 띤 것이었다. 즉 정치경제학적 논조와는 확실하게 거리를 두면서도 대체로 주도권을 쥐었다고 할 수 있는 상황은 아니었다.[4]

그런데 프리드만의 세계도시가설, 사센의 세계도시론 그리고 후지타(Hujita, K.)의 '유연한 특화(flexible specialization)'론 등을 추진력으로 하여 소리 높여 전개된 세계도시론은 기본적으로는 국민국가를 매개로 한 중층적 구조 속에서 선진국가의 메갈로폴리스의 동태를 분석하는 것이었다고 할 수 있다. 확실히 그것들이 공통으로 초점을 두는 것은 사람 · 돈 · 정보를 독점하며 거기서부터 초국가적인 채널로 열리는 현상으로서의 '세계도시'다. 그리고 그것들의 이론적 사정권에는 많든 적든 세계적인 규모에서의 통합 · 통제 기능의 형성을 촉구하게 된 다국적 기업의 본사

---

4 정통적(이라고 여기서 굳이 말해 두는)인 사회학에서 경제지리학적인 논조에 친화성을 가진 도시론과 '새로운 도시사회학'의 구분은 관심영역 밖에 있었던 것으로 여겨진다. 즉 양자 모두 정치경제학적 논조에 경도되어 있는 것으로 비쳤던 것이다. 정통적인 사회학에서 관심의 중심을 차지하고 있던 것은 무엇보다도 정치경제학적 논조로부터 자신을 준별하는 것이었다. 그런데 이러한 방법론적 구분은 '공간론적 전환'에 대해서도 관철되었다. 여기서 '공간론적 전환'에 대하여 상술할 여유는 없지만(이 점에 관해서는 吉原(2002)를 참조), 확인해 두고 싶은 것은 정통적인 사회학이 '공간론적 전환'에 있어서 최대의 특징이 되어 온 모더니티의 양의성을 향한 시선을 거의 염두에 두지 않았다는 점이다. 이러한 점은 어떤 의미에서 정통적인 사회학이 나중에 '내부집단'화되어가는 점과 관계가 있는 것으로 여겨진다.

기능 집적이나 글로벌한 금융센터의 입지가 포함되어 있었다. 그렇지만 여기서 말하는 현상으로서의 '세계도시'는 아직 케인스주의적 복지국가/개입국가의 틀 내에 있는 선진국가의 정치적 · 경제적 중추로 자리하며, 그 끝없는 확산 속에 세계성(⇒ 국제성)을 획득/점유하고 있는 '수도'를 상징적으로 나타내었던 것이다. 따라서 그것은 세계의 패권국가의 추이와 더불어 정치적 · 경제적 중추의 편성양식이 변모하는 가운데, 그리고 무엇보다도 국민경제를 전제로 하는 국제화나 '다국적화'의 진전 속에서 하나의 선 자리를 표현하는 데 지나지 않는다.

예를 들어 1990년대 중반에 간행된 마치무라(町村敬志)의 세계도시 도쿄에 관한 정치한 전공논문을 보자(町村, 1994). 거기에는 실질적으로 '세계의 공장'인 런던, '자유주의 세계의 헌병'인 뉴욕과 어깨를 나란히 하며 존재하는 세계도시 도쿄의 공간적 배치(spatial constellation)가 생생하게 나타나 있다. 그리고 다국적 기업이 주도하는 세계시장의 수직적 분업이 관철되면서, 일본이라는 국민국가 속에서 중추성을 획득하고, 그것이 외부로 뻗어나간 구도가 사실적으로 상술되었다. 그 정도로 마치무라가 생생하게 묘사해서 보여준 세계도시 도쿄는 '제도(帝都)' → '수도(首都)'로 이어지는 역사적 과정을 통해 스스로의 체내에 각인시켜 온 국가적 정체성의 이야기로부터 완전히 벗어나 있었던 것은 아니다. 물론, '제도'에서 '수도'로의 전개과정에서, 그리고 3대 도시권에서 도쿄 일극 집중으로의 지대(地帶) 구성상의 변화가 다시 이루어지는 과정에서, 국가적 정체성을 되묻는 일이 번번이 나타났던 것은 사실이다. 그렇지만 세계도시 도쿄가 나타내는 세계성은 전전(戰前) 당시부터 국민국가가 품어 온('중심-주변'의 구도를 전제로 하는) 특권적인 중추성 위에 있었다는 점은 부정할 수 없다. 그러나 그러한 '제도' → '수도'의 (중추성의) 계보를 잇는 특권적인 중추성은 1990년대에 접어들어 큰 변용을 나타낸다. 말하자면 외부로부터

물어뜯기고, 내부로부터 깨지게 되었던 것이다. 그리하여 포스트 세계도시가 사회의 전면에 전폭적으로 모습을 나타나게 되었다. 도대체 무엇이 어떻게 작용 혹은 반작용하여 이제까지와는 다른 차원의 세계성을 표출하게 되었던 것인가?

3. 새로운 세계성의 성립

새로운 세계성의 성립조건에 관해서는 이미 이 책의 2장에서 언급한 바 있지만, 우선 글로벌화에 의해 초래된 유동성과 혼종성이 도시에 관한 새로운 평면을 구성한다는 점이 주목된다. 그것들은 공간과 전자에 의한 다중적인 네트워크를 그 자장으로 삼는 '흐름의 공간'이 확산됨에 의해 도시 그 자체가 탈맥락화 · 초공간화함과 동시에 거리나 영역성이 '순간적인 것(the instantaneous)'[5]으로 해소되어 가는 세계성을 육성하게 된다. 여기서 다시 관건이 되는 것은 앞서 말한 '순간적인 것'에 의해 나타나게 되거나 대체되는 '거리의 단축'에 관한 내용이다.

다사카(田坂敏雄)는 이 점과 관련하여, 스기우라(杉浦章介)(2003)에 의거하면서, '물리적 거리'와 "관세나 무역 · 투자규제에 의한 국경조치 외에

5 바우만에 의하면, "순간성은(공간의 저항을 이겨내고, 물건의 물질성을 제로로 만듦으로써) 각 순간의 용량을 무한대로 한다. 무한의 용량이란 아무리 짧고 '잠깐 사이'의 것일지라도 순간으로부터 묶어내는 것에 한계는 없다는 점을 의미한다"(Bauman, 2000=2001: 163). 덧붙이자면 바우만은 이러한 '순간성'을 핵심개념으로 하여 '유체(流體)적' 근대를 다음과 같이 논술한다(위의 책). "'견고한' 근대는 영원존재를 주요한 동기부여나 행동원리로 삼고 있지만, '유체적' 근대에 영원존재가 발휘할 수 있는 여지는 남아 있지 않다. '단기'가 '장기'를 대신하며, 순간성이 궁극의 이상이 되었다. 시간을 무한의 용량을 가진 용기로 보는 한편, 유체적 근대는 계속성을 경시하며, 무가치화하고, 해체해 갔다고 할 수 있다."

경제제도나 국내적인 규범구조의 차이 혹은 언어나 생활습관을 포함한 문화적인 차이"에 기인하는 '사회 · 제도적 거리'의 양방향에 있어서 '거리의 마찰'을 극복하려는 움직임이 발생한다고 논함으로써, 그것을 사실상 글로벌화와 같은 것으로 인정하였다. 또한 다사카는, '물리적 거리'는 교통이나 운송수단의 기술혁신이나 정보기술혁신에 의해 비약적으로 줄어들며, '사회 · 제도적 거리'는 세계 공통의 경제규범6이 침투하여, 국경을 초월한 동질적인 경제공간을 만들어 냄으로써 극도로 압축된다고 한다(田坂, 2005b: 11).

다사카는 이러한 '거리의 마찰' 극복(필자가 말하는 '거리의 단축')과 함께 '국경의 투과성'이 끝없이 고조되는 점에 주목하고 있다. 여기서 말하는 '거리의 마찰' 극복이라는 상황은, 원리적으로는 하비가 '시 · 공간의 압축(time-space compression)'이라고 논하고 있는 것과 같다. 하비에 의하면, "공간이 전자통신의 '지구촌', 경제적 또는 생태학적으로 상호 의존하는 '우주선 지구호'로 수축하며……, 더욱이 존재하는 것은 현재뿐……이라는 점까지 시간적 지평이 축소된다." 이러한 '시 · 공간의 압축'은 포디즘에서 포스트 포디즘에 이르기까지의 유연한 축적으로의 전환에 있어 그 핵심을 이룬다. 그리고 생산에 있어서 회전시간의 가속화를 동반하는 점에 두드러진 특징이 있다고 한다(Harvey, 1989=1999: 17장). 어

---

6 단적으로는 신자유주의적 원리에 기초하는 규범을 말한다. 이 규범은 시장주의, '작은 정부', 그리고 규제완화(deregulation)의 3가지 요인에 근거한다. 그리고 각국이 이 규범을 도입함으로써 팍스 아메리카나의 재편이 진전됨과 동시에 '국경의 투과성'에 의거할 뿐만 아니라, 그것을 점점 고조시키는 경제공간이 만들어진다. 또한 그것에 수반하여 도시는 "유연하게 행동하는 자본을 위해 더욱 나은 가치증식조건을 정비하는 것에 광분하게"(田坂, 2005b: 11) 된다. 즉 "입지의 우위성과 기업 · 산업 유치를 다투는 '경쟁적 행위자'로서 등장하게"(위의 책: 8) 된다. 또한 '경쟁적 행위자'로서의 도시를 치열한 도시 간 경쟁으로 몰아붙임에 있어 결정적인 역할을 다한 것이 포스트 포디즘 단계에 특유한 이른바 '경쟁국가'다. 이점에 관해서는 후술하기로 한다.

쨌든 이렇게 되고 보면 '거리의 마찰' 극복='거리의 단축'과 함께 표출되고 있는 세계성은, 자본의 회전속도가 공간변용의 속도를 훨씬 앞질러 세계 공간의 의미를 바꾸어버린 결과로 나타난 것이라고 할 수 있다.

하지만 지적한 바와 같은 세계성은 평활한 것이 아니며 고정적인 것도 아니다. 일단 성립해 버리고 나면 자본이 구성하는 글로벌한 평면에서 벗어나, 끊임없는 운동 상태로 표류하게 된다. 그것은 이제 '제도' → '수도'로 이어지는 중추성의 잔재를 억지로 끌고 가는 것이 아니다. 즉 여기서 말하는 세계성은 '지(地)'로서의 도시에서 출발하여 그 진폭이 네트워크상에 확산됨으로써 성립하는 것이 아니라, 중단 없이 유동하고, 복잡하게 교착하는 다양한 네트워크가 글로벌한 흐름으로서 횡행하는 현상에 수반하는 것이다. 포스터 식으로 말하면, 그것의 주된 선율은 "시간과 공간에 뿌리를 둔 '수목모양'의 존재"가 아니라 "매일 지상을 유랑하는 '리좀적'인 것"이 된다(Poster, 1990=2001: 30). 어쨌든 여기서 지적된 세계성은, 도쿄에 비추어 말하자면, 앞서 일별한 세계도시 도쿄의 '도안'을 그대로 베껴서 그려낸 것이 아니며, 단순한 덧칠만으로 설명할 수 있는 것도 아니다. 이에 더하여, 이 점에 관하여 요시미(吉見俊哉) 등이 우치다(內田隆三)에 의거하면서 '세계도시의 역설'로서 아래와 같은 논지를 전개하고 있는 것은 매우 흥미롭다(吉見 · 姜, 2001: 102~103).

버블이 발생할 즈음부터 도쿄는, "그 자신이 거기에 달라붙어 있는 밑바닥에 관한 불안의 감각"을 절실히 경험하기 시작했다. 그것은 도쿄의 끝없는 확장에 의해서라기보다는 도쿄의 종잡을 수 없는 유동화에 의해 초래된 것이다. "도쿄의 새로운 교외공간이나 만(灣)의 연안지역으로의 확장은 도쿄와 그 외부와의 경계 소실이나 긴장관계라기보다는 오히려 도쿄 자신이 그 내부에 만들어 낸 새로운 사회성에 의한 과거의 도쿄라는 질서에 대한 굴곡과 부정의 표현이었으며, 또 자기차이화의 문제였다." 즉 도쿄는 단순히 세계도시로 진화하는 형태로 외부를 향해 확장되었던 것이 아니다. 오히려 도쿄는 글로벌화 속에서 스스로가 도쿄라고 하는 점 자체를 부정하듯이 또 하나의 자기를 내포함으로써 자기분열적인 경향이 점차로 심화되는 것이다.

요시미 등이 '세계도시 세계성의 반전'이라고 부르는 이러한 사태는 분명히 '지(地)'가 아니라 하나의 '도(圖)'로서 성립하는 포스트 세계도시의 존재양태를 나타내고 있다. 그것은 실로 세계도시 도쿄가 세계도시로서 가진 또 하나의측면, 즉 '세계도시의 역설 또는 양의성'의 표출인 것이다. 그런데 다시 한 번 주목되는 것은 그러한 '세계성의 반전'='세계도시의 패러독스'를 기조로 삼아 흐름의 상태로 변한 도시를, 글로벌한 거리감각에 완전히 익숙해진 크고 작은 다양한 혼종적 네트워크7가 종횡으로 뛰어다니고 있는 점, 그리고 그것과 등을 맞대고 이른바 분극화 또는 분단화의 다양한 단면이 싹을 틔우고 있는 점이다. 이러한 이율배반적인 구도는 복잡하고 다양한 요소들을 품고 있지만, 대략적으로는 한편으로는 긍정의 측면, 그리고 다른 한편으로는 부정의 측면과 연결시켜 이해하는 일종의 모더니즘적인 사고방식과 친화성을 가지고 있다고 할 수 있다. 실제로 끊임없이 증식하고 이동하며 경계나 분수령을 만들고 또 파괴해 가

7 이러한 네트워크가 글로벌화의 현재적 성격, 즉 영역으로서가 아니라 유동체로서 존재한다는 점을 상징적으로 나타내고 있으며, 이에 관해서는 이 책의 2장에서 살펴봤다. 그것은 기본적으로는 글로벌 자본의 가벼운 발걸음에 매개되어 그 모습을 드러내고 있지만, 물론 그것만은 아니다. 네트워크에 나타나는 혼종적인 것에는 '시민' 차원에서의 집합성도 짜 넣어져 있다. 도시가 기업의 입지선정과 그것을 전면적으로 지지하는 '경쟁국가'의 '입지확보'에 의해 일방적으로 규정되는 것이 아니라, 시민의 결사적 활동에 의해 그러한 입지선정/'입지확보'를 되돌리는 것이기도 하다면, 지적한 바와 같은 집합성이 어떠한 성격의 것인지를 검토하는 것은 매우 중요한 과제가 될 것이다.

는 네트워크와, 영(Young)이 분극화 또는 분단화의 전적인 발로라고 지적하는 5개의 억압적 관계—착취, 주변화, 무력화, 문화제국주의, 폭력—(Young, 1990)와는 일정한 함수관계를 이루며, 그러한 한에서 양자를 긍정과 부정의 대비축 위에서 파악하는 것은 유효하다. 그러나 정보의 무한증식이 미디어 경관의 기반을 일거에 확장하여, 하비가 말하는 자본의 공간으로서의 건조환경조차 공간적인 확장이나 장소적인 깊이를 무력화한 스크린에 녹여 넣고 있는 현재의 상황을 생각하면, 그것 또한 반드시 요점을 파악했다고는 할 수 없다.

하지만 여기서 더욱 중요한 것은 후자의 분극화 또는 분단화의 사태가 국민국가 내에서 발현하는 '계급문제'로서가 아니라, 국경을 넘어 확산되는 양상을 나타내는 제2급 시민의 문제와 같은 것[8]으로 존재한다는 점이다. 그것은 여성, 민족, 정치적 소수파, 나아가서는 문화—그것도 동성애나 지방성으로 묶일 수 있는 것—, 외국 국적 주민, 각종의 약자계층 등을 주된 담지자로 하여 광범위하게 모습을 나타낸다(岩永, 2008). 그리고 현실에서는 도시와 사회적 배제라는 문제설정 하에서 논의되는 경우가 많다. 그러나 거기서 쟁점이 되는 것은 분명히 국민국가 내에서의 권리확립이라는 내용이나 차원을 넘어서는 것이며, 그것은 정말로 전자의 혼종적 네트워크의 기층에도 깊이 뿌리내리고 있는 것이다.

---

8 제2급 시민의 문제는, '계급문제'가 내셔널 시민권과 연관되어 있는 데 비하여, 특히 '잡다하게 다중화된 시티즌십'(Yuval-Davis, 1997: 12) 혹은 어리가 '흐름의 시티즌십'(Urry, 2000=2006)이라고 일컫는 것과 연관되어 있다. 확실히 제2급 시민의 문제든 계급문제든 사회적 주변화와 풀기 힘들게 얽혀 있다. 그러나 후자의 경우 주변화가 중심으로 회수되어 가는 데 비해서, 전자에서는 복수의 분수령에 의해 주변화가 중심을 향해 가는 것이 저지된다. 이러한 차이의 밑바탕을 이루는 바를 명확히 하는 것은 오늘날 특히 중요하다고 여겨지지만, 이를 위해서는 무엇보다도 먼저 시티즌십과 내셔널리티의 분리가 결정적인 것이 되는 모더니티의 〈지금〉에 대해 확실하게 인식해 둘 필요가 있을 것이다.

그러니까 다시 한 번 양자의 밑바닥을 관통하는, 하지만 앞서 말한 '세계성의 반전'과 깊게 관련하여 실제로 '국경의 투과성'을 한층 고조시키고 있는 국민국가(→ 개입국가)의 〈흔들림〉 → 역할의 저하에 관해 언급할 필요가 있다. 그 무엇보다도 근대의 국민국가는 하나의 국가에 있어서 '중심-주변'의 원환 구조에 갇힌 노동력 편성과 국민교화의 이데올로기를 통해 분극화 또는 분단화의 싹을 특정의 영역 내에 가두어 두었으며, 또한 경계를 넘나드는 다중구성의 네트워크가 분출되는 것을 저지해 왔다. 즉 개입국가로서의 역할을 다해왔던 것이다. 그러나 지금이야말로 히르쉬가 말한 '경쟁국가'9가 글로벌한 시장에서의 경쟁에 유리한 체계적 합리화를 달성하기 위해 최적의 조건을 정비한다는 명분으로 대두하여, 다양한 규제나 제도가 완화 · 철폐되고 있다(Hirsch, 1996=1998). 그 결과 '국경의 투과성'이 점점 높아짐과 동시에, 분극화 또는 분단화가 한층 '다양한 양상'을 띠게 된다. 또한 이를 둘러싸고 다양한 네트워크가 종횡으로 그 모습을 드러내며 영역 밖으로도 확장된다.

그렇다고는 하나 여기서 말하는 새로운 세계성의 성립을 설명하기 위해서는 세계도시 도쿄에 초점을 맞춘 논의만으로는 불충분하다. 오히려 세계도시 도쿄가 일련의 아시아 메가시티와의 접점을 찾아감에 있어서 세계도시 도쿄로서 어떻게 변용되며, 그러한 점이 아시아 메가시티에는

---

9 '경쟁국가'는 포스트 포디즘 단계에 특유한 것이다. 히르쉬는 이의 맞은편에 복지국가와 감시국가가 섞여서 나타나는 '안전보장국가'를 위치시킨다. 그것은 포디즘 단계에 적합한 국가의 형태를 이루며, 막대한 재정을 동원하여 다양한 행위자들 간의 이해를 조정하는 역할에 전념해 왔다. 이에 대하여 '경쟁국가'는 신자유주의에 근거하여 복지국가를 공격하며, '작은 정부'로의 키잡이 역할을 할 것을 강력하게 추진한다. '경쟁국가'의 행동지침은, "경제의 자유화를 고양함과 동시에 로컬 · 내셔널 · 글로벌의 어떤 차원이든 묻지 않고, 공적 차원을 시장중심형의 모든 제도와 모든 과정에 맞추는 것에 있다"(ヘルド, 2007: 87)고 여겨진다. 이와 동시에 '경쟁국가'는 개입국가를 비판하면서도, 스스로 '입지확보'라는 형태로 개입국가로서의 역할을 다한다.

어떻게 반작용하는가를 살펴봄으로써, 지적한 바와 같은 세계성을 명확히 해 나가는 데 힘쓰는 편이 훨씬 더 적절할 것으로 여겨진다. 이하에서는 그러한 점을 염두에 두면서 아시아 메가시티와 그것에 복잡하게 뒤얽힌 도시에서 유의미하게 드러나는 제 현상이나 모습에 초점을 고정시켜 새로운 세계성의 내실에 관해 더 한층 깊게 파고들어 검토하기로 하겠다.

4. 아시아 메가시티에서의 세계성

세계도시 도쿄와의 접점을 통해 아시아 메가시티가 지닌 세계성의 내실을 검토하고, 나아가 그(아시아 메가시티) 자체의 세계도시로서의 위상을 탐색하기 위해 여기서는 우선 동아시아 도시회랑으로 불리는 것과 그것을 에워싸며 배치해 있는 도시 간 경쟁의 존재양태를 살펴보기로 한다. 동아시아 도시회랑은 통상 IMS-GT(Indonesia Malaysia Singapore-Growth Triangle)의 도시군과 환황해경제권의 도시군을 합하여 일컫는 경우가 많다. 전자는 일본-싱가포르-아세안2(말레이시아+인도네시아)를 잇는 삼각지대를, 그리고 후자는 일본-타이완-중국을 잇는 삼각지대를 그 기반으로 삼고 있다. 이하에서는 이 책 6장에서 9장까지의 내용을 근거로 하여 동아시아 도시회랑에 초점을 두고 논하고자 한다.

여기서 먼저 지적되는 점은 동아시아 도시회랑이 이제까지 일관되게 세계도시 도쿄를 핵으로 하여 싱가포르, 홍콩, 타이베이 그리고 서울을 지역거점기능을 담당하는 도시로서 그 아래에 두는, 이른바 고도로 위계적인 성격을 지닌 형태로 존재해 왔다는 점이다. 여기서 특히 주목되는 것은 그러한 위계적인 성격이 기본적으로 국민국가 단위로 나누어진 영역기반 위에 개개의 도시가 서로 맞닿아 이루어지는 도시 간 시스템에 그

바탕을 두고 있다는 점이다. 그 정점에 있는 도쿄가 지닌, 살펴본 바와 같은, 중추성과 이 책 6장에서 개관한 〈반주변〉에 위치한 도시들의 종주도시화가 깊이 공명(共鳴)하는 상황은 생각해 보면 그러한 도시 간 시스템을 전제로 하여 비로소 가능하게 되었다고 할 수 있다. 여기서는 각국에 고유한 것으로 여겨지는 시장의 룰이 개개 도시의 연접 이상으로 강하게 작용하여, 말하자면 국경의 역할을 다하고 있는 것이다.

따라서 동아시아 도시회랑은 적어도 어느 시기까지는 국가를 초월한 도시 간 네트워크의 관점에서는 굳이 말하자면 '주변적인 것'에 머물렀다. 그것은 기본적으로는 영역적으로 단절된 '위성형 산업집적'(Marxsen)의 형태를 지닌 서열을 동반한 관계 맺기 · 연계에 근거하여 성립해 왔다. 그렇다면 지금은 어떠한가? 예상한 바대로 동아시아 도시회랑이 앞서 지적한 도시들, 특히 싱가포르의 지역거점기능을 매개로 유지되고 있다는 측면은 지금까지 계속 이어져 오고 있다. 그러나 그러한 기능을 매개로 하여 동아시아 도시회랑이 이하에서 다룰 도시 간 경쟁의 주요한 무대가 되고 있다는 점은 이전의 그것과는 명백한 차이를 나타낸다. 그것은 이제 세계도시 도쿄의 '탈국민국가'화 → 포스트 세계도시화, 나아가 종주도시의 메가시티화와 두텁게 서로 겹치고 있다. 그리고 그것들이 폭주하는 지평에서 도시 간 경쟁이 격렬함을 더하여, 앞서 살펴본 바와 같은 새로운 세계성이 순식간에 현실감을 띠고 그 모습을 드러내는 것이다.

또한 이 같은 동아시아 도시회랑은 아시아 통화위기 이후 그 성격이 크게 바뀌고 있는 것으로 여겨진다. 그것은 서열화를 내포한 도시 간 연접을 그 기조로 하면서도, 국가를 초월한 도시 간(inter-city) 거버넌스가 진전하여 치열한 도시 간 경쟁이 횡행하는 장이 된 것이다. 원래 글로벌화의 진전과 함께 사람 · 물자 · 돈의 흐름이 도시문제의 복합적인 네트워크에 달라붙는 형태로 나타났었지만, 통화위기 이후 그것이 도시 간의 차이나 우열을 더욱 두드러지게 하는 형태로 나타나고 있다. 앞서 서술한 점에 관련시켜 말하자면, 도시가 '거리의 마찰'/'거리의 단축'을 극복/달성하여, 기업 특히 다국적 기업의 입지를 강하게 촉구하는 전체적인 축적환경[10]을 마련하기 위해 서로 경쟁하는, 이른바 '경쟁적인 동인(competitive agent)'을 취하게 하며, 그 결과 경쟁 우위에 있는 도시와 열등한 지위를 면치 못하는 도시 간의 격차가 표면화되었다. 이러한 점에 관한 다사카(앞의 책)의 다음과 같은 논술은 매우 명석하다(田坂, 2005a: vi).

> 포스트 포디즘의 시대에 들어가면……도시들 간의 관계가 표면화되고……시공간이 수렴된 교차 중심=허브도시에 정보가 모이고, 투자가 유입된다. 도시는 '경쟁적 행위자'로서 그 모습을 나타내고, 그 흐름의 교차 중심을 확보하려는 '장소를 둘러싼 승자진출전'에 참전한다.…… '장소를 둘러싼 승자진출전'은 경쟁우위를 가진 지역(도시)과 열등한 지위에 있는 지역을 만들어 낸다. 경쟁에 패한 지역에서는 고용의 유출과 소실이 진행되어 지역과 산업이 심각하게 황폐해진다.

즉 도시들이 동아시아 도시회랑의 서열구조 속에서 제각각의 위치나 위치변동을 향한 배열을 나타낸다기보다는, "'장소를 획득한 지역(도

10 '규모의 경제' 하에서는 생산에 관련된 비용을 억제하는 것이 가장 중요한 과제였다. 그러나 글로벌화는 생산요소의 조달을 어려움 없이 달성할 수 있도록 하며, 이 때문에 생산에 수반하는 비용 삭감은 부차적인 것이 되었다. 아니 그렇다기보다는, 생산요소를 어떻게 이용해 목표를 수행할 것인가 그리고 이를 위해 어떠한 입지를 실행할 것인가 하는 것이 더욱 중요하게 되었다. 즉 기업의 생산성 그 자체가 문제가 된 것이다. 그런데 이러한 기업의 생산성은 도시가 제공하는 전체적(total)인 축적환경에 의해 대체로 규정된다. 거기에 다사카가 말하는 비즈니스 환경이 문제가 되기도 한다. 다사카에 의하면, 그것은 4개의 요인, 즉 "요소(투입자원)조건, 기업전략과 경합관계, 수요조건, 그리고 산업 클러스터(산업축적)"로 이루어진다고 한다(田坂, 2005b: 5).

시)'과 '배제된 지역(도시)'이라는 분단"(위의 책: iii) 구조 속에서 저마다의 현 위치를 나타내는 상황이 전개되는 것이다. 그런데 이러한 도시 간 경쟁 및 분단 상황의 진전과 동시에, 경쟁우위에 있는 도시만이 아니라 그 이외의 도시까지를 포함해 제각각의 도시 내부에 있어서도 경쟁과 분단 상황이 발생한다는 점이 다시 한 번 주목된다. 그것은 앞서 서술한 문맥에서 말하자면, 글로벌한 통합 속에서 (도시 자체의) '자기 차이화' 또는 '자기 부정(否定)'[11]이 단적으로 표출된 것이라고 할 수 있지만, 실제로 이러한 상황을 초래하는 것은 '경쟁국가'에 의해 이루어지는 기업의 입지를 우위에 두기 위한 일련의 공간 재구조화인 것이다.

그리고 그렇다면 '경쟁국가'가 글로벌화의 진전에 부합하기 위하여 행하는, 입지의 우위를 높이려는 행정적 개입의 내용과, 거기서부터 파생하는 재구조화의 구체적인 모습을 봐 둘 필요가 있다. 우선 전자를 보면, 그것은 기본적으로는 "사회정책에서부터 교육정책, 과학진흥정책, 환경보호정책을 포함해 문화정책에 이르기까지 온갖 사항이 '입지점 확보'라는 지상명령, 즉 글로벌하게 활동하는 자본에 이윤을 가져다줄 수 있는 '틀의 조건'을 창설한다는 지상명령(→ 구조개혁)에 복종하는"(田坂, 2005b: 7) 형태로 존재한다. 자세한 설명은 제쳐두더라도, 이러한 '경쟁국가'에 의

11 글로벌한 통합이 진행되면 될수록 분화(=분열), 그것도 다차원적이며 중층적인 분화가 발생하게 된다는 것은 이제 누가 보더라도 명백한 것이 되었다. 이러한 사태는 원리적인 면에서 생각하면, 글로벌화의 모더니티(혹은 포스트모더니티라고 해도 좋다)로서의 양의성을 나타내는 것이라고 할 수 있지만, 주목해야 할 것은 그러한 사태가 오늘날 유독 도시의 '자기 차이화', 즉 자본의 욕망에 부합하여 타자와 자기의 차이를 두드러지도록 하는 형태로 그 모습을 드러내는 것이다. 여기서 지적하고 싶은 것은 이러한 '자기 차이화'가 결국에는 '시민'의 측에 서서 자기를 컨트롤하는, 이른바 도시가 가진 '창조성'='창발성'의 기반을 부정해 버린다는 점이다. 그것은 앞서 살펴본 글로벌화의 양의성에 대해 눈을 감아버리는 것이며, 틀림없는 '자기부정' 그 자체인 것이다.

한 '입지점 확보'의 추구를 전제로 하여 도시들은 '경쟁적 행위자'로서 도시 간의 경쟁에 참가하는 것이다. 그리고 통합과 분열, 포섭과 배제라는 글로벌화 특유의 양가적인 기제(ambivalent mechanism)에 편입되는 것이다.

이제 다음으로, 후자의 공간 재구조화에 관해서 살펴보겠지만, 아시아 메가시티 자카르타를 통해서 보는 한, 이는 포스트 세계도시 도쿄의 그것과 동등하게 취급되는 것으로서 존재한다. 적어도 세계도시 도쿄를 통해 알 수 있는 세계성(→ 세계성의 반전)의 유사형태를 상당한 부분까지 찾아내는 것이 가능하다. 상세한 설명은 이 책 6장으로 넘기지만, 예를 들어 자카르타의 도심지역에서 확장되는 부유화와 빈곤화 현상의 공존, 나아가 그것이 공간에 그대로 반영되어 모습을 드러내는 출입통제 공동체와 슬럼이라는 중층성(이 책 7장 참조)은 도쿄나 덴파사르에서도 자카르타와 마찬가지로 어느 정도 표면화되는 것이다.[12] 또한 그것이 자기부정의 체내화라는 새로운 함의를 띠면서, 글로벌화로 인해 야기된 긴박하고 중요한 문제설정이 된다는 점에서도 도쿄, 자카르타, 덴파사르는 거의 공통의 지평에 서 있다고 할 수 있다.

---

12 물론 그 표출 방식은 다양하다. 도쿄든 덴파사르든 자카르타 정도로 서로 분리(segregated)된 것으로 양자(출입통제 공동체와 슬럼)가 배치되어 있지는 않다. 다른 각도에서 보자면, 자카르타는 앞서 말한 분리에도 불구하고 캄풍을 매개로 양자가 상호 교차인식하고 있다는 점에서 도쿄나 덴파사르 등과 비교하여 두드러진 위치에 있다. 지적한 바와 같은 중층성은 원래부터 민족적 태생이나 문화적 관습의 차이 등에 의해 계층적 응집이나 괴리와 부합하지 않는 면을 강하게 드러내었지만, 글로벌화는 이를 더욱 두드러진 것으로 만든다. 그러나 그것은 글로벌화가 초래한 하나의 측면일 뿐이며, 또 하나의 측면은 지적한 바와 같은 중층성이 각 도시를 관통하여 계층적 응집과 괴리를 만들어 내는 것으로 작용한다는 점이다. 더욱이 여기서 말하는 계층적 응집과 괴리는 가계 주소득을 지표로 하는 분리에 한정되지 않는다.

5. 워싱턴 컨센서스와 균질한 풍경

그렇다고는 하나 이 책 2부에서 다뤘던 자카르타나 덴파사르에서 세계도시 도쿄에서 간취된 세계성을 꼭 그대로 찾아낼 수 있는 것은 아니다. 적어도 도시들 간에 위상의 차이가 존재한다는 점은 분명하다. 자카르타의 경우든 덴파사르의 경우든, 그 도시의 공간구성에는 식민지의 체험[13]이나 포스트 식민지 개발독재체제의 흔적, 나아가 종주도시화의 공간이력 등이 짙게 그림자를 드리우고 있다. 무엇보다도 공간에 새겨진 '광역대도시권(EMR)'(田坂, 1998)의 특이한 기능집적은 도쿄와의 유사성보다는 그 차이를 부각시키고 있다. 그리고 그러한 점 자체가 동아시아 도시회랑에 자리하는 다른 도시들에도 확산되는, 도시 간 경쟁의 굴절된 존재양태를 투영하는 것이다.

동아시아 도시회랑의 내부에 있어 싱가포르가 일관되게 그 매개적인 위치를 유지해 왔다는 점에 관해서는 이미 서술한 바 있다. 여기서 그것과 병행하여 확인해 둘 필요가 있는 것은 자카르타나 덴파사르가 '경쟁적 행위자'로서는 뒤늦게 등장했다는 점이다. 즉 도시 간 경쟁에서 뒤처

13 이 점에 관해서는 6장에서 자세히 살펴봤지만, 그 핵심은 식민지 치제하에서 형성된 위신의 구조가 포스트 식민지의 공간구성에도 깊이 자리(built in)하고 있다는 점이다. 이미 지적한 바와 같이 식민지 체제하의 공간구성을 특징짓는 요소로서, 한편으로는 위신의 체계를 형성해가면서, 다른 한편으로 토착의 관습을 방치하거나 받아들이는 구조가 존재하고 있었기 때문이지만, 이러한 구조는 그 후의 도시발전 과정에도 복잡한 그림자를 드리우게 되었다. 예를 들자면, 버제스(Burgess, E. W.)가 묘사한 동심원 가설을 전제로 한다면 그것은 분명히 왜곡적 요인으로 작용하고 있다. 그리고 이미 서술한 바 있는 '워싱턴 컨센서스'를 충실하게 이행한 공간 재구조화일지라도, 엄밀하게 말하자면, 이러한 위신과 아다트가 복잡하게 교착하는 구조를 허물지는 못하였다. 아니 그렇다기보다는 피해서 지나갔다고 할 수 있다. 하지만 최근의 EMR화의 동향을 보자면, 포스트 식민지의 풍경이 나타낸 바와 같은 세계성에 점점 더 순화되어 있는 것은 분명하다.

져 있었던 것이다. 하지만 통화위기를 거치면서 동아시아 도시회랑 내에서 급속하게 동등한 지위에까지 오를 수 있게 되었다(물론 횡으로 하나의 선상에 있다는 것은 아니다). 이렇게 된 이유로는 다양한 요인을 생각할 수 있겠지만, 뭐니뭐니해도 역시 해당국가가 '워싱턴 컨센서스'('워싱턴 경제 컨센서스'와 '워싱턴 안전보장 아젠다'를 총칭 →'월스트리트-재무성-IMF 복합체')(Harvey)를 받아들였다는 점이 크게 작용했다.14 덧붙이자면 헬드(앞의 책)는, '워싱턴 컨센서스'를 다음과 같이 설명하고 있다(ヘルド, 2007: 86~87).

> 양자('워싱턴 경제 컨센서스'와 '워싱턴 안전보장 아젠다')는 바야흐로 글로벌화 고유 형태의 구동력과 연결되어 있다. 양자는 하나가 되어, 시장규제에서 재해 대책안에 이르는 사회경제의 중심영역에 정부는 적극적으로 관여해서는 안되며, 또한 국제적 조정책이나 규제책을 마련하는 것은 자유를 저해하고 성장이나 발전에 제동을 걸며, 이해관계를 규제하게 된다고 한다. 이로써 글로벌화의 현재 구조가 명확해질 수 있는 것은 아니지만, 워싱턴 컨센서스는 글로벌화 정치환경의 중심에 위치하고 있다.

---

14 덧붙이자면, '워싱턴 컨센서스' 특히 '워싱턴 안전보장 아젠다'에 관해서는 "1945년 이래의 국제정치와 국제협정의 중심논의 가운데 많은 것을 깨는 것"이라는 지적이 제시되는 한편, "냉전의 종식과 그 후의 지정학적인 대변동이 주요한 지정학적 요인이 되고 있다"는 논의도 제기되고 있다(ヘルド, 2007: 88~89). 어쨌든 미국의 헤게모니가 유지되고 있기 때문에 비로소 그것이 '세계적 표준'이 될 수 있는 것이다. 그러나 미국 주도의 글로벌 거버넌스가 반드시 반석이 되는 것은 아니다. '세계적 표준'에 노출되어 있는 어떤 도시에 있어서도 '불안동맹'이 만들어져 있으며, 이제는 그것이 도시간 거버넌스를 지향하려 한다는 것은 그야말로 그 증거인 것이다. 그렇다고는 해도, 그러한 것이 신자유주의의 기제에 잠긴 글로벌 거버넌스에 대한 일종의 대항모델을 제시하고 있다고 보기에는 아직 이르다고 할 것이다. 현실에서는 이러한 글로벌 거버넌스에 편입될 가능성이 다분하다. 여기서도 '시민적' 컨트롤의 구체화가 시급하게 요청되는 것이다.

확실히 통화위기 → 경제파탄을 계기로 하여 '워싱턴 컨센서스'에 기반을 둔 구조개혁(그것은 사실상 IMF나 세계은행을 통한 '세계표준화'의 강제였다) → 공간 재구조화가 수행되어, 그 결과로 자카르타 및 덴파사르는 동아시아 도시회랑 내에서 명확한 자기 지위를 확보하게 되었던 것이다. 그것은 동아시아 도시회랑 그 자체가 '워싱턴 컨센서스'에 통째로 묶여지는 것을 나타내는 것이기도 했다. 이 장의 1절에서 도시의 표층상의 균질한 풍경과 국경을 초월하여 나타나는 이른바 도시 간 경쟁이 하나의 몸을 이루고 있다는 점을 시사했지만, 이러한 문맥에서 파악하면 더욱 이해하기 쉽다.

어찌됐든 이렇게 보면 도쿄에서든 자카르타에서든 아니면 덴파사르에서든 관계없이 거기서 간취된 세계성이 고도의 차이성을 품고 있던 것에서부터 이제는 '자기부정'을 통해 동일화를 지향한다는 점을 알 수 있다. 세계성이란 원래 차이성과 동일화라는 두 가지 계기를 모두 품고 있다고 여겨지지만, '워싱턴 컨센서스'의 강제적 도입 이후 헷갈릴 것도 없이 후자의 움직임이 더욱 횡행하게 되었다. 물론 그렇게 되면 될수록 각각의 도시에 있어서 동일화가 초래하는 새로운 차이=분수령(divide)이 싹을 틔우게 된다. 예를 들어 불평등과 격차의 심화는 그 하나의 예다. 더욱이 그것은 '흐름의 공간'의 광역화에 수반하는 사람 · 물자 · 돈의 경계를 넘는 이동성(모빌리티) 및 혼종성의 고양과 함께 매우 다양하고 분절화된 형태를 나타낸다. 마지막으로 이 점에 관해 언급하고 이 장을 닫기로 한다.

6. 맺음말에 대신하여
– 호환성과 창발성을 계기로 다시 일어서기를 바라며

국경을 개의치 않는 '흐름의 공간'은 얄궂게도 시장원리주의를 지상명령으로 하는 '경쟁국가'의 행정개입에 의해 멈추지 않는 진전을 이룬다. 그리고 여기서 말하는 포스트 세계도시로의 이륙 조건도 이러한 행정개입 → '흐름의 공간'의 방자한 확산에 의해 확실하게 그 성숙도를 높이고 있다. 그러한 와중에 자라나는 새로운 세계성의 실정은 정보도시의 작동 형태와 그 밑바탕에 내재하는 '양의적인 것'에 의해 잘 설명될 수 있을 것이다. 반복해서 말하는 것이 되겠지만, 정보도시는 단순한 정보의 교차 중심만은 아니다. 사람 · 물자 · 정보 · 돈이 집적된 곳, 즉 용기라고 하기보다는 오히려 사람 · 물건 · 정보 · 돈의 흐름을 절합하고 관리하는 곳, 즉 정류기라는 점에서 정보도시의 출중한 특징을 찾아낼 수 있다(吉原, 2002). 그리고 정보도시의 〈지금〉은 국가적 차원에서 진행되는 분권이나 거버넌스 진척 정도의 차이나, 나아가 그러한 차원에서 발현하고 있는 다양한 형태의 대항축의 경계선을 삼켜버리면서 존립하고 있다. 이 장에서 살펴본 바와 같은 동아시아 도시회랑에 포함되어, 그 무언가의 의미에서 앞서 말한 세계성을 자신의 것으로 삼아가는 도시는 정말로 그러한 정보도시와 서로 겹치는 것이다.

또한 비가시화되고 있는 각양각색의 경계선이나 분수령을 가시적인 것으로 만듦과 동시에 그것들이 지적한 바와 같은 세계성 혹은 '세계성의 반전'에 어떻게 연결되는가를 명확히 해 둘 필요가 있다. 왜냐하면 그렇게 함으로써 도시공간에 비쳐 나타난 세계성의 굴절된 형태를 다소라도 부각시킬 수 있기 때문이다. 다만 이러한 경우 귀찮은 것은 지적한 바와 같은 경계선이나 분수령의 뿌리를 이루는 대항축이, 말하자면 '일대

일의 연쇄'를 중심에 둔 설명 틀만으로는 용이하게 해명되지 않는다는 점이다. 다양한 대항축이 복합적인 네트워크를 짜내는 차원에 입각해서야 비로소 위에서 말한 '양의적인 것'='세계성의 반전'은 가시적인 것이 되는 것이다.

예를 들면, 이 책의 8장에서 서술한 바 있는 덴파사르에 유입되는 무슬림이 안고 있는 곤란한 점들은 도쿄나 자카르타의 밑바닥으로부터 확산되는 극빈층이나 최약자층이 안고 있는 곤란한 점들과 그 근본을 같이하며, 9장에서 파악했던 일본으로부터의 라이프스타일 이민이 지닌 모빌리티 지향은 틀림없이 탈내셔널리티의 틈새에서 생겨나고, 그러한 점에서 자카르타의 일부 중간층들에게서 나타나는, 내셔널리티에 반드시 집착하지만은 않는 심성과 서로 영향을 미치고 있다.[15] 그러나 앞서 말한 '일대일의 연쇄'로 설명할 수 있는 것은 기껏해야 여기까지다. 그것들이 앞에서 설명한 도시 간의 경쟁에 어떻게 작용하고 있는가 혹은 그 기층에 어떠한 형태로 내재하고 있는가 하는 점이 반드시 명확한 것만은 아니다. 가령 그것이 글로벌화의 진전에 수반한 모빌리티나 아니면 혼종적인 상태의 고조에 의해 파생된 것이라고 하더라도, 도시 간의 경쟁 관계에서

---

15 엔다(園田茂人)의 지적에 의하면, 자카르타에서 현저히 대두하는 중간층, 특히 신중간층에 한정해서 말한다면, 노동자층에 비해 '자국민으로서의 자긍심'을 강하게 느끼고 있다고 한다(園田, 2007: 293). 그러나 필자 등이 노상에서 조사한 바로는, 중간층 가운데 오르데 바루의 시대부터 경제위기를 이겨내고 오늘날까지 일관되게 몸집을 불리고 있는 뉴리치에 관해서 말하자면, 그 사치적인 라이프스타일과 더불어 국민성=민족성에 관한 의식은 매우 낮다(吉原, 2006). 다른 한편으로, 오르데 바루의 혜택를 입으면서도 경제위기에 의해 계층하락을 피할 수 없었던 신중간층의 경우, '경쟁국가'로서의 인도네시아 정부의 존재형태에 대해 매우 비판적이다. 그러나 그러한 비판적 의식이 반드시 트랜스내셔널한 것으로 이어지지는 않으며, 오히려 부분적으로 네오내셔널리즘에 봉착했다는 점에 사태의 복잡성이 잘 드러난다. 8장에서 대략적으로 살펴본 아제그 발리의 움직임은 실로 이러한 복잡성을 상징적으로 나타낸다.

어떠한 위치를 차지하고 있는가는 명확하지 않다. 단지 한 가지 지적할 수 있는 것은 경계선이나 분수령이 기본적으로는 '경쟁국가'가 '워싱턴 컨센서스'에 준거하여 진행한 도시 간 경쟁의 다양한 귀결 가운데 하나이며, 그것도 사회적 분열의 전형적인 결과라고 하는 점이다.

생각해 보면, 구조적인 중첩성에 의해 깊게 관철되고 있는 세계성은, 거기서 발견되는 개개의 문제현상의 차원에서는 확실히 통합과 분열, 혹은 포섭과 배제라는 이항 도식에 의한 파악이 가능할지도 모르지만, 그것이 국가를 넘어 교착하고 상호작용하는 지평에서는, 세계성은 다양한 요소가 서로 충돌하고 접합한다는, 작동 그 자체의 호환성과 창발성이 지표가 되는 기제에 의해 뚜렷한 특징을 띠게 된다. 그런데 그러한 호환성과 창발성의 기제를 재차 동아시아 도시회랑으로 되돌아가서 파악한다면, 그것들은 개개의 도시를 근본적으로 묶어내는 동시에 도시 간 경쟁의 토대에까지 깊이 영향을 미치고 있음을 알 수 있다.

여기서 마지막으로 언급해 두고 싶은 것은 이상과 같이 호환성과 창발성의 기제가 작동하는 세계성 성립의 장(場)에 있어서 로컬리티가 어떠한 발현형태를 취하고 있는가 하는 점이다. 이 또한 용이하게 답이 나올 것 같지는 않지만, 9장에서 대략 살펴본 바와 같이 내셔널리티를 다시 고취하는 듯한 로컬로부터의 대응이 이미 예외적이거나 주변적인 현상만은 아니라는 점에 주의할 필요가 있다. 그러한 움직임은 어떠한 도시공간이건 간에 많든 적든 그 모습을 나타내며, 도시공간 전환의 일대 계기를 구성하기에 이르고 있다. 물론 개개의 도시가 지니는 문화적 · 종교적 배치구성이나, 나아가 전통구조 그 자체의 차이가 이러한 대응에 일종의 개성을 부여하고 있다는 점은 분명하다. 그러나 그러한 차이 또는 개성은 개개의 대응 속에서 발견되는 유사성까지 부정하는 것은 아니다.

이와 동시에 도시공간 전환의 계기를 이루고 있다는 점과 관련하여, 앞서 말한 대응과 등을 맞대면서 일련의 시민사회를 창건하려는 시도가 모습을 드러낸다는 점에도 주의를 기울일 필요가 있다. 그것은 아시아 도시에서는 이제까지 사회의 전면에 그다지 표출된 적이 없다고 여겨지는 것이지만, 앞서 말한 호환성과 창발성의 기제에 깊이 발을 들여놓고 있다는 점에서 이 또한 주목해야 할 움직임인 것이다. 자세한 설명은 미뤄두고, 이러한 움직임은 도시 간의 경쟁이 사회의 분열이나 격차만을 초래하고 있는 것이 아니라는 점을 나타내는 것이기도 하다. 물론 이러한 움직임에는 '경쟁국가'에 의한 위로부터의 거버넌스 조작 장치에 빠져들기 쉽다는 위험성이 항상 따라다니고 있다.

어쨌든 새로운 세계성이 스스로의 내부에 품은 포스트 세계도시의 위상은 매우 굴절되어 있고 혼돈으로 충만해 있다. 거기서 간취되는 양의성은 다양한 벡터가 서로 다투는 가운데 존재하며 쉽게 그 초점을 맞출 수 없다. 그러나 동일화 속의 차이, 차이화 속의 동일성이 그러한 양의성을 드러내는, 요원하기는 하지만 훨씬 침투력이 좋은 메타포가 된다는 점은 틀림이 없다.

그런데 새삼 궁금한 것은 살펴본 바와 같은 세계성이 그것을 둘러싸고 치열하게 진퇴를 거듭하고 있는 장소의 내실과 그 방향성이다.[16] 그러나 이 장에서 이를 논하는 것은 지면 관계로 더 이상 불가능하다. 장을 달리해서 서술하기로 하겠다.

---

16 더 말할 것도 없이 이러한 경우 앞서 제시한 호환성과 창발성을 어떻게 드러낼 것인가 하는 것이 요점이다. 이 점에 관해서는 이미 1부에서 부분적으로 제시했지만, 마지막 장에서는 장소와 관련하여 이러한 점들이 체계적으로 다루어질 것이다.

종장

장소를 캐묻다

"우리가 지금 직면하고 있는 문제는

인간생활을 어떻게 조직화할 것인가 하는 점이다."

– K. 폴라니, 『경제의 문명사』

1. 문화의 복수성에서 장소로

글로벌화의 진전에 의해, 이전에 발리바르 등이 지적한 "시장의 법칙에 따르는 모든 사람들이 물리적 또는 상징적으로 만나는 공간"(Balibar and Wallerstein, 1990=1995: 64)이 광범위하게 그 모습을 드러낸다. 그리고 사회공간을 동일하게 만드는 다양한 사람들의 혼재라는 도안이 여기저기서 펼쳐지고 있으며, 이와 함께 문화의 복수성을 전제로 하는 다문화공생이라는 슬로건 또는 빈말이 마치 '요괴'와 같이 우리들의 세계를 뒤덮으려 한다. 그러나 현실에 실제로 깊고 넓게 침투하고 있는 것은 다양성과 서로 양립하지 않는 단일의 지역문화를 향한 희구다.[1] 그것은 사이토(齊藤日出治) 등이 '차이론적 인종주의'라고 일컬은, 아래와 같은 내용과 부응한다(齊藤·岩永, 1996: 249~250).

> 그것(차이론적 인종주의)은……인류학적인 문화론을 역이용하여 주장된다. 레비 스트로스로 대표되는 구조주의적 인류학은 문화의 다양성과 평등성을

---

[1] 후술하는 나카무라(中村潔)에 의하면, 현대의 인류학에 농후하게 나타나는 특징으로서, 문화의 다원성=복수성을 주장하면서 특정의 문화에 관해서는 단수로 이야기하는 경향이 있다고 한다(中村, 근간). 이하에서 다루는 '차이론적 인종주의'도 확실히 구조주의적 인류학을 '표방'한다는 측면은 부정할 수 없는 것으로, 원래 오늘날의 인류학 특유의 위에서 말한 동향에 공명할지도 모르는, 혹은 그 근원을 이루는 논리구성이 되어 있었던 것인지도 모른다.

중시하며, 그것들의 차이의 환원 불가능성을 강조한다. 새로운 인종주의는 그러한 문화인류학적 인식을 논거로 삼는다. 여러 문화들의 혼합이나 문화적인 거리의 소멸은 인간적 지성의 해체를 의미한다. 그것은 인류의 존속과 발전을 보증하던 규제의 붕괴에 다름 아니다. 따라서 문화적 전통을 유지함으로써 집단으로서의 정체성을 유지해 가지 않으면 안 된다. 과거에 반인종주의가 주창해 온 여러 문화의 '서로 다름의 권리'가 프랑스 문화에 관해서도 인정되어야 한다. 이민의 '침입' 에 의해 불순해지고 있는 문화의 전통을 지키고, 이(異)문화를 배격하려는 움직임이 이렇게 정당화된다. 다른 집단에 대한 우월성을 상정하는 것이 아니라, 오로지 경계나 차이의 소멸이 초래하는 위험만을 강조하는 인종주의가 이렇게 해서 생겨난다.

흥미로운 것은 이러한 '차이론적 인종주의'가 오늘날 정치적 활동을 선동하는 일련의 정치적 패러다임의 기저를 이룬다는 점이다. 라포르 등이 말하는 바에 의하면, 현실에 있어 문화와 차이는 모든 국민국가가 공통적으로 취하는 전략이며, 집권적인 지배체제하에서 문화적 정체성을 로컬한 영역 내로 제지하는 역할을 다한다고 한다(Rapport and Overing, 2000). 이에 더하여 나카무라(中村潔)는, 민족성(ethnicity)이라는 이름으로 이루어진 "지역적으로 고정화된 문화적 정체성"이 "다양성을 배제하는 단일의 지역문화 창출"과 거의 동등한 것이라는[2] 점을 현대 인도네시아를 예로 들어 다음과 같이 논술하여 갈파하고 있다(中村, 근간).

2 나카무라가 이렇게 주장할 당시에는 지금 다룬 라포르 등의 주장에 더하여, 이하의 논술에서 명확히 알 수 있는 앤더슨의 '상상의 공동체(imagined communities)' 에 관한 논의(Anderson, 1983=1987)가 크게 영향을 미쳤던 것으로 여겨진다. 이에 더하여 나카무라는 이러한 주장을 '전통과 근대 간의 대립에 얽힌' 문화의 문제로서 전개한다. 상세한 것은 中村(근간)를 참조.

다민족국가 인도네시아의 '다양성 속의 통일'이라는 표어나, 그 다양성을 시각적으로 드러내는 미니 인도네시아 공원(TMII:Taman Mini Indonesia Indah)과 같은 테마 파크(의 전시), 혹은 민화나 민구(民具) 그리고 관습의 수집이라는 교육문화성(당시)의 지방문화 목록화 프로젝트는, '인도네시아 국민(bangsa Indonesia)' 속에 복수의 민족문화가 존재한다는 점을 드러내며, 그것을 지역적으로 할당한다. 이와 동시에 그 지역의 문화는 표준화된다. 인도네시아 국민이라는 가상의 민족〔방사(bangsa)〕 '공동체'를 창조할 때, 모든 민족〔수쿠(suku)〕은 소멸되는 것이 아니라, 그것을 구성하는 요소로서 이 또한 새롭게 만들어졌던 것이다.

이 책에서 살펴본 바 있는 발리에 관해 말하자면, 정말로 "발리라고 하는 지방에 공통의 '표준화'된 발리 문화(이제까지의 발리 어느 곳에도 존재하지 않았던 문화)가 발리의 어느 곳에서나 존재하는 것처럼 '상상/창조'되어 왔던"(中村, 위의 책) 것이다. 이 책 8장에서 언급한 아제그 발리가 상정하는 발리 문화가, 그 깊이가 어느 정도인가는 제쳐두고, '상상 또는 창조'되어 있다는 점은 역시 부정하기 힘들다. 그러나 여기서는 이 점에 관해 더 이상 깊이 파고들지는 않겠다. 오히려 그러한 동향의 밑바탕을 이루는 이른바 '경계나 차이의 소멸'에 대한 공포가, 4장에서 다룬 매시 식으로 말하자면, 안정성이나 그 어떤 문제도 없는 정체성 형성의 근거이며, 나아가 사람들에 의해 공유된 역사나 집합적 기억이 묻혀 있는(그렇게 여겨지는) 장소에 대한 동경이 되어 그 모습을 드러낸다는 점에 주목하고 싶다. 왜냐하면 거기에는 과거와 강하게 결부된 픽션으로서의 장소가, 문화와 차이를 매개로 '진정한 공간'으로서 이야기되는 일종의 계략이 잠재해 있기 때문이다.

이 경우 장소에 응축된 변별적인 경관을 통해, 거기에 구현된 사람이나 자연 혹은 사물의 '형태'를 읽어내는 것이 된다. 그리고 사람(예를 들어 매시)에 따라서는 그러한 '형태'에 하이데거의 '거주하는 것'[3]을 서로 겹쳐 맞춘다. 과연 이러한 '형태'는 장소에 고유한 것(그렇게 여겨지는 것)과 어떻게 결부되는 것인가? 혹은 필자가 이 책 4장에서 언급한 공간의 실천적 또는 능동적인 영유(領有)와는 어떻게 연결되는 것일까?

2. 공간과 장소

앞 절에서 대략 살펴본 문화의 복수성=다문화공생이 반전하여 모습을 드러내는 단일한 지역문화에 대한 희구는 생각하기에 따라서는 이 책 1장에서 개괄적으로 다뤘던 글로벌과 로컬의 역설(paradox)이라는 형태로 분출하는 현재의 상황을 나타내는 하나의 전형적인 '현상'이라고 할 수 있을지도 모르겠다. 이미 몇 차례 언급한 적이 있지만, 카스텔은 글로벌화의 진전과 함께 '장소의 공간(space of place)'이 사회의 배경으로 물러나는 것과 정반대로 '흐름의 공간(space of flow)'이 (사회의) 전면에 모

3 하이데거는 '거주하는 것'을 '집짓는 것'과 형태를 같이하는 것으로 파악한다. 그리고 '거주하는 것'='집짓는 것'은 "죽어야 할 자로서 지상에 있는 것을 일컫는 것이다"라고 설명한다(Heidegger, 1954: 141). 이에 더하여 우에다(上田閑照)는 이러한 '거주하는 것'에서 부연(敷衍)되는 하이데거의 세계를 "(인간이) 대지를 딛고, 하늘의 은혜를 입으며, 신들과 해후하여, 다 같이 죽어야 할 인간들과 함께 죽음을 편하게 맞이한다는 존재방식으로 사방세계에 거처한다"(上田, 1992: 61)라고 해석한다. 이처럼 하이데거에게 있어 "'거주하는 것'이란 변함없는 어떤 상징도 찾아내기 힘든, 말하자면 거리와 방향만이 지표가 되는 등질의 무한공간을 국지성과 시차성(示差性)을 가진 〈장소〉(Ort)로 바꾸는 것이다"(吉原, 2004: 154). 이렇게 하고 보면, 하이데거가 말하는 '거주하는 것'에는 후술하는 '뿌리내린 것' 또는 '둘러싸는 것'이 선험적으로 내포되어 있는 것이지만, 이와 동시에 이 책 4장에서 대략적으로 살펴본 초기 마르크스의 이른바 '오감에 의한 세계의 실천적 영유'와도 부분적으로 공명하는 것이다.

습을 드러낸다고 주장하였다(Castells, 1989). 거기서의 함의는 글자 그대로 이해하자면 장소성=로컬리티가 부정되고, 세계가 '흐름의 공간'에 의해 석권된다는 것이다. 그러나 앞서 살펴본 사이토 등의 지적처럼 거기에는 또 하나의 함의가 있다. 즉 "흐름의 공간을 조직하는 다국적 기업이나 초국가적 기관의 권력('장소 없는 흐름의 권력')과 장소성에 근거를 둔 사회운동('권력 없는 장소')의 대항을 통하여 새로운 지역화가 모색된다"(齊藤 · 岩永, 1996: 280)는 것이다.

이러한 대항의 '형태'에 관해서는 역시 사이토 등이 모더니티의 미학에 관련된 "절대적 공간의 지배와 그것이 추상화한 장소성의 복권과의 대항"으로서, 훨씬 원리적이고 기층적인 수준에서 고찰하였다. 이에 더하여 필자도 또한 이 책 1장과 이전의 책(吉原, 2002)에서 이 점에 관해 고찰하였지만, 사이토 등은 짐멜을 예로 들어가며 우선 사회학적 미학에 내재해 있는 서로 대립하는 두 개의 미적 형식 간의 갈등에 관해 언급한다(齊藤 · 岩永, 1996: 277~278).

> 최초의 미적 형식은 대칭(symmetry)이라는 합리적 형식이다. 이러한 미적 형식의 목적은 제 요소를 전체의 부분으로서 통합하며, 수학적 긴밀성과 균형이 잡힌 체계를 구축하는 것에 있다.……하지만 짐멜에 의하면, 이러한 대칭의 미는 외부와의 관계를 거절하며, 사회 내부에 있어서 개인의 자유를 말살한다. 거기서 대칭의 미에 대항하는 미적 동기가 만들어진다. 전체에 대한 개인의 대항과 고립이라는 낭만(roman)주의적인 미학이 바로 그것이다. 거기서는 개인의 자유가 최고의 미적 관심이 되며, 대칭과 조화가 이루어진 통일체로 환원되지 않는 미적인 개성이 중시된다.

사이토 등은 이렇게 개괄하여 부각된 미적 형식의 대항축을 더욱 〈차연(Différance)화〉하여 또 하나의 미적 형식의 대항축, 즉 "흐름의 추상적 공간의 미적 형식과 구체적인 장소 감각의 미적 형식과의 대항"을 설정한다. 그리고 그 대항축의 연장선상에 르페브르가 지적하는 '이소성(異所性, heterotopy)'을 위치시킨다. 그것은 추상적 공간이 그 지배의 끝에 스스로의 체내에 잉태한 대항물로 존재한다[4](齊藤 · 岩永, 1996: 280). 어쨌든 이리하여 글로벌과 로컬의 역설이 모더니티의 근원으로 되돌아가서 검토에 부쳐지는 것이다.

이렇게 하고 보면 새롭게 의문이 드는 것은 지적한 바와 같은 '이소성'이 '권력 없는 장소'로서 존재하기는 하지만, 과연 공간의 능동적이고 실천적인 영유에 기반을 둔 장소성의 내실을 어느 정도 담보하는가 하는 점이다. 이미 설명한 것처럼, 언어나 문화 그리고 인종 등의 다양성에 뿌리를 내린 장소의 독자성이나 고유성은 현실에서는 존재하지도 않고, 만들어진 단일한 지역문화에 회수되는 경향을 나타낸다. 따라서 '이소성'이라고 해도 그것은 추상적 공간 그 자체의 자기모순을 매개로 모습을 드러낸다고 하기보다는, 오히려 한편으로는 글로벌화, 다른 한편으로는 로컬화라는 형태로 두 개의 벡터가 서로 이반된 채 도시공간을 갈라놓는 상태를 나타내는 것으로서 존재한다.[5]

---

4 르페브르는 추상적 공간의 전 사회적인 지배를 별도의 장소에서 기계적 시간의 전(全)사회적 지배로 치환하여, 그것이 존재할 수 있는 카이로스(kaiross: 체험적—역주)적 시간을 전부 추방해 버린다고 설명한다(Lefevre, 1991=2000). 그러나 르페브르에게 있어 중요한 것은 추상적 공간이 '존재할 수 있는 공간'을 속령(dependency)화한다는 사실에 있는 것이 아니라, 이에 수반하여 또 하나의 사회적 공간, 즉 '이소성'이 만들어지는 사실에 있다. 따라서 '이소성'은 특히 공간과 장소의 변증법적 기제의 소산으로서 존재한다고 생각할 수 있다.

5 이 책 6장에서 개관한 메가시티 자카르타의 광역수도권화는 그 자체로 글로벌화의 진전에 상응한 공간 재구조화의 결과이지만 CBD, 공장지대, 교외 등이 수출가공산업화의 필요에 부응하여 그 나름대로 기능적으로 분담하여, 산업과의 유기적인 결합도 유

그런데 이러한 분열된 도시공간에는 언뜻 보기에 '이소성', 즉 장소가 추상적 공간에 대립하는 양 파고들어가 있는 것처럼 보인다. 그러나 결국에는 '한쪽에서 다른 한쪽으로'라는 이동도식 위에 양자는 나란히 서 있다. 그러한 점에서 추상적 공간에 의한 장소의 부정은 틀림없는 현실의 모습이다. 그러나 생각해 보면 그러한 추상적 공간에 의한 장소의 부정 자체도 역시 어딘가의 장소에 기초하여 비로소 가능하게 된다. 있는 그대로 말하자면, 공간은 장소를 없애가면서 장소를 차지한다. 역으로 말하면 장소는 공간의 작용을 받아들이면서 스스로의 독자성 · 고유성을 주장하는 것이다. 이하에서는 이러한 동일화와 차이가 상보적으로 교착하는 공간과 장소의 변증법적인 관련 양상에 관하여 장소를 중심에 두면서 좀 더 고찰해보기로 한다.

3. '뿌리내리는 것'과 '둘러싸는 것'

요즈음 장소에 관한 논의가 열기를 띠고 있다. 이때 자주 인용되는 것이 하이데거의 언설이다. 예를 들어 아래와 같은 언설은 글로벌화의 진전과 함께 성행하고 있는 장소 논의의 배후요인을 설명하면서 자주 인용되는 것이다(Heidegger, 1971: 165; 岩永, 2008: 196).

> 모든 것이 합체되어 모두가 다 거리가 없는 상태로 되어버린다.……도대체 무엇이 사람의 마음을 불안하게 만들어 그로 인해 공포에 빠지는 것인가? 그

지되고 있다. 그러나 그러한 기능적인 공간분화의 이면에는 배제와 격리의 공간이 대대적으로 생성되는 것이다. 7장의 논의는 실로 그러한 배제와 격리라는 도시의 존재양태를, 계급대항이 중층화되며 제 개인의 고립화가 진행되는 한가운데서 응시한 것이다.

것이 스스로를 드러내거나 숨기는 것은, 모든 것이 존재하는 '양식' 속에, 이를테면 거리가 모조리 정복되고 있음에도 불구하고, 사물의 가까움이 존재하지 않는 상태에 있다는 사실 속에서인 것이다.

하비 식으로 말하면, '시 · 공간의 압축'에 대한 공포, 그리고 그것이 반전하여 모습을 나타내는 근접성에 대한 갈망이 장소 논의를 고양시키는 촉진요인을 이룬다. 덧붙이자면 하이데거에 있어 앞서 말한 근접성은 '거주하는 것', 즉 인간과 사물의 '사이'에 대한 정신적인 통일체를 형성함에 의해서만 획득된다. 따라서 '뿌리내리는 것'이라는 감각, 즉 "〈우리가 무언가의 기반 위에 거주하고〉, 〈무언가의 기반 위에 머무르며〉, 〈이와 같이 친근하게 지내는 것으로서의 세계라는 기반 위에 있다〉" (Heidegger, 1929=1960(上): 107)고 하는 감각이 '거주하는 것', 즉 장소의 구축에 있어 그 핵심이다. 하지만 현실에서 나타나는 근접성에 대한 갈망이나 뿌리(root)가 박탈되어 있다는 감각은, '거주하는 것'이 사람과 사람, 사람과 사물의 '사이'에서 오감을 구사한 공간의 신체적 영유에 의해 보호 육성될 가능성을 넓히는 방향이 아니라, 오히려 앞서 대략 살펴본 바와 같은 단일의 배타적인 지역문화를 구축하는 방향으로 점점 더 닫혀져 가는 경향에 있다. 이것은 오늘날 공동체주의자의 장소 파악[6]에 있어 공

6 이 책 4장에서 다룬, 매시가 말하는 '진보적인 장소 감각'이라는 것이 여기에 해당한다. 그것은 "사람들이 '살아왔던 세계'를 향한, 마치 우리 집에 되돌아왔을 때와 같은 귀속감(at homeness)이나 후생적인 정체성을 강조하는 주장에 짙게 나타나는 '장소의 주변에 선을 긋는'"(吉原, 2004: 180) 이론동향으로서 그 모습을 드러낸다. 흥미로운 것은 그러한 이론동향이 글로벌과 로컬의 대립에 내재하는 변증법적 계기를 완전히 붙잡지 않았기 때문에, 그 결과로서 "글로벌화는 인정사정없는 것이며, 사실상 저지할 수 없는, 따라서 저항하기보다는 받아들일 수밖에 없다고 하는 '신자유주의적 입장'"(위의 책: 176)과 서로 영향을 주고받는 것이다. 오늘날 장소를 둘러싼 이론상황에 있어서 특징적인 점은 공동체주의자와 신자유주의자가 '멀고도 가까운 관계'에 있다는 것이다.

통적으로 나타나는 경향적 특성이기도 하다.

이러한 경향적 특성 하에서는 앞서 설명한 '뿌리내리는 것'은 '사이'를 일정한 영역 내에서 완결되는 닫힌 관계성에 수렴시키는 것, 즉 '둘러싸는 것'으로 특화된다. 이러한 '둘러싸는 것'은 현실에서는 가족, 학교, 공동체에서 진행되고 있는 개인화와, 그리고 무엇보다도 신자유주의적인 글로벌화의 진전과 함께 개인과 시장이 직접 대치하는 경관[7]으로부터 그 모습을 드러내지만, 그것의 상징적인 표출형태는 말할 것도 없이 이 책 7장에서 다뤘던 출입통제 공동체이다. 그것은 이미 기술한 바 있는 분열된 도시공간의 은유(connotation)로서 존재하지만, 이제는 초부유층만이 아니라 중류계급까지 포함한 포령으로 자리한 출입통제 공동체[8]에 사는 사람들은 타자를 배격하는 데 그치지 않고, 그들이 의존하지 않을 수 없는 공공성까지도 무력화하려 한다.

어쨌든 출입통제 공동체에서 소용돌이치는 근접성에 대한 애착이나 '둘러싸는 것'으로의 자기동화는 그 자체가 앞서 설명한 개인화(→ 자기선택/자기책임)의 극한적 형태를 이룸과 동시에 인간적 소통에 매개된 타자

---

7 이러한 경관에서 특히 눈에 띄는 것은 시민적 공공권(중간영역)이 전혀 보이지 않는다는 것이다. 확실히 개인과 시장의 사이에 지금도 일정한 제도적 개입이 나타나지만, 문제는 그러한 제도적 개입이 오히려 개인과 시장의 직접적인 대치를 촉진시킨다는 점이다. 게다가 국가의 개입은 자본의 욕구에 적합한 위험 관리형의 경관을 촉진시키기 때문에, 앞서 말한 개인과 시장의 직접적인 대치는 후자의 '1인 승리'로 귀결된다.

8 출입통제 공동체는 원래 이질적인 타자로부터의 〈격리〉라는 함의를 가진다. 그러나 그것은 이제 이질적인 타자의 〈배제〉라는 함의를 가진 것으로 바뀌고 있다. 또한 이와 함께 출입통제 공동체의 시야가 초부유층에서 중류계층으로 확대되고 있다. 이러한 점 자체가 신자유주의의 전 사회적인 확산을 상징적으로 나타내는 것이지만, 여기서 다시 한 번 주목되는 것은 출입통제 공동체가 신자유주의의 가치관점과 공동체주의자의 가치관점이 예리하게 교차하는 지점이 되었다는 것이다. 그도 그럴 것이 거기에는 오늘날 신자유주의자와 공동체주의자가 매우 친화적인 관계에 있다는 점이 드러나 있기 때문이다. 양자 모두에 관해서는 주 6을 참조할 것.

와의 자유로운 교제를 완전히 차단하는 것과 표리의 관계를 이룬다. 또한 그러한 점에서 출입통제 공동체에 있어서 '보안(security)의 과잉화'9(武井, 2007: 34)가 나타나는 것은 필연적인 경과라고 할 수 있다. 이에 더하여 필자는 '둘러싸는 것'에서 '보안의 과잉화'에 이르기까지를 공통으로 묶는 심성을, "'불쾌한 것'을 근본에서부터 없애려고 하는, 이른바 '제멋대로의 야만'"(阿部, 2006: 34)이 가진 내면이라고 생각한다(吉原, 2007: 24). 그것은 후지타(藤田省三)의 아래와 같은 언설에 기반을 둔다(藤田, 1995: 30~31).

> 불쾌한 것의 근원 자체를 한꺼번에 전면제거(송두리째)하기를 바라는 마음의 움직임은 하나하나의 양상과 정도를 달리하는 개별적인 고통이나 유쾌하지 못함에 대해 각각의 경우에 따라 확실하게 대결하려는 것이 아니라, 역으로 그러한 대면의 기회 그 자체를 없앰으로써 끝내려고 하는 것이다. 그러기 위해서 불쾌한 생물적 반응을 불러일으키는 근원적인 것 모두를 일소하려고 한다. 유쾌하지 못한 상황과의 상호 교섭이 없을 뿐만 아니라 그러한 상황과 관계가 있는 것은 자연현상을 포함해 모두 없애버리고자 하는 욕구가 있다. 무서울 정도로 제멋대로인 야만이라고 하지 않을 수 없다.

하지만 근접성에 대한 동경을 근원으로 하는 '둘러싸는 것'의 병리가 개인화의 도가 지나친 형태인 '제멋대로의 야만'을 매개로 하여 '보안의 과잉화'를 특히 출입통제 공동체에서 초래하는 것이다.

---

9 감시의 눈초리로 가득 찬 공간을 쾌적하다고 느끼는 심성이 오늘날 확산되고 있다. 이러한 심성은 청결한 공간을 희구하는 심성과 공명한다. 그러나 이러한 심성은 쾌적하고 청결한 공간을 만들어 내는 사회적 기제에 대해서는 놀라울 정도로 무관심하다. 오히려 사회 전체의 감시를 받아들이는 방식이 부정적인 것에서 긍정적인 것으로 변해가는 데 적극적으로 동참하는 것으로 보인다. 어쨌든 이러한 심성의 확산과 함께 '보안의 과잉화'가 출입통제 공동체를 중심으로 진전되는 것이다.

4. 비장소 그리고 풍토성(風土性)

그런데 '뿌리내리는 것'이 '둘러싸는 것'과 오버랩되는 듯한 앞선 설명의 동향에 대하여, 사회의 제 관계나 과정이 안팎으로 진전되는 가운데 다양한 경험이나 이해가 네트워크상에 서로 겹쳐 '거주하는 것'이 구성된다는 새로운 가능성은 어떻게 하면 확립될 수 있는 것인가? 그것은 원리적으로 말하자면, 초기 마르크스가 '유적(類的) 존재'의 중핵(core)으로 자리매김한 것, 즉 모든 개인이 지구상에 있는 타자와의 연합을 매개로 해서만 자신을 실현한다는, 개체성에 입각한 장소 구축의 가능성을 묻는 것이기도 하지만, 그러기 위해서는 재차 글로벌화가 초래한 '위대한 문명화 작용'으로 되돌아가서, 즉 모든 사람이 글로벌화에 휘말려 들어감으로 인해 만들어지는 사회성, 말하자면 이 책에서 서술한 유동체의 세계에 내려서서 그 논리적 설명을 시작할 필요가 있다. 그것은 장소가 추상적 공간의 작용을 받아들이면서도, 스스로의 독자성·고유성을 주장하고자 할 때 사람과 사람, 사람과 사물의 '사이'를 어떻게 정립할 것인가 하는 문제설정으로서 존재한다. 여기서는 앞 절에서 다뤘던 '거주하는 것'에는 확실하게 발을 내려놓으면서도 '뿌리내리는 것'='둘러싸는 것'에 반드시 계류되지는 않는다고 여겨지는 두 가지의 주장, 즉 오제와 베르크의 주장을 언급함으로써, 밖으로 열린 사람과 사람, 사람과 사물의 '사이'의 존립가능성에 대해 검토해 보기로 한다. 우선 오제의 주장에 귀를 기울여 보자(Auge, 1994=2002: 244~278).

오제에 의하면, "장소란 정체성 부여적이고 관계적이며 역사적인 것"이다. 여기서 "정체성 부여적이라는 것은 일정 수의 개인들이 그 장소에서 자기를 확인하고, 그 장소를 통해 자기를 규정할 수 있다는 의미다. 또 관계적이란 일정 수의 개인들(그 장소에서 자기 확인과 자기 규정을 행하는 당사자들)이 자신들을 서로 연결시키는 관계를 그 장소에서 읽어내는 것이 가능하다고 하는 의미다. 그리고 역사적이라는 것은 그 장소를 차지한 자들이 지난날에 사람이 이주 · 정착할 당시의 여러 가지 흔적을 그 장소에서 인지하고, 어떤 출신의 표징을 거기서 인식할 수 있다고 하는 의미다." 따라서 장소는 "그 장소를 차지한 사람들 하나하나가 자기 자신에 대해서 가지는 관계", 즉 "한 사람 한 사람이 똑같이 그 장소를 차지한 다른 사람들에 대해서 가지는 관계", 그리고 "한 사람 한 사람이 자신들의 공통의 역사에 대해 가지는 관계"로서 재파악할 수 있다는 것이다.

다른 한편으로, '비장소'란, "정체성도, 타자와의 관계도, 역사도 상징화되지 않은 공간"을 말한다.[10] 그것은 "사람이 생을 함께하지 않으면서도 공존하거나 혹은 공생하는 공간"이며, 오제에 의하면, 이러한 '비장소'가 증식해 있다는 점이 "오늘날 세계의 동시대성을 특징짓고 있다"고 한다. 그리고 무엇보다도 장소에는 "이웃관계가 과잉으로 농밀하게 되며, 주변사람과의 사이에 공모관계가 생겨나 교제가 가혹한 시련으로 변하는", 즉 "때로는 숨쉬기 힘들 정도로 서로가 서로를 그렇게 상호 재확인하는" 상황이 발생할 가능성이 있으며, 이에 반해서 '비장소'에서는 그러한 "재확인 효과의 속박으로부터 완전히 해방되어 개인이라는 존재의 자유가 감지될 수 있다"는 것이다. 결국 오제에 의하면 '비장소'에 내재하는

10 '비장소'는 구체적으로 "교통의 공간(고속도로, 항공로), 소비의 공간(슈퍼마켓), 커뮤니케이션의 공간(전화, 팩스, 텔레비전, 케이블네트워크)"(Auge, 1994=2002: 245)을 말한다. 덧붙여서 오제에 의하면 '비장소'와 장소는 고도로 호환적/상보적이며, "어떤 부류의 사람들에게 장소에 해당하는 것이 다른 사람들에게는 비장소가 될 수 있으며, 그 역도 가능하다"(위의 책)고 한다. 또한 "비장소는 모더니티와의 대비에 의해 정의된 슈퍼 모더니티의 상태에 특징적인 것"으로서, 다음과 같이 서술한다(Auge, 1994=2002: 246). "슈퍼 모더니티는 역사의 가속화, 공간의 축소화, 준거 틀의 개인화에 대응하며, 이것들은 통틀어 모더니티의 누적적인 과정을 뒤엎는 것이다."

이러한 자유야말로 장소에 충당된 의미의 범람(overflow)을 완화하며, 새로운 장소성의 구축에 이바지하게 된다는 것이다.

여기서 오제가 자신의 장소(='비장소') 파악에서 영향을 미치는 근원적인 요인 가운데 하나로 제기하는 것이 베르크가 풍토(milieu)라고 일컫는 것이다(Auge, 1994=2002: 255). 그것은 사람과 사람, 사람과 사물의 '사이'로서의 장소가 반드시 특정의 지역에 함께 속하는 것을 전제로 하는 것만은 아니라는 점을 명확히 함에 있어 매우 유익하다. 베르크는 풍토를 "'풍토성(trajectivité)'으로서, 즉 풍토를 구성하는 제 항목 간의 '상호 생성(피아제)'으로서, 또 그 항목들의 어느 하나에서 다른 것으로의 '가역적 왕래'(듀란)로서 고찰"(Berque, 1986: 161)한다. 그야말로 사회가 환경과 관계하는 방향성이나 취지로서 풍토가 자리매김되는 것이다. 이러한 방향성이나 취지는 환경을 매개로 하여 모든 개인들 간에 '……을 넘어서'와 '……을 횡단하여'라는 형태로 구축되는 관계형성(상호작용)인 것이다[11] (위의 책: 167).

이와 동시에 베르크는 이러한 풍토=풍토성이 '내포적' 성질 또는 내재적 단일성과 '외연적' 성질 또는 외재적 일반성의 두 가지 성질에 의해 이

11 이러한 관계 맺기에 관해서 베르크는 다음과 같이 설명한다(Berque, 1986=1988: 166~167). "'풍토(風土)·노정(路程)(Trajet)'은, 간결하고 명료하게 '주체(sujet)'와 '객체(objet)'라는 용어에 호응한다. 그리고 그 용어를 기초로 하여 양자와 똑같은 파생어를 만들어 낸다. trajet(풍토·노정), trajectif(풍토적), trajection(풍토화), trajectivité(풍토성), trajectivement(풍토적으로)라는 형태다. trans-(tra-)('……을 넘어서' '……을 횡단하여'의 뜻)라는 어원은 (이원론의) '초월'과 (주체, 객체 등 이론상의 양극의) '관계 맺기'라는 관념을 잘 나타내준다. 이에 더하자면, trans-는 projection(투영)의 pro-(앞으로)의 경우에 전제되는 바와 같은(주체를 출발점으로 하는) 본래적인 중심화를 함의하고 있지 않다. 또 한편으로 trajectivité가 intersubjectivité(간주관성)와 구별되는 것은, 후자가 객관을 배제하며 사회 심리적 영역에만 속하는 데 비해서, 전자는 풍토 전체에 관계되어 있다는 점이다."

루어진다는 점, 그리고 한편으로는 '서로 닮지 않은 것(non pareil)'이, 다른 한편으로는 '서로 닮은 것(pareil)'이 속한다는 점을 지적한다(Berque, 1986=1988: 174~175). 덧붙이자면, '내포적' 성질 또는 내재적 단일성으로서는 '거주하는(habiter)' 것이, 또 '외연적' 성질 또는 외재적 일반성으로서는 '풍경화하는(payser)' 것이 상정되고 있다. 여기서 중요한 것은 '거주하다'와 '풍경화하다', 즉 '서로 닮지 않은 것'과 '서로 닮은 것'이 끊임없이 상호 간에 서로 소환하며, 한쪽만의 과잉을 견제한다는 점, 그리고 그것이 '풍토(trajet)'(=노정)의 주 내용이 된다는 점이다. 거기서 나타나는 풍토적 결합이야말로 내적 중심화를 일방적으로 지향하지 않으면서 폐쇄되어 있지 않은 장소성을 육성하는 것이라고 할 수 있다.

어쨌든 이렇게 보면, 오제의 '비장소'와 베르크의 '풍토성'을 가로지르는 장소성의 내실이 앞 절에서 살펴본 '뿌리내리는 것' 또는 '둘러싸는 것'에 의해 떠올릴 수 있는 장소성의 그것과는 명확히 다른 계통의 것이라는 점을 알 수 있다. 그리고 무엇보다도 '비장소'나 '풍토성'을 전적으로 이해하여 거기서부터 두 개의 대립적인 벡터가 서로 부응하는 관계에 있다는 점을 드러냄으로써, 이 장 1절에서 살펴본 바와 같은 배타적인 단일의 지역문화에 대한 희구가 지닌 반동적 성격이 더욱 명확해진다. 그렇지만 그렇게 하는 것만으로 사람과 사람, 사람과 사물의 '사이'에 대한 대안적 이해가 명확해진 것은 아니다. 기껏해야 그것을 탐구하기 위한 실마리가 제시된 데 불과하다. 그래서 마지막으로 이상의 논의를 근거로 삼으면서 또한 이 책 2부에서 얻은 식견을 원용하여 '뿌리내리는 것'이나 '둘러싸는 것'에 포섭되지 않는 장소의 존재양태에 관해 언급해보고자 한다.

5. 창발적인 것을 향하여

글로벌화가 초래한 격차나 불평등이 표면화되는 가운데 시대의 분위기는 확실히 반(反)글로벌리즘 쪽으로 기울고 있는 듯하다. 즉 영역적인 것과 일체화된 지역을 치켜세우는 논조나 배타적인 단일의 지역문화를 요청하는 움직임이 점점 강해지고 있는 것이다. 그러나 글로벌화를 유동체라는 메타포로서 다시 이해할 필요성이 생겨나는 오늘날, 사람과 사람, 사람과 사물의 '사이'를 일정한 영역으로 묶어서 한정하지 않고, 말하자면 자유자재로 발생하고 확산하는 과정의 한가운데서 이를 파악할 것이 요청되는 상황 또한 나타나고 있다. '뿌리내리는 것'에 그 근거를 두면서, 또 어디까지든 펼쳐지는 날개에 유혹되어 위와 같은 '사이'의 존재양태를 탐색하는 것이 새로운 시대정신의 중심을 구성하는 것인 양 되고 있다.

하지만 장소를 흔들리는 과정의 총체로서 파악하는 것은 매우 성가신 작업이다. 장소는 틀림없이 지역 사람들의 생활의 이력이 깊게 뿌리내린 공간구성(chorésie)의 형상물이지만, 그 한편에서는 관계가 만들어졌다가 허물어지고, 다시 형태화되어 가는 생성(becoming)의 노정(trajet)에 깊이 관계되어 있다. 현상학을 기반으로 삼고, 생활론으로 대표되는 일련의 상호작용론12은 확실히 이러한 생성의 출발점에 서 있다. 그러나 상호작용이 모든 행위자 간의 탈영역적인 동적 관계를 유지하면서, 창발적인 것을 형성하는 것으로는 논의되지 않았다고 여겨진다. 즉 상호작용을 논하면

---

12 이 점에 관해서는 이토(伊藤嘉高)의 논술에서 배운 바가 많다. 이토에 의하면, 이러한 종류의 상호작용론은 지역을 근거로 하는 생활자의 주체성=능동성을 과도하게 강조한 나머지, 지역생활을 매우 균질화하여 파악하며, 그 때문에 상호작용 네트워크에 내재하는 집합적 실천의 의의를 포착해 내지 못한다고 한다(伊藤, 2007). 덧붙여서 이토의 이러한 비판적 견지는 일련의 자기조직성의 이론에도 적용된다.

서 그 존재론적 정립에는 그다지 관심을 나타내지 않았다고 볼 수 있다.

여기서 필자의 입장을 나타내자면, 지적한 바와 같은 창발적인 것은 유동성을 배경으로 하여 "사람, 물자, 용역의 복합적인 연결에서 생겨나는, '한편으로는 개방성을, 다른 한편으로는 이질성을' 모두 갖춘"(吉原, 2000: 250-251) 동적인 관계의 총체이며, 이러한 창발적인 것이나 네트워크의 탈통합적이며 탈중심적인 응집점이 바로 장소라는 것이다. 따라서 이러한 입장에 선다면, 장소의 정식화에 즈음하여 맨 처음부터 영역을 설정하는 것은 아니다. 물론 이러한 경우 '거주하는 것'이 그 근원을 이루지만, 다양한 집합적 실천의 '절합'에서 파생하는 창발 주기(週期) 또는 ('거주하는 것'의) 동적인 메커니즘으로의 발전은 달성되지 않는다. 또한 거기에 영역이 이미 정해져 있는 내발적 발전13과의 차이가 생겨나게 된다. 덧붙이자면 최근에 '거주하는 것'에서 발전하여 다양한 사람들이 모이거나 만나는 공통(common)의 공간이 일종의 장소성을 담보하는 것으로서 주목되지만, 그것도 또한 창발 주기의 개입이 그 핵심을 이룬다.

어쨌든 '거주하는 것'과 '뿌리내리는 것' 또는 '둘러싸는 것'의 경계선은 경계를 넘는 장소의 창발을 두고 생겨난다고 할 수 있다. 오늘날 복잡한 모빌리티의 세계를 살아가는 사람들은 자기를 뛰어넘어 다양한 계통의 접속이 되풀이되는, 이른바 경계를 넘는 장소에 몸을 던지든가, 아니면 협애하게 구획된 공간에 머무를 수밖에 없다. 하지만 그 어느 쪽을 선

---

13 필자가 보기에 내발적 발전은 사람과 사람, 사람과 사물의 '사이'에 선험적으로 존재하는 것(말하자면 고정화된 전통)을 전제로 한다고 여겨진다. '거기서부터 모습을 드러내는 것'에 초점이 맞춰져 있다. 그것은 언뜻 보기에 여기서 말하는 창발적인 것과 그 기원을 같이하는 것처럼 보이지만, 과정으로서 나타나는 창발적인 것과는 닮기는 했지만 다른 것이다. 오히려 그러한 점에서는 내발적 발전은 '내면화된 기원'에 구애되는, 매시가 말하는 '진보적인 장소 감각'과 부합한다고 할 수 있을지 모르겠다.

택해도 '사이'가 가진 변증법적 기제로부터 벗어날 수는 없다. 왜냐하면 글로벌화의 파도에 휩쓸려있는 사람이라면 그 누구라도(가령 여행하듯이 살아가는 사람일지라도) 탈영역적이며 탈통합적인 창발 메커니즘에 기초하는 집합적 실천에 대해 어떤 형태로든 마주하지 않을 수 없기 때문이다.

이렇게 말해도 식민의 경험이 매우 장기간에 걸쳐 있고, 제도와 비제도의 역학이 바다의 이쪽과는 완전히 다른 아시아 메가시티와 같은 경우, 지적한 바와 같은 창발적인 것이나 메커니즘은 매우 찾아보기 힘들다. 예를 들어 이 책에서 일별한 바 있는 슬럼의 주민이나 이민노동자가 펼치는 일상의 경우는 어떠한가? 그것은 글로벌화와의 접점에 있어서 한때는 다양한 '형태'를 띠고 나타났지만, 최근에는 그것들이 점점 비가시화되고 있다. 적어도 창발 주기를 매개로 하는 자율적인 일상의 이야기는 이제 그들 사이에서는 사라져버린 듯하다.[14] 경우에 따라서는 내발적 발전으로서 이야기되는 것과의 구분조차 힘들게 되었다.

물론 내발적 발전을 무언가의 '관습화된 것'으로서 파악하여, 거기서 상호작용 네트워크의 풍부한 발로를 찾는 것은 가능하다. 그러나 그러한 경우에도 내발적 발전을 여기서 말하는 창발적인 것이나 메커니즘과 서로 중첩시키는 것은 피할 수 없으며, 그러기 위해서는 내발적 발전을 관계론적으로 재규정하여, 앞서 서술한 생성의 노정에 다시 자리매김할 필

14 이 경우 역시 개발독재체제가 일상에 내재하는 창조성이나 능동성이란 것을 '자발성의 발휘'라는 형태로 위에서 붙잡아 묶어 못쓰게 만들어 왔다는 점을 시야에 넣을 필요가 있을 것이다. 거기서는 창발시스템의 형성·발전을 촉진하는 사람과 사람, 사람과 사물의 '사이'에 대한 풍부한 전개가 나타나지 않았던 것이다. 하지만 이러한 사태의 앞 상황은 식민지의 단계에서 이미 만들어져 있었다고 여겨진다. 지적한 바와 같은 창조성이나 능동성이 지닌 사회문화적인 잠재력을 돌이켜보지 않았기 때문에, 오히려 포스트 식민지에 있어서 그러한 것이 도구적으로 취급되는 자장(磁場)이 형성될 수 있었다고 할 수 있다.

요가 있다. 그러나 이러한 작업 또한 곤란을 수반할 것이다. 왜냐하면 식민지/포스트 식민지의 역사적 위상을 살펴본 다음에, 지적한 바와 같은 생성의 노정을 글로벌화의 진전과 함께 생겨난 '흐름의 공간'으로 재유동화하지 않으면 안 되기 때문이다.

글로벌화를 유동체의 메타포로 파악하는 어리의 논의와 매시의 선택적인 장소 이해에 자극을 받아 장소 해석의 여행길을 거닐게 되었다. 그러나 생각해 보면 그러한 여행은 이제 시작일 뿐이다. 창랄적인 것이 영원의 소요(逍遙)인 것처럼 장소 이해의 여행도 또한 그러할 수밖에 없다. 사람과 사람, 사람과 사물의 '사이'는 언제쯤 '대지에 둘러싸인 상태'에서 풀려나게 될 것인가?[15]

15 오늘날 장소를 재정립함에 있어 이론적 측면에서 최대의 과제가 되는 것은 말할 것도 없이 '공간의 생산'에 있어서 '공간의 제 실천'을 둘러싼 르페브리안의 매트릭스(기반이나 기질)을 어떻게 읽어낼 것인가 하는 점이다(Lefevre, 1991=2000). 실제로 하비는 이 과제에 줄곧 매달려 왔으며, 최근 들어 일본에서도 이 과제를 의식하면서 전공서적을 집필하는 자가 특히 건축이나 도시 디자인의 분야에서 등장하고 있다. 그러나 이 책에서는 이 과제에 정면으로 도전하기에는 이르지 못했다. 머지않아 기회를 봐서 이 과제에 뛰어들어보려고 생각하고 있다.

추기 멍청하게도 초교단계에서 이요타니의 책 ― 伊豫谷(2007) ― 을 입수했다. 그것은 '방법으로서의 이민'이라는 시각에서 '이동과 장소'의 존재양태를 묻는 매우 참신한 작품이다. 물론 이 책에서는 이민 그 자체를 다루고 있지는 않지만, 문제를 바라보는 시각에 있어서 그것과 근본적으로 공통된 것이 있다. 어쨌든 다시 한 번 논하게 될 것으로 여겨지는 작품이라는 점엔 틀림이 없다.

저자 후기

■ 글로벌화의 그침 없는 진전 속에서 사회구성의 존재양태를 '모빌리티와 장소'라는 테마설정 아래 논한 것이 이 책이다. 당연히 최근 떠들썩하게 논의되는 신자유주의의 동향이 시야에 들어오지 않을 수 없다. 그것은 통상 복지로부터의 국가의 철퇴, 규제완화, 민영화 등을 가리키는 것으로 사용되지만, 이제는 지배적인 표현양식으로서 우리들의 내면 깊숙이 파고들어 있다. 비판지리학의 태두인 하비에 의하면, "그것은 우리들 대부분이 세계를 해석하고 생활하며 이해하는 상식과 동일화될 정도로 사고양식에 깊이 침투해 있다"(『신자유주의』). 이와 함께 신자유주의가 초래한, 그리고 현실에 나타나는 세계의 무서운 사태가 여기저기에서 전해온다. 예를 들어 원조 격인 미국에 관해서 언급하고 있는 하비로부터 다시 인용해보면, "1980년대에는 가장 유복한 1%에 해당하는 인구의 수입은 국민총수입의 8%이하를 차지하는 데 그쳤지만, 2000년에는 그 비율이 15%까지 이르며, 부시 정부의 감세정책에 의해 2005년에는 그것이 약 20%에 이르게 되었다. 상위 0.1%는 1979년부터 1998년 사이에 무려 국민총수입의 2%에서 6%이상으로까지 그 수입을 늘렸던 것이다"(『신식민주의』).

그런데 신자유주의가 사회에 새겨 넣고 있는 참극은 이제는 미국을 넘어서 도처에서 목격할 수 있게 되었다. 재삼 하비의 논의를 원용하여 아시아에 관해 덧붙이자면, "실업률이 급상승하며 국민총생산은 급락하고 은행은 폐쇄되었다. 실업률의 상승은 한국에서 4배, 타이에서 3배, 인도네시아에서는 10배를 나타냈다. 인도네시아에서는 1997년에 직업을 가지고 있던 남성의 15% 가까이가 1998년 8월 이전에 직장을 잃었으며, 주(主) 섬인 자바의 도시지역에서는 경제적 곤궁이 더욱 심했다. 한국에서는 도시의 빈곤이 거의 3배로 증대하여, 인구의 약 4분의 1이 빈곤층으로 전락했고, 인도네시아의 빈곤층은 배가되었다"(『신자유주의란 무엇인가?』).

말할 것도 없이 이러한 무시무시한 사태/참극에 대해 무언가의 대응(미봉책)이 필요하게 되었다. 이 점에서 신보수주의가 신자유주의의 모순을 호도·억제하기 위해 사회의 전면으로 나서게 되었다는 점은 지나칠 정도로 잘 알고 있다. 이에 더하여 일본에 관하여 말하자면, 현실적으로 '도덕과 질서'를 표방하는 움직임이 차근차근 확산되었다. 이러한 움직임은 당초 계층적으로 보아 상층에 있는 시민층에 집중적으로 나타났다. 이 책에서는 그 상징적인 표출형태를 출입통제 공동체의 밑바탕에 내재하는 사람들의 성향(mentality)을 통해서 살펴보았다. 그러나 지금 시점에는 신자유주의=신보수주의가 계층적으로 편재한 상황을 벗어나 계층을 초월하여 편재하는 상황으로 확산되는 양상이다.

예를 들면 오늘날 지역 공동체의 현장에서 진행되는 '안전·안심의 마을 만들기'에 눈을 돌려보면, 거기서는 자기관리=자기책임이라는 구호 아래, 풍요로운 자도 빈곤한 자도 모두 동원하여 보안(security)의 공간화가 진행된다. 그리고 '수상한 타자'를 선별하는 것에서 나아가 '이질적인 자'를 배제하는 움직임이 나타난다. 사이토(齋藤貴男) 식으로 말하자면, '안전의 파시즘'이라는 바람이 거칠게 불어댄다. 정말로 '개인의 선택의 자유'를 높이 내걸면서 '수동적 입장으로서의 주체화'를 촉구하는 신자유주의의 본성이 간취된다.

이 책은 이러한 상황을 응시하면서, 하지만 글로벌화가 진행되는 내면에 그러한 것을 되돌리려는 움직임이 또한 싹을 틔우고 있는 것은 아닌가 하는 문제의식에서 출발하였다. 그러나 되돌린다고 말은 했지만 문제가 그리 단순하지 않다는 점은 분명하다. 무엇보다도 앞서 말한 바와 같은 참상과 함께 로컬리티의 파괴가 훨씬 철저하게 이루어진다는 점이 마음에 걸린다. 그것은 신자유주의가 이전의 '공(共)' 영역=비화폐 부문을 축소시키면서 개인들의 일상의 배후에까지 침투한 결과, 사람들이 '수익'에 근거한 합리적 판단과 화폐가치라는 일원적 정보에 점점 의존하며, (사람들 사이의) 언어적 커뮤니케이션을 단절하는 형태로 나아가고 있다. 이러한 동향으로부터는 앞서 말한 '수동적 입장으로서의 주체화'를 재촉하는 사태는 상정할 수 있을지라도, 지적한 바와 같은 되돌리려는 움직임을 간취하는 것으로는 좀처럼 되지 않는다.

이 책에서도 자주 인용했지만, 어리는 그러한 되돌리려는 움직임으로 이어지는 집합적 주체의 예의(銳意) 표출형태의 하나로서 분트(bund: 연합—역주)에 착안하였다. 그것은 구체적으로는 자조그룹, 직접행동조직, 에스닉집단, 여성단체, 여행자, 여가그룹, 게이/레즈비안그룹, 자원봉사조직, 환경NGO 등을 말하지만, "국민국가의 경계 안에 있을 뿐만 아니라 국경을 넘기도 하는, 즉 시민사회 네트워크의 일종의 수평적인 확산을 전제로 하며", "공감과 정감을 기초로 하여 자유롭게 선택되는"(『사회를 초월하는 사회학』) 점에 그 특징이 있다. 하지만 생각해 보면 이러한 새로운 집합적 주체로서의 분트가 신자유주의=신보수주의가 거칠게 몰아치는 경험의 현장에 그 분출의 기반을 두고 있다고 해도, 그 현장의 한가운데서부터 구체적으로 어떻게 모습을 드러내는가에 관해서는 현재까지는 그다지 분명하지 않다. 오히려 그것을 말하고자 한다면 예를 들어 NGO가 '글로벌한 신자유주의의 트로이의 목마'로서 기능하는 경우가 점점 더 많아지는 점이야말로 지적되어야 하는 것이다. 또다시 하비의 지적에 의존하자면, "NGO도 대부분의 경우 국가가 사회적 기여활동으로부터 물러난 공백을 메우는 형식으로 나타났던 것으로, 그것은 NGO에 의한 민영화 과정이라고도 할 수 있으며, 나아가 국가의 사회적 활동으로부터의 후퇴를 촉진시키게 되었던"(『신자유주의란 무엇인가』) 것이다.

여기서는 이러한 새로운 집합적 주체의 '……이지만, 좀처럼 드러나지 않는' 상태를 복잡한 그대로 묘사했다. 이때 일관되게 과제가 되는 것은 장소를 어떻게 자리매김할 것인가 하는 점이다. 이러한 과제는 오늘날 인문·사회과학을 아울러 하나의 큰 쟁점이 되었다. 한쪽 끝에 신자유주의가, 다른 쪽 끝에 공동체주의가 진을 치고, 그 사이에서 다양한 장소 이해가 서로 다투는 것이 현재의 상황이다. 그야말로 백화요란(百花燎亂)이라고 해야 할 상태지만, 결국에는 글로벌화를 어떻게 파악할 것인가가 그 논의의 중심을 이루는 것이다. 이 경우 글로벌화 그 자체보다도 오히려 글로벌화가 로컬리티에 미치는 영향을 어떻게 보는가가 열쇠다. 그리고 이러한 점을 둘러싸고 마르크스, 하이데거, 르페브르 등의 일련의 언설에 대해 경험의 현장에 입각한 해석이나 들추어 비판함이 시도되는 것이다. 이 책도 그러한 시도의 하나라고 해도 좋다.

결국 이 책에서는 대략적이나마 "장소에는 과정이 수반되며, 이러한 과정 속에서 보다 로컬한 사회관계와 훨씬 광범한 사회관계가 서로 결부된다. ……장소는 다중 채널로서, 즉 연관된 어떤 네트워크와 흐름이 모여서 합쳐지고 연접(連接)하며 분해되는 공간의 집합으로서 이해될 수 있을 것이다. 이러한 장소는 한편으로는 매우 두터운 공존적인 상호작용을 특징으로 하는 근접성과, 다른 한편으로는 그침 없이 흐르면서 신체적, 가상적, 예상적으로 거리를 초월하여 확산되는 웹과 네트워크가 만나는 특정의 연쇄라고 간주할 수 있다. 이상과 같은 근접성과 광범위한 네트워크가 합쳐짐에 의해 제각각의 장소 퍼포먼스가 성립하는 것이다"(『사회를 초월하는 사회학』)라는 어리의 장소 이해를 수용하였다.

그렇다고는 하나, 필자의 장소 이해는 이제 겨우 시작일 뿐이다. 이 책의 막이 내려지려 하는 단계에서 이렇게 말하는 것이 정말 무책임하게 여겨지겠지만, 앞으로 장소를 묻고 또 되묻는 일을 반복하는 가운데 세계 속에서 자신이 선 위치를 명확히 해 나갈 수밖에 없다. 장소에 관해 아무리 웅대한 테마를 설정한다 해도 결국에는 자기 깨달음으로 돌아올 수밖에 없기 때문이다.

이 책의 집필에 이르기까지 수개월간 생각하지도 못했던 긴 터널 속에 들어가 있었다. 이에 앞서 수년 동안 품어 온 테마는 세계의 '지금'을 더욱 대담하게 그려서 그 전망을 찾아내는 것이었다. 그것은 글로벌화가 현실의 우리들에게 걸림돌이 된다고 해도 더욱 더 '자본의 위대한 문명화 작용'으로 유혹할지도 모른다고 생각하게 하는 과제설정이기도 했다. 글로벌화의 언설이 갑자기 성행하며, 글로벌한 것에 대한 분석이 기하급수적으로 늘어가는 가운데 그에 대한 반작용의 형태가 명확히 드러나며, 이윽고 글로벌화=글로벌한 것을 재파악하는 것에 다름 아니라고 소박하게 믿었던 것이다. 그러나 그러한 신념은 하찮은 개인적 체험에 의해 아주 간단히 무너져버렸다.

그러한 사적 체험은 필자가 작은 책을 낸 직후에 찾아왔다. 전혀 예상치 못한 곳에서 총탄이 날아왔다. 무언이나 익명의 전화, 팩스, 이것들에 연동한 다양한 괴롭힘이 필자를 엄습했던 것이다. 그리고 그 이후 집요하게 그러한 상황이 반복되었다. 물론 필자로서는 처음 당하는 일이었지만, 처음에는 당혹감에 대처하는 데 급급했다. 그러나 그러한 가운데 냉정을 되찾아 그 배후에 있는 것에 생각이 미치게 되었다. 물론 그때까지 필자에게 가해졌던 일련의 소행은 어떻게 생각하더라도 선의라고는 여겨지지 않았다. 그러나 그러한 것들에 대응하는 가운데 이상하게도 세계 속에서 자신이 선 위치가 잘 보이게 되었던 것이다. 그것은 무엇보다도 글로벌화=글로벌한 것에 대한 필자의 위치를 정하는 방식에 현저하게 드러났다. 이제까지와는 달리 글로벌화를 자신이 존립하는 터와 관련시켜서 파악하게 되었던 것이다. 그리고 그로 인해 또한 장소를 바라보는 시야가 열렸다. 이러한 점은 언뜻 보기에 그리 별다를 것이 없는 것으로 보이지만, 필자의 글로벌화에 대한 문제의식을 잘 연마하고, 시야를 넓혔다는 점에서 그 의미가 크다. 당연히 긴 터널에서 완전히 빠져나온 것은 아니다. 지금도 가끔 총탄이 날아든다. 필자에게 던져지는 하찮은 언설은 여전히 계속된다. 그러나 그러면 그럴수록 세계의 '지금'을 묻고, 그것을 통해 자신을 깨달아가는 장소론의 여행은 계속될 것이다. 그것은 글로벌화를 무원칙적으로 받아들이는 것이 아니며, 또 청산주의적으로 이를 부정하는 것도 아닌 장소론의 여행이기도 하다.

단지 만약을 위해 말해두자면, 이제까지 필자에게 날아든 비판적 언사의 대부분은 앞서 말한 사적 체험으로 회수되는 것이 아니라, 오히려 매우 진지하고 논쟁(polemic)적인 것이었다. 따라서 성과 있는 논의가 전개되어 필자의 장소 이해에 유의미하게 작용했다. 즉 장소 이해에 대한 긍정적인 길이 열리게 된 것이다. 이 책이 결과적으로 매우 변변치 못한 것에 그치고 있다 하더라도, 그러한 언사에 의해 고무되지 않았다면 이 책은 존재하지 않았을 것이다. 어쨌든 장소 이해를 통한 자기 깨달음의 여행은 몇 개의 문제제기를 통해 이루어져 왔으며, 이후로도 아마 계속 그러할 것임에 틀림없다.

그런데 여기서 이 책이 필자의 지금까지의 연구와 관련하여 어떠한 위치를 점하는가에 관하여 한마디 언급해 두고 싶다. 이 책은 분명히 같은 도쿄대학 출판회에서 간행된 졸저 『도시공간의 사회이론』 및 『도시와 모더니티의 이론』의 연장선상에 있다. 이 책들을 관통하는 테마는 '근대, 시간, 공간'이다. 이에 더하여 『도시와 모더니티의 이론』에서부터 이 책에 이르는 과정상에서 『시간과 공간으로 읽는 근대의 이야기』를 저술했다. 그것은 앞서 말한 테마를 전후 일본 사회에 적용하여 반은 경험적으로 부연(敷衍)한 것이다. 하지만 그동안 앞서 말한 테마는 '글로벌과 로컬의 역설'이 소용돌이치는 역사적 위상을 상대하여 한층 더 다듬어나갈 것이 요청되었다. 이 책은 시야를 아시아 도시공간으로 확장하여 이러한 과제에 응하고자 집필한 것이다. 따라서 필자는 이 책을 무엇보다도 도시연구(urban studies)의 일환으로 자리매김하고 싶다.

동시에 이 책은 필자가 오랜 기간 관심을 가져온 아시아 지역공동체(町內會, 街防會, RT/RW, 반자르 등)의 시간적, 공간적 배치구성에 관한 일련의 답사가 낳은, 현시점에서의 부산물(by-product) 가운데 하나다. 『전후개혁과 지역주민조직』을 효시로 하여, 『아시아의 지역주민조직』을 거쳐 『아시아 메가시티와 지역커뮤니티의 동태』, 『글로벌 관광산업의 진전과 지역커뮤니티의 변용』으로 이어지는 필자의 지역연구(area studies)의 여행은 아직 완결되지 않았지만, 이 책은 그 여행의 도중에 저술한 작품 중 하나이다. 다행인 것은 전자의 글로벌화 연구 또는 도시연구의 계통에서 장소가 가장 중요한 쟁점으로 부각됨으로써, 후자의 연구흐름과도 서로 잘 얽히게 되었다. '의도하지 않은 결과'라고 할 수 있지만, 다른 한편으로는 지금까지 의도적으로 좁은 분과영역의 이야기를 피하고자 해온 필연적인 결과이기도 하다.

물론 이 책의 상당부분은 새로 쓴 것이지만, 3~5장 및 8장은 기존에 발표된 논문을 기초로 삼았다. 전재(轉載)를 위해 대폭으로 수정하였지만, 우선 그것들의 출전을 다음과 같이 제시해 둔다.

3장 「도시의 계층분화」(問宮陽介ほか 編, 『岩波講座・都市の再生を考える 3. 都市の個性と市民生活』, 岩波書店, 2005年) 및 「포스트모던으로서의 지역사회」(古城利明 監修, 『地域社會學講座 2. グローバリゼーション・ポストモーダンと地域社會』, 東信堂, 2006年)를 요약적으로 재구성.

4장 「글로벌한 시민사회와 장소의 서사」(似田具香門・矢澤澄子・吉原直樹 編, 『越境する都市とガバナンス』, 法政大學出版局, 2006年)에 가필・수정.

5장 「로컬 거버넌스와 개방적 도시공간」(東北社會學會, 『社會學年報』 37號, 2008年)에 가필・수정.

8장 "Islam in Bali", in Hasegawa, K. and Yoshihara, N.(eds.), *Globalization, Minorities and Civil Society*, Trans Pacific Press, 2008을 번역(일부 수정).

앞에서도 적었던 바와 같이 이 책은 과제를 산적한 채 출판되었다. 마침 내 자신이 환갑을 맞이하는 해와 겹치게 되었지만, 앞서 책을 출판할 때와 같은 소박한 기쁨은 이제 없다. 그러나 넘쳐흐른다고까지는 할 수 없지만 그 나름의 충실감 그리고 안도에 가까운 기분을 음미한 것도 사실이다. 그것은 이 책이 이전의 저작과는 다른 획기적인 것이었기 때문일지도 모른다. 되돌아보면 『도시와 모더니티의 이론』의 '저자후기'에서 일찍이 "이제부터 아마도 도시이론을 찾아 헤매는 여행은 구상력을 묻는 차원에서부터 뭔가의 방법론(methodology)이 있는 곳에서 경험적 지평을 파고들어가는 방향을 향하게 될 것이다"라고 서술했다. 과연 예상했던 바와 같은 획기적 계기를 손에 넣었던 것일까? 물론 도시론, 공간론 혹은 아시아사회론을 소요하는 여행은 앞으로도 계속될 것이다. 그러나 이러한 획기적 계기의 내실을 확인하는 일 없이는 한 발도 앞으로 나아갈 수 없다. 어쨌든 이 책은 필자에게 필설로 다하기 힘든 물음을 내던지고 있다.

그런데 이 책은 여기에 이르기까지 많은 선의를 가진 사람들의 도움을 받았다. 이에 대해서는 이 자리를 빌려 다시 한 번 기록해 두고 싶다. 무엇보다도 우선 이 책을 낳은 공로자인 도쿄대학 출판회의 사토(佐藤修) 씨에 관해서 적어두고 싶다. 사토 씨는 필자가 쓴 단행본으로서는 이 책으로 세 번째 세상에 발표하여 평가를 받을 기회를 제공하였지만, 이번은 특히 흥미로운 점이 있었다. 이 책이 기획되기 전인 2007년, 아마도 5월의 어느 날의 일이었던 것으로 여겨진다. 출판회 2층의 회의실에서 사회과학에 관한 것, 대학에 관한 것, 출판동향 등등에 관하여 실로 다양한 이야기들을 서로 나누었다. 지금에 와서 생각해보면, 그때 나눈 이야기의 내용이 그대로 이 책의 맥락을 구성하고 있는 듯이 여겨진다. 사토 씨가 금년에 정년을 맞이하게 되는 점도 이 책이 나오게 된 중요한 계기를 이룬다.

그리고 계속해서 T씨와 H씨에 관해서도 언급하지 않을 수 없다. T씨와는 지금은 빈번하게 대화를 나누지 않지만, 앞서 말한 사적인 체험으로 필자가 당혹해하고 있을 당시, 아무 일도 없는 듯이 마르크스의 『자본론』에 나오는 격언, "스스로의 길을 걸어라, 다른 사람이 뭐라 하든"이라는 구절을 보내 주었다. 필자가 자칫하면 자신이 선 위치를 잃어버릴 뻔하던 때인 만큼 매우 중요한 말이었다. H씨는 최근 수년 다양한 기회로 기탄없이 의견을 주고받았다. 필자는 굳이 말하자면 전문분야를 달리하는 사람들과 교제하는 경향이 있지만, 드물게 H씨와는 같은 전공분야에서 커뮤니케이션을 유지하고 있다. H씨와는 인간성을 기조로 하면서도 일상생활에서 찾기 힘든 긴장감을 공유하고 있다.

물론 이상에서 언급한 사람들 이외에도 많은 사람들로부터 일상적으로 다양한 자극을 받는다. 무엇보다도 필자가 소속한 도호쿠(東北) 대학 문학부 사회학연구실의 동료들에게 감사하고 싶다. 앞선 책의 '저자후기'에서도 적었지만, 연구실이 자아내는 자유로운 분위기는 필자에게 있어 더할 나위없는 지식의 원천이다. 그리고 거기서 일상적으로 나누는 토의에서 끊임없이 신선한 자극을 받는다. 연구회는 대개 3개월에 한 번꼴로 개최되지만, 친밀한 분위기 속에서도 농밀한 시간을 공유하며, 거기서 감도는 적절한 긴장감이 기분 좋게 느껴진다.

이상에서 언급한 사람들 이외에 아직도 거명하지 않으면 안 될 사람들이 많이 있다. 그러나 지면의 제약 때문에 더 이상 언급할 수가 없다. 실례를 사죄드림과 동시에 진심으로 감사를 드릴 따름이다.

역자 후기

■ 이전까지 일면식도 없던 요시하라 나오키(吉原直樹) 교수의 책(『モビリティと場所: 21世紀都市空間の轉回』)을 번역하게 되었다. 흔히 저자와의 오랜 친분이나 학문적 관계가 번역의 계기가 되곤 하지만, 이 책의 번역은 순전히 책의 내용이나 저자의 학문적 지향에 공감함에 따른 결실이다. 역자들이 이 책을 접하게 된 것은 개인적인 관심 또는 연구단(로컬리티의 인문학)의 공동연구의 일환으로서, 이른바 공간(성)과 장소(성)의 문제에 천착하면서부터다. 비단 역자들뿐만 아니라 최근 들어 다양한 학문영역에서 공간이나 장소에 관한 관심이 증대하였다. 그것은 과학기술의 발달에 따른 시·공간의 축소가 기계적 시간과 영역성을 중심으로 한 근대적 시·공간 개념에 대한 근본적인 변화를 초래한데다 자본의 논리를 앞세운 전지구화의 확산이 현실적 공간구성의 재검토, 즉 공간의 탈영역화와 재영역화라는 '공간적 전환'을 초래하고 있기 때문일 것이다.

역자들이 몸담고 있는 부산대학교 한국민족문화연구소 (HK)로컬리티의 인문학 연구단은 로컬리티란 이름으로 공간과 장소를 다시 묻는다. 연구단이 상정하는 로컬리티란, "특정 로컬이 나타내는 장소성, 역사성, 정치성 등을 포함한 다양한 현상과 관계의 총체"이며, 여기서 장소성은 로컬리티의 전부는 아닐지라도 로컬리티를 이루는 중요한 구성요소임에 틀림없다. 다만 다시 묻고자 하는 장소성은 재발견으로서의 장소성이다. 근대성에 의해 매몰되거나 덧씌워진 장소성이 아닌, 장소적 가치가 발현되고 그것이 인간회복의 인문정신으로 이어지는 장소성의 재발견인 것이다. 이를 위해서는 기존의 권력에 거스르는 새로운 시선, 즉 국가중심성의 시선이 아닌 로컬리티에 근거한 차이의 시선에서 장소성을 다시 읽어내는 작업이 필요하다.

이러한 문제의식과 학문적 호기심으로 공간과 장소에 관한 이론서들을 눈에 띄는 대로 찾아서 읽어나가던 중 요시하라 교수의 이 책을 발견했다. 대부분 서양학자들의 이론이 주류를 이루는 공간론 또는 도시이론의 분야에서 요시하라 교수의 책은 다음과 같은 이유로 유독 인상적이었다. 즉 요시하라 교수는 니체나 하이데거와 같은 근대 철학자에서부터 하비나 카스텔과 같은 현역의 도시사회학자에 이르기까지 광범위한 공간(도시)이론들을 빠짐없이 섭렵하고 있어 우선 그 박식함과 한 가지 주제를 깊이 파고드는 집념에 놀랐다. 이 책의 의미는 박식함이나 집념에 그치지 않는다. 연구시각과 관련하여, 요시하라 교수는 최근의 도시공간을 둘러싼 변화의 양상을 식민도시의 경험을 가진 아시아 도시라는 관점과, 지워져가는 로컬리티(장소성)의 회복을 지향하는 탈근대적(변혁적) 시각을 견지한다. 즉 글로벌화에 따른 공간적 전환을, 이를 주도하는 측(세력)의 관점에서가 아니라 당하는 측의 관점에서 재검토하고자 한다. 그리고 그 연구방법론은 단순히 이론이나 담론 차원의 논의에만 그치지 않고, 필드조사를 겸비한 사례연구를 통해 변혁의 실천적 가능성을 확인하고자 한다. 이러한 점들은 로컬리티의 인문학 연구단이 지향하는 바와 그 방향을 같이하는 것이며, 그 의미 또한 적지 않다. 이에 연구단이 야심차게 준비한 로컬리티 번역총서 시리즈(동양서)의 하나로 이 책의 번역을 기획하게 되었다.

번역작업은 그리 녹녹치 않았다. 요시하라 교수의 분과학문의 경계를 넘나드는 폭넓은 지식과 비유적이고 압축적인 문체를 이제 막 공간(도시)이론 연구에 뛰어든 역자들이 따라잡기에는 다소 버거웠기 때문이다. 굳이 말하자면, 이 책은 난해한 전문용어들이 많이 등장하고, 기본적인 용어나 이론적 토대를 전제로 자신의 논지를 전개하는 전문서에 가깝다. 특히 필자가 서양의 공간(도시)이론들을 많이 인용하고 있는데, 역자들은 일본어로 한번 번역된 용어를 다시 한국어로 옮기는 과정에서 고민이 적지 않았다. 예를 들어, 필자 자신이 서양의 개념어(전문용어)들을 어떤 경우는 일본어로 바꾸고, 어떤 경우는 원어의 뉘앙스를 살려 외래어 그대로 사용하고 있어, 역자로서 원저자의 의도를 살릴 것인지 아니면 한국 독자들의 가독성을 중시하여 내용을 풀어 쓸 것인지가 퇴고하는 순간까지 고민거리였다. 난해한 책을 읽기 쉽게 옮기는 것도 역자의 능력이자 역할이라고 할 수 있겠지만, 그 과정에서 원저자의 소중한 뜻이 훼손되는 것 또한 역자로서의 도리가 아니라고 판단했다. 결국 원저자의 의도와 역자의 해석 그리고 난해한 전공서와 풀어쓰는 입문서 사이에서 계속 줄타기를 하다가 어정쩡한 번역이 되지 않았나 하는 우려도 든다. 그럼에도 불구하고 이 책을 읽으면서 매끄럽지 못한 부분이나 잘못 옮긴 부분이 있다면 그 책임은 전적으로 역자들에게 있다. 끝으로 이 책이 공간과 장소의 문제에 관심을 가진 독자들의 학문적 식견과 시야를 넓히는 데 도움이 되기를 바라며, 역자들에게도 격려와 질책이 뒤따르기를 기대한다.

참고문헌

阿部 潔, 2006,「公共空間も快適ー規律から管理へ」, 阿部潔・成美弘至 編,『空間管理社會ー監視と自由のパラドックス』, 新曜社.

Adam. B., 1995, *Timewatch*, Polity.

Albrow, M., 1996, *The Global Age*, Polity. (= 會田彰・佐藤康行 譯, 2000,『グローバル時代の歴史社會學』, 日本經濟評論社)

Albrow, M. and Eade, J., *et al.*, 1997, 'The impact of globalization on sociological concepts,' in Eade, J. (ed), *Living the global City*, Routledge.

Anderson, B., 1983, *Imagined Communities: Reflections on the Origin and Spread of Nationalism*, Verso. (= 白石隆・白石さや 譯, 1987,『思想の共同體ーナショナリズムの起源と流行』, リブロポート)/베네딕트 앤더슨, 윤형숙 옮김,『상상의 공동체: 민족주의의 기원과 전파에 대한 성찰』, 나남, 2002.

Appadurai, A., 1996, *Modernity at large: Cultural Dimensions of Globalization*, University of Minnesota Press. (= 門田健一 譯, 2002,「グローバル文化經濟における乖離構造と差異」,『思想』933號, 5-31, 門田健一 譯, 2004,『さまよえる近代ーグローバル文化研究』, 平凡社)

Arendt, H., 1958, *The Human Condition*, University of Chicago Press. (= 志水速雄 譯, 1994,『人間の條件』, 筑摩書房(ちくま學芸文庫))/한나 아렌트, 이진우 외 옮김,『인간의 조건』, 한길그레이트북스11, 2002.

Armstrong, W. and McGee, T. G., 1985, *Theatres of Accumulation: Studies in Asian and Latin American Urbanization*, Methuen.

Auge, M., 1994, *Pour une anthropologie des mondes contemporains*, Aubier. (= 森山工 譯, 2002,『同時代世界の人類學』, 藤原書店)

Bachelard, G., 1957, *La poetique de l'espace*, Presses universitaires de France. (= 岩村行雄 譯, 1969,『空間の詩學』, 思潮社)/가스통 바슐라르, 곽광수 옮김,『공간의 시학』, 동문선, 2003.

Bali Government Tourism Office, 1997, *Bali 97, Bali Tourism Statistics*.

Bali Post, 2004, *Ajeg Bali: Sebua cita-cita.*

Balibar, E. and Wallerstein, I., 1990, *Race, Nation, Class*, Éditions La Découverte. (= 若村章孝ほか 譯, 1995, 『人種・國民・階級－搖らぐアイデンティティ』, 大村書店)

Barber, B. R., 2001, 'Malled, mauled, and overhauled: arresting suburban sprawl by transforming suburban malls into usable civic space,' in Hénaff, M. and Strong, T. B. (eds), *Public Space and Democracy*, University of Minnesota Press.

バルトリーニ, S. (小川有美 譯), 2003, 「中央－地方關係の轉換」, 山口二郎・遠藤乾ほか 編著, 『グローバル化時代の地方ガバナンス』, 岩波書店.

Baudelaire, C., 1981, *Selected Writing on Art and Artists*, Cambridge University Press. (= 阿部良雄 譯, 1987, 『ボードレール全集』 IV, 筑摩書房)

Baudrillard, J., 1999, *L'echange impossible*, Galilee. (= 塚原史 譯, 2002, 『不可能な交換』, 紀伊國屋書店)/장 보드리야르, 배영달 옮김, 『불가능한 교환』, 울력, 2001.

Bauman, Z., 1987, *Legislators and Interpreters*, Polity Press. (= 向山恭一ほか 譯, 1995, 『立法者と解釋者－モダニティ・ポストモダニティ・知識人』, 昭和堂)

Bauman, Z., 2000, *Liquid Modernity*, Polity Press. (= 森田典正 譯, 2001, 『リキッド・モダニティ－液狀化する社會』, 大月書店)/지그문트 바우만, 이일수 옮김, 『액체근대』, 강, 2009.

Beauregard, R. A., 1995, 'Theorizing the global-local connection,' in Knox, P. L. and Taylor, P. (eds.), *World Cities in an World-System*, Cambridge University Press.

Beck, U., Giddens, A. and Lash, S., 1994, *Reflexive Modernization*, Polity Press. (= 松尾精文ほか 譯, 1997, 『再歸的近代化』, 而立書房)

Bell, C. and Newby, H., 1976, 'Communion, communalism, class and community action: the sources of new urban politics,' in Herbert, D. and Johnston, R. (eds), *Social Areas in Cities*, vol. 2, Wiley.

Bergson, H. 1889, *Essai sur les données immediates de la conscience*, Félix Alcan. (= 平井啓之 譯, 1990, 『時間と自由』, 白水社)/앙리 베르그손, 최화 옮김, 『의식에 직접 주어진 것들에 관한 시론』, 아카넷, 2001.

バーマン, M., 酒井隆史ほか, 2005, 「公共性の現在－コミュニティのために」, 『現代思

想』, 2005年 5月號, 48-55.
Berque, A., 1986, *Le sauvage et l'artifice—Les Japonais devant la nature*, Gallimard. (= 篠田勝英 譯, 1988,『風土の日本－自然と文化の通態』, 筑摩書房)
Billing, M., 1995, *Banal Nationalism*, Sage.
Bourdieu, P., 1977, *Algerie: structures economiques et structures tempor*, Edition de Minuit. (= 原山保 譯, 1993,『資本主義のハビトゥス－アルジェリアの矛盾』, 藤原書店)
BPS, 1996, *Bali Dalam Angka 1996*.
BPS, 2001, *Bali Dalam Angka 2001*.
BPS, 2005, *Bali Dalam Angka 2005*.
BPS, 2006, *Bali Dalam Angka 2006*.
Braidotti, R., 1994, *Nomadic Subjects*, Columbia University Press.
Breckenridge, C. and van der Veer, P. (eds.), 1993, *Orientalism and the Postcolonial Predicament*, University of Pennsylvania Press.
Brodie, J., 1998, 'Global citizenship: lost in space,' Rights of the City Symposium, University of Toront, June.
Burgess, E. W., 1925, 'The growth of the city: an introduction to a research project,' in Park, R. E. and Burgess, E. W., *et al.* (eds.), *The City*, University of Chicago. (= 大道安次郎・倉田和四生 譯, 1972,『都市』, 鹿島出版會)
Canetti, E., 1973, *Crowds and power*, Penguin./엘리아스 카네티, 강두식・박병덕 옮김,『군중과 권력』, 바다출판사, 2002.
Castells, M. 1972, *La question urbaine*, Maspero. (= 山田操 譯 1984,『都市問題』, 恒星社厚生閣)
Castells, M., 1989, *The Informational City: Information Technology, Economic Restructuring, and the Urban Regional Process*, Blackwell./마뉴엘 카스텔, 최병두 옮김,『정보도시』, 한울아카데미, 2008.
Castells, M., 1996, *The Rise of the Network Society*, Blackwell./마뉴엘 카스텔, 김묵한・박행웅・오은주 옮김,『네트워크 사회의 도래』, 한울아카데미, 2008.
Castells, M., 1997, *The Information Age, ii. The Power of Identity*, Blackwell.
Castells, M., 2001, *The Internet Galaxy*, Oxford University Press./마뉴엘 카스텔, 박행웅 옮김,『인터넷 갤럭시』, 한울아카데미, 2004.

Castells, M. (ed. by Susser, I.), 2002, *The Castells Reader On Cities and Social Theory*, Blackwell.

Castells, M. and Mollenkopf, J. H., 1991, *Dual City: Restructuring of New York*, Sage.

Chambers, I., 1990, *Border Dialogues: Journeys in Postmodernity*, Routledge.

Cohen, J., 1997, 'Deliberation and democratic legitimacy,' in Bohman, J. and Rehg, W. (eds.), *Deliberative Democracy: Essays on Reason and Politics*, MIT Press.

Cohen, R., 1992, *Global Diasporas*, UCL Press. (= 駒井洋 監譯, 2001, 『グローバル・ディアスポラ』, 明石書店)

COHRE, 1998, *Violations of Human Right 1994-1995*.

Cooke, P., 1990, *Back to the Future: Modernity, Postmodernity and Locality*, Routledge. (= 坂井達朗 譯, 1995, 『ポストモダンと地方主義』, 日本經濟評論社)

Dahl, R., 1973, *Size and Democracy*, Stanford University Press.

Davidoff, P., 1965, 'Advocacy and Pluralism in Planning,' *Journal of the American Institute of Planners*, Vol. 31, No. 4, 331-337.

出口 敦, 2005, 「アジア都市へのアプローチ」, 出口敦 編著, 『アジアの都市共生－21世紀の成長する都市を探究する』, 九州大學出版會.

Delanty, G., 2003, *Community*, Routledge. (= 山之內靖・伊藤茂 譯, 2006, 『コミュニティーグローバル化と社會理論の變容』, NTT出版)

Deleuze, G. and Guattari, F., 1986, *Nomadology*, Semiotext.

ドゥイアント, R. D., 1999, 「都市暴動と自警團－1998年 5月ジャカルタ暴動をめぐって」, 『東北都市學會硏究年報』, 1, 34-51.

ドゥイアント, R. D., 2005, 「カンポンとプダガン・クリリン」, 吉原直樹 編, 『アジア・メガシティと地域コミュニティの動態－ジャカルタのRT/RWを中心にして』, 御茶の水書房.

ドゥイアント, R. D., 2006, 「分節化と多層性の中のインフォーマルセクター」, 『アジア遊學』 90, 76-87.

Douglass, M. C., 1995, 'Global interdependence and urbanization planning for mega-urban region,' in McGee, T. G. and Robinson, I. M. (eds.), *The Mega-Urban Regions of Southeast Asia*, UBC Press.

Dürrschmidt, J., 1997, 'The delinking of locale and milieu,' in Eade, J. (ed.),

Living the Global City, Routledge.
遠藤 乾, 2003,「日本における補完性原理の可能性」, 山口二郎・遠藤乾ほか 編著,『グローバル化時代の地方ガバナンス』, 岩波書店.
Erawan, I. Nyoman, 1994, *Parawisata dan Pembangunan Ekonomi*, Upada Sastra.
Fabian, J., 1992, *Time and the Work of Anthropology: Critical Essays, 1971-91*, Harwood.
Firman, T., 1997, 'Land conversion and urban development in the northern region of West Java, Indonesia,' *Urban Studies*, 34, 1027-1046.
Firman, T., 2000, 'Rural to urban land conversion in Indonesia during boom and bust period,' *Land Use Policy*, 17, 13-20.
Foucault, M., 1982, 'Space, knowledge and power,' *Skyline*, March, 1982. (= 八束はじめ 譯, 1984,「空間・知そして權力」,『現代思想』, 1984年 10月號, 84-97)
藤田省三, 1995,『全體主義の時代經驗』, みすず書房.
布野修司, 1991,『カンポンの世界ージャワの庶民住居誌』, PARCO出版局.
布野修司, 2005,「近代植民都市の系譜ー西歐列强と海外植民地」, 布野修司 編著,『近代世界システムと植民都市』, 京都大學學術出版會.
Furnival, J.S., 1956, *Colonial Policy and Practice: A Comparative Study of Burma and Netherland India*, New York University Press.
Geertz, C., 1963, *Agricultural Involution: Processes of Ecological Change in Indonesia*, University of California Press. (= 池本幸生 譯, 2001,『インボリューション』, NTT出版)
Geriya, I. Wayan, 2002, *International Marriage: Tourism, Inter Marriage and Cultural Adaptation in the Family Life of Balinese-Japanese Couple in Bali*, Center for Japanese Studies, University of Udayana.
Giddens, A., 1984, *The Constitution of Society: Outline of the Theory of Structuation*, Polity Press./앤서니 기든스, 황명주 옮김,『사회구성론』, 간디서원, 2006.
Giddens, A., 1990, *The Consequences of Modernity*, Polity Press. (= 松尾精文・小幡正敏 譯, 1993,『近代とはいかなる時代か?ーモダニティの歸結』, 而立書房)
Gilroy, P., 2005, *Postcolonial Melancholia*, Columbia University Press.

Goldblum, C. and Wong, T. C., 2000, 'Growth, crisis and spatial change: a study of haphazard urbanization in Jakarta, Indonesia,' *Land Use Policy*, 17, 29-37

Grabow, S. and Heskin, A., 1973, 'Foundations for a radical concept of planning,' *Journal of the American Institute of Planners*, vol. 39, 106-114.

Guinness, P., 2000, 'Contested imaginings of the city: city as locus of status, capitalist accumulation and community: competing cultures of southeast Asian societies,' in Gary, B. and Sophie, W. (eds.) *A Companion to the City*, Blackwell.

Hall, P., 1993, 'When was the "Post-colonial"?,' in Chambers, I. and Curti, L. (eds.), *The post-Colonial Question, Common Skies, Divided Horizons*, Routledge. (= 小笠原博毅 譯, 2002, 「『ポスト・コロニアル』とはいつだったのか」, 『思想』 933號, 114-138)

Hamnett, C., 1991, 'The blind men and the elephant: the explanation of gentrification,' *Transaction of the Institute of British Geographers* NS 16, 173-189.

原洋之介, 2003, 「アジア學の方法とその可能性」, 東京大學東洋文化研究所 編, 『アジア學の將來象』, 東京大學出版會.

原口 剛, 2005, 「公共空間の變容ージェントリフィケーションから報復の都市へ」, 『現代思想』, 2005年 5月號, 142-155.

Harvey, D., 1973, *Social Justice and the City*, The Johns Hopkins University Press. (= 竹内啓一・松本正美 譯, 1980, 『都市と社會的不平等』, 日本ブリタニカ)

Harvey, D., 1985, *The Urbanization of Capital: Studies in the History and Theory of Capitalist Urbanization*, The Johns Hopkins University Press. (= 水岡不二夫 監譯, 1991, 『都市の資本論ー都市空間形成の歴史と理論』, 青木書店)

Harvey, D., 1989, *The Condition of Postmodernity: An Enquiry into the Origin of Cultural Change*, Blackwell. (= 吉原直樹 監譯, 1999, 『ポストモダニティの條件』, 青木書店)/데이비드 하비, 구동회 옮김, 『포스트모더니티의 조건』, 한울아카데미, 2008.

Harvey, D., 1996a, *Hybrids of Modernity*, Rouledge.

Harvey, D., 1996b, *Justice, Nature and the Geography of Difference*, Blackewell.

Harvey, D., 2005, *A Brief History of Neoliberalism*, Oxford University Press. (= 渡辺治 監譯, 2007, 『新自由主義－その歷史的展開と現在』, 作品社)/데이비드 하비, 최병두 옮김, 『신자유주의—간략한 역사』, 한울아카데미, 2010.

Hasegawa, K., 2004, *Constructing Civil society in Japan*, Trans Pacific Press.

Hassan, I., 1985, 'The culture of postmodernism,' *Theory, Culture & society*, Vol. 2, No. 3, 119-131.

Hegel, G. W. F., 1928, *Vorlesungen über die Philosophie de Geschichte*, Fr. Frommann. (= 武市健人 譯, 1954, 『歷史哲學・上卷』, 全集10, 岩波書店)/게오르크 W. F. 헤겔, 권기철 옮김, 『역사철학강의』, 동서문화동판, 2008.

Heidegger, M., 1929, *Sein und Zeit*, M. Niemeyer. (= 桑木務 譯, 1960, 『存在と時間』 上・中・下, 岩波書店)/마르틴 하이데거, 전양범 옮김, 『존재와 시간』, 동서문화사, 2008.

Heidegger, M., 1954, 'Bauen Wohnen Denken,' in, *Vorträge und Aufsätze*, Neske.

Heidegger, M., 1971, *Poetry, Language, Thought*, Harper & Row.

Held, D.(ed), 2000, *A Globalizing World?*, Open University Press. (= 中谷義和 監譯, 2002, 『グローバル化とは何か』, 法律文化社)

Held, D. and McGrew, A., *et al.*, 1999, *Global Transformations*, Polity./데이비드 헬드 외, 조효제 옮김, 『전지구적 변환』, 창작과 비평사, 2002.

ヘルド, D., 2007, 「グローバル・ガヴァナンスの再構築」, 中谷義和 編, 『グローバル化理論の視座－プロブレマティーク＆パースペクティブ』, 法律文化社.

Hirsch, J., 1996, *Der nationale Wettbewerbsstaat: Staat, Demokratie und Politik im globalen Kapitalismus*, Edition ID-Archiv. (= 木原滋哉・中村健吾 譯, 1998, 『國民的競爭國家－グローバル時代の國家とオルタナティブ』, ミネルヴァ書房)

Hitchcock, M. and Putra, I., Nyoman, D., 2007, *Tourism, Development and Terrorism in Bali*, Ashgate.

穗坂光彦, 2005, 「福祉社會開發學への方法論的考察」, 日本福祉大學COE推進委員會 編, 『福祉社會開發學の構築』, ミネルヴァ書房.

堀田 泉, 2002, 『モダニティにおける都市と市民』, 御茶の水書房.

Hozelitz, B. F., 1955, 'Generative and parastic cities,' *Economic Development and Cultural Change*, Vol. 3, 278-294.

Husserl, E., 1966, *Zur Phänomenologie des inneren Zeitbewußtseins.(1908-1917)*, M. Nijhoff. (= 立松弘孝 譯,『內的時間意識の現象學』, みすず書房)/에드문트 후설, 이종훈 옮김,『시간의식』, 한길사, 1996.

Hutcheon, L., 1988, *A Politics of Postmodernism*, Routledge.

Ingold, T., 1993, 'Globes and spheres: the topology of environmentalism,' in Milton, K. (ed), *Environmentalism*, Routledge.

石澤博子, 1989,「ジャカルタのカンポンと居住政策についての一考察」,『東經大論集』第10號, 53-92.

伊藤嘉高, 2007,「グローバル世界における〈場所〉と創發の社會學」(東北大學博士學位論文).

岩城完之, 2005,『グローバリゼーションと地域社會變動』, 關東學院大學出版會.

岩永眞治, 2008,『グローバリゼーション, 市民權, 都市』, 春風社.

岩崎信彦, 2003,「グローバルな移民流動と日本」, 岩崎信彦ほか 編,『海外における日本人, 日本のなかの外國人』, 昭和堂.

Iyer, P., 1989, *Video Night in Kathmandu*, Vintage Books.

伊豫谷登士翁, 1998,「グローバリゼーションとナショナリズムの相克」, 伊豫谷登士翁・酒井直樹・テッサ・モリス=スズキ 編,『グローバリゼーションのなかのアジア―カルチュラル スタディーズの現在』, 未來社.

伊豫谷登士翁, 2007,「方法としての移民」, 伊豫谷登士翁 編,『移動から場所を問う』, 有信堂.

Jacobs, J., 1965, *The Death and Life of Great American Cities*, Penguin Books. (= 黑川紀章 譯, 1977,『アメリカ大都市の死と生』, 鹿島出版會)

Jefferson, M., 1939, 'The law of the primate city,' *Geographical Review*, Vol. 29, 226-232.

Jessop, B., 1997, 'The governance of complexity and the complexity of governance: preliminary remarks on some problems and limits of economic guidance,' in Amin, A. and Hausner, J. (eds.), *Beyond Market and Hierarchy: Interactive Governance and Social Complexity*, Edward Elgar.

Jessop, B., 1998, 'The rise of governance and the risks of failure: the case of

economic development,' *International Social Science Journal*, 155, 29-45.
Jones, S., 1995, 'Understanding community in the information age,' in Jones, S. (ed.), *Cybersociety*, Sage.
影山摩子弥, 2005,「中間組織としてのNPOのシステム理論的意味と勞働生活政策」,『横浜市立大學論叢』(社會科學系列), 第56券 第3號, 143-153.
金子郁容, 1999,『コミュニティ・ソリューション―ボランタリーな問題解決に向けて』, 岩波書店.
Kellner, D., 2002, 'Theorizing globalization,' *Sociological Theory*, Vol. 20, No. 3, 285-305.
Kelsky, K., 2001, *Women on the Verg*, Duke University Press.
城所哲夫, 1998,「アジア型都市成長管理モデル構築への展望」, 武内和彦・林良嗣 編,『岩波講座地球環境學 8 地球環境と巨大都市』, 岩波書店.
北野尚宏・水野兼悟・城所哲夫, 2001,「東南アジア住宅セクターの課題―インドネシア・タイ・フィリピン・マレーシア」,『開發金融研究所報』第8號, 88-113.
Klosterman, E., 1978, 'Foundation for normative planning,' *Journal of the American Institute of Planners*, Vol. 44, 37-46.
小長谷一之, 1997,「アジア都市經濟と都市構造」, 大阪市立大學經濟研究所,『季刊經濟研究』Vol. 20, No. 1, 61-89.
小長谷一之, 1999,「都市構造」, 宮本謙介・小長谷一之 編,『アジアの大都市 2 ジャカルタ』, 日本評論社.
今野裕昭, 2006,「都市中間層の動向」, 新律晃一・吉原直樹 編,『グローバル化とアジア社會―ポストコロニアルの地平』, 東信堂.
小谷汪之, 2003,「ポストコロニアル・アジア史研究の世界」,『思想』939號, 23-41.
子安宣邦, 2003,『「アジア」はどう語られてきたか―近代日本のオリエンタリズム』, 藤原書店.
桑子敏雄, 2005,『風景の中の環境哲學』, 東京大學出版會.
Lash, S. and Urry, J., 1994, *Economies of Signs and Space*, Sage.
Latour, B., 1987, *Science in Action*, Open University Press. (= 川崎勝・高田紀代志 譯, 1999,『科學が作られているとき―人類學的考察』, 産業圖書)
Lefebvre, H., 1974, *La production de l'espace*, Edition Anthropos. (= 齊藤日出治 譯, 2000,『空間の生產』, 青木書店)
Lefebvre, H., 1991, *The Production of Space*, Blackwell. (= 齊藤日出治 譯, 2000,

『空間の生産』, 青木書店)
Leisch, H., 2002, 'Gated community in Indonesia,' *Cities*, Vol. 19, No. 5, 341-350.
Lo. F. C. and Yeung, Y. M. (eds.), 1996, *Emerging World Cities in Pacific Asia*, United Nations University Press.
Long, N., 1965, *The Polity*, McNally and Co.
ロングステイ財團, 2007,『ロングステイ調査統計 2007』.
Lyon, D., 2001, *Surveillance Society: Monitoring Everyday Life*, Open University Press. (= 河村一郎 譯, 2002,『監視社會』, 青土社)
Lyotard, J. -F., 1979, *La condition postmederne*, Les editions de Minuit. (小林康夫 譯, 1986,『ポストモダンの條件—知・社會・言語ゲーム』, 水聲社)/장 프랑수아 리오타르, 이삼출 옮김,『포스트모더니즘의 조건』, 민음사, 1992.
町村敬志, 1994,『「世界都市」東京の構造轉換』, 東京大學出版會.
Maffesoli, M., 1991, *Le Temps des tribus*, LGF. (= 吉田幸男 譯, 1997,『小集團の時代』, 法政大學出版局)
間苧谷榮, 1983,『現代インドネシア研究』, 勁草書房.
Marshall, J., 2005, 'Megacity, mega mess-,' *Nature*, Vol. 437, 312-314.
Marshall, T. H. and Bottomore, T. B., 1992, *Citizenship and Social Class*, Pluto. (= 岩崎信彦・中村健吾 譯, 1993-98,『シティズンシップと社會的階級』, 法律文化社)
Marx, K. 1844, *Ökonomisch-philosophische Manuskripte*, MEW, Erg. Ed. 1. (= 城塚登・田中吉六 譯, 1964,『經濟學・哲學草稿』, 岩波書店)/칼 마르크스, 강유원 옮김,『경제학—철학 수고』, 이론과 실천, 2006.
Marx, K. und Engels, F. 1845-46, *Die Duetsche Ideologie*. (= 廣松涉 編譯, 2002,『新編輯ドイツ・イデオロギー』, 岩波書店)/칼 마르크스・프리드리히 엥겔스, 박재희 옮김,『독일 이데올로기』, 청년사, 2007.
Massey, D. B., 1993, 'Power-geometry and a progressive sence of place,' in Bird, J. et al. (eds.), *Mapping the Futures: Local Cultures, Global Change*, Routledge. (= 加藤政洋 譯, 2002,「權力の幾何學と進步的な場所感覺」,『思想』933號, 32-44)
Massey, D., 1994, *Space, Place and Gender*, Polity Press.
的場昭弘, 2007,「『大きな物語』の再編とポストモダン」,『神奈川大學評論』57, 33-39.

松原 宏, 1998,「はしかき」, 松原宏 編著,『アジアの都市システム』, 九州大學出版會.

McGee, T. G., 1991, 'The Emergence of desakota regions in Asia: expanding a hypothesis,' in Ginsburg, N., Koppel, B. and McGee, T, G.(eds.), *The Extended Metropolis: Settlement Transition in Asia* University of Hawaii Press.

McGee, T, G. and Robinson, I. M. (eds.), 1995, *The Mega-Urban Regions of Southeast Asia*, UBC Press.

Mckay, G., 1996, *Senseless Acts of Beauty*, Verso.

Mead, G. H., 1959, *The Philosophy of the Present*, Open Court.

見田宗介, 1984,『宮澤堅治』, 岩波書店.

Mitchell, D. and Molotch, H., 1997, 'Talking city trouble: interactional vandalism, social inequality, and the "urban interaction problem",' *American Journal of Sociology*, Vol. 104, No. 5, 1263-1295.

宮本太郎, 2005,「ソーシャル・ガヴァナンス」, 山口二郎・宮本太郎ほか 編著,『ポスト福祉國家とソーシャル・ガヴァナンス』, ミネルヴァ書房.

水口憲人, 2007,『都市という主題－再定位に向けて』, 法律文化社.

Mol, A. and Law, J., 1994, 'Regions, networks and fluids: anaemia and social topology,' *Social Studies of Science*, Vol. 24, No. 4, 641-671.

Morris-Suzuki, T., 2000, 'For and against NGOs: the politics of the lived world,' *New left Review*, Mar./Apr. (= 大川正彦 譯, 2002,「NGOにたいするイエスとノー」,『思想』933號, 223-245)

永野由紀子, 2007,「インドネシア・バリ島におけるグローバル・ツーリズム下での移住者の增加と傳統的生活様式の解體」,『山形大學紀要(社會科學)』第37券 第2號, 161-208.

中村 潔, 近刊,「バリにおける傳統と近代」, 倉澤愛子・吉原直樹 編,『變わるバリ, 變わらないバリ』, 勉誠出版.

Negri, A. and Hardt, M., 2000, *Empire*, Harvard University Press. (= 水嶋憲一・酒井隆史ほか 譯, 2003,『帝國－グローバル化の世界秩序とマルチチュードの可能性』, 以文社)/안토니오 네그리・마이클 하트, 윤수종 옮김,『제국』, 이학사, 2001.

Negri, A. and Hardt, M., 2004, *Multitude: War and Democracy in the Age of Empire*, Penguin. (= 幾島幸子 譯, 2005,『マルチチュード－「帝國」時代の戰爭

と民主主義』, 日本放送出版協會)/안토니오 네그리・마이클 하트, 서창현 외 옮김, 『다중－제국이 지배하는 시대의 전쟁과 민주주의』, 세종서적, 2008.

西尾 勝, 1975, 『權力と參加』, 東京大學出版會.

西山康雄・西山八重子, 2008, 『イギリスのガバナンス型まちづくり』, 學芸出版社.

遠城明雄, 1998, 「都心地區の衰退と『まちづくり』活動をめぐって」, 荒山正彦・大城直樹 編, 『空間から場所へ－地理學的想像力の探求』, 古今書院.

大塚和夫, 2000, 『近代・イスラームの人類學』, 東京大學出版會.

O'uchi, M. and Yogo, T., 1985, 'Role of social organizational resources in local level development,' *Regional Development Dialogue*, Vol. 6, No. 1, 156-179.

Painter, J., 2000, 'Governance,' in Johnston, R. J. Gregory, D., *et al.* (eds.), *The Dictionary of Human Geograph.*(4 ed.), Blackwell.

Picard, M., 1996, *Cultural Tourism and Touristic Culture*, Archipelago Press.

Pinches, M. (ed.), 1999, *Culture and Privilege in Capitalist Asia*, Routledge.

Poster, M., 1990, *The Mode of Information*, Blackwell. (= 室井尙・吉岡洋 譯, 2001, 『情報樣式論』, 岩波書店)

Power, M., 1994, *The Audit Explosion*, Demos. (= 國部克彦・堀口眞司 譯, 2003, 『監査社會－檢証の儀式化』, 東洋經濟新報社)

Pringle, R., 2004, *A short History of Bali: Indonesia's Hindu Realm*, Allen & Anwin.

Rapport, N. and Overing, J., 2000, *Social and Cultural Anthropology: The Key Concepts*, Routledge.

Rawls, J., 1971, *A Theory of Justice*, Harvard University Press. (= 矢島鈞次 監譯, 1979, 『正義論』, 紀伊國屋書店)/존 롤스, 황경식 옮김, 『정의론』, 이학사, 2003.

Redfield, R. and Singer, M., 1954, 'The cultural role of cities,' *Economic Development and Cultural Change*, Vol. 3, 53-73.

Relph, E., 1976, *Place and Placelessness*, Pion. (= 高野岳彦・阿部隆・石山美也子 譯, 1999, 『場所の現象學』, 筑摩書房)/에드워드 렐프, 김덕현 외 옮김, 『장소와 장소 상실』, 논형, 2005.

Robison, R., 1992, 'Indonesia: an autonomous domain of social power?,' *Pacific Review*, Vol. 5, No. 4, 338-349.

Rhodes, R. A. W., 1996, 'The new governance: governing without government,' *Political Studies*, 44, 652-667.

Rose, N., 1996, 'Refiguring the territory of government,' *Economy and Society*, No. 25, 327-356.

Said, E. W., 1993, *Culture and Imperialism*, Alfred A. Knopf. (= 大橋洋一 譯, 1998,『文化と帝國主義』1, みすず書房)/에드워드 W. 사이드, 박홍규 옮김,『문화와 제국주의』, 문예출판사, 2005.

齊藤日出治・岩永眞治, 1996,『都市の美學』(これからの世界史 13), 平凡社.

齋藤純一, 2000,『公共性』, 岩波書店.

齋藤純一, 2005,「都市空間の再編と公共性」,『岩波講座 都市の再生を考える 1』, 岩波書店.

Sassen, S., 1991, *The Global City, New York, London, Tokyo*, Princeton University Press.

佐藤 仁, 2005,「社會開發の制度と担い手」, 日本福祉大學COE推進委員會 編,『福祉社會開發學の構築』, ミネルヴァ書房.

Savage, D. and Warde, A., 1993, *Urban Sociology, Capitalism and Modernity*, Macmillan.

Scannell, P., 1996, *Radio, Television and Modern Life*, Blackwell.

Scholte, J. A., 1996, 'Identifying Indonesia,' in Hitchcock, M. and King, V. T. (eds.), *Images of Malay-Indonesian Identity*, Oxford University Press.

Schwendinger, H. & J., 1974, *The Sociologists of the Chair*, Basic.

Sennet, R., 1974, *The Fall of Public Man*, Cambridge University Press. (= 北山克彦・高階悟 譯, 1991,『公共性の喪失』, 昌文社)

島村麻理, 2007,「アジアへ向かう女たち－日本からの觀光」,『アジア遊學』104, 92-99.

Simmel, G., 1957, *Brücke und Tür, Essays des Philosophen zur Geschichte, Religion, Kunst und Gesellschaft*, im Verein mit Margarete Susmann herausgegeben von Michael Landmann. (= 川村二郎 編譯, 1999a,『ジンメル・エッセイ集』, 平凡社)

Simmel, G., 1900, *Philosophie des Geldes*, Duncker & Humblot. (= 居安正 譯, 1999b,『貨幣の哲學』, 白水社)

Smith, M. P., 2001, *Transnational Urbanism*, Blackwell.

Smith, N., 1996, 'Is gentrification dirty words?' in *The New Urban Frontier: Gentrification and the Revanchist City*, Routledge. (= 若松司 譯, 2005,「ジ

エントリフィケーションは卑劣な言葉なのか」,『現代思想』, 2005年 5月號, 121-141)
Soja, E., 1989, *Postmodern Geographies: The Reassertion of Space in Critical Theory*, Verso. (= 加藤政洋ほか 譯, 2003,『ポストモダン地理學ー批判的社會理論における空間の位相』, 青土社)
園田茂人, 2007,「都市中間層の台頭と新たなアイデンティティの形成?」, 西川潤・平野健一郎 編,『國際移動と社會變容』(東アジア共同體の構築 3), 岩波書店.
Soysal, Y., 1994, *Limits of Citizenships*, University of Chicago Press.
Stewart, I., 1989, *Does God Play Dice?: The Mathematics of Chaos*, Blackwell.
Stoker, G., 1998, 'Governance as theory: five propositions,' *International Social Science Journal*, 155, 17-28.
杉浦章介, 2003,『都市經濟論』, 岩波書店.
高橋早苗, 1993,「マニュエル・カステルと『都市的なもの』ー『都市の意味』の變容をめぐって」, 吉原直樹 編著,『都市の思想』, 青木書店.
竹井隆人, 2007,『集合住宅と日本人ー新たな「共同性」を求めて』, 平凡社.
田坂敏雄, 1998,「バンコク世界都市文化仮説」, 田坂敏雄 編,『アジアの大都市[1] バンコク』, 日本評論社.
田坂敏雄, 1999,「刊行にあたって」, 宮本謙介・小長谷一之 編,『アジアの大都市[2] ジャカルタ』, 日本評論社.
田坂敏雄, 2005a,「まえかき」, 田坂敏雄 編,『東アジア都市論の構想ー東アジアの都市間競争とシビル・ソサイエティ構想』, 御茶の水書房.
田坂敏雄, 2005b,「東アジア都市間競爭論の枠組み」, 田坂敏雄 編,『東アジア都市論の構想ー東アジアの都市間競爭とシビル・ソサイエティ構想』, 御茶の水書房.
Tomlinson, J., 1999, *Globalization and Culture*, Polity Press.
友杉 孝, 1999,「まえがき」, 友杉孝 編著,『アジア都市の諸相ー比較都市論に向けて』, 同文館出版.
辻 清明, 1954,「計畫」, 中村哲・辻清明 編,『政治學事典』, 平凡社.
Tuan, T. -F., 1990, 'Realism and fantasy in art, history, and geography,' *Annals of the Association of American Geographers*, Vol. 80, No. 3, 435-446.
Tuan, Y. -F., 1977, *Space and Place: The Perspective of Experience*, University of Minnesota Press. (= 山本浩 譯, 1988,『時間の經驗ー身體から都市へ』, 筑

摩書房)
上田閑昭, 1992, 『場所』, 弘文堂.
植木 豊, 2000, 「ローカル・ガヴァメントからローカル・ガヴァナンスへ」, 吉原直樹 編著, 『都市經營の思想ーモダニティ・分權・自治』, 青木書店.
Urry, J., 1995, *Consuming Places*, Routledge. (= 吉原直樹・大澤善信 監譯, 2003, 『場所を消費する』, 法政大學出版局)
Urry, J., 2000, *Sociology beyond Societies: Mobilities for the Twenty-first Century*, Routledge. (= 吉原直樹 監譯, 2006, 『社會を越える社會學ー移動・環境・シチズンシップ』, 法政大學出版局)
Urry, J., 2003, *Global Complexity*, Polity.
Wallerstein, I., 1966, *Open the Social Sciences: Report of the Gulbenkian Commisson on the Restructuring of the Social Sciences*, Stanford University Press. (= 山田鋭夫 譯, 1996, 『社會科學をひらく』, 藤原書店)
Webber, M., 1978, 'A difference paradigm for planning,' in Burchell, W. and Sternlieb, G. (eds.), *Planning Theory in the 1980's*, Center for Urban Policy Research, Rutgers University.
Wong, R. B. et al., 2001, 'Entre monde et nation: les regions braudelienne en Asie,' *Annales, Histoire, Sciences Socials*, 56-1, 5-41. (= 今澤紀子 譯, 2002, 「國家と世界の間」, 『思想』 937號, 5-30)
Wright, T. and Hutchinson, R., 1997, 'Socio-spatial reproduction, marketing culture and the built environment,' in Hutchinson, R., (ed.), *Research in Urban Sociology*, Vol. 4, JAI Press.
山本直彦, 2005, 「世界都市 ジャカルタ」, 布野修司 編著, 『近代世界システムと植民都市』, 京都大學學術出版會.
山下晋司, 1999, 『バリー觀光人類學のレッスン』, 東京大學出版會.
山下晋司, 2007, 「ロングステイ, あるいは暮らすように旅すること」, 『アジア遊學』 104, 108-116.
矢崎武夫, 1963, 『日本都市の社會理論』, 學陽書房.
矢崎武夫, 1988, 『國際秩序の變化過程における發展途上國の都市化と近代化ー東南アジアの事例』, 慶應通信.
吉原直樹, 1983, 『都市社會學の基本問題』, 青木書店.
吉原直樹, 1988, 「大都市空間の再構造化と地域問題」, 高內俊一・奧地正ほか 編, 『80

年代日本の危機の構造』下, 法律文化社.
吉原直樹, 1993,「ロバーと・E・パークとヒューマン・エコロジー―生成期の都市社會學思想」, 吉原直樹 編著,『都市の思想』, 青木書店.
吉原直樹, 2000,『アジアの地域住民組織－町内會・街坊會・RT/RW』, 御茶の水書房.
吉原直樹, 2002,『都市とモダニティの理論』, 東京大學出版會.
吉原直樹, 2004,『時間と空間で讀む近代の物語－戰後社會の水脈をさぐる』, 有斐閣.
吉原直樹, 2005 a ,「グローバル化社會における格差・不平等の構造と場所の存在形態」,『地域社會學會會報』No. 132.
吉原直樹, 2005 b ,「都市の階層分化」,『岩波講座 都市の再生を考える 3』, 岩波書店.
吉原直樹, 2005 c ,「アジア・メガシティの位相－地域コミュニティ像の再番に向けて」, 吉原直樹 編著,『アジア・メガシティと地域コミュニティの動態－ジャカルタのRT/RWを中心にして』, 御茶の水書房.
吉原直樹 編著, 2005,『アジア・メガシティと地域コミュニティの動態－ジャカルタのRT/RWを中心にして』, 御茶の水書房.
吉原直樹, 2006 a ,「モダニティとアジア社會」, 新律晃一・吉原直樹 編,『グローバル化とアジア社會－ポストコロニアルの地平』, 東進堂.
吉原直樹, 2006 b ,「ミドルクラスとゲーテッド・コミュニティ」,『アジア遊學』90, 141-144.
吉原直樹, 2006 c ,「Urban Banjarの一存在形態－デンパサール市のある事例分析から」,『ヘスティアとクリオ』3號, 52-75.
吉原直樹, 2007,『開いて守る－安全・安心のコミュニティづくりのために』, 岩波書店(ブックレット).
吉原直樹, 2008,「ハーヴェイをどう讀むか――つの覺書」,『情況』, 2008年 7月號, 103-114.
吉原直樹 編著, 2008,『グローバル・ツーリズムの進展と地域コミュニティの變容－バリ島のバンジャールを中心として』, 御茶の水書房.
吉見俊哉, 1995,『「聲」の資本主義』, 講談社.
吉見俊哉・姜尙中, 2001,『グローバル化の遠近法』, 岩波書店.
Young, I. M., 1990, *Justice and the Politics of Difference*, Princeton University Press.
Yuval-Davis, N., 1997, *National Space and Collective Identity: Boaders, Boundaries, Citizenship and Gender Relations*, University of Greewich.

Ziv, D., 2002, *Jakarta Inside Out*, Equinox.

Zohar, D. and Marshall, I., 1994, *The Quantum Society*, William Morrow.

Zorbaugh, H. W., 1929, *The Gold Coast and the slum*, University of Chicago Press. (= 吉原直樹ほか 譯, 1997,『ゴールド・コーストとスラム』, ハーベスト社)

Zukin, S., 1991, *Landscapes of Power: from Detroit to Disney World*, University of California Press.

Zukin, S., 1996, 'Space and symbols in an age of decline,' in King, A. D. (ed.), *Representing the City*, Macmillan Press.

인명색인

사항색인

〈로컬리티 번역총서〉를 펴내며

■ 로컬리티의 인문학 연구단에서 번역총서를 내놓는다. 〈로컬리티 번역총서〉는 고전적 · 인문학적 사유를 비롯해서, 탈근대와 전지구화의 관점에서 해석되는 로컬리티에 대한 동서양의 다양한 논의를 담고 있다. 로컬리티 연구는 동서양을 막론하고 학문적 교차점, 접점, 소통성을 확보하는 것이 중요한 과제다. 이러한 의미에서 본 연구단에서는 장기적인 계획 아래, 로컬리티 연구와 관련한 중요 저작과 최근의 논의를 담은 동서양의 관련 서적 번역을 기획했다. 이를 통하여 로컬리티와 인문학 연구를 심화하고 동시에 이를 외부에 확산시킴으로써 로컬리티 연구의 저변을 확대하고자 한다.

우리가 로컬리티에 천착하게 된 것은 그동안 국가 중심의 사고 속에 로컬을 주변부로 규정하며 소홀히 여긴 데 대한 반성적 성찰의 요구 때문이기도 하다. 오늘날 로컬은 초국적 자본과 전지구적 문화의 위세에 짓눌려 제1세계라는 중심에 의해 또다시 소외당하거나 배제됨으로써 고유의 정체성을 잃어가고 있다. 반면에 전지구화 시대를 맞아 국가성이 약화되면서 로컬은 또 새롭게 거듭나고 있다. 그동안 국가 중심주의의 그늘에 가려졌던 로컬 고유의 특성을 재발견하고 전지구화에 능동적으로 대처하는, 이른바 로컬 주체의 형성과 로컬 이니셔티브(local initiative)의 실현을 위해 부단한 노력을 기울이는 모습들이 속속 드러나고 있다.

이제 로컬의 현상들을 파악하기 위해 기존의 지역 논의와 다른 새로운 사고가 절실히 필요하다. 지금까지 지역과 지역성 논의는 장소가 지닌 다양성과 고유성을 기존의 개념적 범주에 맞춤으로써 로컬의 본질을 왜곡하거나 내재된 복합성을 단순화하는 오류를 범했다. 이에 우리는 로컬을 새로운 인식과 공간의 단위로서 재정립해야 할 필요성을 다시 확인하며, 로컬의 역동성과 고유성을 드러내줄 로컬리티 연구를 희망한다.

〈로컬리티 번역총서〉는 현재 공간, 장소, 인간, 로컬 지식, 글로벌, 로컬, 경계, 혼종성, 이동성 등 아젠다와 관련한 주제를 일차적으로 포함했다. 향후 로컬리티 연구가 진행되면서 번역총서의 폭과 깊이는 더욱 넓어지고 깊어질 것이다. 번역이 태생적으로 안고 있는 잡종성이야말로 로컬의 속성과 닮아 있다. 이 잡종성은 이곳과 저곳, 그때와 이때, 나와 너의 목소리가 소통하는 가운데 새로운 생성의 지대를 탄생시킬 것이다.

우리가 번역총서를 기획하면서 염두에 둔 것이 바로 소통과 창생의 지대이다. 우리는 〈로컬리티 번역총서〉가 연구자들에게 로컬리티 연구에 대한 기반을 제공해줌으로써 학제간의 경계를 넘나드는 심화된 통섭적 연구가 이루어지고, 나아가 '로컬리티의인문학(locality and humanities)'의 이념이 널리 확산되기를 바란다.

2010년 6월

부산대학교 한국민족문화연구소

(HK)로컬리티의인문학 연구단

저자 요시하라 나오키(吉原直樹)
1948년 도쿠시마(徳島) 현 출생
1972년 게이오(慶應義塾) 대학 경제학부 졸업
1977년 게이오 대학 대학원 사회학연구과 박사과정 수료
1980년 리츠메이칸(立命館) 대학 산업사회학부 조교수
1987년 가나가와(神奈川) 대학 외국어학부 교수
현재 도호쿠(東北) 대학 대학원 문학연구과 교수

주요저서

『都市社會學の基本問題』(青木書店, 1983)
『戰後改革と地域住民組織』(ミネルヴァ書房, 1989)
『都市空間の社會理論』(東京大學出版會, 1994)
『アジアの地域住民組織』(御茶の水書房, 2000)
『都市とモダニティの理論』(東京大學出版會, 2002)
『時間と空間で讀む近代の物語』(有斐閣, 2004)
『開いて守る－安全・安心のコミュニティづくりのために』(岩波書店, 2007)
Globalization, Minorities and Civil Society (edited with Koichi Hasegawa, Tans Pacific Press, 2008)

역자 이상봉
1997년 부산대학교 정치학박사(국제정치 및 지역정치 전공)
현재 부산대학교 한국민족문화연구소 HK교수
글로벌화 이후 전개되는 공간 재영역화의 양상이나 지역사회의 새로운 공공성 모색 등 문화정치와 지역정치에 관련된 쟁점들을 주된 연구주제로 삼고 있으며, 최근의 논문으로는 「대안적 공공공간으로서의 로컬의 전망」(2010), 「탈근대 공간의 재영역화와 로컬・로컬리티」(2008) 등이 있다. sanbolee@pusan.ac.kr.

역자 신나경
2004년 동경대학교 문학박사(미학예술학 전공)
현재 부산대학교 한국민족문화연구소 HK전임연구원
지역공동체와 예술문화의 상관관계, 특히 일본의 근대사상가 야나기 무네요시의 민예운동을 중심으로 근대 일본에 있어서 국가주의와 문화적 다원주의를 연구주제로 삼고 있으며, 최근의 논문으로는 「로컬언어와 민족문화－야나기 무네요시의 '오키나와방언논쟁'을 중심으로」(2010), 「일본의 문인화개념과 요사부손(與謝蕪村)의 예술세계」(2009) 등이 있다. shinrina@pusan.ac.kr

모빌리티와 장소
글로벌화와 도시공간의 전환

초판 1쇄 발행일 2010년 6월 30일

지은이 | 요시하라 나오키
옮긴이 | 이상봉 · 신나경
펴낸이 | 최원필
편　집 | 양상모
펴낸곳 | 심산출판사
주　소 | 서울시 은평구 불광동 219-7 예은 101호
전　화 | 02-357-0633
팩시밀리 | 02-357-0631
E-mail | simsan@korea.com
등록번호 | 제1-2114호(1996년 11월 28일)
ISBN 978-89-89721-94-9 93300